中国人民公安大学研究生系列教材
（拔尖创新人才培养项目经费资助）

刑事政策学

主　编　王宏玉
副主编　张学超　曹　虹

中国人民公安大学出版社
·北　京·

图书在版编目（CIP）数据

刑事政策学 / 王宏玉主编 . —北京：中国人民公安大学出版社，2019. 11
ISBN 978-7-5653-3833-5

Ⅰ. ①刑…　Ⅱ. ①王…　Ⅲ. ①刑事政策—中国　Ⅳ. ①D924

中国版本图书馆 CIP 数据核字（2019）第 241131 号

刑事政策学

王宏玉　主编

出版发行：中国人民公安大学出版社
地　　址：北京市西城区木樨地南里
邮政编码：100038
经　　销：新华书店
印　　刷：涿州市新华印刷有限公司

版　　次：2019 年 12 月第 1 版
印　　次：2025 年 1 月第 2 次
印　　张：24
开　　本：787 毫米×1092 毫米　1/16
字　　数：415 千字

书　　号：ISBN 978-7-5653-3833-5
定　　价：86. 00 元

网　　址：www. cppsup. com. cn　www. porclub. com. cn
电子邮箱：zbs@ cppsup. com　zbs@ cppsu. edu. cn

营销中心电话：010-83903254
读者服务部电话（门市）：010-83903257
警官读者俱乐部电话（网购、邮购）：010-83903253
综合分社电话：010-83901870

本社图书出现印装质量问题，由本社负责退换

编者的话

近年来，我国对刑事政策的研究方兴未艾，刑事政策学作为一门独立的综合性学科，在我国也逐渐发展并有所完善。当前，有关刑事政策的专著、译著、教材、论文颇为丰富。本教材是在研究以往刑事政策和研究生教学的基础上，专门为硕士研究生培养编写的，既具有理论性、前沿性，又具有现实性，可供犯罪学专业、法学专业以及其他与犯罪学有关专业的研究生以及关心犯罪问题的学生和学者参考使用，共同研究刑事政策的理论以及实践。

本教材在内容上关注刑事政策研究的热点问题，侧重刑事政策的理论分析，如对刑事政策的基本概念、边界等基本问题进行了探讨和界定；以刑事政策的理性主义阶段、科学主义阶段、人道主义阶段，当代西方“轻轻重重”两极化刑事政策的调整，以及以“安全”为导向的刑事政策走向为内容，对西方刑事政策的历史与发展进行了全面的分析；对动态刑事政策进行了细致的研究。同时，为了加强理论与实践的结合，对立法、司法以及执行政策分别以章的形式进行全面分析，更适合研究生的教学。

本教材由中国人民公安大学王宏玉主编，撰稿人亦主要为中国人民公安大学教师，具体编写分工如下：王宏玉撰写第一章、第二章、第六章、第十二章第一节；张学超撰写第三章、第五章第一节、第八章；曹虹撰写第四章、第七章、第十二章第三节；李明琪撰写第五章第二节、第九章；

郝英兵撰写第十一章第一节、第二节；胡隽撰写第十章；陈童鑫（伦敦大学学院在读博士研究生）撰写第十一章第三节；张小霞撰写第十二章第二节；操宏均撰写（国家检察官学院教师）第十三章。

由于编者水平有限，书中难免有疏漏和不足之处，恳请读者批评指正。

编　者
2019年8月于北京

目录

第一章　刑事政策与刑事政策学的基本问题 …………………… (1)
第一节　刑事政策的基本问题 …………………… (1)
第二节　刑事政策学 …………………… (31)
第二章　西方刑事政策的历史演进 …………………… (38)
第一节　刑事政策刑法化——刑事政策的理性主义阶段 …………… (38)
第二节　刑法刑事政策化——刑事政策的科学主义阶段 …………… (56)
第三节　社会防卫思想——刑事政策的人道主义阶段 …………… (73)
第四节　“轻轻重重”两极化刑事政策的调整以及以
“安全”为导向的刑事政策走向 …………………… (81)
第三章　我国刑事政策的历史及发展 …………………… (93)
第一节　我国古代的刑事政策 …………………… (93)
第二节　我国近现代的刑事政策 …………………… (97)
第三节　新中国的刑事政策 …………………… (98)
第四章　刑事政策的构建与运行 …………………… (102)
第一节　刑事政策的制定 …………………… (102)
第二节　刑事政策的执行 …………………… (109)
第三节　刑事政策的评估 …………………… (115)

第五章　刑事政策的价值目标与基本原则 …………………………（121）

第一节　刑事政策的价值目标 ………………………………………（121）
第二节　刑事政策的基本原则 ………………………………………（128）

第六章　刑事立法政策 ……………………………………………（146）

第一节　刑事立法政策概述 …………………………………………（146）
第二节　我国刑事立法政策中的犯罪化 ……………………………（154）
第三节　我国刑事立法政策中的非犯罪化 …………………………（163）

第七章　刑事司法政策 ……………………………………………（167）

第一节　刑事司法政策概述 …………………………………………（167）
第二节　侦查程序中的刑事司法政策 ………………………………（169）
第三节　起诉程序中的刑事司法政策 ………………………………（176）
第四节　审判程序中的刑事司法政策 ………………………………（185）

第八章　刑罚执行政策 ……………………………………………（204）

第一节　刑罚执行政策概述 …………………………………………（204）
第二节　死刑执行政策 ………………………………………………（208）
第三节　监禁刑执行政策 ……………………………………………（212）
第四节　非监禁刑执行政策 …………………………………………（217）

第九章　犯罪社会预防政策 ………………………………………（223）

第一节　犯罪社会预防政策概述 ……………………………………（223）
第二节　宏观的犯罪社会预防政策 …………………………………（224）
第三节　微观的犯罪社会预防政策 …………………………………（230）

第十章　我国“严打”与宽严相济刑事政策 …………………………（240）

第一节　“严打”刑事政策 …………………………………………（240）
第二节　宽严相济刑事政策 …………………………………………（247）

第十一章　针对不同类型犯罪的刑事政策分析 ……………………（256）

第一节　暴力恐怖主义犯罪的刑事政策分析 ………………………（256）

第二节 贪贿犯罪的刑事政策分析 …………………………（267）
第三节 财产犯罪的刑事政策分析 …………………………（284）

第十二章 针对不同主体的刑事政策 …………………………（298）

第一节 未成年人犯罪的刑事政策 …………………………（298）
第二节 老年人犯罪的刑事政策 …………………………（306）
第三节 累犯犯罪的刑事政策 …………………………（314）

第十三章 当代西方国家的刑事政策 …………………………（327）

第一节 当代德国刑事政策 …………………………（328）
第二节 当代法国刑事政策 …………………………（335）
第三节 当代美国刑事政策 …………………………（345）
第四节 当代日本刑事政策 …………………………（354）

参考文献 …………………………（364）

第一章
刑事政策与刑事政策学的基本问题

1803年，德国刑法学家费尔巴哈首先提出刑事政策的概念。西方刑事政策历经古典学派“刑事政策的刑法化”、实证学派“刑法的刑事政策化”、新社会防卫论阶段以及现阶段的“轻轻重重”两极化刑事政策阶段，逐渐走向成熟。费尔巴哈、李斯特、马克·安塞尔等学者对刑事政策的研究成为经典。要学习刑事政策学，首先要了解刑事政策以及刑事政策学的基本概念和基本理论问题。

第一节 ‖ 刑事政策的基本问题

刑事政策的基本概念界定是研究刑事政策的基础。自刑事政策创立开始，有关刑事政策的概念也是众说纷纭，学习本节，有助于厘清有关刑事政策的基本概念。

一、“政策”与“公共政策”的概念及特征

刑事政策的核心词之一是“政策”，顾名思义，政策就是具有指导意义的准则。研究刑事政策，首先要了解政策与公共政策的概念、特点与体系。

在古代汉语中，既有“政”的概念，也有“策”的概念，但“政”与“策”是分开的。“政”通常有政治、政事、政权之意，“策”则包含策书、谋略、计谋、计策、对策等意。有学者认为，现代汉语中的“政策”并非来源于古代汉语，故有的学者认为，“政策”一词是一个外来语，源于近代日本学者翻译英语“policy”一词，选择早已传入日本的汉字“政”、“策”组合而成。①

---

① 刘斌、王春福等著：《政策科学研究》（第一卷），人民出版社2000年版，第85页。

在现代汉语中，政策一词的含义是“国家、政党为实现一定历史时期的路线和任务而规定的行动准则”①，或“国家或政党为实现一定目标而制定的具体的行动准则”。② 这两个概念看似相似，实质却有所不同，前者指宏观上的政策，后者是指具体的政策。我们认为，“政策”一词，既应包含宏观政策，也应包含具体政策。

（一）国外学者关于“政策”与“公共政策”的概念

现代意义上的政策概念是建立在现代政治制度基础之上的，西方学者对政策概念的研究，值得我们借鉴。

（1）“现代行政学之父”伍德罗·威尔逊认为，公共政策“是由政治家即具有立法权者制定的而由行政人员执行的法律和法规”。③ 这个定义带有明显的“政治—行政二分法”特征，且缩小了公共政策的范围和制定主体。首先，公共政策不仅包括法律法规，还包括政府的计划、指示、决议，甚至政府领袖的某些特定意图和表征符号也会发挥公共政策的功能。其次，参与公共政策制定的人员不仅仅有政治家，还包括人民代表、专家学者，尤其是在当今“行政国家”时代，随着政府职能的急剧扩张和行政裁量权的广泛应用，行政当局参与制定公共政策的主动性日益增强。基于此，亚伯雷比（Paul Appleby）指出：“决策不仅仅属于政治”，换言之，“公共行政就是制定政策”。④

（2）现代政策科学的创始人哈罗德·拉斯韦尔和亚伯拉罕·卡普兰认为，政策是：“一种含有目标、价值和策略的大型计划”⑤。这个定义既包含了公共政策的工具理性（策略），又注意到了公共政策的价值理性（目标和价值），应该说是极有见地的。但宽泛地把公共政策等同于计划则是不可取的。计划可以是政策，但政策并不天然就是计划，它还包括指示、决议、法律、法规以及政府发出的其他符号系统。

（3）美国学者罗伯特·艾斯顿（Robert Eyestone）认为：“公共政策就是

---

① 参见《辞海》，上海辞书出版社 1980 年合订本，第 1465 页。

② 参见《新华词典》，商务印书馆 2001 年修订版，第 1258 页。

③ 伍启元著：《公共政策》，香港商务印书馆 1989 年版，第 4 页。

④ Appleby，Paul，Policy and Administration，University：University of Alabama Press，1949. p. 27，170.

⑤ 转引自林水波、张世贤著：《公共政策》，台湾五南图书出版公司 1982 年版，第 8 页。

政府机构和它周围环境之间的关系。"① 罗伯特·艾思顿的定义是最为宽泛的，然而，仅仅从政府与环境互动的层面来界定公共政策显然是不够的。

（4）美国学者托马斯·R. 戴伊（Tomas R. Dye）认为："政策是涉及大量人力和资源或关系到很多人的政府决定，公共政策就是政府选择做什么或不做什么。"② 这一定义不仅看到了政府的"为"，还注意到了政府的"不为"，因而具有明显的行为主义色彩，体现了公共政策分析实践性的学科特征。所谓"为"，就是政府为解决一定的公共问题而公然采取行动或者公然做出一定的符号表示；所谓"不为"，就是政府遵循一种放任主义的不干涉原则，不采取任何行动，不做出任何积极性的符号表示。"不为"和"为"都是公共问题的重要解决之道。把政府执行政策的行为等同于公共政策本身是不妥的。

（5）美国学者詹姆斯·E. 安德森认为："政策是一个有目的的活动过程，而这些活动是由一个或一批行为者，为处理某一问题或有关事物而采取的。"③

（6）美国学者卡尔·弗里德里奇指出："政策是在某一特定的环境下，个人、团体或政府有计划的活动过程。""提出政策的用意就是利用时机、克服障碍，以实现某个特定目标，或达到某一既定目的。"④

（7）后行为主义政治学家戴维·伊斯顿（David Easton）认为："公共政策是政治系统权威性决定的输出，是对整个社会所做的权威性价值分配。"⑤ 换言之，"一项政策的实质在于通过那项政策不让一部分人享有某些东西而允许另一部分人占有它们"。⑥ 这个观点指出了公共政策的价值分配功能，因而颇受学界的青睐。

（8）迈克尔·罗斯金等人认为："政策就是政府正在'试图'去做的事情。"⑦

---

① ［美］Robert Eyestone，The Threads of Public Policy：A Study in Policy Leadership. Indianapolis：Bobbs-Merrill 1971，p. 18.

② 参见［美］Thomas R. Dye，Understanding Public Policy（6th. ed.），Englewood Cliffs. N. J：Prentice-Hall Inc，1987，p. 2.

③ ［美］詹姆斯·E. 安德森著：《公共政策》，华夏出版社 1990 年版，第 4 页。

④ ［美］Karl J. Friedrich，Man and His Government，New york：Mcgraw-Hill，1963，p. 79.

⑤ ［美］D. Easton，The Political System，New York：Knopf，1953，p. 129.

⑥ ［美］戴维·伊斯顿著：《政治体系——政治学状况研究》，马清槐译，商务印书馆 1993 年版，第 123 页。

⑦ ［美］迈克尔·罗斯金等著：《政治科学》，林震等译，华夏出版社 2001 年版，第 370 页。

（二）国内学者关于“政策”与“公共政策”的概念

我国学者对有关政策概念的理解也不尽相同，主要观点有：

（1）我国学者兰秉洁等指出：政策是“国家、政党为实现一定历史时期的任务和目标而规定的行动准则和行动方向”。[①] 该定义与《现代汉语词典》的字意解释基本相同。

（2）我国学者张金马等在此基础上进一步指出：“公共政策是指党和政府用以规范、引导有关机构团体和个人的行动准则或指南。其表达形式有法律规章、行政命令、政府首脑的书面和口头声明和指示以及行动计划与策略等。”[②] 虽然该定义仍将政策的主体限制于政党和政府，但它指出了公共政策的具体表现形式，强调了公共政策的规范性和引导性，扩展了其内涵。

（3）我国学者桑玉成等指出：“公共政策，是社会公共权威的一种行为。社会公共权威是指能够运用它的物质力量对社会公共事务做出权威性决定，对社会资源做出权威性分配的政治主体。因而在我们国家，作为执政党的中国共产党的政策行为也属于社会公共权威的行为。”[③] 该定义的实质内容较为丰富，它不仅强调了公共政策是公共权威的行为，而且将公共政策的主体抽象为政治主体。

（4）我国学者陈振明认为：“政策是国家机关、政党及其他政治团体在特定时期为实现或服务于一定社会政治、经济、文化目标所采取的政治行为或规定的行为准则，它是一系列谋略、法令、措施、办法、方法、条例等的总称。”[④] 该定义将政策的内容扩展到了政治行为，而不仅仅限于准则、行动方向、计划、谋略等。

（5）我国学者刘斌、王春福等人认为：“政策是政治实体在一定的时空范围内为完成一定的任务所采取的政治行为，主要表现为行为规范、直接采取的行动和某种态度。”[⑤]

（6）我国学者孙光认为：“政策是国家和政党为了实现一定的总目标而确定的行动准则，它表现为对人们的利益进行分配和调节的政治措施和复杂过程。”[⑥]

---

① 兰秉洁、刁田丁主编：《政策学》，中国统计出版社 1994 年版，第 3 页。

② 张金马主编：《政策科学导论》，中国人民大学出版社 1992 年版，第 17 页后。

③ 桑玉成、刘百鸣著：《公共政策学导论》，复旦大学出版社 1991 年版，第 2 页。

④ 陈振明主编：《政策科学》，中国人民大学出版社 1998 年版，第 9 页。

⑤ 刘斌、王春福等著：《政策科学研究》（第 1 卷），人民出版社 2000 年版，第 90 页。

⑥ 转引自周树志著：《公共政策学》，西北大学出版社 2000 年版，第 32 页。

（7）我国学者王福生认为：“政策是人们为实现某一目标而确定的行动准则和谋略。”①

（8）我国台湾学者武启元提出：公共政策是政府所采取的对公私行动的指引。②

（9）我国台湾学者林永波、张世贤认为：公共政策是政府选择作为或不作为的行为。③ 在这里，我国台湾学者关于政策的两个概念与西方的政策观念是一脉相承的。

虽然国内外学者关于政策的概念纷繁复杂，也有国外学者按照西方的政治原理提出个人或公民也是政策主体，如卡尔·弗里德里奇指出：“政策是在某一特定的环境下，个人、团体或政府有计划的活动过程”，但总体上认为政策的制定主体是国家、政党以及以政府为主导的公共机构。而且从有关“政策”和“公共政策”的概念中，我们可以发现，现代意义上的政策指的即“公共政策”。

“公共政策”是现代政治科学的一个分支，主要研究的是政府为管理社会公共事务、实现公共利益，运用公共权力而制定和实施的公共行为规范、行动准则和活动策略。

在现代民主社会中，政府通过民众选举产生，政府的权力是公权力，是民众赋予的，政府行为的目的是根据民众的意愿履行公务。同样，在现代民主社会中，政策的制定和推行既要体现民众意愿又要受到民众的监督，在这个意义上，政策既来自于公众的授权又要服务于公众，所以也被称为公共政策。据此可以说，在现代社会，政策（policy）就是公共政策（public policy）。

社会政策也是公共政策的一部分。一般认为，最早提出社会政策概念的人是19世纪德国社会政策协会的骨干成员阿道夫·瓦格纳（Adolph Wagner，1835—1917）。他在1891年发表的论文中把社会政策定义为“运用立法和行政手段，以争取公平为目的，清除分配过程中的各种弊害的国家政策”。显然，瓦格纳笔下的社会政策概念充满了政治经济学色彩。他把社会政策看作与财政政策、租税政策平行的公共政策。与今天的社会政策概念相比，他的概念更多强调国家对社会的控制，而不是公民福利的提升。④ 作为一门应用性学科，社会政策的研究内容主要涉及政策产生过程的理论和方法，以及政策

① 转引自周树志著：《公共政策学》，西北大学出版社2000年版，第31页。

② 转引自李成智著：《公共政策》，团结出版社2000年版，第3页。

③ 转引自卢建平主编：《刑事政策学》，中国人民大学出版社2007年版，第4页。

④ 黄晨熹编著：《社会政策》，华东理工大学出版社2008年版，第3-4页。

在各个相关领域中的应用这两个方面。在后一个方面，社会政策又可分为狭义和广义两类，狭义的社会政策范围仅仅涉及劳工及贫民生活，而广义的社会政策则包括国民福利、就业、住房、健康、文化、教育、人口、婚姻与家庭生活、社区及社会公共环境以及宗教等。显然，狭义的界定所对应的只是狭义的社会福利政策，而广义的界定则对应于各种社会问题的研究。社会政策是“公共政策”的重要组成部分。

公共政策的发展，使得政策科学也发展起来。1951 年，哈罗德·拉斯韦尔（Harold Lasswell）提出了政策科学的概念，一般认为，他是美国第一位将政策与科学联系起来的政治学家。1971 年，拉斯韦尔出版了《政策科学展望》，并由此奠定了他“现代政策科学创立者”的地位。后来，以色列著名学者叶海卡·德罗尔（Yehezkel Dror）撰写了著名的“政策科学三部曲”：《公共政策制定的再审查》（1986 年）、《政策科学构想》（1971 年）、《政策科学探索》（1971 年）。在这些著作中，叶海卡继承和发展了拉斯韦尔的政策科学理论，对政策科学的对象、性质、理论和方法等问题作了进一步具体而详细的论证，使政策科学的理论进一步完善。虽然如此，由于政策科学跨学科的特点，为大部分人所认同的定义还没有形成，但政策科学的基本轮廓已经形成并被普遍接受。政策科学的兴起，为刑事政策研究提供了新的视角和资源。

综上所述，我们认为，政策指的就是公共政策，是国家、政党以及以政府为主导的公共机构为实现特定的社会管理目的，对特定的社会公共事务采取的一系列管理调控活动及过程的总称。公共政策和政策科学的发展，为刑事政策的研究和发展提供了基础和新视角。

二、刑事政策的基本问题

刑事政策的概念纷繁复杂，有广义与狭义之分，了解和确定刑事政策的概念、特点与结构，有助于正确认识刑事政策。

（一）刑事政策的概念及解析

1. 外国学者关于刑事政策的概念及解析

研究刑事政策，首先要厘清刑事政策的概念。迄今为止，学者们对刑事政策的概念界定存在着很大的分歧。正如储槐植教授所说：“可以这样认为，至今几乎所有关于刑事政策的著述，找不到两个完全相同的刑事政策定义。”①

① 储槐植：《刑事政策：犯罪学的重点研究对象和司法实践的基本指导思想》，载《福建公安高等专科学校学报：社会公共安全研究》1999 年第 5 期。

曲新久教授也谈道："刑事政策定义呈现出四分五裂、支离破碎的特征。我们将国外和我国学者较为重要的、有代表性的刑事政策定义加以粗略地比较，便可以发现：刑事政策是一个歧义丛生的概念。"① 从理论上讲，刑事政策有狭义和广义之分，分为狭义说、广义说。当然，其中也有更细致的分类，分为狭义、广义和最广义等。本书从狭义和广义角度，对刑事政策概念进行分类解析。

（1）狭义刑事政策观主要有：

①德语"Kriminalpolitik"，被认为是刑事政策一词来源。从某种角度讲，德国可以说是刑事政策的发源地。费尔巴哈率先界定刑事政策的概念，他提出："刑事政策是国家据以与犯罪作斗争的惩罚措施的总和，是'立法国家的智慧'。"② 费尔巴哈对刑事政策的界定，可能是古典刑事政策观的第一次明确表达。从"惩罚措施的总和"、"立法国家的智慧"等可以看出，他的刑事政策观是用刑罚惩罚犯罪以解决犯罪问题，刑事政策即刑事惩罚政策。

②德国学者克兰斯洛德认为："刑事政策是立法者为了预防、阻止犯罪、保护公民自然权利并根据各个国家具体情况而采取的措施。"③ 克兰斯洛德和费尔巴哈的刑事政策的相同之处就是他们都将刑事政策限定在了刑事立法政策的范围内，将制定刑事政策的主体定位于"立法者"或"立法国家"。

③德国刑法学家汉斯·海因里希·耶赛克和托马斯·魏根特在《德国刑法教科书》中提出："刑事政策探讨的问题是，刑法如何制定，以便其能更好地实现其保护社会的任务。刑事政策与犯罪原因联系在一起，它在探讨如何描述犯罪构成要件特征以便与犯罪的实际情况相适应；它尝试确定在刑法中适用的制裁措施的作用方式；它斟酌允许立法者将刑法延伸到何种程度以便使公民的自由空间不会超过不必要的限制；它检验实体刑法是否作了使刑事诉讼能够得以进行的规定。"④ 汉斯·海因里希·耶赛克和托马斯·魏根特的刑事政策观，是对古典刑事政策观的继承，他们甚至还认为："除刑法教义学外，刑事政策学也是刑法学的一部分。刑事政策主要与现行刑法的修改有关。

---

① 曲新久著：《刑事政策的权力分析》，中国政法大学出版社2002年版，第34页。

② 转引自［法］米海依尔·戴尔马斯·马蒂著：《刑事政策的主要体系》，卢建平译，法律出版社2000年版，第1页。

③ 转引自卢建平著：《社会防卫思想》，载高铭暄等主编：《刑法论丛》（第一卷），法律出版社1998年版，第134页。

④ ［德］汉斯·海因里希·耶赛克、托马斯·魏根特著：《德国刑法教科书》，徐久生译，中国法制出版社2001年版，第28-29页。

它首先以现行法律为出发点，同时也吸收了刑法教义学的研究成果。它根据犯罪学经验研究的成果，对在将来修订现行法律的要求提供理由。因此，刑事政策学是刑法教义学和犯罪学之间的一个重要桥梁。”① 这个刑事政策观体现的也是古典刑事政策观，把解决犯罪问题的希望寄托于刑事惩罚，并没有跳出刑法和刑罚的圈子去考虑犯罪对策问题。

④法国研究刑事政策的学者分为两类：刑法学者和犯罪学学者。这两类学者从各自学科的角度出发对刑事政策给出了不同的定义。一般来讲，刑法学者持狭义刑事政策观点，将刑事政策严格界定为刑法的法律政策，认为刑事政策仅在于研究向立法者或行政机构建议的消除或限制已然犯罪的手段和方法，是使刑事实体法特别是刑罚或保安处分措施如何更有效地发挥阻吓犯罪特别是累犯的作用的法律政策，将刑事政策几乎混同于刑法。狭义说的代表人物有多纳迪厄·德·瓦布尔，他将刑事政策定义为“对犯罪的镇压式的、惩罚式的反应”。多纳迪厄·德·瓦布尔在其专著《专制国家的刑事政策》中特别指出，刑事政策不包括犯罪预防，犯罪预防旨在通过适当的经济政策和社会政策来限制引起犯罪的因素，如流浪、卖淫、醉酒等，从而达到减少犯罪的目的。多纳迪厄·德·瓦布尔将犯罪预防称为“犯罪社会学”或者“犯罪预防”。②

以上几个代表性的刑事政策概念，均从传统古典学派立法威慑、一般预防的角度，对刑事政策进行了界定，将刑事政策的概念界定为刑事惩罚政策，主要通过刑事立法、司法和执法手段实现对犯罪的惩罚，属于狭义刑事政策。

（2）广义刑事政策观主要有：

①德国著名的刑事政策创始人、刑法学家李斯特赋予了刑事政策更广泛的定义和范畴，李斯特认为刑事政策也许可以表述为：“所谓刑事政策，是指国家借助于刑罚以及与之相关的机构（教育和校正机构、劳动教养所以及类似机构），来同犯罪作斗争的基本原则的整体（总称）。当然，我们还可以从广义的范畴来理解这个表述。与犯罪作斗争是以了解犯罪的原因和刑罚的效果为前提条件的，同时离开了对犯罪生物学（人类学）和犯罪社会学（统计

① ［德］汉斯·海因里希·耶赛克、托马斯·魏根特著：《德国刑法教科书》，徐久生译，中国法制出版社 2001 年版，第 55 页。

② 转引自［法］雅克·博里康、朱琳编著：《法国当代刑事政策研究及借鉴》，中国人民公安大学出版社 2011 年版，第 3-4 页。

学）的研究结果，也不可能制定一个经过科学论证的刑事政策。”①

从这个概念表述可以看出，李斯特持广义的刑事政策观点，也可以说，李斯特提出的是全新的刑事政策概念。由于他的贡献，产生了以犯罪学为基础的现代科学意义上的刑事政策学。他的刑事政策概念，超越了古典刑事政策观，提出刑罚不是与犯罪作斗争的唯一手段，广义的刑事政策观自此确立起来。

②法国学者罗贝尔·武安认为，刑事政策是“对抗犯罪的系统的斗争，以尽可能地消除犯罪，其前提是能够有效地打击犯罪，即便不能全部消除犯罪，至少能够很大程度上减少犯罪”。②

③罗歇·梅尔和安德烈·维蒂认为：“刑事政策是指在一定时期和一定国家内，向立法者建议的或者被立法者采纳的所有与犯罪作斗争的措施。”罗歇·梅尔和安德烈·维蒂又进一步解释道：“刑事政策是一门艺术，也是一门科学，是旨在发现并合理组织对付犯罪现象引起的各种实质和形式问题的最佳策略。”③

④卡斯东·斯特法尼、乔治·勒瓦瑟尔、贝尔纳·布洛克在其合著的《法国刑法总论精义》一书中将刑事政策定义为：“组织同预先确定的犯罪行为进行的斗争。进行这种斗争，可以采取不同的形式、不同的方法，引向不同的目的。”④

⑤乔治·勒瓦瑟尔于1960年在巴黎宣讲的“补充刑法总论课”中进一步指出，刑事政策的具体措施分为两类：一类是一般性质的，包括针对犯罪的社会预防政策和刑事法律；另一类是个人性质的，包括刑罚、保安处分措施和防止个人犯罪或再犯的社会救助措施。⑤

罗贝尔·武安、罗歇·梅尔和安德烈·维蒂以及卡斯东·斯特法尼等法

---

① ［德］冯·李斯特著：《论犯罪、刑罚与刑事政策》，徐久生译，北京大学出版社2016年版，第212页。

② 转引自［法］雅克·博里康、朱琳编著：《法国当代刑事政策研究及借鉴》，中国人民公安大学出版社2011年版，第5页。

③ 转引自［法］雅克·博里康、朱琳编著：《法国当代刑事政策研究及借鉴》，中国人民公安大学出版社2011年版，第5页。

④ ［法］卡斯东·斯特法尼等：《法国刑法总论精义》，罗结珍译，中国政法大学出版社1998年版，第24页。

⑤ 转引自［法］雅克·博里康、朱琳编著：《法国当代刑事政策研究及借鉴》，中国人民公安大学出版社2011年版，第5页。

国学者均持广义刑事政策观点，认为刑事政策不仅仅是刑罚政策，也包括其他政策。

⑥法国学者马克·安塞尔倡导新社会防卫论，他将刑事政策视为“观察的科学”与“组织反犯罪斗争的艺术与战略”，他指出：“刑事政策是由社会，实际上也就是说由立法者和法官在认定法律所惩罚的犯罪，保护‘高尚公民’时所作的选择。”①

马克·安塞尔是刑事政策理论的集大成者，他把自己的刑事政策理论命名为“社会防卫论”。马克·安塞尔的刑事政策观认为，刑事政策既是打击和预防犯罪的斗争策略，是一个国家总政策的组成部分，同时也是研究犯罪现象及其对策的科学。

⑦法国学者克里斯蒂娜·拉塞杰继承了马克·安塞尔的观点，认为：“刑事政策是对广义犯罪现象的认识分析，是对与这一现象作斗争的方法、措施的解析，同时也是在一定理论指导下用来解决打击和预防犯罪现象过程中各种问题的社会的、法律的战略。”②

⑧法国学者米海依尔·戴尔马斯·马蒂支持并发扬了马克·安塞尔的刑事政策概念，认为：“刑事政策就是社会整体据以组织对犯罪现象反应的方法的总和，因而是不同社会控制形式的理论与实践。当然刑法依然存在，依然是刑事政策的最重要的核心、最高压区和最亮点。但在刑事政策领域，刑法实践并不是一枝独秀的，而是被其他的社会控制的实践所包围着。这些实践有非刑事的（如行政制裁），有非惩罚性的（如预防、赔偿和调解），甚至有非国家的（私人民兵的惩罚活动，国际大赦组织的抗议活动，或作为某些行业管理的纪律措施）。”③ 米海依尔·戴尔马斯·马蒂虽然启用了费尔巴哈的表述格式，却表达了与马克·安塞尔基本一致的刑事政策思想。

有学者认为马克·安塞尔、克里斯蒂娜·拉塞杰、米海依尔·戴尔马斯·马蒂的刑事政策观是最广义的刑事政策观，将越轨行为纳入刑事政策范围与犯罪一同讨论。广义说与最广义说都是从预防犯罪的战略高度使用“刑事政策”一词，将刑事政策视为打击犯罪的一种理想模式，一种组织反犯罪

① ［法］马克·安塞尔著：《新刑法理论》，卢建平译，香港天地图书有限公司1989年版。

② ［法］米海依尔·戴尔马斯·马蒂著：《刑事政策的主要体系》，卢建平译，法律出版社2000年版，第1页。

③ ［法］米海依尔·戴尔马斯·马蒂著：《刑事政策的主要体系》，卢建平译，法律出版社2000年版，第1页。

斗争的艺术或战略而不限于纯科学。广义说和最广义说“唯一的分歧的地方在于是否要将越轨行为纳入刑事政策范围与犯罪一同讨论”。① 无论是广义还是最广义，其最重要的共同点是跳出单纯的刑罚惩罚的范围，将刑事政策拓展到了社会领域，大大拓展了刑事政策的研究范围。

⑨日本学者大谷实认为：“所谓刑事政策，是国家机关（国家和地方公共团体）通过预防犯罪、缓和犯罪被害人及社会一般人对于犯罪的愤慨，从而实现维持社会秩序的目的的一切措施政策，包括立法、司法及行政方面的对策。”他坚持他的刑事政策学说是介于最广义刑事政策说与最狭义刑事政策说之间的狭义刑事政策说。他认为最广义的刑事政策学说对象过于宽泛，与社会政策等难以区分；而最狭义的刑事政策学说——刑事政策是指对犯罪人及具有犯罪危险性的人所采取的强制措施，对象又过于狭窄，会将少年的不法行为之类的重要事项从刑事政策的领域遗漏。关于刑事政策的主体，他认为：“刑事政策，是指以国家机关为主体的，以防止犯罪为中心的维护社会秩序的活动的整体。”②

⑩日本学者川出敏裕等认为：“所谓刑事政策，是指国家以及地方自治体为防止犯罪而施行的对策。作为学问的刑事政策（刑事政策学），基本上是以讨论这样的对策为内容的。”③

⑪日本学者田中政义认为：“刑事政策系国家、自治团体抑或民间团体，借刑罚或类似刑罚之方法或制度，以达直接防止犯罪与矫正犯罪为目的，更且为排除因犯罪所生之社会的恶害，考究其手段与方式，以对犯罪实施斗争之谓。”④

⑫日本学者森本益之等认为：“刑事政策是由国家或社会团体以预防和镇压犯罪为目的所采取的各种措施。”⑤

从德国学者李斯特，法国学者罗贝尔·武安、罗歇·梅尔、安德烈·维蒂、卡斯东·斯特法尼、乔治·勒瓦瑟尔、贝尔纳·布洛克、马克·安塞尔、克里斯蒂娜·拉塞杰、米海依尔·戴尔马斯·马蒂等，以及现代日本学者的

---

① 参见［法］雅克·博里康、朱琳编著：《法国当代刑事政策研究及借鉴》，中国人民公安大学出版社 2011 年版，第 7 页。

② ［日］大谷实著：《刑事政策学》，黎宏译，法律出版社 2000 年版，第 3-4 页。

③ ［日］川出敏裕等著：《刑事政策》，中国政法大学出版社 2016 年版，第 1 页。

④ 转引自谢瑞智著：《刑事政策原论》，台北文笙书局 1978 年版，第 6 页

⑤ ［日］森本益之、濑川晃著：《刑事政策学》，戴波等译，中国人民公安大学出版社 2004 年版，第 1 页。

刑事政策概念中可以看到，自刑事实证学派学者李斯特将刑事政策观从刑事立法和刑事惩罚领域拓展到社会领域后，现代刑事政策不再仅仅局限在刑事立法和刑事惩罚领域，而是将其拓展到了经济、教育等更为广泛的社会领域。

与狭义刑事政策相比，广义刑事政策从两个方面进行了拓展：一是对象不仅限于对已然犯罪的惩罚，还包括对未然犯罪的预防；二是主体相应地扩大为执行惩罚和预防的各类机构，包括“警察、检察院、法院、监狱、青少年司法保护司、预防组织、社会服务机构”。①

2. 我国台湾学者关于刑事政策的概念及解析

（1）台湾学者林纪东认为：“刑事政策的含义，可分为广义、狭义两说。广义说认为刑事政策是探求犯罪的原因，从而树立防止犯罪的对策。狭义说则认为刑事政策是探求犯罪的原因，批判现行的刑罚制度，及各种有关制度，从而改善或运用现行刑罚制度，及各种有关制度，以期防止犯罪的对策。”林纪东先生指出，广义说看到了刑事政策的根本处、远大处，正确表达了刑事政策的含义，因而是正确的。但若根据此确定刑事政策学的范围，则范围过于宽泛，故由刑事政策学的内容说，似应由狭义说的观点出发，把刑事政策学的内容集中在以下几点：①犯罪原因之研究；②现行刑罚及各种有关制度之批判；③如何改善或运用现行刑罚制度之研究；④如何改善或运用各种和刑罚有关制度之研究；⑤而其最终之目的，则在犯罪之防止。②

（2）台湾学者张甘妹认为，刑事政策大体上可以分为广义和狭义两种，就广义而言，刑事政策得谓为国家以预防及镇压犯罪为目的的一切手段或方法。狭义之刑事政策，得谓为国家以预防及镇压犯罪为目的，运用刑罚以及具有与刑罚类似作用之诸制度，对于犯罪人及有犯罪危险人所作用之刑事上之诸对策。③

（3）台湾学者谢瑞智指出：“刑事政策者，国家或自治团体为预防或镇压犯罪所讲求之各种措施也。”④

（4）台湾学者许福生认为：“就理论而言，犯罪问题并不仅为刑事问题，同时亦为严重的社会问题。今若欲有效地防控犯罪，必须与犯罪有关的各种

---

① 转引自［法］雅克·博里康、朱琳编著：《法国当代刑事政策研究及借鉴》，中国人民公安大学出版社 2011 年版，第 4 页。

② 林纪东著：《刑事政策学》，台湾“国立”编译馆出版，正中书局印行，1969 年 10 月版，第 3 页。

③ 张甘妹著：《刑事政策》，台湾三民书局 1979 年版，第 2–3 页。

④ 谢瑞智著：《刑事政策原论》，台北文笙书局 1978 年版，第 17 页。

社会政策相配合。然而，若采广义说，则刑事政策范围将过于宽泛，在研究上及实际活动上亦有不易专精的困难，以致无法期待确实效果。因此一般刑事政策的教科书，殆无论及一般社会政策。相对地，若将刑事政策范围限缩在'刑法的立法政策上'，则不足以有效地防制犯罪。至于狭义说，其研究范围则限于刑罚及刑罚相关制度，虽然研究范围明确，惟手段上仍嫌不足，忽略了共同结合民间力量，已达成防制犯罪为直接目的的一切措施。因此，本文主张刑事政策的手段应较狭义说为广，但不包括广义说所言的一般社会政策在内。"①

3. 大陆学者关于刑事政策的概念及解析

我国引入刑事政策概念较晚，因而主要持现代广义刑事政策观点。

（1）马克昌教授主编的《中国刑事政策学》指出，我国的刑事政策"是指中国共产党和人民民主政权，为了预防犯罪、减少犯罪，以致消灭犯罪，以马列主义、毛泽东思想为指导，根据我国的国情和一定时期的形势，而制定的与犯罪进行有效斗争的指导方针和对策"。②

（2）杨春洗教授等认为："所谓刑事政策是指国家或执政党为了达到抗制犯罪的目的，依据本国的犯罪总态势并采取刑罚和非刑罚等手段所制定的一系列方针和策略的总和。"③

（3）王牧教授认为："狭义的刑事政策是指国家打击和预防犯罪而运用刑事法律武器与犯罪作斗争的各种手段、方法和对策。它涉及的内容主要是刑事立法、司法和执行机关的刑事惩罚措施。广义的刑事政策是指国家打击和预防犯罪而与犯罪作斗争的各种手段、方法和对策。它不仅包括以直接防止犯罪为目的的各种刑罚政策，还包括能够间接防止犯罪的各种社会政策。"④

（4）储槐植教授认为："刑事政策是国家或执政党依据犯罪态势对犯罪行为和犯罪人运用刑罚和有关措施以期有效地实现惩罚和预防犯罪目的之方略。"⑤

（5）杨春洗、高铭暄教授主编的《刑事法学大辞书》中指出，刑事政策是指根据犯罪情况的变化，运用刑罚及有关制度，有效地同犯罪作斗争，以

---

① 许福生著：《刑事政策学》，中央警察大学2007年印行，第12页。

② 马克昌主编：《中国刑事政策学》，武汉大学出版社1992年版，第5页。

③ 杨春洗、余净著：《论刑事政策视野中的"严打"》，载《人民检察》2001年第12期。

④ 王牧著：《犯罪学》，吉林大学出版社1992年版，第379-380页。

⑤ 储槐植：《刑事政策：犯罪学的重点研究对象和司法实践的基本指导思想》，载《福建公安高等专科学校学报：社会公共安全研究》1999年第5期。

期实现抑制犯罪和预防犯罪之目的的策略、方针、措施和原则。①

（6）甘雨沛教授认为："刑事政策是策略性的强制措施和具体的实践活动"，"是国家和社会团体对犯罪和犯罪者以及犯罪诸现象，根据以镇压、压制或抑制和犯罪预防为目的的原则，采取有效的有指导意义的活动或措施。"②

（7）魏克家教授认为："刑事政策是指掌握国家政权的统治阶级为维护自己的政治统治和社会秩序，实现一定历史时期的路线和任务而制定的打击、预防、控制犯罪的战略、策略和行动准则。"③

（8）曲新久教授认为："刑事政策是国家基于犯罪预防、控制犯罪以保障自由、维持秩序、实现正义的目的而制定、实施的细则、策略、方针、计划以及具体措施的总称。"④

（9）张远煌教授认为："刑事政策是国家基于指导打击及预防犯罪的活动而制定的各种原则的总称，是国家政策体系的有机组成部分。"⑤

（10）卢建平教授主编的《刑事政策学》指出，由于刑事政策概念在我国常常被狭义地理解与使用，影响了我国刑事政策及其理论的发展，众多微观而具体的刑事政策亟须系统理论的整合、调整，以有效应对现实世界越来越严峻的犯罪局面。随着对我国犯罪现象及其原因的认识不断加深，对刑法手段的效用及其局限的认识也在深化，同时因为国外刑事政策研究成果的不断引入，国内刑事政策研究开始升温，广义刑事政策观也开始形成，以组织反犯罪斗争或抗制犯罪的综合艺术或战略、集中体现反犯罪诸策略、系统集成反犯罪诸机制、全面整合反犯罪诸主体为本质内容的广义的刑事政策概念得到确立。⑥

（11）王牧教授认为："那种建立在对犯罪的规范分析和形而上学研究基础之上、作为刑事立法和司法技术的古典刑事政策，由于它依附于刑法，没能跳出刑法的小圈子去审视和批判刑法并超越刑法而构建一个更为有效的犯罪对策体系，因而与其说它是刑事政策，不如说它是刑法的一个附属部分或辅助知识……到了 19 世纪末，当刑事政策概念被赋予现代的科学内涵之后，

① 杨春洗、高铭暄等主编：《刑事法学大辞书》，南京大学出版社 1990 年版，第 578 页。

② 甘雨沛：《我国刑法学科科学体系中的刑事政策学》（上），载《社会科学战线》1987 年第 1 期。

③ 魏克家：《论刑事政策的几个问题》，载《政法论坛》1994 年第 2 期。

④ 何秉松主编：《刑事政策学》，群众出版社 2002 年版，第 39 页。

⑤ 张远煌著：《现代犯罪学的基本问题》，中国检察出版社 1998 年版，第 220 页。

⑥ 卢建平主编：《刑事政策学》，中国人民大学出版社 2007 年版，第 20 页。

刑事政策才真正被注入生命之魂并获得独立自主的品格。因此，就其本义来说，刑事政策应当是现代意义上的科学的刑事政策。它建立在犯罪学以及其他人文科学基础之上，强调以科学的态度以及法治和人道主义的态度来有效地处理和预防犯罪。为了有效地减少犯罪，为了刑法的现代化，无疑，我们应当坚持现代的科学的刑事政策观念。”①

我国改革开放后才对刑事政策进行初步研究，因此，我国学者对刑事政策的研究是在西方刑事政策的研究成果之上，没有经历过两大学派不同观点的尖锐对峙和理论争论阶段。对刑事政策的概念和研究范围，虽然表述不一致，但在实质上基本能达成共识，形成了广义的刑事政策观。正如王牧教授所说：“通过历史性考察，我们发现，那种建立在对犯罪的规范分析和形而上学研究基础之上、作为刑事立法和司法技术的古典刑事政策，由于它依附于刑法，没能跳出刑法的小圈子去审视和批判刑法并超越刑法而构建一个更为有效的犯罪对策体系，因而与其说它是刑事政策，不如说它是刑法的一个附属部分或辅助知识。关于刑事政策的概念，可以说，在我国现阶段，广义刑事政策观占主流。”②

4. 我国刑事政策概念的界定

综观国外国内刑事政策的概念，无外乎两大类，即狭义刑事政策（以单一刑事惩罚为核心的古典学派刑事政策观）和广义刑事政策（刑事政策不仅仅是刑事惩罚政策，还包括与犯罪作斗争的社会政策，将刑事政策拓展到社会领域的现代刑事政策观，也有学者进一步分为刑事政策广义和最广义观点）。正如我国学者王牧教授所论述的那样：“如果对费尔巴哈提出刑事政策概念以来可以列举出的五花八门的刑事政策概念的定义做一番解析并加以归类，人们对刑事政策的概念的基本理解其实只有两种，一种是古典的刑事政策，即单一的刑事惩罚政策，另一种是现代的刑事政策。当然，在这两种基本理解之上，或可衍生出介于两者之间的其他一些理解，但那不过是两种基本理解的变体或折中。”③

狭义的刑事政策即刑事惩罚政策也就是刑事法律政策。刑事法律政策，

---

① 王牧、赵宝成：《“刑事政策”应当是什么？——刑事政策概念解析》，载《中国刑事法杂志》2006 年第 2 期。

② 王牧、赵宝成：《“刑事政策”应当是什么？——刑事政策概念解析》，载《中国刑事法杂志》2006 年第 2 期。

③ 王牧、赵宝成：《“刑事政策”应当是什么？——刑事政策概念解析》，载《中国刑事法杂志》2006 年第 2 期。

又被学者们称之为“刑事惩罚政策”，在世界各国刑事政策中概无例外地占据着首要地位。①

关于刑事惩罚政策或刑事法律政策的概念，有学者认为：刑事法律政策，是指国家或执政党运用刑事法手段防控犯罪的策略，其所运用的手段，主要是刑罚手段。刑事法律政策是“公共政策中牵涉到刑事法体系者”。②“刑事惩罚政策是指国家机关运用刑事法律与违法犯罪作斗争的一切手段、方法和措施。它涉及的主要内容有：刑事立法的政策原则和立法实践活动，揭露犯罪事实和犯罪人，追究、惩罚犯罪和刑罚的执行。这些活动可以划分为刑事立法政策、刑事司法政策和刑事执行政策。”③ 运用刑事法律手段防控犯罪是刑事惩罚政策最重要的特征。

本书认为，从现代意义上讲，狭义的刑事政策就是犯罪的刑事惩罚政策，是国家机关运用刑事法律和措施与违法犯罪作斗争的一切手段、方法和措施。狭义的刑事政策不仅仅指刑事立法政策，还包括刑事司法政策和刑事执行政策，而这些政策涉及的问题又集中反映在刑罚问题上。具体地说，在我国，刑事惩罚政策主要包括三个方面内容，一是刑事立法活动，二是刑事司法活动，三是刑罚执行活动。刑事立法与刑事司法二者是有机联系、不可分割的整体，刑罚执行是立法与司法的保障。刑事立法实现了追究犯罪、科处刑罚的法制化，是刑事司法的依据；同时，刑事立法的目的只有在现实的司法实践活动中才能得以实现。

广义的刑事政策不仅包含刑事惩罚政策，也包括和犯罪预防有关的社会政策。

如果说犯罪的刑事惩罚政策是指国家或执政党运用刑事法手段防控犯罪的策略，那么犯罪的社会预防政策，就是指与预防犯罪有关的非刑事惩罚政策。与预防犯罪有关的非刑事惩罚政策都可以视为广义的犯罪社会预防政策。在刑罚之外寻找犯罪对策，属于社会预防的范畴。

在本书中，我们更倾向于刑事政策的广义概念，综合起来，我们认为：刑事政策既包括刑事惩罚政策（或称刑事法律政策），也包括与预防犯罪直接有关的犯罪社会预防政策。刑事惩罚政策和犯罪社会预防政策是刑事政策的两个基本方面。

---

① 王牧著：《犯罪学》，吉林大学出版社 1992 年版，第 382 页。

② 转引自侯宏林著：《刑事政策的价值分析》，中国政法大学出版社 2005 年版，第 105 页。

③ 王牧主编：《新犯罪学》，高等教育出版社 2005 年版，第 336 页。

5. 刑事政策概念的构成因素

无论刑事政策概念如何，下列因素是不可或缺的：

第一，制定刑事政策的主体是国家或执政党。西方大多数学者持此观点，日本学者田中政义和我国台湾学者谢瑞智认为刑事政策的制定主体除国家外，还包括自治团体抑或民间团体。我国大陆学者在刑事政策制定的主体上基本持一致意见，认为刑事政策的制定主体是国家或执政党。

本书认为在我国，将刑事政策的主体确定为国家或执政党是符合现实的。只有掌握国家权力的国家有权机关或执政党制定的刑事政策，才具有指导刑事立法、执法、司法的资格；只有掌握国家权力的国家有权机关或执政党制定的刑事政策，才可能被贯彻、执行；只有掌握国家权力的国家有权机关或执政党制定的刑事政策，才能得到该国全体公民的认可。当然，掌握国家权力的有权机关到哪一个层次、级别还需论证。但是，一些自治团体或民间组织所制定的“刑事政策”，由于制定主体的权力限制，很难成为国家性的刑事政策。虽然在现代刑事政策决策过程中，社会组织和经济组织乃至某些个人都会通过一定的渠道或途径对决策者形成某种影响，有的甚至会形成利益集团，间接地参与到制定刑事政策的“权力游戏”之中，但是刑事政策仍然被国家权力所垄断。至于执政党，在我国，作为执政党的中国共产党既非权力机关，也非国家机构，但在中国公共政策决策中占据着领导地位，这是宪法所确认的，也为政策学者所公认。[①] 因此，在我国将刑事政策的主体确定为国家和执政党是符合现实的。

第二，制定刑事政策的依据是本国的犯罪现象发展的总趋势。这是刑事政策科学性的最基本的要求。犯罪是社会的一种基本现象，甚至可以说是一种正常的社会现象，正如法国社会学家迪尔凯姆所说：“犯罪不仅见于大多数社会，不管它是属于哪种社会，而且见于所有类型的所有社会。不存在没有犯罪行为的社会。虽然犯罪的形式有所不同，被认为是犯罪的行为也不是到处一样，但是，不论在什么地方和什么时代，总有一些人因其行为而使自身受到刑罚的镇压。”[②] 进而他论述道：“我们可以得出一个表面上看似乎十分荒谬的结论。为了不引起误解，我才说这个结论可能是荒谬的。把犯罪归于正常社会学的现象，这不只是说，由于人类具有不可纠正的恶习，所以犯罪

① 何秉松著：《刑事政策学》，群众出版社 2002 年版，第 40 页。

② ［法］E. 迪尔凯姆著：《社会学方法的准则》，狄玉明译，商务印书馆 2002 年版，第 83 页。

就成为一种人们虽不愿意但又不可避免的现象；而且，也在确认犯罪是健康社会的一个因素，是健康社会整体的一个组成部分。”① 根据迪尔凯姆的论述，犯罪是不可避免的一种客观存在，犯罪现象的属性也是为犯罪现象所固有的、不以人的意志为转移的一般共性。犯罪现象是客观存在，是科学认识犯罪本质的基本，是理性和有效地制定同犯罪现象作斗争的各种刑事政策、策略的前提。只有根据本国犯罪现象及其发展趋势做出的刑事政策才是符合规律的刑事政策。刑事政策具有决策性能，犯罪学研究犯罪现象具有实证性，只有在实证基础上做出的刑事政策决策才可能具有科学性及科学预见性。只有具有科学性及科学预见性的刑事政策才具有合理性。

第三，制定刑事政策的目的是预防、控制和抑止犯罪。预防、控制和抑止犯罪是刑事政策最直接也是最终的目的，也是各国政府、有关国际组织以及社会公众所共同关心的重大问题。无论是总体的刑事政策还是具体的刑事政策，无论是重刑化的刑事政策还是轻刑化的刑事政策，无论是刑事立法政策、刑事司法政策还是刑事执行政策的变化和发展，刑事政策的目的无非是控制、抑止犯罪。

第四，刑事政策的手段包括刑罚和非刑罚方法以及其他直接控制、抑止犯罪的方法。有关刑罚的效果历来争论不已，古典学派主张一般预防论，强调刑罚的威慑力量。而实证学派强调特殊预防，菲利甚至提出了刑罚替代论。20 世纪以后，对一般预防论和特殊预防论进行了整合，但是刑事政策不仅仅限于刑罚手段，还有与刑罚相关的保安处分手段以及针对犯罪人处遇的各种政策，改善被害人处境的各种手段等。从广义上讲，甚至包括预防、抑止、惩罚犯罪的一切手段，包括各种刑事社会政策。

第五，刑事政策表现为一系列抽象的方针和策略。20 世纪 40 年代以来，现代系统科学迅速发展，提出了一系列的系统范畴、系统观点和系统原理。所谓系统，是指由相互联系、相互作用的诸要素按一定方式组成的、具有特定性能的有机整体。这体现了刑事政策并不是孤立的几个政策的存在，而是一个系统。

（二）刑事政策的特点与结构

1. 刑事政策的特点

与刑事法律相比，刑事政策具有其独有的特点。

---

① ［法］E. 迪尔凯姆著：《社会学方法的准则》，狄玉明译，商务印书馆 2002 年版，第 84 页。

（1）意向性。意向即意志倾向，刑事政策就其基本精神而言是国家对付犯罪现象的意志倾向。意向性是确定性与不确定性（模糊性）的统一[①]。刑事政策往往是一个国家意志倾向的体现。

（2）综合性。“刑事政策主体和对象的两层含义，目的的双重性，手段的多样性以及刑事政策载体（表现）的层次性，集中说明刑事政策的综合性，这也是刑事政策的一个重要特性。手段多样性，是刑事政策综合性的最主要体现。”[②]“综合性是现代的科学刑事政策体系的一大特性。现代的科学刑事政策体系包容、整合了所有可以用以预防和控制犯罪的策略和手段。对于它的结构性特征，可以做如下简略概括：刑法（刑罚）与公共政策为其不可或缺的两翼；国家正式控制与市民社会的非正式控制相依互补；作为价值（刑事政策观念）的刑事政策、作为策略或艺术（方针、原则）的刑事政策与作为工具（具体制度和手段）的刑事政策分层配套。”[③] 可见，刑事政策具有综合性特征。

（3）开放性。刑事政策不仅具有意向性、综合性，还具有开放性的特征。“开放性决定了刑事政策的生命力，也可以说，刑事政策的生命力表现在它的开放性。刑事政策本身是寻求符合目的的最佳手段的不断改革和完善的过程，刑事政策的动态性是其开放性的表现。认识刑事政策的开放性，对刑事政策的制定和调整以及对刑事政策理论研究均具有重要意义。”[④] 刑事政策本身就是一个开放系统，正是因为刑事政策开放性的特点，才使刑事政策在制定过程中不断与外界交换信息，洞察外界违法行为、越轨行为、犯罪行为等一切现象，推进刑事立法、司法、执法政策和其他预防、抑止违法犯罪对策的发展与完善。也可以说，正是刑事政策的开放性，才使刑事政策充满生命力。刑事政策，无论是刑事立法政策、刑事司法政策还是刑事执法政策，它本身是在寻求符合目的的最佳手段的不断改革和完善的过程中形成和发展的，并在改革和完善的过程中寻求合理性。认识刑事政策的开放性，对刑事政策的

---

① 储槐植：《刑事政策：犯罪学的重点研究对象和司法实践的基本指导思想》，载《福建公安高等专科学校学报：社会公共安全研究》1999 年第 5 期。

② 储槐植：《刑事政策：犯罪学的重点研究对象和司法实践的基本指导思想》，载《福建公安高等专科学校学报：社会公共安全研究》1999 年第 5 期。

③ 王牧、赵宝成：《“刑事政策”应当是什么？——刑事政策概念解析》，载《中国刑事法杂志》2006 年第 2 期。

④ 储槐植：《刑事政策：犯罪学的重点研究对象和司法实践的基本指导思想》，载《福建公安高等专科学校学报：社会公共安全研究》1999 年第 5 期。

制定和调整以及对刑事政策理论研究均具有重要意义。

（4）动态性。刑事立法具有较长时间的稳定性，但也不可避免具有滞后性、非灵活性的缺点。法一旦制定出来，其本身是相对静止和稳定的，然而刑事政策的实践却不是静止，而是运动的。它既是一种状态，更是一种过程，一种不断应用、不断实现、不断发展的过程。虽然刑事政策也要求有稳定性，但与刑事立法相比，却具有动态性与灵活性。法律的制定与执行是严格、稳定、客观的，而刑事政策则具有弹性与主观性特征，故具有较大的灵活性，以弥补法律的不足。美国著名学者莫里斯·R. 科恩指出："生活需要法律具有两种相矛盾的本质，即稳定性或确定性和灵活性。需要前者，以使人的事业不致被疑虑和不稳定所损害；需要后者，以免生活受过去的束缚。"① 无论是什么法律，"一经制定就落后于现实"的法律滞后性是改变不了的。刑法是静态的、刚性的，而刑事政策是相对动态的、柔性的。与其他公共政策相比，刑事政策依据的不仅包括犯罪的现状，更主要的是对犯罪的感知、直觉。刑事政策不同于法律，不能对人们的行为直接做出规定，但它的影响却是深远的。

（5）批判性。这是由刑事政策的动态性引申出的特点。立法一旦施行，就应当被严格遵守，其不合理之处固然不可避免，但这并不能影响对法律的遵守和执行。但对法律的批判以至于修正，任何时期都是必要的。刑事政策在此起着批判、考察刑事法运行，并尽可能缩小现实与法律规定之间差距的作用。"凡是成文法上的规定，只要认为不合目的，都可以自由加以批评，并建议制定更合理、更有效的立法及对策。刑事政策学是站在指导修正现行刑法将来立法的地位来研究问题的。"② "批判精神是刑事政策的固有品格。这里所说的批判是指对刑法以及社会公共政策的批判。批判意味着审视和检讨，审视和检讨是为了改革和超越。批判不是无端的指责和盲目的否定，而是以科学态度和科学方法去认识、分析和验证现行刑法以及现行社会公共政策的利弊得失。因此，批判精神与科学精神是相一致的。古典刑事政策也曾经被赋予批判性，但是由于它被束缚在刑法框架之内，因而它对现行刑法的批判实际上无从实现。现代的科学刑事政策由于建立在犯罪学等科学的基础之上，超越刑法并获得了独立自主的地位，真正形成了自己的批判性格。刑事政策

① 转引自［美］高道蕴著：《中国早期的法治思想》，载《美国学者论中国法治传统》，中国政法大学出版社 1994 年版，第 247 页。

② 马克昌、杨春洗等主编：《刑法学全书》，上海科技文献出版社 1993 年版，第 8 页。

对刑法以及社会公共政策的批判是刑事政策对处理和预防犯罪实践具有指引作用的具体体现。”①

2. 刑事政策的结构

“刑事政策的结构是指刑事政策系统内部诸要素之间相对稳定的相互联系、相互作用的方式。刑事政策的要素是刑事政策结构的基础，离开了刑事政策的要素，就无所谓刑事政策的结构，刑事政策的结构是刑事政策各要素得以组成刑事政策的根据，如果没有一定的组织、结合形式，刑事政策的要素处于孤立分散状态，无法形成一个具有整体性能的有机整体，也就不能成其为刑事政策的要素。因此必须以一定的结构将刑事政策的诸要素组织、结合起来，才能形成刑事政策系统，为刑事政策科学体系的建立奠定基础。”②

刑事政策是一个系统，可以说，当今世界绝大多数国家在同一时期内一般都是同时存在多项刑事政策，即一系列刑事政策。刑事政策是一个系统。从结构上看，刑事政策有总体刑事政策（也可称基本刑事政策）和具体刑事政策；从层级上看，刑事政策有全国性刑事政策和地方性刑事政策；从时间上看，刑事政策有长期刑事政策、中期刑事政策和短期刑事政策；从广义上的范围上看，刑事政策包含刑事惩罚政策（刑事立法政策、刑事司法政策、刑事执行政策）和刑事社会政策（狭义的刑事政策范围不包括刑事社会政策）；从刑事政策的手段上来讲，刑事政策不仅包括刑罚手段，还包括各种非刑罚手段。无论从哪一个角度上看，刑事政策都不是孤立的，是一系列方针和政策的总和，是一个系统。

既然刑事政策是一个系统，那么这个系统就必有其结构和功能。储槐植教授在《刑事政策：犯罪学的重点研究对象和司法实践的基本指导思想》一文中，认为刑事政策结构，有两层意思：一是从微观角度观察的个体刑事政策的结构，二是从宏观角度观察的群体刑事政策的结构。其结构的组成形式有两大类：一类是纵向结构（即层次结构），由基本刑事政策和具体刑事政策构成；另一类是横向结构（即过程结构），可分为立法中的定罪政策、刑事司法中的量刑政策和执行中的行刑政策。③

（1）刑事政策的纵向结构。在一国的刑事政策体系结构中，不仅有起主导作用的基本刑事政策，也有在某一阶段起作用的具体刑事政策，它们分别

① 王牧、赵宝成：《“刑事政策”应当是什么？——刑事政策概念解析》，载《中国刑事法杂志》2006 年第 2 期。

② 何秉松、王桂萍：《刑事政策学体系探索》，载《中国刑事法杂志》2001 年第 5 期。

③ 储槐植：《刑事政策的概念、结构和功能》，载《法学研究》1993 年第 3 期。

在不同层次上发挥着作用。在我国，既有“惩办与宽大相结合”、“社会治安综合治理”、“宽严相济”等具有全局性指导作用的基本刑事政策，也有“集中打击、突出重点、有针对性地开展专项斗争”、“狠抓大案要案的查处”等具体的刑事司法政策。

所谓基本刑事政策，是指由国家权力机关、执政党或国家行政机关做出的，在较长时期内抗制犯罪全过程中起主导作用的刑事政策。基本刑事政策具有三大特性，即稳定性（在较长时期内起作用）、广延性（在犯罪控制全过程中起作用）、主导性（指对有关具体刑事政策存在着决定与被决定或者依赖与被依赖的关系，正是这种关系才反映出刑事政策结构的纵向层次）。同时具备上述三个特征的刑事政策就是基本刑事政策。

所谓具体刑事政策，是相对于基本刑事政策而言的，是指在抗制犯罪的某一领域或某一阶段中起作用的刑事政策。具体性和对基本刑事政策的依从性，是具体刑事政策的特征。例如，对危害国家安全犯罪的政策，对金融犯罪的政策，等等，“严打”也当属一项具体刑事政策。

（2）刑事政策的横向结构。在刑事政策的横向结构中，主要包含刑事立法中的刑事政策、刑事司法中的刑事政策与执行中的刑事政策。[①]

其中，刑事立法中的基本刑事政策主要指刑事立法中的定罪政策，即指导整个犯罪化与非犯罪化的基本刑事政策。刑事立法中的定罪政策决定了一国所划定的犯罪圈的大小以及刑事法网的疏密程度，即一个国家在刑事立法中犯罪化与非犯罪化的问题。

刑事司法中的刑事政策主要指量刑政策，量刑政策则指导着一国在所划定的犯罪圈内对特定犯罪的惩罚力度，从而左右着该国刑事制裁的整体结构。其中需要解决的问题主要有刑事司法中司法体制问题，正当程序原则在刑事司法中的运用问题，在刑事司法中刑罚化与非刑罚化的选择问题，多种减轻刑罚制度的问题等。

执行中的刑事政策主要指行刑政策。行刑政策旨在解决两个问题：一是如何将已生效的刑事裁判付诸实施，以便使犯罪人的刑事责任得以实现；二是如何在惩罚犯罪人的同时，取得预防犯罪的效果。主要包括处遇政策，其又有广义与狭义之分。狭义的处遇政策是指罪犯处遇，从刑事政策主体角度说是指监狱结构和运作机制及其目的。广义的处遇政策除狭义的内容外还包

---

① 储槐植：《刑事政策：犯罪学的重点研究对象和司法实践的基本指导思想》，载《福建公安高等专科学校学报：社会公共安全研究》1999年第5期。

括司法系统以外的犯罪预防方略，即社会预防（也可称综合处遇）。这其中当然包括监禁化与非监禁化的问题。

上述刑事政策的纵向结构和横向结构相组合，便形成一国刑事政策的网络。该网络从宏观上操纵着一国的刑事立法、刑事司法及刑事执法的运作，从而使刑事法成为“其他一切法律的制裁力量”。①

三、刑事政策的边界

所谓边界，就是边沿和界限。刑事政策较之于刑法，本身具有灵活性等特点，因此，刑事政策更要有界限，不能随意被突破。这个界限可以是价值方面的，也可以是程序方面的。

刑事政策要有边界，这个边界不仅要符合客观世界的外在逻辑，而且也要符合人类的内在逻辑即理性和公平、正义等人的各种内在价值尺度。从实质上讲，刑事政策要符合公平、正义、人道主义原则，原则上不能突破刑法、刑事诉讼法等基本法，但某些情况下，本着刑罚轻缓化和人道主义原则，可以适当向轻缓化方向突破，如对未成年人轻微犯罪的非犯罪化、非刑罚化以及非监禁化刑事政策，但绝不能突破宪法这最后一道边界。

（一）刑事政策的法治边界——罪刑法定

从现代法治理论上讲，刑事政策无论是制定还是执行，原则上都应该遵循罪刑法定原则，不能超越刑法、刑诉法等基本法的框架，不能越矩。

李斯特提出了一个至今仍然广为流传的命题：“刑法是刑事政策不可逾越的屏障。”这句话也被译为：“罪刑法定是刑事政策不可逾越的藩篱。”李斯特提出的这一命题，在一定程度上揭示了（对于李斯特来说）刑法与刑事政策之间的紧张关系。李斯特的意思是：刑法具有保护法益的功能，这种法益是一种生活利益，因而也是一种公共利益。刑法正是通过惩治犯罪而达致保护法益的目的。与此同时，李斯特又指出：“不得为了公共利益而无原则地牺牲个人自由……在法制国家，只有当行为人的敌对思想以明文规定的行为表现出来，始可科处行为人刑罚。”因此，在李斯特看来，刑事政策的实现应当受到罪刑法定原则的限制。② 李斯特从刑法教义学角度，认为罪刑法定主义是刑事政策无法逾越的一道边界，是保护公民免受国家权威侵害的必需。总的来

① ［法］卢梭著：《社会契约论》，何兆武泽，商务印书馆 1962 年版，第 63 页。

② 陈兴良：《刑法教义学与刑事政策的关系：从李斯特鸿沟到罗克辛贯通——中国语境下的展开》，载《中外法学》2013 年第 5 期。

说，罪刑法定主义是资产阶级革命时期反对封建司法制度非法专横的产物，是对罪刑擅断主义的彻底否定。自从罪刑法定原则确立之后，刑法才进入现代化、法治化，罪刑法定的思想，是支配现代刑法的一种理念，所以说它是刑事政策无法逾越的边界。

当然，对李斯特“罪刑法定是刑事政策不可逾越的藩篱”的说法，罗克辛教授称之为“李斯特鸿沟”。他的这句话的基本含义是指，刑法教义学遵循的是客观的、事实的、价值中立的，甚至是形式主义的一种规则，由此而建立起一个刑法教义学的体系。那么在这个刑法教义学体系当中，它贯穿着的是罪刑法定的思想，是要对公民的个人自由和权利加以规范的保护，由此而形成一个所谓的刑法教义学。在刑法教义学当中，有个所谓的“三阶层犯罪论体系”，也就是“构成要件该当、违法、有责”。那么，这样一个刑法教义学的犯罪论体系是封闭的，是遵循科学的规则、实证的规则，主要是来保障公民的个人权利和自由。刑事政策指的是李斯特所倡导的目的刑、教育的思想。刑事政策在刑法教义学之外，它不能侵入刑法教义学当中去，由此而形成了所谓的“李斯特鸿沟”。“李斯特鸿沟”实际上也是把犯罪论和刑罚论这两者加以分立，两者贯彻的指导思想是不一样的。[①] 从陈兴良教授的论述中，我们可以看到作为刑法学家的李斯特在犯罪论上是典型的古典学派犯罪论学者和创始人，在犯罪对策论上，作为刑事政策开创者的李斯特是实证学派的代表，将刑事政策拓展到社会政策领域，因而在犯罪论和对策论上，李斯特的观点出现了所谓的“李斯特鸿沟”。“罗克辛贯通”是指罗克辛打破了刑法教义学和刑事政策思想之间的壁垒，在构成要件、违法性和责任论三个方面进行了改造，将刑事政策引入刑法教义学当中。[②] 归根结底，作为刑法学家的李斯特在刑事政策上始终坚持刑事政策的罪刑法定边界。

刑事政策的罪刑法定边界，是刑事法治的必然。我国有学者对刑事法治进行了这样的解释：“在国家（政府）与人民（公民）的相互关系中，法治突出地表现为：‘凡法律明文授权的，政府始得为之；凡法律未明令禁止的，公民皆可为之。’表现在国家处理孤立地反抗现行统治关系的犯罪行为及其惩

---

① 陈兴良、梁根林：《刑法教义学与刑事政策的关系：从李斯特鸿沟到罗克辛贯通——中国语境下的展开》，载《东南法学》，根据 2013 年 10 月 12 日在东南大学法学院所作讲座的录音整理稿。

② 陈兴良、梁根林：《刑法教义学与刑事政策的关系：从李斯特鸿沟到罗克辛贯通——中国语境下的展开》，载《东南法学》，根据 2013 年 10 月 12 日在东南大学法学院所作讲座的录音整理稿。

罚的刑事法律关系上，法治就必然地表现为‘法无明文规定不为罪；法无明文规定不处罚；非依法定程序不得定罪与处罚’，这就是我们所说的‘刑事法治’。法治国家的核心就是要对涉及公民生命、自由及财产等基本权利和自由的刑事惩罚实行罪刑法定；换言之，没有罪刑法定，没有刑事法治，法治国家也就成了一句空话。”①

刑事政策的演进必然会对刑事立法产生直接的影响，指导立法的修改、完善，但政策绝不能取代法律，“灵魂”不应“出窍”。在任何一个法治国家里，刑事政策不是“无边无际”的，其在追求刑罚的社会效果的同时，绝不能侵犯公民的自由与权利，同时要遵守罪刑法定等刑法的基本原则。②“无论如何，倡行法治、保障人权是刑事政策和刑法都应该奉行的基本原则，是已为现代法治国家的刑事法实践所证实的理性选择。”③

可见，为防止刑事政策被滥用，刑事政策的导向功能的实际发挥应被限制在罪刑法定的框架之内。这样，刑事政策才能体现出自身的优势与合理性，实现刑事政策最基本的价值目标。

我国在 1997 年《刑法》中确立了罪刑法定原则，罪刑法定原则是对人权的最大的保护。正如我国学者何秉松所言：“历史经验证明，国家的社会主义性质并不能必然防止国家政权对人权的非法侵害，而且事实上，这种侵害在一定历史条件下甚至可以达到血腥恐怖的程度。这种来自国家政权的侵害是非常可怕的。当人们受到罪犯的侵害时，还可以依靠国家政权得到防卫和保护。但是，如果这种非法侵害具有完全合法的形式又是以国家机关的名义进行时，在这里，侵害者又是裁判者，而被侵害者却坐在被告席上，丧失一切防卫自己的手段，甚至丧失了社会舆论的同情，这种侵害，不是比个别犯罪分子的侵害更可怕，对人民的安全威胁更大吗？”④

此外，我国刑事政策的决策来源和形式，也要求我们不能逾越此道障碍。曲新久教授认为：“就中央而言，主要是重大决策和政策执行的领导、督促、指导，较少地直接参与政策的执行。就决策的重要性来说，中共中央是领导机关（有以某一领袖为核心），当然也就是重大决策的领导核心和源泉。”⑤

---

① 参见卢建平：《论法治国家与刑事法治》，载《法学》1998 年第 9 期。

② 参见卢建平、刘春花：《刑事政策与刑法的二重协奏——1949 年以来中国刑事政策的演进与刑法的变迁》，载《河北法学》2011 年第 4 期。

③ 参见卢建平：《刑事政策与刑法关系论纲》，载《法治研究》2011 年第 5 期。

④ 何秉松著：《刑法教科书》，中国法制出版社 1997 年版，第 63-64 页。

⑤ 曲新久著：《刑事政策的权利分析》，中国政法大学出版社 2002 年版，第 80 页。

曲新久教授指出："在中央，刑事政策决策主要有以下几种形式：第一，中共中央直接发布政法工作文件、建议等，作为国家的重大决策，全国人民代表大会及其常务委员会将这一决策转换为国家的意志，进行法制化包装。在这一意义上讲，'人大就是把党的政策法律化'。第二，中共中央（有时连同国务院）提出刑事政策建议，最高人民法院、最高人民检察院（一般是联手）做出司法解释，公安部发布行政规章、命令，将政策建议进一步具体化，落实到实处，从而使之成为实际的刑事政策。第三，党中央、国务院提出没有具体规则内容的导向性政策要求，往往通过文件的形式下发各级公安机关、人民检察院、人民法院等相关国家组织机构。第四，中共中央单独或者连同国务院转发公安部、最高人民检察院、最高人民法院等部门就刑事政策领域的某方面的问题和意见，通知、通报各有关国家机构，以引起各有关部门的重视，或明确或笼统地要求各有关部门在一定时期内就某一领域的问题分工负责、协调配合。"① 从我国刑事政策决策的特点来看，容易超越法律的边界，因此刑事政策更不应该轻易突破刑事基本法的边界。

当然，刑事政策与刑事法律相比，本身具有灵活性、动态性等特征。一个国家的刑事政策可以根据本国的犯罪状况和情势做出变更与调整，但仍不能超越罪刑法定主义的限制。所以说，从理论上讲，刑事政策不能超越罪刑法定这道边界。但由于刑事政策的特点以及刑法本身的滞后性特点，在刑法、刑事诉讼法等基本法没有修改的前提下，在一定程度上，本着刑罚人道主义和轻缓化特点，可以在一定程度上适当朝着轻缓化方向突破，当然，这种突破是有条件和限度的。例如，司法实践中的非犯罪化就是刑事政策本身对刑法、刑事诉讼法某种程度上的突破，但这种突破的方向应该是轻缓化，并受人道主义制约，如果不受制约，刑事政策可能被滥用，甚至走向极端。例如，对轻微刑事犯罪在侦查阶段、审查起诉阶段的刑事和解，就是在一定条件下，本着"宽严相济"刑事政策理念，使得"轻者更轻"，对人身危险性小、犯罪情节轻微的人做出非犯罪化或非刑罚化处理。

刑事政策法治化是刑事政策合理化的前提，也是题中应有之意。由于各种原因，我国在新中国成立后一段时期执行的是法律虚无主义，依靠政策办事成了当时的一个显著特点。刑事政策在很长一段时间内实际上是起了一个替代刑事法律的作用。正如董必武先生所言："我们通常说依据党和国家的政

① 曲新久著：《刑事政策的权利分析》，中国政法大学出版社2002年版，第81-83页。

策办事，这里所指的政策也起着法律的作用。”① 虽然说“西方国家刑事政策的兴起与法治发展史密切相关，可以说是后法治社会的重要成果之一”。② 但是，我国长期以来对刑事政策是熟练而普遍运用的，如“惩办与宽大相结合”、“综合治理社会治安”、“改造罪犯使之成为合法公民”等基本刑事政策和“依法从重从快打击严重危害社会治安的犯罪分子”、“依法从重严惩严重破坏经济的犯罪”、“惩前毖后、治病救人”、“少捕、少杀”、“坦白从宽、抗拒从严”、“罪及个人、不株连无辜”等，所以说，首先实现刑事政策法治化，然后再实现刑事政策的人道主义，这既是刑事政策合理化发展的必然，也是我国各项政治法律制度发展的必然，尤其是在法律全球化趋势的今天。

（二）刑事政策的价值边界——公正或正义

“公正”与“正义”的含义大体相同，只是在不同语境中略有不同。“就用语所能表达的思想来说，公正和正义是同义词。”“‘公正’一词暗示着相关的语境中存在着某种制度性因素，而在可以合理地、自然地使用正义一词的语境中，制度性因素可能存在，也可能不存在，因而正义一词的使用范围可以覆盖并超越‘公正’一词。换言之，可以把公正看成正义的某种特定存在形态，是一种与一定的制度性因素（社会学意义上的制度）相联系的正义。有必要特别注意的一点是，公正与正义之间的差别只是语境使用范围上有所不同。”③

公正或正义（Justice），是人类生生不息的追求，是人类社会所一直追求着的美德和理想。或许正如美国宪法创制人对正义的表述：“正义是政府的目的。正义是人类文明社会的目的。无论过去和将来始终都要追求正义，直到获得它为止，或者直到在追求中丧失了自由为止。”④

可以说，公正或正义是刑事政策的最本质要求，也是刑事政策不可逾越的价值边界。当代“正义理论集大成者”约翰·罗尔斯（John Rawls）提出了正义理论并对正义进行了系统的分类。罗尔斯认为，社会正义是指社会制度的正义，主要问题是“社会的基本结构，是一种合作体系中的主要的社会

① 肖扬主编：《中国刑事政策和策略问题》，法律出版社 1996 年版，第 8 页。

② 曲新久著：《刑事政策的权力分析》，中国政法大学出版社 2002 年版，第 11-12 页。

③ 郑成良：《法律之内的正义》，法律出版社 2002 年版，第 18-19 页。

④ ［美］汉密尔顿、杰伊、麦迪逊：《联邦党人文集》，程逢如、在汉、舒逊译，商务印书馆 1995 年版，第 51 页。

制度安排”；个人正义是“用于个人及其在特殊环境中行动的原则”。[①] 罗尔斯所提出的正义理论，是在分析正义之含义时试图将自由和平等这两种价值结合起来的又一种努力。他将正义分为实质正义、形式正义和程序正义三大类。实质正义是关于社会的实体目标和个人的实体性权利与义务的正义，它包括政治正义（或叫宪法正义）、经济正义（或叫分配正义）和个人正义，其中政治正义与经济正义合称社会正义。刑事正义以叫“作为规则的正义”或法治，其基本含义是严格地、一视同仁地依法办事。实质正义与形式正义的差别在于前者对正义的要求是实质性的，后者只是形式上的。以平等为例，实质正义所要求的是人与人之间事实上的平等，而形式正义所要求的只是形式上的平等或法律上的平等，至于法律规则的内容本身是否正义和坚持它能否达到正义则在所不问。由于形式正义仅要求法律适用的公平性和一致性，因此，形式正义可能包括某些实质的非正义。程序正义是介于实质正义与形式正义之间的一种东西，他要求规则在制定和使用中程序具有正当性。程序正义又分为纯粹的、完善的和不完善的程序正义三种。[②] 具体到刑事政策，首先不能突破程序正义，程序正义视为“看得见的正义”，源于一句人所共知的法律格言：“正义不仅应得到实现，而且要以人们看得见的方式加以实现”（Justice must not only be done，but must be seen to be done）。程序正义是实现实体正义的保障。正当程序（Due process）是英美法系的一条重要的宪法原则，法律的正当程序（Due process of law），不仅是重要的法治观念，也是宪法原则，起源于英国的“自然正义”。因此，程序公正是实体公正的保障，也是刑事政策的价值边界。

人们对正义或公正的要求生生不息，对正义的探索永无止境。对于刑事政策来说，刑事政策无论是在哪个环节，符合人类对正义的最基本的要求是刑事政策的基本属性，也是人类社会对刑事政策的最根本要求，刑事政策不能突破公平或正义的价值边界。

（三）刑事政策的道德边界——人道主义与伦理

人道主义是一个永恒的伦理学上的课题，至今仍争论不休，没有一个固定的、永恒的结论。从词源上讲，人道主义（humanism）一词来源于拉丁文

---

① ［美］约翰·罗尔斯：《正义论》，何怀宏等译，中国社会科学出版社 1988 年版，第 50 页。

② ［美］约翰·罗尔斯：《正义论》，何怀宏等译，中国社会科学出版社 1988 年版，第 80-81、221-225、532 页。

(humanistas)，意为人道精神。从词义上讲，人道主义与人性、人的价值及其实现有着密切的关系，人道主义是关于人的本质、价值和个性发展的理论和思想。

从某种角度而言，人道主义是刑事政策的道德边界，哪怕是貌似合理的刑事政策，也不能突破人道主义边界。

马克·安塞尔的《新社会防卫论》的核心内容就是人道主义的刑事政策。他认为社会防卫“是一场对刑事政策的思想运动和改革运动，也就是说，要合理地组织对犯罪的反应。为此，社会防卫首先要对现行的制度进行检讨，甚至提出异议，并号召所有人文学科通过多学科的研究提出符合我们这个时代要求的、对打击犯罪更有效的反应方式和战略。从这一观点出发，刑法不是唯一的，甚至也不是主要的对付犯罪的工具。”① 安塞尔主张通过预防犯罪抵制诱发犯罪的因素实现社会防卫，除此之外，实现社会防卫的手段还有非犯罪化和非刑罚化等手段。与此同时，安塞尔坚持认为，就各种不正常的人(包括犯罪人)而言，社会防卫首先应注重的是教育、改善而不是惩罚、威吓；犯罪人有复归社会之权利，社会也有使其复归之义务；能使犯罪者改恶迁善，才是真正的、最高的人道主义。

人道主义反映在非犯罪化与非刑罚化等轻缓性刑事政策方面，也反映在对犯罪人的改造、回归社会等教育刑理论方面，同时反映在对犯罪人的处遇、对犯罪人的最低待遇等方方面面。因此，无论什么样的刑事政策，也不能突破人道主义价值边界，否则将会带来人道主义灾难。

伦理最初步的定义就是人伦治理、做人之理，与伦理最相近的一个概念是道德。“道德”与“伦理”这两个概念无论在中文里面，还是在西文的对应词里面，一般并不作严格的区分。它们都是关乎人们行为品质的善恶正邪，乃至生活方式、生命意义和终极关切。因而以道德为自己的研究对象的伦理学，也就是关于这些问题的种种说法和道德的一门学问。②

道德与法律作为对人们生活和行为的一种规范和约束，他们的关系是很相近的。在很大程度上，道德规范与法律规范重合，许多规范不仅是法律规范也是道德规范，但是法律规范的范围比道德规范的范围要狭窄得多。可以说“法律是最低限度的道德”。从社会变迁的眼光看，现代社会的道德几乎可

---

① 参见［法］安塞尔著:《从社会防卫角度看西方国家刑事政策的新发展》，王立宪译，载《中外法学》1989年第2期。

② 参见何怀宏著:《伦理学是什么》，北京大学出版社2002年版，第9页。

以说是一种“最低限度的道德”，亦即一种“底线伦理”，而法律则可以说是这种“底线伦理的底线”。

刑事政策不仅要符合法律这种“底线中的底线”，而且还同时要考虑“底线伦理”，即现代社会的道德观。刑事法律是稳定的，甚至有时是僵硬的、不合乎人情的，即我们经常所说的“法律是无情的”。但刑事政策具有灵活性，在制定、执行时会考虑一些道德因素，更容易为公众所接受，即刑事政策要有伦理和道德底线。

（四）刑事政策不可逾越的最后一道边界——宪法

宪法（constitution）是国家的根本大法，是治国安邦的总章程，适用于国家全体公民，是特定社会政治经济和思想文化条件综合作用的产物，集中反映各种政治力量的实际对比关系，确认革命胜利成果和现实的民主政治，规定国家的根本任务和根本制度，即社会制度、国家制度的原则和国家政权的组织以及公民的基本权利义务等内容。

古希腊哲学家亚里士多德曾指出：“法治应包含两层含义：已成立的法律获得普遍的服从，而大家所服从的法律本身又应该是制定良好的法律。”① 他进而指出：“相当于一人之治来说，法治（the rule of law）更为可取。”② 英国宪法学家阿尔伯特·韦恩·戴雪（A. V. Dicey）在《英宪精义》（Introduction to the Study of the Law of the Constitution）（1885年版）中也使用了这个词。戴雪对该词的解释是：①人们的行为只受法律的约束，只有违反法律才受制裁；②法律面前人人平等；③宪法是一切法律的依据。

我国也有学者提出：“在刑事政策领域，法治原则要求刑事政策应当合乎公理、合乎道理、合乎事理；应当合乎公正性、人道性、确定性之法理；合乎罪刑法定、适正处罚、刑罚谦抑之理。”③ 他还提出：“宪法在一个国家中处于至高无上的地位，是法上之法。国家和政府的刑事政策同样要受宪法的

---

① 亚里士多德：《政治学》，吴寿彭译，商务印书馆1994年版，第199页。

② 参见［美］E. 博登海默：《法理学、法律哲学与法律方法》，邓正来译，中国政法大学出版社1999年版，第10页。在该书中，法治的英文为the rule of law。有的英文书中，法治为rule by law。Rule by law的意思是用法来统治，它的实质是人治。Rule of law和rule by law都可以翻译成法治，但rule of law的含义是法律是至高无上的，所有的人都在法律之内。而rule by law还包含着一种在法律之上还有一种力量来使用法律，或者说有人可以在法律之上或在法律之外。可以说，这是两种不同的法治观。在本文中，笔者更倾向于rule of law，这样更能反映法治的本质。

③ 严励等著：《中国刑事政策原理》，法律出版社2011年版，第402-403页。

制约。宪政的基本内涵、基本价值和基本属性，规定着宪政体制下的刑事法治的内容和性质，也决定了刑事法治建设的基本走向。中国的刑事政策的基本选择与定位必须在充分考虑这一基本要求的背景下进行。”并提出标准“①刑事政策应当具有合宪性，符合人权保护的基本要求。②在宪政语境下对刑事政策的违宪性进行审查。③刑事政策乃至刑事法治应当体现民主的精神与和谐的价值取向”。①

宪政的核心就在于通过对国家权力、公共政策和法律的合法性和正当性的审查、确认或者救济，规范和限制国家公权力的行使，保障公民私权利不受非法侵犯。罪刑法定超越形式合理性而提出以刑罚法规内容实体正当为核心的实质合理性的诉求，是现代民主和法治国家宪政实践的客观要求，在罪刑法定原则的发展史上具有里程碑的意义。至此，罪刑法定原则才真正超越了刑罚法规的具体规范而升华成为具有宪政意义的一般性原则（无论其在形式上是否被明文确认为宪法原则或宪法权利），而构成了对刑事立法的实体内容的合宪性与正当性的有效制约。只有以这种兼顾形式合理性与实质合理性的罪刑法定原则为基础，才可能构建真正具有实效的刑法合宪审查制度。②

从以上表述中可以看出，在坚持法治的基础上，宪法是刑事政策的最后一道边界。

可以说，宪法是一个国家的根本大法，任何刑事政策的制定与执行，均不能超越宪法，这是刑事政策不可逾越的边界，也是最后一道边界。

第二节 ‖ 刑事政策学

刑事政策学是一门独立学科，也是一门综合性学科。研究刑事政策学，就必须厘清刑事政策学的研究对象与范畴、学科体系，以及刑事政策学与其他学科的关系。

一、刑事政策学的概念、对象与范畴

（一）刑事政策学的概念

刑事政策的概念有广义、狭义之分，刑事政策学自然也应有广义、狭义之别，因而对刑事政策学的定义也不尽相同。

---

① 严励等著：《中国刑事政策原理》，法律出版社 2011 年版，第 417-418 页。

② 梁根林著：《刑事政策：立场与范畴》，法律出版社 2005 年版，第 200-201 页。

法国学者马克·安塞尔认为："刑事政策学就是专门研究刑事政策的制定、执行及其演化的科学。它既超越了作为纯规范科学的刑法学，也超越了专门研究犯罪现象（犯罪的个人原因和社会原因、犯罪现状）和犯罪人的犯罪学，超越了以负责人的改造、矫正和治理措施为研究对象的刑罚学。"① "从认识论的角度看，刑事政策学是对犯罪现象的综合分析，对犯罪现象以及与违法犯罪行为作斗争的方法措施的解析；它同时也是建立在一定理论基础上的旨在解决广义上的犯罪现象的打击和预防所提出的问题的社会的法律的战略。"②

在日本等国和台湾地区，绝大多数学者将刑事政策视为一种理论体系或学说，刑事政策的定义实质就是刑事政策学的定义，其刑事政策学的著作也往往直接成为刑事政策，如日本学者川出敏裕的《刑事政策》，平出禾·前田俊郎的《刑事政策》，我国台湾学者张甘妹的《刑事政策》等。

在我国，学者们普遍认为应当将刑事政策和刑事政策学两个概念区别开来。有学者认为："简单地讲，刑事政策学是以刑事政策为研究对象的学科。"③ 我国有的学者重视刑事政策制定、实施的过程，将刑事政策论（学）界定为："刑事政策论是对刑事政策的制定、实施进行系统研究和理论概括的论述，属于社会科学中的刑事政策学的范畴。"④ 还有的学者从静态刑事政策的角度，将刑事政策学定位于："刑事政策学是学术工作者对于刑事政策的制定、所起的作用、如何改善所作的分析和评价的科学体系。"⑤

我国学者卢建平认为：刑事政策学的定义总是与刑事政策的研究对象、范围紧紧地联系在一起，如同刑事政策的定义一样，不同学者对刑事政策学的定义也不尽相同。根据刑事政策学的研究对象、范围的不同，大致可以将刑事政策学分为广义刑事政策学、狭义刑事政策学以及折中刑事政策学。广义刑事政策学将刑事政策学看作"组织反犯罪斗争的艺术与战略"的学科。联合国社会防卫研究所主任柯恩兹认为狭义刑事政策学就是研究刑法或刑事

---

① 谢望原、卢建平等著：《中国刑事政策研究》，中国人民大学出版社 2006 年版，第 24 页。

② ［法］克里斯蒂娜·拉塞杰著：《刑事政策学》（法文版），法国大学出版社 1987 年版，第 7 页。转引自谢望原、卢建平等著：《中国刑事政策研究》，中国人民大学出版社 2006 年版，第 24 页。

③ 马克昌主编：《中国刑事政策学》，武汉大学出版社 1992 年版，第 9 页。

④ 杨春洗主编：《刑事政策论》，北京大学出版社 1994 年版，第 3 页。

⑤ 马克昌主编：《中国刑事政策学》，武汉大学出版社 1992 年版，第 19 页。

措施的科学，刑事政策学不能忽略法律制度或惩罚制度以外的一切与犯罪现象有联系的因素。狭义刑事政策学就是研究刑法或刑事措施的科学。折中刑事政策学既不主张将刑事政策完全划到社会政策中去，也不认为刑事政策学就是研究刑法或刑事措施的科学。

综上所述，刑事政策学是以刑事政策为研究对象，综合犯罪学、刑法学、刑罚学等学科的跨学科决策学科。刑事政策学与犯罪学、刑法学、刑事诉讼法学、犯罪侦查学等学科有着密切联系，但又不是这些学科的简单相加，而是一门相对独立的综合学科。刑事政策学从社会学、经济学、公共政策学等社会学科中汲取营养，其跨学科的特点不仅应当在刑事科学领域内理解，也应在更广泛的学科领域内理解。

（二）刑事政策学的研究对象与范畴

刑事政策学以刑事政策为研究对象，从不同的角度形成研究对象的不同方面。

从抽象与具体的角度看，刑事政策学可以研究刑事政策的一般原理与刑事政策的具体内容。刑事政策的一般原理是指刑事政策的概念、特征、结构、功能、过程以及刑事政策的指导思想与基本原理等一般理论。刑事政策的具体内容包括基本刑事政策、具体刑事政策、具体犯罪和犯罪人的刑事政策等，以及各种刑事政策的决策、执行、反馈和评估等内容。

从动态与静态的角度，可以将刑事政策学的研究对象分为动态刑事政策和静态刑事政策。如果刑事政策学以动态刑事政策为研究对象，刑事政策学是指研究刑事政策的过程的学科。具体地说，就是研究刑事政策的制定、执行、评估以及刑事政策的法律化等。如果刑事政策学以静态刑事政策为研究对象，刑事政策学是指研究刑事政策的体系以及体系内各层次、各种具体刑事政策的内容及它们之间的相互关系等的学科。

从历史时间的角度，可以将刑事政策的研究对象分为古代、近代、近现代、现代刑事政策。

从空间地域的角度，可以将刑事政策学的研究对象分为本国刑事政策与外国刑事政策。

二、刑事政策学的体系

刑事政策学的体系，是指以刑事政策学的诸研究对象为要素，按照一定的结构所形成的相互联系、相互作用的有机整体。

作为实践的刑事政策由来已久，有犯罪就有刑罚，有刑罚也就有主要以如何制定和应用刑罚为主的相应的刑事政策，但是将刑事政策上升到理论高度并形成一定的体系，则是以后的事情。对刑罚的认识，使人们对国家处罚权的根据和目的产生了质疑，同时也对犯罪产生的根源及其特点产生了疑问，科学地解决这些问题的实际要求促成了刑事政策科学的形成和发展。但是国情不同，对于刑事政策和刑事政策学的界定自然也不尽相同。① 综观世界各国迄今为止出现的刑事政策学的体系，大致可归为三类：

第一，传统的静态刑事政策学体系。该体系是以刑事政策一般理论和刑事对策为基本框架，以刑罚论、犯罪学和针对犯罪与犯罪人的具体措施为基本内容。该体系以日本、台湾地区的刑事政策学为代表。

第二，除传统的内容，增加历史上的刑事政策和外国刑事政策，加强了刑事政策静态体系的立体感，同时还加进了部分刑事政策过程的内容，如刑事政策的制定、刑事政策的实施等，使刑事政策的静态体系渗入了一定的动态性，如杨春洗的《刑事政策论》。

第三，抛开传统的刑事政策学的体系，以刑事政策的权力本质作为构筑刑事政策体系的主要根据，如法国米海依尔·戴尔玛斯·马蒂的著作《刑事政策的主要体系》，主要是研究不同国家模式中的刑罚权的配置问题，即预防犯罪、控制犯罪的权力方式，研究了国家模式中的自由社会国家模式、专制国家模式和极权国家模式，以及社会模式中的自主社会模式和自由社会模式，静态地分析了模式与网络、基本关系与衍生关系、常量与变量，探讨了刑事政策的运动以及相应的战略，如内部调适的战略、外部决裂的战略，以及在犯罪化与非犯罪化的双向运动中的扩张与收缩的战略，同时分析了刑事政策结构性制约因素②

综合地看，刑事政策学的体系主要应包含以下三部分内容：刑事政策学概述，刑事政策的基本原理和范畴，刑事政策的静态体系和动态体系。

三、刑事政策学与相邻学科的关系

刑事政策学具有跨学科的特点，与刑法学、犯罪学、刑事诉讼法学、刑罚学等学科既有区别，又有密切联系。它既超过了作为纯规范科学的刑法学，也超越了专门研究犯罪现象（犯罪的个人原因和社会原因、犯罪现状）和犯

① 何秉松主编：《刑事政策学》，群众出版社 2002 年版，第 67 页。

② ［法］米海依尔·戴尔玛斯·马蒂著：《刑事政策的主要体系》，卢建平译，法律出版社 2000 年版。

罪人的犯罪学，超越了以犯罪人的改造、矫正和治理措施为研究对象的刑罚学。[①]

（一）刑事政策学与刑法学

1. 刑事政策学与刑法学的联系

刑事政策学与刑法学关系最为密切。首先，刑事政策具有指导性和导向性。作为刑法之刑事政策化的自然结果，刑事政策的范围已经远远超出了刑事法律的范围。正如米海依尔所说：作为刑事法拓展的结果，“刑法如今处在一个叫作‘刑事政策’的更为广泛、更为开放的整体的核心”。[②] 所以，二者之间的关系最为密切。其次，刑事政策超出了刑法，但不是简单而直接地包括刑法，而是为刑法和刑法学提供指导性知识，对于刑法具有指导性意义。从该意义上说，刑事政策属于非形式化的目的理性，刑法属于形式化的工具理性。刑事政策对于刑法的适用具有指导作用，尽管这种作用是相对而不是绝对的。

2. 刑事政策学与刑法学的区别

（1）刑事政策与刑法相比，在强制性、稳定性、灵活性等方面均有很大差异。刑法规范具有明显的静态特征，具有相对稳定性；而刑事政策则具有动态性、灵活性。但这二者的差异性有时又是相当复杂的。

（2）刑事政策学与刑法学的任务、研究范围不同。

首先，刑事政策学的基本任务之一就在于它能够提出批评性和建设性的知识。刑事政策总是向前看的，它不仅为刑法学提供指导性知识，更重要的是对刑法学提出建议与批评。当这些建议与批评为刑法学所接受并转化为刑法规范时，刑事政策就又开始了新的征程。刑法学是规范学科，其任务是由国家的性质和任务决定的。例如，我国《刑法》第二条规定：中华人民共和国刑法的任务，是用刑罚同一切犯罪行为作斗争，以保卫国家安全，保卫人民民主专政的政权和社会主义制度，保护国有财产和劳动群众集体所有的财产，保护公民私人所有的财产，保护公民的人身权利、民主权利和其他权利，维护社会秩序、经济秩序，保障社会主义建设事业的顺利进行。

其次，二者的研究范围也有区别。正如我国台湾学者张甘妹所说：“在刑

---

① 卢建平著：《社会防卫思想》，载高铭暄等主编：《刑法论丛》（第一卷），法律出版社 1998 年版，第 135 页。

② ［法］米海依尔·戴尔马斯·马蒂著：《刑事政策的主要体系》，卢建平译，法律出版社 2000 年版，第 23 页。

法学，其研究范围恒限于成文法上所规定之法律关系，然在刑事政策学，则不但不受法律规范之约束，反而立于与传统的法律相对立的自由地位。”①

（二）刑事政策学与犯罪学

刑事政策学是研究犯罪现象、对策的理论体系。在广义的犯罪学下，刑事政策学是犯罪学的一个组成部分。在狭义的犯罪学下，刑事政策学是一门独立的学科。

在狭义犯罪学的理论范围内，刑事政策学与犯罪学处于平等的独立学科地位。这两个学科具有内在的逻辑联系。犯罪学不能没有作为犯罪对策的刑事政策学的支撑，尤其是只研究犯罪现象、原因的狭义的犯罪学，就更是如此。而刑事政策学则不能没有犯罪学对犯罪原因的研究，否则，犯罪对策就失去了确切的针对性和有效性。

（三）刑事政策学与刑事诉讼法学

刑事政策学与刑事诉讼法学之间有明显的区别。首先，二者的研究对象不同。刑事诉讼法是一个部门法，以刑事诉讼法律规范以及刑事诉讼实践为研究对象。研究关于对犯罪如何侦查、起诉、审理和判决的程序性规定；而刑事政策学以刑事政策为研究对象，主要研究刑法制度的实际运行及其中遇到的问题。其次，刑事诉讼法学与刑法学一样，是规范法学，强调规范，而刑事政策学注重实际，二者研究的重点不同。

（四）刑事政策学与刑罚学

刑事政策学与刑罚学虽从宏观角度都属刑事学范畴，但二者也有明显区别。一般来讲，西方学者习惯于把刑罚学从刑法学中分离出来，认为刑罚学是以犯罪人的改造、矫正和治理措施为研究对象的科学。在我国，过去习惯将其称为劳动改造学，现在称为刑事执行法学。虽然刑事政策学也研究刑罚学的这些问题，但二者研究的角度不同。刑罚学具体研究刑罚的种类、刑罚的实际运用，而刑事政策学却是用批判的眼光去分析现行刑罚措施的利弊，去寻求刑罚以外的更为广泛的合理有效的办法。

总的说来，刑法学、刑事诉讼法学是纯规范科学，而刑事政策学超越了这些纯规范科学，超越了以犯罪人的改造、矫正和治理为研究对象的刑罚学，也超越了专门研究犯罪现象和犯罪人的犯罪学。可见，刑事政策学是一门跨学科的决策科学，是介于法学、决策学、社会学之间的综合性学科。

---

① 张甘妹著：《刑事政策》，台湾三民书局 1979 年版，第 4 页。

【问题与思考】

1. 如何理解公共政策与刑事政策的关系?
2. 如何理解刑事政策的概念?
3. 刑事政策的特点是什么，如何理解?
4. 什么是边界?谈谈你对刑事政策边界的认识。

第二章 西方刑事政策的历史演进

刑事政策并非无源之水、无本之木，无论是西方，还是我国，刑事政策思想早已存在。但现代刑事政策进入理性主义阶段，当从18世纪中后期刑事古典学派刑事政策开始，经历了19世纪中后期科学主义的实证学派刑事政策阶段，20世纪中后期人道主义的社会防卫思想阶段，向当今“轻轻重重”两极化刑事政策以及以“安全”为导向的刑事政策方向发展。

第一节 ‖ 刑事政策刑法化——刑事政策的理性主义阶段

在刑事政策发展的历史上，刑事政策有一个不断发展、不断完善的过程，它是在特殊的历史条件下人们进行理性的思考并付诸行动才得到显著进展的。作为一种客观事实的古典刑事政策自古就存在，而古典刑事政策观念的形成则要晚得多，大致可以溯源至18世纪末19世纪初处于鼎盛时期的古典学派那里，它见之于费尔巴哈、贝卡利亚、边沁等人的著作之中。①

一、刑法基本原则的确立，是现代刑事政策理性主义阶段的开始

18世纪中后期，西方国家的刑事政策主要是作为刑法的指导观念、思想而存在，并促使刑事法律和司法制度的理性变革。在启蒙思想家自由、平等、博爱的强势文化思想背景下，当时刑事政策的主要内容是基于个人主义的立场，采取唯理性主义的研究和表述方法，主张罪刑法定，反对罪刑擅断，主张罪刑相当和刑罚人道主义，反对残酷的、不人道的刑罚。刑事政策实践与这样的刑事政策观念密切相关并互动发展，刑事法律以罪刑法定、罪刑相当、

① 王牧、赵宝成：《“刑事政策”应当是什么？——刑事政策概念解析》，载《中国刑事法杂志》2006年第2期。

刑罚人道主义、无罪推定、正当程序等原则为中心构筑起一个完整的抽象的理论体系。近代西方启蒙学者的刑事政策思想被规范化、条文化，我们可以称这个时期为“刑事政策的刑法化”时期。

18世纪，欧洲的启蒙思想家们对当时的政治经济制度进行了理性思考和批判，卢梭、孟德斯鸠、洛克等启蒙思想家的理性至上、人道主义、合理主义思想对刑事政策影响至深。首先高扬批判大旗的是深受启蒙思想家影响的18世纪古典学派代表人物贝卡利亚、费尔巴哈和边沁。他们对当时刑事裁判的无序状态和刑罚的残酷深恶痛绝，率先举起批判大旗，对中世纪的权威主义的刑罚制度进行了彻底的批判。他们排斥复仇的观念，主张以正义和人道为基点，考虑刑罚的性质，尤其力倡死刑和刑讯逼供的废止。他们“提倡树立合理主义的、功利主义的刑罚观，主张以消除不合理的非人道的犯罪人处遇为基本宗旨的刑事政策”。①

正是因为当时的刑事政策建立在启蒙思想家的理性主义哲学基础之上，对中世纪刑罚进行了理性批判，提出了合理主义的、功利主义的刑罚观，因而这个时期被称为刑事政策的理性主义阶段。

古典学派理性主义刑事政策运动和理论，处于萌芽和产生时期，其中心任务是建立法治，将国王权置于法律之下，将权力放进笼子里，将国家的惩罚活动纳入法治轨道之中。因此，当时的刑事政策运动侧重于约束国家的刑罚权力，防止刑罚权的滥用，刑事政策理论侧重于刑事立法方面，从而保持了必要的批评性，并与规范刑法学相区别。

（一）古典学派刑事政策产生的历史背景

从公元476年西罗马帝国灭亡到1640年英国资产阶级工业革命这一时期被称为中世纪。在中世纪，基督教会占据着统治地位，国王权与教会权相互争斗。从11世纪起，在教会权与国王权的争斗中，教会权开始占优势，1075年教皇格列哥里七世发布了“教皇赦令”，把教皇权力正式宣布为在国王权之上。从此，教会有了现代国家的权力，包括立法权、行政权和司法权，国王不再对精神世界拥有主管权。教会权与国王权的分工导致了西欧刑事制度的“二元化”。教会成立了自己的宗教裁判所，宗教裁判所可以对被告人判处各种刑罚直至死刑，并且别出心裁地发明了一套残酷的刑讯手段和行刑方法。

在中世纪，经院哲学支配着整个欧洲思想，哲学、科学成为神学的壁垒。欧洲中世纪精神窒息，对犯罪作超自然的解释，犯罪魔鬼学说相当盛行，认

① ［日］大谷实著：《刑事政策学》，法律出版社2000年版，第9页。

为犯罪和越轨行为是着魔的结果。在犯罪解释上持神学身心二元论和神学自由意志的观点，并且将世俗犯罪与宗教犯罪相混同。在此时期，刑罚不仅是擅断的，而且极其残酷。

到了17世纪、18世纪，欧洲国家刑法的特点与中世纪相比，没有多大改变。如果说与中世纪刑法的主要倾向相比，这个时期随着专制君主制的确立和加强，随着宗教改革后教会对宗教犯罪镇压的加强，国家至上原则和道义责任论在欧洲国家的刑事立法、司法和刑法理论中占据了更加绝对的统治地位。因此，罪刑擅断主义、酷刑威吓主义以及对违背宗教道德规范行为的迫害，在贝卡利亚的《论犯罪与刑罚》一书问世之前的18世纪已经发展到了登峰造极的地步。

可以说，在现代刑法基本原则确立之前，大陆法系国家刑法的发展是非常可悲的。刑法是紧紧掌握在专制君主和教会手中的工具，资产阶级所崇尚的自由、平等精神上不能扩展到统治者与被统治者、个人与公法关系上。著名的德国刑法史专家冯·巴尔曾经对资产阶级革命前法国刑法制度有过一段描写，大致概括了整个大陆法系国家刑法发展的这种可悲状况："当我们研究旧制度的刑法并把它同罗马帝国后期和中世纪前期的刑法加以对照时，我们将会发现，文明的发展未给刑法带来任何进步——它实际上处于停滞状态，完全带有在这些时期中所具有的缺陷。刑罚是不平等的，它们不是根据犯罪的性质而是根据犯罪人的地位或等级而发生变化；刑罚的执行方式也是残酷和野蛮的，刑罚体系的基础是死刑和滥用的肢体刑；犯罪没有确定的定义；个人没有丝毫的安全保障足以避免国家在镇压犯罪时的过火行动。最后，愚昧、偏见和感情上的狂暴制造着臆想中的犯罪；刑法的适用范围扩展到了调整社会关系之外，甚至超越了对意识的统治。"①

18世纪在法国出现了轰轰烈烈的思想启蒙运动。思想启蒙运动为现代刑事政策的确立提供了坚实的思想基础。启蒙运动把几千年来形成的封建的和宗教的价值观念彻底翻转过来。什么是犯罪，衡量犯罪的标准是什么，刑罚的本质和目的是什么，刑罚怎样才能不成为暴政的工具，刑事立法和司法应遵循什么原则才能造福于社会等问题被启蒙思想家严肃地提了出来。启蒙思想家以理性、科学和人道主义的旗帜反对宗教神学和封建专制，抨击封建专制及其残酷镇压，力图认识自然界的本来面目，使人们获得平等和自由。随着启蒙思想家的观念不断深入人心，人们越来越对当时的刑罚制度产生了怀

① 黄风著：《贝卡利亚及其刑法思想》，中国政法大学出版社1987年版，第2页。

疑、厌恶、不满和反抗。一些勇敢而智慧的人开始从理论上探讨封建的社会制度与刑罚制度的不合理性，试图找到真正合理的社会法律制度和刑罚制度。启蒙思想家及其先驱们的著作，深刻启发了人们的思想，开阔了人们的视野，有力地推动了反对封建专制、反对司法专制的潮流。

"古典主义通过对中世纪的权威主义的刑罚制度进行彻底的批判，采取唯理性主义的研究和表述方法，主张罪刑法定，反对罪刑擅断；主义树立合理主义的、功利主义的刑罚观，以消除不合理的非人道的犯罪人处遇。确立了近代启蒙学者的刑事政策思想。"①

（二）刑法基本原则的确立，标志着现代刑事政策进入理性主义阶段

1. 罪刑法定原则

罪刑法定主义是资产阶级革命时期反对封建司法制度非法专横的产物，是对罪刑擅断主义的彻底否定。罪刑法定基本原则的确立，标志着现代意义上的法治的建立。法治理念是西方刑事政策的基石，对刑事政策的研究以及适用，都不能跨越法治界限。

法治是现代文明社会的重要标志，也是现代刑事政策重要的原则之一。在理性主义刑事政策（古典学派刑事政策思想）理论萌芽和近代科学主义刑事政策时期（实证学派刑事政策思想），刑事政策都将国家的惩罚活动纳入法治轨道作为自己的核心任务。可以说，法治一直以来都是刑事政策坚持的重要理念。

罪刑法定主义，作为支配现代刑法的一种理念，发源于资产阶级启蒙思想家。启蒙思想家认为刑法是成文法，只有对刑法规定的犯罪行为才能科处刑罚，并且只能科处法律明确规定的刑罚。不仅霍布斯这样主张，洛克也认为国家应该以正式公布的和被接受的法律进行统治。有学者认为："孟德斯鸠还主张三权分立原则，表达罪刑法定主义思想，提倡在立法上明确规定犯罪与刑罚，排斥法官的判断。"②

虽然罪刑法定思想发源于资产阶级启蒙思想家，但是明确提出罪刑法定原则，并赋予他明确含义的是被誉为近代刑法之父的德国著名刑事古典学派的学者冯·费尔巴哈。它在1801年写的刑法教科书中第一次用拉丁文对资产阶级罪刑法定原则作了如下经典性的表述：无法律则无刑罚，无犯罪则无刑

① 严励等著：《中国刑事政策原理》，法律出版社2011年版，第30页。

② ［日］木村龟二主编：《刑法学词典》，顾肖荣等译，上海翻译出版公司1991年版，第12页。

罚，无法律规定的刑罚则无犯罪（Nulla poena sine lege，Nulla poena sine crime，Nullum Crimen sine poena legali），或者说法无明文规定不为罪，法无明文规定不处罚。①

罪刑法定原则从18世纪末先后在美国《宪法修正案》法律化和定型化以后，经历了200多年的历史考验。尤其是第二次世界大战后，罪刑法定原则得到了更大的发展，许多国家特别是战后新独立的国家，把它作为保障人权的重要原则在刑法或宪法上加以规定。罪刑法定原则已经成为国际人权公约的内容。1948年联合国大会通过的《世界人权宣言》第11条第2款规定："任何人的任何行为或不行为，在其发生时依国家法或国际法均不构成刑事罪者，不得被判为犯有刑事罪。刑罚不得重于犯罪时适用的法律规定。"1966年联合国大会通过的《公民权利和政治权利公约》中的第15条第1款规定："任何人的任何行为或不行为，在其发生时依照国家法或国际法均不构成刑事罪者，不得据以认为犯有刑事罪。所加之刑罚也不得重于犯罪时适用的规定。如果在犯罪之后依法规定了应处较轻的刑罚，犯罪者应予减刑。"

罪刑法定原则的确立，彻底打破了罪刑擅断，将权力约束在法律的框架之内，这是现代刑事政策所必须具备的，也标志着刑事政策从此进入了理性主义阶段。刑事政策虽然具有意向性、动态性、综合性、开放性、批判性、灵活性等特征，但刑事政策的作出、执行也不能脱离罪刑法定的框架。

2. 罪刑相适原则

罪刑相适原则又称罪刑相当、罪刑均衡或罪刑相称原则，是资产阶级启蒙思想家针对中世纪的刑罚残酷、滥施重刑的弊端，强调罚当其罪，反对刑罚残酷的产物。当时的启蒙思想家如霍布斯、孟德斯鸠、洛克等人极力倡导这种思想。罪刑相适原则，是现代理性主义刑事政策的基本要求。

霍布斯认为，刑罚的目的不是报复，而是纠正违法者或效尤者。因此，最严厉的刑罚要施用到最危害公众的罪行上，对不是严重的罪行，可以从宽处理。他说："在凡是可以实施宽大的地方实行宽大，也是自然法的要求。"②从这句话中可以看出，霍布斯的思想中明确包含了罪刑相适应的含义。

洛克在论述政治权力时讲道："因此，当这一权力为人人在自然状态中所有的时候，它的目的和尺度既然在于保护他的社会的一切成员——即人类全体——那么，当它为官吏所有的时候，除了保护社会成员的生命、权利和财

① 何秉松著：《刑法学教科书》，中国法制出版社1997年版，第53页。
② ［英］霍布斯著：《利维坦》，商务印书馆1985年版，第272页。

产以外，就不能再有别的目的和尺度；所以它不能是一种支配他们的生命和财产的绝对的、专断的权力，因为生命和财产是应当尽可能受到保护的。”“它只是对他们制定法律的权力，并附有这样一些刑罚，以除去某些部分来保护全体，而所除去的只是那些腐败到足以威胁全体的生命和安全的部分；否则任何严峻的刑罚都是不合法的。”① 他还认为：“基于同样理由，在自然状态中，一个人可以处罚违反自然法的较轻情况。也许有人会问，是否处以死刑？我的回答是，处罚每一种犯罪的程度和轻重，以是否足以使罪犯觉得不值得犯罪，使他知道悔悟，并且儆戒别人不犯同样的罪行而定。”② 洛克的思想不仅包含罪刑相适应的思想，更表明他对国家刑罚权的态度。也就是说，为了达到犯罪预防、一般预防的目的，只有在必要限度内，国家才能正当地行使刑罚。

孟德斯鸠更明确地主张罪与刑之间应有适当的比例，刑罚的轻重应当协调，对不同的犯罪，刑罚一定要有区别，必要时也可以采取是否赦免区别对待。他主张：“刑罚的轻重要有协调，这是很重要的，因为我们防大罪应该多于防小罪，防止破坏社会的罪应该多于防止对社会危害较小的罪。”③ 他还主张要根据犯罪的性质决定刑罚轻重，因为：“依犯罪的性质量刑有利于自由，如果刑法的每一种刑罚都是依据犯罪的特殊性质去规定的话，便是自由的胜利。”④ 可见，孟德斯鸠对罪刑相适应思想的论述更为明确。

明确提出和阐述罪刑相适原则并奠定其理论基础的是贝卡利亚、边沁、康德和黑格尔。他们的观点我们将在后面分别论述。他们有关罪刑相适应的理论对现代刑事政策有着极为深远的影响，这个原则成为 18 世纪末 19 世纪初几乎所有新刑法典规定罪刑关系的准则。虽然该原则在 19 世纪末受到刑事实证学派的批判，如实证学派提出的缓刑、减刑、假释、累犯加重、不定期刑、保安处分等刑法改革制度与罪刑相适原则有矛盾之处，但是实践证明罪刑相适原则是有强大生命力的。它反映了刑事法律最基本的公平与正义的要求，是准确、合理打击犯罪的有利保证，这是刑事实证学派倡导的以行为人的人身危险性为基础的刑罚个别化理论所无法取代也不能否定的。可以说，

---

① ［英］洛克著：《政府论》（下篇），瞿菊农、叶启芳译，商务印书馆 1997 年版，第 105 页。

② ［英］洛克著：《政府论》（下篇），瞿菊农、叶启芳译，商务印书馆 1997 年版，第 9-10 页。

③ ［法］孟德斯鸠著：《论法的精神》（上册），商务印书馆 1961 年版，第 91 页。

④ ［法］孟德斯鸠著：《论法的精神》（上册），商务印书馆 1961 年版，第 189 页。

在当时，罪刑相适应这个原则性的刑事政策思想有效地指引了刑事立法和司法，是理性主义刑事政策的基本要求，而且仍然是当代各国刑法遵循的基本原则。

3. 刑罚人道主义原则

人道主义一词源自拉丁文 humanistas，其原意是人道精神，即一种以人为中心和目的的学说，强调的是以人为本，尊重人的个性、自由、存在价值以及社会尊严。德国哲学家康德认为：人作为理性存在，是以自身为目的，而不仅仅是把自己作为一种可供这样或那样的意志随意使用的手段。在人的全部活动中，无论他是否以自己或其他理性存在为目标，他必须永远被作为一种目的。① 刑罚人道主义思想是人类社会逐渐走向文明的产物，是理性主义阶段刑事政策的基本理念和要求。人道主义的刑罚观确立了现代刑事政策发展的方向。

虽然古典学派刑罚观并未完全摆脱重刑主义，但却不断强调刑罚人道主义，在刑罚上主张人道主义刑事政策思想。人道主义的刑罚观确立了现代刑事政策发展的方向。

古典学派刑事政策观主张罪刑法定、罪刑相适、刑罚人道主义，在刑罚预防观上主张双重预防，强调一般预防，并追求正义价值与秩序价值，这些刑事政策思想是建立在理性主义基础上的，是现代理性主义刑事政策的开端。

二、古典学派主要代表人物的刑事政策思想

古典学派刑事政策思想的主要代表人物有：意大利的切萨雷·博尼萨纳·贝卡利亚（Cesare Bonesana Beccaria，1783～1794）、英国的吉米·边沁（Jeremy Bentham，1748～1832）、德国的康德（Immanuel Kant，1724～1804）、黑格尔（Wilhelm Friedrich Hegel，1770～1831）、费尔巴哈（Anselm V. Feuerbach，1775～1833）。

（一）贝卡利亚的刑事政策思想

贝卡利亚是意大利著名的法学家，刑事古典学派的创始人和最重要的代表人物。他对当时刑事裁判的无序状态和刑罚的残酷深恶痛绝，率先举起批判大旗，对中世纪权威主义的刑罚制度进行了彻底的批判。

贝卡利亚 1738 年 3 月 15 日生于意大利米兰的一个贵族家庭，1758 年获得学士学位，专攻经济、政治和数学等学科，后来受孟德斯鸠等人的影响，

① 参见《康德文集》，改革出版社 1997 年版，第 91-92 页。

对刑罚的研究产生兴趣并积极展开了研究。欧洲中世纪刑罚专断发展到极致的时候，在资产阶级启蒙思想的启发下，1764 年《论犯罪与刑罚》的问世震惊了整个欧洲，一系列振聋发聩的批判和鼓舞人心的刑法原则竟然完美地融合在这本小册子中，贝卡利亚也凭借这部刑法学巨著成为刑事古典学派的奠基人。可以说，《论犯罪与刑罚》中的刑事政策思想冲破了刑罚擅断主义，是刑事政策进入理性主义阶段的重要标志。贝卡利亚的刑事政策思想主要如下：

1. 明确提出刑法基本原则

在《论犯罪与刑罚》一书中，贝卡利亚明确提出并系统阐述了现代刑法的三大基本原则——罪刑法定原则、罪刑相适应原则和刑罚人道主义原则。

贝卡利亚极力主张罪刑法定思想，他从四个方面对罪刑法定原则作了阐述：第一，只有法律才能为犯罪规定刑罚。第二，代表社会的君主只能制定约束社会成员的普通性法律，但不能判定某个人是否违反了社会契约。第三，严酷的刑罚违背公正和社会契约的本质。第四，刑事法官根本没有解释刑事法律的权力，否则他们就成了立法者。

关于罪刑相适应原则，贝卡利亚在《论犯罪与刑罚》一书中，第一次提出并论证了“刑罚与犯罪相对称原则”。他指出：“犯罪对公共利益的危害越大，促使人们犯罪的力量越强，制止人们犯罪的手段就应该越强有力。这就需要犯罪与刑罚相对称。”① 他还论述道：“如果对两种不同程度地侵犯社会的犯罪处以同等的刑罚，那么人们就找不到更有力的手段去制止实施能带来较大好处的较大犯罪了。无论谁一旦看到，对打死一只山鸡、杀死一个人或者伪造一份重要文件同样适用死刑，将不再对这些罪行作任何区分，道德情感就这样遭到破坏。这种情感是无数世纪和鲜血的成果，它们极为艰难地、缓慢地在人类心灵中形成；为培养这种感情，人们认为还必须借助最高尚的动力和大量威严的程式。”② 因此，贝卡利亚在对犯罪与刑罚的问题上，提出了犯罪与刑罚的阶梯的概念，他提出：“有了这种精神的、普遍的犯罪与刑罚的阶梯，我们就有了一把衡量自由与暴政程度的潜在的共同标尺，它显示着各个国家的人道程度和败坏程度。”③

---

① ［意］贝卡利亚著：《论犯罪与刑罚》，黄风译，中国大百科全书出版社 1993 年版，第 65 页。

② ［意］贝卡利亚著：《论犯罪与刑罚》，黄风译，中国大百科全书出版社 1993 年版，第 65 页。

③ ［意］贝卡利亚著：《论犯罪与刑罚》，黄风译，中国大百科全书出版社 1993 年版，第 66 页。

在论述罪刑相适原则时，贝卡利亚强调罪刑相适必须在刑事法律的限定范围内做出，即刑罚必须具有确定性。罪刑相适原则不能超越罪刑法定原则，罪刑相适与罪刑法定是密切联系的。只有在罪刑法定的限度内实施罪刑相适才是公正合理的。他指出："对于犯罪最强有力的约束力量不是刑罚的严酷性，而是刑罚的必定性。"他进而说："刑罚并不一定是犯罪的必然结果，那么就会煽惑起犯罪不受处罚的幻想。"① 可见，贝卡利亚认为应当使人们认识到犯罪的必然后果是受到刑罚处罚，只有做到有罪必有刑，才能有效预防犯罪。

贝卡利亚主张刑罚人道主义，对历史上的严刑酷罚进行了猛烈的抨击。他指出："严峻的刑罚造成了这样的一种局面：罪犯所面临的恶果越大，也就越敢于规避刑罚。为了摆脱对一次罪行的刑罚，人们会犯下更多的罪行。刑罚最残酷的国家和年代，往往就是行为最血腥、最不人道的国家和年代。因为支配立法者双手的残暴精神，恰恰也操纵着杀人者和刺客们的双手。在王庭上，这种精神为恭顺的奴隶的凶残心灵制定了铁的法律；在阴暗的角落里，它却煽动人们绞杀这些暴君，并以新暴君取而代之。"②

贝卡利亚反对刑罚野蛮、反对刑罚残酷，主张刑罚宽和，正如他指出的那样："刑罚的规模应该同本国的状况相适应。在刚刚摆脱野蛮状态的国家里，刑罚给予那些僵硬心灵的印象应该比较强烈和易感。为了打倒一头狂暴地扑向枪弹的狮子，必须使用闪击。但是，随着人的心灵在社会状态中柔化和感觉能力的增长，如果想保持客观和感受之间的稳定关系，就应该降低刑罚的强度。"③

2. 关于犯罪原因

在《论犯罪与刑罚》一书中，贝卡利亚认为，人达到一定年龄，均有以理性行动的自由意志，即能够决定自己的行为和预测行为的后果。若有人自甘违法乱纪，便有违于社会契约和社会道义，应当根据社会契约给予惩罚。在此基础上，还有两个影响犯罪的重要因素，即经济条件和坏的法律。经济条件主要是指贫穷：盗窃犯罪主要是由一贫如洗的不幸者实施的，产生于贫

① ［意］贝卡利亚著：《论犯罪与刑罚》，黄风译，中国大百科全书出版社 1993 年版，第 59-60 页。

② ［意］贝卡利亚著：《论犯罪与刑罚》，黄风译，中国大百科全书出版社 1993 年版，第 43 页。

③ ［意］贝卡利亚著：《论犯罪与刑罚》，黄风译，中国大百科全书出版社 1993 年版，第 44 页。

穷；抢劫和杀人犯罪是由于穷人和富人之间的贫富差别以及一些人不甘心过贫穷生活；走私犯罪是由于牟利的动机而产生。坏的法律是指法律过于严酷：对犯罪过于严厉的惩处，虽然可以遏制一些人犯罪，但同时对另一些人则更具有犯罪的吸引力，换句话说就是过于严酷的法律会通过削弱人道精神来促成犯罪。

3. 犯罪预防观

贝卡利亚刑事政策思想的中心是借助刑罚的心理威慑作用预防犯罪，这要求刑罚具有层次性、及时性和不可摆脱性。这种策略思想同贝卡利亚对犯罪及其原因和刑罚及其作用的认识一样，都基于机械决定论的哲学思想。在18世纪，这种刑事策略思想体现了当时科学发展的新成果和人类认识的新水平，是很具有启迪作用的，它后来被资产阶级刑事古典学派所接受。刑事古典学派的刑事政策观强调法律预防，尤其强调犯罪一般预防理论——认为一般预防是规诫，是行之有效的犯罪对策。

（1）心理威慑与规诫——一般预防刑事政策之精髓。在《论犯罪与刑罚》这部著作中，贝卡利亚认为刑罚是一种“易感的力量”，他对人的皮肉造成痛苦，但这种皮肉的痛苦不是刑罚的目的，刑罚的目的是通过皮肉之苦影响人的意志、思想、需求等心理活动，造成一种心理威慑。如何造成这样一种心理威慑，是刑事政策应当研究的一个基本问题。贝卡利亚对这种问题是很注重的，他用联想主义心理学的原理分析人的心理活动规律，并根据这种分析，总结出发挥刑罚的心理威慑效应的若干原则。

体现在犯罪预防观上，贝卡利亚提出了一般预防与特殊预防的观点，但是贝卡利亚尤其强调一般预防。他认为：“一个并不为所欲为的政治实体平稳地控制着私人欲望，难道它能够容忍无益的酷政为野蛮和狂热、为虚弱的暴君充当工具吗？难道一个不幸者的惨叫可以从不可逆转的时间中赎回已经完成的行为吗？刑罚的目的仅仅在于：阻止罪犯再重新侵害公民，并规诫其他人不要重蹈覆辙。”① 在这段话里，贝卡利亚表达了一般预防与特殊预防的思想，“阻止罪犯再重新侵害公民”指的是特殊预防，预防的对象是已然犯罪者，而“并规诫其他人不要重蹈覆辙”则指一般预防，预防的对象是未然犯罪者。虽然贝卡利亚没有明确提出一般预防与特殊预防的概念，但他的这段

① ［意］贝卡利亚著：《论犯罪与刑罚》，黄风译，中国大百科全书出版社1993年版，第42页。

话里明确包含了一般预防与特殊预防的含义。[①] 贝卡利亚虽然提出了特殊预防，但他特别强调一般预防的作用，强调刑罚的“规诫”作用，强调刑罚的目的是预防犯罪而不是惩罚犯罪，故贝卡利亚反对酷刑，他认为：“人的心灵就像液体一样，总是顺应着它周围的事物，随着刑场变得日益残酷，这些心灵也变得麻木不仁了。生机勃勃的欲望力量使得轮刑在经历了几百年残酷之后，其威慑力量只相当于从前的监禁。”[②] 可以说，心理威慑与规诫是一般预防刑事政策之精髓。

（2）规诫之价值——“正义”与“秩序”。贝卡利亚从功利的角度谈刑罚的一般预防之功效，强调刑罚保护社会秩序之价值，但并没有放弃刑罚正义之价值。一般预防规诫的力量源于正义，贝卡利亚一再强调，只有正义的刑罚才是社会所需要的刑罚。对于正义，贝卡利亚解释说：“至于‘公正’，我指的只是把单个利益联系在一起的必要纽带，否则，单个利益就会涣散在古时的非社会状态之中。”[③] “必要纽带”指的就是法。可见，一般预防刑事政策中包含了其最本质的价值——正义，而正义价值正是报应论中最重要的价值，也是报应论作为刑罚的根据至今仍为世人所推崇的最重要的价值。但贝卡利亚与黑格尔不同的是，贝卡利亚不是完全的“绝对论”者，而是“相对论”者，“从总的方面讲，贝卡利亚刑罚思想中‘相对论’的倾向较强，他比较强调刑罚是社会防卫的手段，是为实现一定的社会目的服务的。他实质上是把‘绝对论’的‘正义’标准作为防卫的限制条件，把资产阶级的功利主义作为他的刑罚的‘功利主义’基础”。[④] 可以说，在“正义价值”与“秩序价值”中，贝卡利亚更强调“秩序”。

黄风在《贝卡利亚及其刑法思想》一书中论及“从犯罪者的个人角度看，犯罪往往是有利可图的、有充分理由的或令人同情的，但从社会整体的角度看，犯罪确是有害的和应当遏制的。人们只是出于保卫社会的正常秩序的需要才去惩罚犯罪”。[⑤] 可见，贝卡利亚虽然论及“公正”，但极其强调对“秩

① 一般预防和特殊预防的概念是由刑事古典学派另一功利主义代表人物边沁明确提出的。

② ［意］贝卡利亚著：《论犯罪与刑罚》，黄风译，中国大百科全书出版社1993年版，第43页。

③ ［意］贝卡利亚著：《论犯罪与刑罚》，黄风译，中国大百科全书出版社1993年版，第9页。

④ 黄风著：《贝卡利亚及其刑法思想》，中国政法大学出版社1987年版，第89页。

⑤ 黄风著：《贝卡利亚及其刑法思想》，中国政法大学出版社1987年版，第90页。

序”的维护。正是因为一般预防对防卫社会的强调，一般预防规诫未然之犯罪。也就是说，遏制而不是惩罚犯罪是一般预防论的重要规诫之一。“刑罚的目的是遏制犯罪而不是惩罚犯罪，构成一般预防论有别于报应论的最明显标志。”① 因此，贝卡利亚提出了以下预防的手段：

其一，制定明确、简单的法律并公之于众。贝卡利亚认为含混不清的法律不仅会成为少数人的私有财富，而且会助长犯罪的产生。人都有理性，能够决定自己的行为和预测行为的后果，法律规定越明确，人民对法律条文了解得越清楚，犯罪率就越低，因为社会成员会了解并确信犯罪的结果和所受惩罚的程度；反之，人民对法律的无知及对违法结果的不明确，则会增加其欲望的力量，易陷于犯罪。所以，制定简单明确的法律并公之于众，可以预防犯罪及维护社会正义。

其二，完善刑事司法。贝卡利亚认为法官是法律的执行者，只能根据法律执行职务，不能滥用法律或创设法律。对所有违法者，应平等地执行法律。遵守法律（而不是破坏法律）的司法官员越多，合法权利被滥用的危险性就越小，因此而产生的犯罪就越少。

其三，奖励美德。贝卡利亚认为法律是被用来维护正义和惩罚非正义的，但不能对人们的美好德行进行奖励。应当注意在适用法律之外奖励美德，奖励美德会使美好的德行不断增加，也会使犯罪行为相应地减少。

其四，改善教育。贝卡利亚认为，预防犯罪的最可靠但也最困难的手段是改善教育。愚昧无知是犯罪产生的重要条件，应大力开展思想启蒙和改善教育的活动以启发人们的理性，使人们在自由的状态下自觉地进行符合理性的行为。应当注重教育科目的恰当选择和教育的成效；应当向年轻人介绍他们所遇到的精神和物质现象；应当用情感的方式引导青年形成美德，用说服的方式防止青年去做坏的事情。

4. 提出死刑废除论

在《论犯罪与刑罚》一书中，贝卡利亚谴责了死刑的非人道性、残酷性和不公正性。但贝卡利亚对死刑的态度有一些矛盾性，对死刑采取的是相对主义的态度。因为，一方面，他反对将死刑当作对大多数犯罪都使用的刑罚；另一方面，他又提出在两种情况下对公民适用死刑是公正的和必要的。其一是某人在被剥夺自由之后仍然有某种联系和某种力量影响着这个国家的安全，他的存在可能会在既定的政府体制中引起危险的动乱。其二是当一个国家正

① 邱兴隆著：《关于惩罚的哲学——刑罚根据论》，法律出版社 2000 年版，第 114 页。

在恢复自由的时候，当一个国家的自由已经消失或者陷入无政府状态时，这时混乱取代了法律，因而处死某些公民就是必要的了。从贝卡利亚的死刑观上，不难看出其功利主义刑罚威慑论的立场。

（二）边沁及其犯罪学思想

吉米·边沁是英国著名的功利主义哲学家、法学家，刑法改革的领导人，其学说对19世纪以后的刑事立法、刑事司法及犯罪学都产生了深远的影响。

边沁学说的核心是功利主义理论，或称“幸福计算”理论，认为人的本性或人类的基本规律就是“避苦求乐”。这种本性支配着人类的一切思想和行为。边沁的刑事政策思想是在此基础上加以论述的。

1. 关于犯罪原因

边沁认为，人类的行为都是为了追求快乐和避免痛苦，人类的一切行为都是理性选择的结果。所有的人都是在对多种因素加以理智的思考后，才决定追求其目标和实施其行为的。犯罪行为同样因追求快乐和避免痛苦而产生，但犯罪人的犯罪行为破坏了别人的快乐，给别人造成了痛苦，因此构成了对别人的侵害，犯罪人为此要受到惩罚。

2. 关于对犯罪的刑罚

刑罚理论是边沁学说中的重要内容，它由三部分构成：

（1）刑罚目的。边沁认为，刑罚的最广泛、最适当的目的就是尽可能地预防犯罪。刑罚具有一般预防和特殊预防的效果，它一方面将痛苦加于犯罪人，以平衡其因犯罪行为所得到的快乐，并以此威吓大众，使他们避免犯罪；另一方面通过对犯罪人实施教育矫治，使其避免再犯。

（2）罪刑相适应。边沁认为要使刑罚实现预防犯罪的目的，就要求刑罚与犯罪之间相适应。如应根据犯罪带来的好处或造成的损害的量的不同，处以不同的刑罚；应使刑罚对处境相似的犯罪人产生同样的效果；犯罪越严重，受到的刑罚就应当越严厉，等等。为了真正做到罪刑相适应，应恰当地衡量犯罪行为，即恰当地衡量犯罪行为对被害人造成的实际损害和在公众中引起的恐慌程度，还要考虑到犯罪人在实施犯罪时的心理状态、犯罪后被害人的状况等。他提出：“孟德斯鸠意识到了罪刑相称的必要性，贝卡利亚则强调了他的重要性。然而，他们仅仅作了推荐，并未进行解释；他们未告诉我们相称性由什么构成。让我们努力弥补这一缺憾，提出计算这个道德原则的主要规则。”他接着说：“为预防犯罪，抑制动机的力量必须超过诱惑动机。作为一个恐惧物的刑罚必须超过作为诱惑物的罪行。”① 可见，边沁在贝卡利亚强调刑罚的恶果要大于犯罪所带来的好处、过于严厉的刑罚会带来有害的结果的基础上，提出了重罪轻刑比轻刑重罪更有害的观点。他指出：“一个不足的刑罚比严厉的刑罚更坏。因为一个不足的刑罚是一个应该彻底抛弃的恶，从中不能得到任何好结果。”② 虽然说边沁的刑罚观是典型的功利主义刑罚观，但他主张的不能轻罪重罚，更不能重罪轻罚的罪刑相适的刑事政策观，是现代刑事政策的基本要求。

（3）刑罚体系。边沁认为，为了达到刑罚的目的，应当对不同的犯罪处以不同的刑罚。为此，他设计了一套刑罚体系，其中包括以下刑罚手段：死刑、痛苦刑（如禁食和鞭打）、不能消除的刑罚（如截肢和烙印）、羞辱刑（如戴枷示众）、赎罪刑、慢性刑（如流放和监禁）、单纯限制刑（如吊销职业执照）、金钱刑（如罚金）、准金钱刑（如剥夺可以享受的服务）、特征刑（如穿囚服以表示身份）。在这些刑罚中，边沁十分推崇使用监禁刑，认为监禁刑有助于犯人的改造。

3. 关于犯罪预防

在犯罪预防观上，边沁强调一般预防，强调对社会秩序的维护。边沁的功利主义刑罚一般预防理论的归宿是“最大多数人的最大幸福”，而“最大多数人的最大幸福”只有通过维护社会秩序才能实现。这种通过一般预防的规诫作用达到“最大多数人的最大幸福”状态，又显示了一般预防之规诫的巨大力量。通过对未然犯罪之规诫，实现预防犯罪之目的，这是最功利、最经济的保卫社会秩序的手段。边沁具体而深刻地论述了刑罚的目的只能是遏制而不能是惩罚，边沁主张：“所有刑罚都是恶：所有刑罚本身都是损害……根据功利原理，如果它终究应该得到承认，那么，它便只有在其有希望排除更大的损害的范围内才应该如此。”③

可以说，在一般预防论者看来，规诫的力量是巨大的。刑罚的目的在于预防一般人犯罪，规诫未然之犯罪者不要随意去触犯法律。通过规诫，可以更好地防卫社会，保护社会秩序。

具体地说，边沁从增进最大多数人的最大幸福的功利主义原则出发，提

① ［英］吉米·边沁著：《立法理论——刑法典原理》，中国人民公安大学出版社1993年版，第68页。

② ［英］吉米·边沁著：《立法理论——刑法典原理》，中国人民公安大学出版社1993年版，第68页。

③ 邱兴隆著：《关于惩罚的哲学——刑罚根据论》，法律出版社2000年版，第115页。

出了以下预防犯罪的主张：

（1）通过良好的立法预防犯罪。边沁认为，立法，特别是刑事立法的基本目的应当是用直接或间接的手段阻止犯罪的发生。可以通过良好的立法，告知人们什么是公民的权利，什么是公民的义务，什么是被禁止的行为，如若违犯，就要受到制裁，让人们自觉地控制自己的行为。

（2）通过刑罚的适用预防犯罪。边沁认为，犯罪行为是犯罪人在权衡了犯罪可能带来的利益和可能造成的痛苦之后，认为实施犯罪行为利大于弊时，才决意实施的，是犯罪人“避苦求乐”的结果。因此，刑罚所产生的痛苦大于犯罪所带来的好处或快乐，就会产生预防犯罪的作用。为使刑罚能真正达到预防犯罪的目的，必须考虑每个犯罪人对刑罚的感受性。同时，刑罚的使用应简单明了，给公众以深刻的印象，最大限度地发挥刑罚的威慑效果。

（3）运用多种制裁措施预防犯罪。边沁在强调法律制裁的犯罪预防效果的同时，十分重视能够产生预防犯罪效果的其他社会制裁措施。这些社会制裁措施的运用，往往会产生比法律制裁更大的预防效果。这些制裁包括：身体制裁、政治制裁、道德制裁或民众的制裁、宗教制裁。

（4）通过预测个人的行为倾向预防犯罪。边沁认为，运用道德计算的方法可以预测个人是否会实施特定的犯罪。每个人实施的行为，实际上都是他预期的会带来快乐而不是痛苦的行为。当个人考虑的可带来快乐的因素的总量大于可带来痛苦的因素的总量时，个人就会实施这种行为；反之，就不会实施这种行为。据此，可以预测个人是否会实施犯罪。对于有犯罪倾向的个人，应采取措施使其认识到犯罪带来的实际后果肯定会远远大于其想象的快乐，这样便能预防或阻止该人实施犯罪行为。

（三）康德的刑事政策思想

康德是德国古典唯心主义哲学家，他的刑事政策思想表现为道义报应论和等量报应论。

1. 道义报应论

报应思想来源于原始社会的复仇观念，报应指以恶报恶和以善报善。报应与复仇的区别就是报应有一定的限度，而复仇则常是放纵而毫无节制的。

康德主张道义报应论。道义报应论中的报应，是一种基于道德义务而产生的报应。康德的思想在伦理哲学中属于义务论，义务论与功利主义的目的论一直是伦理学中的两大流派。义务论认为“正当独立于并且优先于善或功利”，判断行为正当与否的标准不是行为结果的好与坏，而是行为本身所固有的属性。正确的行为是为义务而义务的行为。① 因此，道德义务是报应的根据，也是刑法正当性的根据，道德义务是理解康德的道义报应论的关键。康德认为，自律性是道德的唯一原则。这里的自律性就是理性自己给自己颁布命令，这是一种绝对命令，道德法则要求每一个有理性的人根据普遍法则行动，因而这种道德法则是自律性法则。绝对命令就是法则，绝对命令表现为一种义务。凡是与义务相违背的行为叫作违犯，这种违背义务的行为就引起责任。违反道德义务行为的责任及其惩罚，是建立在人的意志自由基础之上的，这种惩罚具有道义根据。康德正是从道德义务的自律性中引申出报应的正当性。正是基于这种道义的神圣不可违抗性，违反道义的犯罪才获得了道德罪过性，因而对于道德罪过的惩罚也就具有了刑法上的正当性。

康德的道义报应论确实为刑罚的内在正确性提供了理由，但世界上不存在道德刑法，人不能因为犯有道德过错而受到法律的惩罚。在这个意义上，康德确有将道德责任与法律责任混为一谈之嫌，但可以把康德的道义报应论看成一种对刑罚的道德论证，或者说是对刑罚公正性的道德论证。

2. 等量报应论

康德是等量报应论（也称等害报应论）的首倡者，他主张刑罚以与犯罪在损害形态上相等同为必要。按他的说法，便是："如果你偷了别人的东西，你就是偷你自己的东西；如果你打了别人，你就是打了你自己；如果你杀了别人，你就杀了你自己。"②

他认为，犯罪是具有自由意志的人实施的违反理性的绝对命令的行为，刑罚是针对犯罪人因犯罪而引起的道义责任所施加的惩罚和报应，是理性的当然要求。正义犹如天平，依照刑法的绝对命令，刑罚必须是对犯罪的"动的反动"。只有依照同害报复的原则，使体现正义报应的刑罚所施加予罪犯的痛苦与犯罪加予被害人的恶害保持数量的绝对等同，才能维持正义和天平的均衡。③

康德主张报应之刑与已然之罪的绝对等同，这与不受任何限制的罪刑擅断、严刑苛罚相比具有一定历史进步性与合理性。等量报应论对刑罚公正的追求的合理性决定了其精神的可取性，而其所确定的刑罚公正的标准的不合理性又决定了其标准的不可取性。这就注定了它被扬弃的必然性。

---

① 何秉松主编：《刑法教科书》，中国法制出版社 1997 年版，第 88-89 页。

② ［德］康德著：《法的形而上学原理》，商务印书馆 1997 年版，第 165 页。

③ 梁根林著：《刑罚结构论》，北京大学出版社 1998 年版，第 36 页。

3. 以报应论为基础的罪刑相适应原则

康德是报应论者，在犯罪与刑罚的关系上，他不仅主张二者之间量的平等，还主张犯罪与刑罚之间质与量的平等。他认为："如果一个社会地位较高的人粗暴地侮辱了一个社会地位较低的无辜公民，他不但要被判向被害人道歉，而且还会因此受到单独的和痛苦的禁闭，以加重他的难受。这样，冒犯者的虚荣心将会受到沉重的打击，按照他的身份，他所受到的这种羞辱便是根据'以牙还牙'的原则构成一种充分的报复。"① 从这段话中可见，报复原则是康德罪刑相适刑事政策思想的特征。康德还强调指出："惩罚在任何情况下，必须是由于一个人犯了一种罪行才加刑于他。因为一个人绝对不应该仅仅作为一种手段去达到他人的目的。也不能与无权的对象混淆。一个人生来就有人格权，他保护自己反对这种对待，哪怕他可能被判决失去他的公民的人格。"② 由此可见，康德的罪刑相适刑事政策思想是以康德的平等主义为特征的，这与边沁以功利主义为特征的罪刑相适原则有所不同。

（四）黑格尔的刑事政策思想

格奥尔格·威廉·弗里德里希·黑格尔是德国哲学家，1818 年开始担任柏林大学教授，1821 年出版《法哲学原理》。黑格尔把绝对精神看作世界的本原。绝对精神并不是超越于世界之上的东西，自然、人类社会和人的精神现象都是它在不同发展阶段上的表现形式。他的刑事政策观点主要如下：

1. 法律报应论

黑格尔主张法律报应论。黑格尔的论证始于道德与法律的区分，他从法的特殊运动的视角论证了刑法的正当性。在黑格尔看来，法和道德是存在明显区别的，道德完全是内心的东西，不能加以任何强制，所以国家的法律不可及于人的心意。法具有强制性，道德则不具有这种强制性。法的正当性不能由道德来论证，只能从法本身得以论证。刑法的正当性来自法的自我实现，是法的自我辩证运动的必然结果。

2. 等价报应

与康德的等量报应论不同，黑格尔主张等价报应论。黑格尔在对等量报应论的扬弃基础上，构建了等价报应论。在黑格尔认为："犯罪的扬弃是报复，因为从概念上说，报复是对侵害的侵害，又按定在说，犯罪具有在质与

① ［德］康德著：《法的形而上学原理》，商务印书馆 1991 年版，第 166 页。

② ［德］康德著：《法的形而上学原理》，商务印书馆 1991 年版，第 164 页。译者注：不能与物权的对象相混淆指把人当作法律客体或物权的本体。

量上的一定范围，从而犯罪的否定，作为定在，也是同样具有在质与量上的一定范围，但是，这种基于概念的同一性，不是侵害行为特种性状的等同，而是侵害行为自在地存在的等同，即价值的等同。”① 他认为刑罚是对犯罪的否定评价，刑罚对犯罪的否定评价的质与量应该与犯罪的质与量相等同；这种等同不是两者在外在形式或损害形态上的等同，而是两者内在价值的等同，即作为否定评价的载体的刑罚在是否发动上与犯罪的有无相对应（质的等同）以及作为否定评价载体的刑罚在所分配的轻重上与犯罪的轻重相等同（量的等同）。犯罪的形态虽然是无限的，但是它的严重性是可以衡量的，而有限的刑罚在严厉性程度上也是可以衡量的，因此，在两者之间追求轻重的对应，具有可行性。同时，由于犯罪的严重性是对犯罪的主客观因素的综合评价，而不是对客观危害形态的单一反映，因此，等价报应论也克服了等害报复论只以犯罪的客观危害形态决定刑罚的片面性。正是如此，在近现代，等价报应论始终被视为报应论之至尊，即使在当代，绝大部分报应论者对报应的理解也未能越出黑格尔式的等价报应的雷池多远。② 黑格尔不但继承了康德的刑从罪生的因果报应思想，而且用刑罪等价的命题取代了康德的刑罪等害的命题。

（五）费尔巴哈的刑事政策思想

路德维希·安德列斯·费尔巴哈是德国古典哲学的一个伟大代表，唯物主义哲学家。1828 年从柏林大学毕业，曾任教于埃尔兰根大学，因宣传无神论而遭受迫害，隐居乡间，从事哲学研究，主要著作有《黑格尔哲学批判》《基督教的本质》《哲学改革的预拟提纲》《未来哲学原理》等。他的主要刑事政策观点如下：

1. 罪刑法定主义

在刑法史上，费尔巴哈第一次明确提出罪刑法定主义。罪刑法定主义的提出对保障人权、限制司法权具有巨大作用。罪刑法定在肯定国家司法权的同时，也限定国家司法权的随意发动。

2. 心理强制学说

“心理强制学说”是费尔巴哈刑事政策理论的核心和理论基础。他认为：“人欲求快乐，所以努力得到一定的快乐。人又想逃避一定的痛苦。为什么？因为不快乐既然与他的本性相矛盾，人一般地就不能不逃避它，因而人在可

① ［德］黑格尔著：《法哲学原理》，商务印书馆 1996 年版，第 104 页。
② 邱兴隆著：《关于惩罚的哲学——刑罚根据论》，法律出版社 2000 年版，第 18 页。

能获得较大的快乐时，就断绝较小快乐的意念；而可能避免较大的痛苦时，就会忍耐较小的不快乐。基于欲望不满足的不快乐，使他因而避免这种不快乐，刺激要满足欲望。"[①] 他说："市民不能不通过欲求能力而达到其目的。国家对欲求能力使市民实施侵害之事，必须利用在心理上不可能实施的手段。因此，要市民不进行权利侵害，就应限制使不发生那种决心。"[②] 根据费尔巴哈的论述，直接的身体强制不足以实现预防犯罪这一目的，刑罚应当通过痛苦的威胁，对人造成一种"心理强制"，使人畏惧犯罪。这种"心理强制"的实现，有赖于刑罚威吓的"实现"。"心理强制"是费尔巴哈刑事政策的核心，不仅仅是他所主张的罪刑法定主义的理论基础，也是他所主张的犯罪原因论、刑罚本质论、刑罚目的论的理论基础。

3. 刑罚威吓论

以"心理强制说"为基础，费尔巴哈进一步提出了刑罚威吓论。他认为，"刑罚通常意味着痛苦"，它可以通过"心理强制"而使意欲犯罪的人自我抑制违法的精神动向，使之"不发展为犯罪行为"。这就要求人们确信"痛苦与犯罪不可分"，即确信一定的违法行为必然招致一定的刑事制裁。而使刑罚与犯罪相联系的唯一中介是用法律进行威吓，亦即要使"人们确信痛苦与刑罚不可分"，"痛苦与犯罪的联系必然是由法律进行威吓"。[③] 据此，费尔巴哈提出，刑罚之在立法上存在的根据是威吓，亦即一般预防。

第二节 ‖ 刑法刑事政策化——刑事政策的科学主义阶段

德国刑法学家弗兰茨·冯·李斯特曾说："利用法制与犯罪作斗争要想取得成就，必须具备两个条件：一是正确认识犯罪的原因；二是正确认识国家刑罚可能达到的效果。因此，现代刑事政策不可能有很长的发展史。它产生于19世纪的后1/4世纪。他与社会政策同时发展，齐头并进。然而，社会政策的使命是消除或限制产生犯罪的社会条件，而刑事政策首先是通过对犯罪人个体的影响来与犯罪作斗争的。"[④] 刑法的近代化完成之后，西方社会面临着严重的犯罪问题。犯罪——特别是累犯、少年犯的激增，对社会安全和古

---

① 马克昌主编：《近代西方刑法学说史略》，中国检察出版社1996年版，第82-83页。

② 马克昌主编：《近代西方刑法学说史略》，中国检察出版社1996年版，第83页。

③ 卢建平主编：《刑事政策学》中国人民大学出版社2007年版，第49页。

④ ［德］弗兰茨·冯·李斯特著：《德国刑法教科书》，埃贝哈德·施密特修订、徐久生译，法律出版社2000年版，第13页。

典学派的刑事政策观念构成前所未有的挑战。为了应对这一挑战，社会连带观念和实证研究方法被引入刑事政策领域，刑事政策遂进入近现代实证主义时期。这一时期，刑事政策的领域大大拓宽，应对犯罪的策略、措施不再局限于刑法的范围，而是以刑法为中心扩展到整个社会政策领域（也是广义的刑事政策），李斯特的“最好的社会政策就是最好的刑事政策”成为这一变化的最准确到位的表述。“刑法之刑事政策化”开始成为刑事法学的重要特征。实证学派刑事政策思想越来越多地将实证研究成果纳入刑法之中。越轨行为、保安处分、社会医疗措施等新范畴被纳入刑法体系中。此外，实证学派刑事政策实践还表现在，危险性概念、人格概念的采纳，缓刑、假释的广泛使用，累犯、惯犯、青少年犯罪等罪犯的特殊处遇以及刑罚个别化原则的确立，等等。科学性是实证学派刑事政策的突出特征。

一、实证学派产生的历史背景

实证学派是对使用实证方法进行犯罪学研究的一些学者及其理论学说的统称，也称近代学派或新派，是在19世纪后半期为了反对古典学派的严苛，同时也是针对有关犯罪行为研究的欠缺和当时犯罪对策的乏力而产生的，是资本主义向帝国主义转变时期反映资产阶级刑法思想和刑事政策的学派。

19世纪后半期，由于当时资本主义经济的发展，资本家竞相采用新技术，提高劳动生产率，扩大生产规模，吞并小企业，生产资料、劳动力和商品生产便日益集中于少数大企业，逐步形成垄断。自由竞争的资本主义就转化为垄断资本主义即帝国主义。在向垄断资本主义转化过程中，人口大量流入城市，贫富差距扩大，失业、卖淫、酗酒、颓废等许多社会问题接踵而至，出现家庭乃至社会环境破坏，造成社会不安。在这种社会情况下，社会矛盾加深，犯罪尤其是盗窃之类的财产犯罪急剧增加，累犯、常习犯显著增多，少年犯或青少年非法行为也呈激增趋势。在犯罪急剧增长面前，古典学派的刑法理论和刑事政策显得无能为力。为了打击和抑制犯罪，必须采取新的刑事政策，实证学派的刑事政策理论就是适应这种抑制犯罪激增的需要应运而生的。

此外，19世纪是社会科学、人文科学迅速发展的时代，是辩证唯物主义学说，其中包括关于一切现象和过程普遍联系和相互依赖的学说等获得普及的时代。科学的迅速发展扩展了自然科学方法的运用范围，并向社会科学领域渗透，实证学派在自然科学和社会科学的发展中汲取养分，使其刑事政策更加具有科学性与合理性。

古典学派刑事政策注重刑罚的威慑力，强调刑罚的一般预防作用，把刑罚作为最重要的减少和消灭犯罪的对策，在怎样更好地对犯罪人适用刑罚，从而最大限度地发挥刑罚的威慑效果方面大下功夫；而实证学派刑事政策则根据当时的社会现实，反对古典学派刑事政策观，提出应当对犯罪人进行科学矫治的思想，并提出了许多科学的处遇犯罪人的“刑罚替代措施”，使刑事政策在社会实践中进一步发展和丰富起来。

二、实证学派主要代表人物的刑事政策思想

实证学派在当时的社会历史条件下，其刑事政策思想表现在对古典学派刑事政策思想的批判基础上。如果说古典学派刑事政策是理性主义刑事政策的开端，那么实证学派对古典学派的批判和突破就是刑事政策的丰富与发展。实证学派反对古典学派的意志自由论，主张意志必至论；反对报应刑主义，主张目的刑主义；反对刑罚万能，主张保安处分。实证学派的主要代表人物有龙勃罗梭（Casare Lombroso，1853～1909）、菲利（Enlico Ferri，1856～1929）、加罗法洛（Baron Raffaele Garofaro，1852～1934）和李斯特（Franz Von List，1851～1919），下面我们分别介绍他们的刑事政策思想。

（一）龙勃罗梭的刑事政策思想

龙勃罗梭是19世纪中后期意大利著名的精神病学家及犯罪学家，实证派犯罪学的创始人，多年从事犯罪人的研究，以人类学的观点探讨犯罪人的生理特征与犯罪行为之间的关系，提出了“天生犯罪人”的观点，成为犯罪人类学派（或犯罪生物学派）的代表人物，被后人尊为犯罪学的鼻祖。

龙勃罗梭1836年生于意大利的一个犹太人家庭，1858年取得奥地利维也纳大学医学博士学位，1859年因奥意战争爆发而以陆军军医身份服役，其间用精神病理学的观点，以痴呆者等为对象进行研究，得出生理疾病引起心理变化进而导致犯罪行为的观点。1870年，龙勃罗梭在培萨罗城精神病院担任院长之职，并在该城的一所监狱进行犯罪人方面的研究，有机会接触许多监狱及意大利全国的犯罪统计资料。在此研究的基础上，龙勃罗梭发现了犯罪人身上的某些异常特征，并将此类犯罪人称为“天生犯罪人”。龙勃罗梭将自己的发现和观点写进了于1876年发表的《犯罪人论》一书，成为其犯罪学研究的代表著作。

龙勃罗梭深受早期社会学家孔德、斯宾塞等人的影响，认为要想探讨人类社会的产生与发展，分析及解决社会现象，必须创立一种特殊的社会科学，以科学的实证或经验过程代替哲学式的臆测和玄想。他用观察、解剖分析的

方法，并佐之以统计资料的支持，认为犯罪人身体上的异常特征是人类进化中退化的证明，并以此为核心，展开他关于犯罪人研究的论述。龙勃罗梭的刑事政策思想及理论如下：

1. 关于犯罪原因的观点

龙勃罗梭虽然在其晚年对自己的学说有所修正，承认社会因素和自然因素对犯罪的影响，但他在犯罪原因的问题上还是主要持“天生犯罪人”的观点。他认为遗传因素影响犯罪，天生犯罪人才是真正的犯罪人，而天生犯罪人又是隔代遗传的结果，由此，他认为隔代遗传的生理因素是影响天生犯罪人实施犯罪行为的最重要原因。在生物学中，隔代遗传是指倒退到原始人或者低于人类的动物的一种返祖现象。隔代遗传者带有类人猿（原始人）或近代野蛮人的某些生理特征，也必然具有原始人或野蛮人的心理特征，其行为也必然与现代文明社会的规则和期望相冲突。因此，他们在文明社会就会犯罪。

2. 主张社会责任论

龙勃罗梭反对古典学派的道义责任论，认为犯罪人之所以要承担刑事责任，不是由于道义上对他应加以谴责，而是为了防卫社会的需要。龙勃罗梭认为，犯罪是对社会的侵害，为了保卫国家的利益，国家必须对犯罪人科处刑罚。

3. 主张社会防卫理论

龙勃罗梭是最早提出社会防卫观点的。他的犯罪对策理论的核心即被推展为社会防卫的观点。他曾这样论述：“可能会有人提出这样的问题：野兽吞噬人是出于邪恶的本性，还是受自己生理机制的驱使？但是，毫无疑问，不会有人拒绝杀死这只野兽，也不会有人心安理得地让野兽把自己撕成碎块。会有少数人想到：上帝的其他创造物（如已经驯化的动物），也享有生活和自由的权利，因而拒绝关禁或者为了食用的目的而杀死他们。”“如果不是依据防卫的权利，我们有什么其他权利对精神病人，对被怀疑患有传染病的人进行隔离呢？”① 在龙勃罗梭看来，报应与威慑都只不过是一句空话，刑罚存在的唯一根据就是社会防卫。对犯罪人科处刑罚的目的是使其将来不再犯罪。龙勃罗梭否定了古典学派提出的一般预防的观点，代之以刑罚与个别预防需要相适应，强调特殊预防的观点。他认为，对犯罪人判处刑罚，对一般人不会产生威吓的效果，也没有理由去威吓他人。他说：“威吓的理论或者树榜样

① ［意］龙勃罗梭著：《犯罪人论》，黄风译，中国法制出版社2000年版，第322页。

的理论也表现出许多矛盾。我们的前人曾经竖立过耻辱柱，割去犯人的鼻子和耳朵，搞四马分尸，把人扔进油里或滚水中，把灼热的铅液滴在罪犯的脖子上，从活人身上割去腰肌。但是，结果怎么样？出现了更多、更残酷的犯罪。因为，刑罚的频繁和严峻使人变得麻木。在罗伯斯庇尔时期，孩子们都在做上断头台的游戏。"[①] 龙勃罗梭强调对犯罪人的研究，完成了由犯罪行为到犯罪人的转变。他反对报应论的威慑作用，也同样认为一般预防对一般人的规诫作用是有限的。

他认为社会为了自我防卫，防止犯罪人威胁大众，必须制定刑罚来对违法犯罪行为进行处罚；但对于天生犯罪人来说，仅以道德的赎罪或名誉、自由剥夺的刑罚方式来处理，并不能达到矫治和防止其再犯的效果。对于天生犯罪人，社会必须采取自卫的方法将其隔离。对其他犯罪人则应以其行为的恶性程度的不同处以不同的刑罚，或采取不同的矫正措施。

4. 对刑罚制度的改革建议

龙勃罗梭认为社会基于安全的需要，对犯罪人处以刑罚是必要的，可以避免其继续危害社会。他也赞成使用死刑，认为有些犯罪人（特别是天生犯罪人）被判监禁之后仍无悔意，仍会严重危害社会秩序，因此，必须选择使用死刑，将此类犯罪人同社会永远隔离。除此之外，对刑罚制度，他提出了如下的改革建议：首先，他认为自由刑的实施应以监禁为主，但应采取独居监禁的方式，以避免犯罪人在狱中相互感染恶习，出狱后沦为再犯。他认为："国家把罪犯关起来，加以惩罚，然后再把他释放，让社会不断地重新陷入危险，因为罪犯在与囚犯们的接触中变得越来越坏；服完刑后，他更有本事、更穷凶极恶地侵害我们。"[②] 其次，出于人道和预防再犯的考虑，龙勃罗梭主张少年犯和老年犯不宜收容在监狱当中，应将他们置于具有感化性质的学校或农场之内，便于他们改过迁善。再次，龙勃罗梭提出刑罚个别化原则，认为刑罚应针对不同的犯罪原因施以有效的惩罚措施，不一定同罪同罚，而应视犯罪人的致罪原因、犯罪动机及犯罪目的而定。某些犯罪行为情节虽然轻微，但危害严重，应科以重刑；有些犯罪行为后果严重，但犯罪人不再具有人身危险性，只要科以较轻的刑罚便可收到成效。又次，他提倡建立不定期刑制度，认为将刑罚的种类做细致的划分并无多大意义。同时，短期自由刑及特赦制度应予废止。最后，他主张对犯罪被害者所受损害，应由加害者负

① ［意］龙勃罗梭著：《犯罪人论》，黄风译，中国法制出版社2000年版，第325页。
② ［意］龙勃罗梭著：《犯罪人论》，黄风译，中国法制出版社2000年版，第324页。

责补偿，这样既可以对加害人予以惩罚，又可以对被害者提供一些帮助。

5. 关于预防犯罪的一些具体建议

龙勃罗梭认为犯罪正如疾病一样，是可以预先加以防范的。由此，他提出应建立良好的社会规范以供社会成员遵守，同时还应有预防犯罪的相关措施。

（1）预防贫穷儿童犯罪：由于社会中孤儿和贫穷儿童成年后犯罪的可能性最大，因此对他们要特别关心，预防犯罪更应及早开始。应为他们提供良好的教育、将其安置在受人尊敬的家庭之中、对其进行良好的训练。国家应开办收容、教育贫穷儿童的机构，防止他们成为犯罪人。

（2）预防成年人犯罪：成年人在遇到生活危机时犯罪的可能性最大，因此，社会应在此时及时地为他们提供帮助。同时为移民建立廉价的旅馆、庇护所及有益身心的娱乐场所，为体力劳动者创办夜校、救助组织等，都是预防成年人犯罪的有效措施。

（3）性犯罪的预防：龙勃罗梭认为离婚是预防许多通奸及其他性犯罪的一种强有力的措施，他举证说，在实行离婚的地方，通奸犯罪下降，而在不允许离婚的地方，通奸犯罪则呈上升的趋势。预防性犯罪的方法还有，允许老年人结婚、减少婚姻的金钱色彩、使合法的性关系更容易进行等。

（4）诈骗犯罪的预防：有效的措施应该是广泛宣传信用知识、改革信用制度、提倡道德和文明。

（5）对犯罪人的治疗：对天生犯罪人、精神病犯罪人等，不能将其放入普通的监狱，应将他们安置在特别的监禁治疗机构或精神病院中进行治疗。

龙勃罗梭还提出，对尚未犯罪但有犯罪倾向的人实施保安处分，即预先使之与社会隔离；对于具有犯罪生理特征者予以生理矫治，即通过医疗措施如切除前额、剥夺生殖机能等来消除犯罪的动因；将危险性很大的人流放荒岛，终身监禁，乃至死刑。他还极力推崇不定期刑、罚金刑、缓刑等，但这只适用于偶然犯罪人和激情犯罪人。虽然说龙勃罗梭的理论有其荒谬之处，但他提出的处遇个别化原则、保安处分等观点长期以来为现代刑事政策所赞同。

（二）菲利的刑事政策思想

菲利是意大利著名的刑法学家、社会学家、犯罪学家，也是实证派犯罪学的创始人和代表人物。他极力否认古典学派的“自由意志论”，提出了著名的“犯罪三原因论”。作为犯罪学的创始人之一，他在犯罪学史上占有重要的地位。

菲利1856年生于意大利的一个贫穷的食盐和烟草零售商之家，毕业于波伦亚大学，1877年获得法学博士学位，随后赴法国巴黎从事犯罪问题研究。他将法国和意大利的犯罪统计资料做比较，发现自由意志论实际上是一种幻想，所有犯罪行为均可以用社会因素加以说明。1889年，菲利回到意大利，在龙勃罗梭任教的都灵大学任讲师，其间深受龙勃罗梭的影响，对龙氏的犯罪人类学观点很感兴趣，也曾对犯罪人做人类学的研究，同时，对影响犯罪的社会、经济、政治因素仍然十分关注。他的重要研究成果《犯罪社会学》于1884年出版。除教授刑法、研究犯罪问题外，菲利还积极参加社会活动。第一次世界大战后，菲利应邀参加意大利新刑法草案的起草工作，并于1921年完成，被称为“菲利草案”。尽管此草案因后来的法西斯独裁未获通过，却被译成多种外文，产生了十分广泛的影响。

菲利反对古典学派的“自由意志论”，以实证主义为基础，致力于对犯罪进行个人和社会两个方面的研究，在犯罪对策的问题上，主张以有效的社会防卫为目的，并以此构建了其刑事政策思想。

1. 反对意志自由论，主张意志必至论或决定论

菲利特别反对自由意志论，对古典学派学者认为犯罪是人类基于趋利避害的本性自由选择的结果的观点给予批评。

菲利在《实证派犯罪学》中指出：“犯罪自有其自然的原因，与犯罪人的自由意志毫无关系。”① 他认为人们可以对行为做出自由选择，纯属幻想。他提出：“我们不能承认自由意志。因为如果自由意志仅为我们内心存在的幻想，则并非人类心理存在的实际功能。”② 并明确指出：“生理学以及病理学研究表明，人的意志是完全受其个人的生理、心理状态的支配。统计学的研究揭示了人的意志活动是依自然的、社会环境的条件而存在的。”“人的任何行为均系人格与人所处的环境相互作用的结果”，“无论哪种犯罪，从最轻微的到最残忍的，都不外乎是犯罪者的生理状态，其所处的自然条件和其出生、生活或工作于其中的社会环境三种因素相互作用的结果。”③ 菲利在此基础上，提出了著名的犯罪原因三元论，即犯罪是由人类学因素、自然因素和社会因

---

① ［意］恩里科·菲利著：《实证派犯罪学》，许桂庭译，商务印书馆1936年版，第24-26页。

② ［意］恩里科·菲利著：《实证派犯罪学》，郭建安译，中国政法大学出版社1987年版，第14-16页。

③ ［意］恩里科·菲利著：《实证派犯罪学》，郭建安译，中国政法大学出版社1987年版，第9-10、15-16、27页。

素导致的，并特别强调犯罪的社会因素。菲利认为对具体的犯罪来说，人类学因素、自然环境因素和社会因素的作用是不同的。一般说来，社会因素对盗窃犯罪、偶然性的杀人等犯罪行为的影响较大；人类学因素对谋杀、抢劫、某些乱伦、强奸等犯罪行为的影响作用较大。

2. 反对道义责任论，主张社会责任论

菲利认为，刑事责任的产生，非道义上应加以谴责，而是因为人既然作为社会一员生活着，对其危害社会的行为自应负担责任。刑事责任的根据是行为人反社会的危险性格，应受社会防卫处分的是行为者，而不是行为。使人们不再拘泥于罪犯是否有责任、相对有责任或全无责任的朦胧概念之中，而是考虑罪犯是否是最危险的、危险的、相对危险的和不危险的。

菲利提出社会责任论，旨在彻底否定道义责任论所主张的犯罪是因为具有自由意志或者基于自由的判断而造成的观点，并根据因果决定论，认为犯罪必须取决于行为者的素质、自然和社会环境等因素。社会责任论强调刑事责任的本质是防卫社会，其根据是犯罪人的人身危险性。为了保卫社会，社会必须摆脱这种具有危险性格的人的侵害，对具有危险性格者加以防卫处分。社会责任论强调刑事责任的根据是实施犯罪行为人的“反社会性”和“危险性”，而不是行为人的“自由意志”。因此，凡是实施危害社会行为的人，无论其年龄、精神状态如何，均应予以防卫社会的处分，只是处分的方式不是刑罚，而是保安处分。社会责任论反对单纯的道义责任论，提出防卫社会的概念，使现代刑事政策更符合社会的需要，是现代刑事政策发展的表现之一。

3. 反对客观主义，主张主观主义或人格主义

“首先了解犯罪人”，认识犯罪人的人身特征，即人身危险性，是 19 世纪实证学派对现代刑事政策最重要的贡献之一。在此之前，古典学派从未涉足过此领域。为此，菲利不无鄙薄地批判说：“即使你翻遍古典学派刑法学者的著作也找不到有关上述问题的任何答案。从贝卡利亚到卡拉拉，没有一个人想过这个问题，而且由于其出发点涉及方法论的缘故，他们也不能提出这类问题。”① 菲利自认为其研究的意义在于“开辟了一条研究犯罪行为的新途径，在研究和理解犯罪之前，必须首先了解犯罪人”。②

实证学派反对古典学派客观主义或事实主义的刑事政策，认为犯罪人的

---

① ［意］恩里科·菲利著：《实证派犯罪学》，郭建安译，中国政法大学出版社 1987 年版，第 9-10 页。

② ［意］恩里科·菲利著：《实证派犯罪学》，郭建安译，中国政法大学出版社 1987 年版，第 25 页。

性格如何，是科刑的最重要的标准。

4. 强调犯罪预防，特别是特殊预防

古典学派的刑事政策基于报应，强调一般预防。而实证学派的刑事政策则强调预防，以预防为主。菲利认为预防应在防卫社会中居于主要地位，他认为："采取措施预防犯罪的意义无疑一直受到重视，尤其是自从孟德斯鸠和贝卡利亚时代以来，但它仅仅被当作柏拉图式的孤立的宣言，而没有根据实验的观察结果，对它进行能否实际运用的系统研究，进一步说，这种预防一直被认为是镇压的辅助物，而我们却得出了下述相反的实证结论：预防并非仅仅是第二位的辅助手段，今后应当在社会防卫中起主要作用，因为镇压对犯罪现象所起的作用很小。"①

菲利极力主张特殊预防论，认为刑罚的目的在于对犯罪人进行改造，使其人身危险性逐渐消失，从而不至于危害社会。菲利强调指出："我们可以得到一个历史的法则，在人类处于最野蛮的状态下，其刑法典都有惩罚规定，而没有关于矫正罪犯的规定；随着人类文明的进步，则出现了与此相反的只有矫正没有惩罚的观念。"② 从这里可见，菲利是特别强调特殊预防的，他并不认为一般预防具有规诫作用。他指出："在精神病院和监狱里，劳动是比镣铐、束缚和鞭打能更好地维持秩序和纪律的手段。简言之，我们通过树立人们的自尊和培养兴趣比威慑和限制所取得的收效还要大。"③

菲利特别重视预防，甚至否认刑罚的作用。他强调："最后，我纠正一个一直被滥用的古老比喻。犯罪一直被比喻为应当被刑罚之堤围在中间的激流。否则，文明社会就会被这种激流所淹没。我不否认刑罚是围堵犯罪的堤坝，但我断言这些堤坝是没有多大力量和效用的。每个国家都会从其长期的令人悲痛的经历中发现，他们的刑罚之堤不能保护其免遭犯罪激流淹没。而且，我们的统计资料也表明，当犯罪的萌芽已经生成时，刑罚防止犯罪增长的力量特别弱。"④

---

① ［意］恩里科·菲利著：《犯罪社会学》，郭建安译，中国人民公安大学出版社1990年版，第96-97页。

② ［意］恩里科·菲利著：《实证派犯罪学》，郭建安译，中国政法大学出版社1987年版，第5页。

③ ［意］恩里科·菲利著：《犯罪社会学》，郭建安译，中国人民公安大学出版社1990年版，第80页。

④ ［意］恩里科·菲利著：《犯罪社会学》，郭建安译，中国人民公安大学出版社1990年版，第98-99页。

菲利在刑罚观上反对报应刑，提倡目的刑，并主张特殊预防的刑事政策。这种从惩罚到预防的刑事政策的转变，是现代刑事政策的重要转变。可以说，菲利的这些观点为近现代刑事政策的发展和完善提供了重要的理论支持。

5. 提出刑罚替代论

菲利尖锐地批判监狱制度的失败，他指出："根据古典派刑法理论和古典派监狱规则建立起来的刑法制度具有以下缺陷：确定荒谬的道义责任标准；完全无视或忽视罪犯的生理心理学类型；一方面裁决和判决之间有空隙，另一方面判决和执行之间又有空隙，结果便会滥用宽赦；监狱中犯人退化和相互交往造成的实际后果严重；造成数以百万计的人被处以愚蠢和荒谬的短期监禁；造成累犯难以抑制的增加。"①

菲利更是反对刑罚万能，主张刑罚的价值是消极的，并具有开创性地提出了刑罚替代措施，这种替代措施就是保安处分。1921 年菲利在他起草的"意大利刑法典草案"（又称"菲利草案"）中，就以"危险性与制裁"取代责任与刑罚，所以后世惊呼，菲利取消了刑法，称菲利草案为"没有责任与刑罚的刑法典"。菲利指出："边沁讲过，由于刑罚不能防止犯罪行为的发生，每次处刑都被证明是无效的。因此，这种医疗方法毫无价值。对犯罪原因的深入研究表明，人不犯某一罪行，是因为有完全不同的原因，而不是畏惧刑罚，这些强有力的基本原因并非立法者的威吓所具备的。然而，如果警察和监狱管理人员进行上述威吓，则与那些情形相悖。意图犯罪、受激情支配或是受动摇其道德观念的心理飓风所左右的人，绝不是刑罚威吓所控制得了的，因为火山爆发般的激情不允许他们进行思考。在行为人经过预谋和准备之后而犯罪的案件中，刑罚更无力阻止他去实施犯罪，因为他希望犯罪之后能够逃脱惩罚。所有的罪犯都异口同声地说，在其预谋犯罪时，只有一件事在推动他，那就是希望在犯罪之后安然地逍遥法外，如果他们稍微考虑到有可能被发觉、被处罚，也不会犯罪，只有一时感情冲动者除外。"②

菲利认为刑罚的效力有限，他认为刑罚只是社会用以自卫的次要手段，抑制犯罪疾患的手段应当是导致犯罪产生的实际因素。菲利的观点虽然过分地夸大了特殊预防的作用，但特殊预防的观点也促进了近现代刑事政策的调整与发展。

---

① ［意］恩里科·菲利著：《犯罪社会学》，郭建安译，中国人民公安大学出版社 1990 年版，第 137 页。

② ［意］恩里科·菲利著：《实证派犯罪学》，郭建安译，中国政法大学出版社 1987 年版，第 28 页。

（三）加罗法洛的刑事政策思想

加罗法洛是意大利著名的法学家、社会学家，实证学派的代表人物之一，在犯罪学研究史上占有重要地位。

加罗法洛 1852 年生于意大利那不勒斯的一个贵族家庭，在大学完成法学教育，以后在意大利各地担任过许多地方政府机构的重要工作，曾任法院院长、检察长、国家上议院议员、那不勒斯大学的刑法及刑事诉讼法教授，撰写了大量有关法律、社会学、犯罪学方面的著作。

1. 提出“自然犯罪”的概念

加罗法洛的“自然犯罪”的概念与其犯罪原因观紧密相连。他认为，人类为了保护自我，均具有利己之心，但又由于必须于社会中生活，在某种程度之内自然而然地发展出利他之心，这是产生社会道德的基本根源。利他情绪中最重要的内容是同情和正直，凡违反这两者的行为即为“自然犯罪”。换句话说，在社会生活中，人人或多或少地都具有此种利他情绪，若生来即欠缺此种道德情绪，即为真正的犯罪人。加罗法洛认为，社会环境对“自然犯罪”的增减并无多大作用。

与“自然犯罪”相对应的概念是“法定犯罪”。“法定犯罪”是国家基于某种目的，为“增益”社会生活，用法律的形式规定某种行为为犯罪，违犯者即为法定犯罪人。在加罗法洛看来，“自然犯罪”是超越时空的概念，不论处在何种政治体制、何种地域范围，只要是违反人类道德正义的行为（如杀人、抢劫、放火、盗窃、强奸等），即便是不具备法律知识的人，都可判断出其就是犯罪。而“法定犯罪”则可因国家、地域或时空的不同具有不同的内涵，法律、政治、文明程度等均可影响此类犯罪的成立与增减，如堕胎、重婚等行为。

2. 社会防卫论

作为“社会防卫论”的倡导者之一，加罗法洛注意研究和论述社会防卫的理论及措施。由于其刑法学家的背景，他的社会防卫理论基本上是围绕着刑罚制度及手段而展开的。

加罗法洛认为刑罚的主要目的不是改造或矫正犯罪人，使其变为一个更好的人，而是阻止犯罪人重新犯罪，以保卫社会。因此，不应从报应犯罪人或罪刑相适应出发，而应从预防社会可能遭受的侵害出发来考虑刑罚问题。他主张根据犯罪人对社会的危险程度来使用刑罚，即刑罚应与犯罪人的人身危险性相适应。在此基础上，加罗法洛提出，对不同的犯罪人应适用不同的刑罚方法，对那些严重的道德失常的犯罪人应适用死刑，因为他永远不能适应社会生活；对缺乏正直情操的犯罪人，可适用长期监禁或终身监禁、流放、禁止从事一定职业、剥夺民事或政治权利等刑罚；对那些缺乏利他情操，在特定环境下实施了犯罪行为但不可能再犯的犯罪人，可适用强制性赔偿的处罚方法等。

（四）李斯特的刑事政策思想

费尔巴哈提出刑事政策一词后，经由德国学者弗兰茨·冯·李斯特对刑事政策的推广和发展，刑事政策逐渐形成了完整的体系。李斯特是集犯罪学、刑法学、刑事政策学研究于一身并取得了辉煌成就的一位真正的学术大师。他既是犯罪学刑事社会学派的杰出代表，又是刑法学现代学派（新派）的创始人，同时还是刑事政策学的奠基人。

弗兰茨·冯·李斯特是德国著名刑法学家。当德意志刑法典于1870年问世时，具有完整体系的古典学派业已存在，其理论支柱是意志自由。但随着时间的推移，人们相信，德意志刑法典在实施过程中并未能实现其期望，德意志帝国的犯罪正以极快的速度和危险的方式增加。19世纪80年代初以后，被认为是“正确的法律”出了问题，人们要求对德国的刑事立法进行合理的改革。李斯特同样提出了对刑法进行改革的主张，他的这一主张或这一改革要求，最初见于他在德国马堡作的关于刑法改革的学术报告“刑法的目的思想”，后人将该学术报告称为“马堡计划”，实际上该学术报告的主要内容是刑事政策问题。“马堡计划”的提出，使冯·李斯特成为马堡学派（die marburger schule，也称折中学派）的创始人。其后，他又于1889年至1892年在其《刑事政策的任务》一书中，对其观点作了进一步的论述和发展。

李斯特认为刑事政策也许可以表述为：“所谓刑事政策，是指国家借助于刑罚以及与之相关的机构来（教育和矫正机构、劳动教养所以及类似机构）同犯罪作斗争的基本原则的整体（总称）。当然，我们还可以在广义的范畴来理解这个表述。与犯罪作斗争是以了解犯罪的原因和刑罚的效果为前提条件的，同时，离开了对犯罪生物学（人类学）和犯罪社会学（统计学）的研究结果，也不可能制定一个经过科学论证的刑事政策。”[①] 李斯特持广义的刑事政策观点，也可以说，李斯特提出的是全新的刑事政策概念。由于他的贡献，产生了以犯罪学为基础的现代科学意义上的刑事政策学。他的刑事政策概念，超越了古典刑事政策观念，提出刑罚不是与犯罪作斗争的唯一手段，广义的

---

① ［德］冯·李斯特著：《论犯罪、刑罚与刑事政策》，徐久生译，北京大学出版社2016年版，第212页。

刑事政策观自此确立起来。

李斯特的主要刑事政策观点如下：

1. 反对自由意志论，主张犯罪原因二元论

李斯特反对古典学派的自由意志论，提出了犯罪是由社会因素和个人因素构成的二元论。

这种犯罪原因观的提出，使刑事政策的制定更加关注社会，能更好地与犯罪作斗争并通过改变社会存在的弊端以减少犯罪的发生。李斯特曾语："最好的社会政策就是最好的刑事政策。"而将犯罪的原因放在更广阔的范围内研究确定刑事政策比将犯罪原因单纯放在自由意志的范围内会更符合犯罪现象发展变化的规律，是对古典学派刑事政策思想的突破与发展。

2. 从行为到行为人的主观主义刑事政策观

李斯特的具体刑事政策观点还表现在他批判行为主义，提倡行为人主义。他明确提出："应被处罚的不是行为，而是行为人"这一著名论断。李斯特将刑罚处罚的中心归结为犯罪人，特别是犯罪人的性格和心理状态，认为刑罚轻重不能仅仅根据犯罪的客观危害事实，而应以犯罪人的性格、恶性、反社会性或危险性的强弱标准，个别地量定刑罚，以达到社会防卫的目的。李斯特认为，从行为刑法转向行为人刑法，是刑事立法改革的最高之主导思想。他说："我们刑法立法的根本错误，不仅仅是未考虑人民的法律意识，而且是造成它在与犯罪作斗争中的无能为力，过高地估计了行为的外在结果和未估计行为人的内心思想……在规定刑法的种类和范围时，在法律和判决中，有必要将重点更多地放在行为的内心思想上，而不是行为的外在结果上。"①

主观主义打破了客观主义的界限，突破了客观归咎的弊端，将行为中心论转向了行为人中心论。刑事政策在立法、司法与执法中不仅仅要考虑犯罪人的客观行为，而且还要考虑行为人的主观方面，这使刑事政策突破了客观主义的藩篱，得到了极大的突破与发展。

3. 目的刑论

李斯特被认为是最先提出目的刑概念的著名学者，他并不排斥刑罚的应有价值，但他反对报应刑。他认为刑罚的目的是保护个人的生命、身体、财产、自由、名誉的利益和保卫国家的存在、安全和统治利益，即刑罚的目的是预防再犯，防卫社会。他认为："刑罚现在应由本能的报应转向国家意思的

---

① 转引自徐久生著：《冯·李斯特的"马堡计划"简介》，载《犯罪与改造研究》1999 年第 4 期。

裁判刑，而且报应观念应被所说的社会防卫、保全的新的目的刑思想所代替。”①

此外，李斯特还强调刑罚的另一个目的在于改造和教育犯罪人，消除其危险性，使之重返一般市民生活之中。可以说，目的刑论，包括改造刑论、教育刑论、重返社会的理论甚至特殊预防论已为现代各国的刑事政策所接受，但反对报应刑论并不是否定报应刑论，报应是刑罚的价值之一，但不是唯一的价值。

李斯特对古典学派报应刑论的批判，对目的刑以及对刑罚价值多元论的主张，大大推动了刑事政策的发展。

4. 特殊预防与刑罚个别化

“一般预防理论全面主宰刑罚理论的情势，直至19世纪末由刑法大师封·李士特（即冯·李斯特）提出的‘特别预防理论’之后，才发生转变。”② 李斯特十分强调特殊预防，“特殊预防视犯罪为反社会思想的标志，一般预防则视犯罪为行为人本身的某些重要因素起作用的结果；特殊预防将侧重点放在犯罪行为人及其思想上，而一般预防则将侧重点放在犯罪行为和结果上。一般预防努力将某一些犯罪构成要件（科处刑罚和刑罚执行中的否定评价亦与之相联系）与其他犯罪的构成要件尽可能严格地区分开来，以此构成刑法分则部分，并视之为其主要任务；与此相反的是，特殊预防则主要是区分不同的犯罪人类型，以此形成刑罚体系。一般预防在由犯罪行为所造成对法制的实际损害中寻找犯罪与刑罚的均衡，特殊预防则在犯罪人的反社会思想的强烈程度上寻找犯罪与刑罚的均衡。”③ 将刑法的目的确定为特殊预防，不仅仅是转向行为人刑法，而且还要将行为人的个性置于刑法利益的中心位置。之所以将行为人的个性作为量刑的基础和标准，是因为通过特殊预防，犯罪人的个性首先能够成为刑法措施的目的：以特殊预防为目的之刑法必须改变犯罪人的个性，使之在将来的生活中将尊重刑法规范作为自己的首要任务。

李斯特强调必须寻找有效的行为调节和个性研究方法，并将这些方法始终如一地运用于犯罪人。为了尽可能有效地实现特殊预防的目的，刑罚必须具有灵活性和可变性。他提出：具体的刑罚制度的价值取决于使实现刑法目

---

① ［日］大塚仁著：《刑法中新旧两派的理论》，转引自《外国刑法研究资料》（第一辑），北京政法学院刑法教研室1982年版，第107-108页。

② 林山田著：《刑罚学》，台北商务印书馆股份有限公司1983年版，第73页。

③ ［德］弗兰茨·冯·李斯特著：《德国刑法教科书》，埃贝哈德·施密特修订、徐久生译，法律出版社2000年版，第25-26页。

的成为可能的保安性和灵活性。每一种具体的刑罚措施必须同样具有保安性和灵活性。① 他主张以犯罪人的性格和心理状态为标准，个别确定刑罚，也称刑罚个别化（特别预防论）。他以犯罪反复的强弱为标准对犯罪人进行分类，根据犯罪人的不同情况，给予不同处遇以防再犯。他将犯罪人分为机会犯罪人和惯习犯罪人，惯习犯罪人又分为改善可能者和改善不可能者。对机会犯罪人应当处以罚金刑，因为他几乎没有同样犯罪反复的危险。对改善可能者，可科处自由刑，使其习惯于正常生活而重新回归社会。对改善不可能者，实行终身监禁或死刑，使之永久与社会隔离，防卫社会。

可见，李斯特的目的刑论的对象是已然犯罪者，强调对已然犯罪根据其自身的性格和心理状况个别确定刑罚，而不强调惩罚对未然之犯罪的规诫作用。但确定特殊预防目的，有可能侵犯当事人的权利，如侵害其隐私权和自由意志的保护，分割其作为一个人而被承认和尊重的正当要求，而不是成为国家权力的牺牲品。在李斯特的刑事政策计划中也表明了这样的一种倾向，只有当刑法所涉及的当事人的权利成为刑事政策目的之障碍时，当事人的权利才受到限制。他的“在刑法中实现目的思想”的要求，尽管毫无疑问地具有启蒙性质和影响，但不能被误解未要求构建自由主义和人道主义刑法。李斯特的目的刑思想所追求的是有效地以行为人为中心的刑事政策，它涉及这样一个问题，即国家如何才能更有效地实现其刑法目的。李斯特完全是从纯技术上，而没有从道德和公正的角度来对待该问题。换言之，在李斯特看来，最重要的是何种措施和方法最能有效地实现刑事政策目的，而何种刑事政策目的、何种刑法措施和方法在规范上是被认为公正的，在他看来是无所谓的。公正的刑法被李斯特与有利于刑事政策的刑法等而视之：只要符合公众利益，可以不择手段。②

李斯特是特殊预防思想的集大成者，由于他主张刑罚个别化，提倡行为人主义，所以在刑事政策上有“少年刑法”思想的萌芽，世界各国少年刑法的诞生，无不深受冯·李斯特的影响。③

---

① 《李斯特文集》（第 1 集），转引自徐久生《冯·李斯特的“马堡计划”简介》，载《犯罪与改造研究》1999 年第 8 期。

② 鲍尔曼：《无节制的刑事政策——关于冯·李斯特的马堡计划》，载奥地利《犯罪社会学书目》1984 年第 11 期。转引自徐久生：《冯·李斯特的“马堡计划”简介》，载《犯罪与改造研究》1999 年 8 月第 4 期。

③ 林山田、林东茂、林灿璋著：《犯罪学》，台湾三民书局 1984 年版，第 40-42 页。

5. 保安处分论

李斯特还是保安处分的积极倡导者。他指出，“在现代刑事政策研究方面的一个重大成就是，最终达成了这样一个共识：在与犯罪作斗争中，刑罚既非唯一的，也非最安全的措施。对刑罚的效能必须批判性地进行评估。出于这一原因，除刑罚制度外，还需建立一套保安处分。”① 他虽然赞同区别刑罚与保安处分的二元论，但作为将来发展的方向，主张应当转向不加区分的一元论。李斯特特别强调保安处分在刑法中的地位，认为对于“遗传之负担”，须以某种作用使之消失，但不必求之于刑罚本身。于刑罚之外，还有种种方法足以达到同一目的。他从犯罪人的社会危险性以至于社会适应性出发，修正和改变了古典学派极力推崇的罪刑法定原则，提倡刑罚个别化，主张扩大适用类推解释、缓刑、假释、罚金、累进处遇、强制劳动、保安处分及其他的所谓“刑外刑”，并从扩大法定刑的范围起，更进一步主张采用不定期刑。

关于李斯特的刑事政策思想，德国学者克劳斯·罗克辛在《刑事政策与刑法体系》中提到了“李斯特鸿沟”。② “李斯特的名言‘刑法是刑事政策不可逾越的鸿沟’或‘可逾越的屏障’的基本含义是指，刑法教义学遵循的是客观的、事实的、价值中立的，甚至是形式主义的一种规则，由此而建立起一个刑法教义学的体系。那么在这个刑法教义学体系当中，它贯穿着的是罪刑法定的思想要对公民的个人自由和权利加以规范的保护，由此而形成一个所谓的刑法教义学。在刑法教义学当中，有个所谓的‘三阶层犯罪论体系’，也就是‘构成要件该当、违法、有责’。刑事政策指的是李斯特所倡导的目的刑、教育刑的思想。刑事政策在刑法教义学之外，它不能侵入刑法教义学当中去，由此而形成了所谓的‘李斯特鸿沟’。‘李斯特鸿沟’实际上也是把犯罪论和刑罚论这两者加以分立，两者贯彻的指导思想是不一样的。”③

从这段论述中，我们可以看到，作为刑法学家的李斯特在犯罪论上是典型的古典学派犯罪论学者和创始人。在犯罪对策论上，作为刑事政策开创者

---

① ［德］弗兰茨·冯·李斯特著：《德国刑法教科书》，埃贝哈德·施密特修订，徐久生译，法律出版社 2000 年版，第 20 页。

② ［德］克劳斯·罗克辛：《刑事政策与刑法体系》，蔡桂生译，中国人民大学出版社 2011 年版，第 7 页。

③ 陈兴良：《刑法教义学与刑事政策的关系：从李斯特鸿沟到罗克辛贯通——中国语境下的展开》，载《中外法学》2013 年第 5 期。陈兴良、梁根林：《刑法教义学与刑事政策的关系：从李斯特鸿沟到罗克辛贯通——中国语境下的展开》，载《东南法学》2014 年第 6 期。

的李斯特是典型的实证学派的代表人物，并将刑事政策拓展到社会政策领域。因此，李斯特的观点出现了在犯罪论上遵从古典学派，在对策论上秉承实证学派的所谓的“李斯特鸿沟”。李斯特复兴了刑事政策，通过对“李斯特鸿沟”到“罗克辛贯通”的探讨，我们能清楚地看到刑事政策的发展路径。在19世纪后期的那个时代里，刑事政策发挥着重要作用，甚至可以说那个时期是“刑法之刑事政策化”时期。随着时代的发展，法治的完善，刑事政策也应与刑法融会贯通。刑法具有滞后性，刑法刑事政策化具有必要性。刑事政策比刑法更加灵活宽泛，刑事政策可以推动刑法的完善和发展，从而完成刑事政策刑法化。

需要说明的是，近现代时，社会连带思想空前强盛。国家权力备受推崇乃至崇拜和迷信，国家权力也不再甘心于在封闭的刑法范围内应对犯罪问题，而是冲破传统刑法典束缚，将国家的强制权力更广泛地运用于各个方面，保护和控制社会、预防和抑制犯罪。从这一意义上我们可以说，西方国家刑事政策的兴起与法治发展史密切相关，可以说是后法治社会的重要成果之一。刑事政策从侧重于“法治”限制国家权力转而相对更多地重视以国家权力扼制犯罪、防止犯罪以保护社会、维护秩序。①

总的来说，实证学派的刑事政策思想，立足于社会现实，采取科学的方法、实证的手段，大胆地突破了古典学派的桎梏，顺应了历史的潮流，推动了现代刑事政策的发展，是刑事政策发展的必然。但实证学派的创立站在了对古典学派的根本否定基础上，未免表现出某种极端，存在着不可避免的缺陷。首先，过分强调特殊预防，忽视一般预防，置警戒社会上犯罪人之外的一般人于不顾，表现了他们在刑罚目的上的片面性。其次，在科刑标准上，以主观的人身危险性为标准，否定行为标准，难以把握，易为司法专横者所利用，使刑罚的公正性遭受破坏。而且，人身危险性是一个非常难以判断的主观方面。根据特殊预防的理论，对未犯罪但有人身危险性的人可以采取预防性措施，即保安处分，但这也有无罪施罚之嫌，因此对人身危险性的正确认识和量化便成了特殊预防科刑标准的一个难题。事实上也是如此，有一些人由于某种原因犯下重罪，如被强奸后报复杀人等，这类犯罪人可能以后不会再犯，即人身危险性不大。但也有一些犯罪人在改造时表现很好，甚至刻意表现出无人身危险性，可事实并非如此，他们出狱后很快就会再重新犯罪。最后，特殊预防之教育刑论，片面强调刑罚的教育作用，使刑罚的作用很难

① 何秉松主编：《刑事政策学》，群众出版社2002年版，第4页。

发挥。

虽然特殊预防有其自身的片面性，但特殊预防在批判一般预防的基础上，建立起特殊预防的刑事政策体系，提出刑罚个别化，缓刑、假释、不定期刑、少年刑事司法制度等刑事政策，突破了古典学派严格的罪刑法定、罪刑相适等刑法基本原则的界限，推动了近现代刑事政策的发展。可以说，现代刑事政策吸收了实证学派刑事政策合理的因素。此外，实证学派刑事政策还强调预防犯罪人再犯、强调犯罪人的回归社会的刑事政策，这更符合社会现实，符合社会防卫的需要，这无疑是一种历史的进步，是刑事政策的一个新的发展。

第三节 ‖ 社会防卫思想——刑事政策的人道主义阶段

实证学派刑事政策尤其是惩罚政策存在着法治和人权方面的致命缺陷。这种缺陷很快显露并为实践所证明。1930 年的意大利刑法典和 1935 年经希特勒修订过的刑法典扩大了政治犯的概念，规定对社会有危险的人，无论是否实行犯罪都可以适用保安处分，广泛适用类推等。第二次世界大战，希特勒对实证主义刑事政策“恶为利用”为法西斯统治大开方便之门。“二战”后，对个人权利的尊重和保护引起广泛关注。在此背景之下，欧洲兴起了一个以强调保护社会免受犯罪侵害，对犯罪人进行再社会化，实行人道的刑事司法为宗旨的理论流派——社会防卫学派。社会防卫学派不仅从事理论研究，还强调对刑事立法、刑事司法和社会环境进行改革，故也被称为“社会防卫运动”。这一阶段人道主义和人权在刑事政策中受到空前的重视和强调。

一、社会防卫思想的起源与初步

19 世纪，刑事科学领域内涌现的各种思潮为社会防卫思想的萌芽提供了必备条件。首先是 19 世纪初产生的刑罚个别化思潮；其次是刑罚学和监狱学领域内的进步思想；再次是科学技术的发展、人文科学的产生；最后是 1889 年国际刑法联盟的成立也对社会防卫思想的问世起了推波助澜的作用。阿尔道夫于 1910 年发表的《社会防卫思想与刑法的发展》系统阐述了社会防卫思想的基本主张：以“危险性”或“危险状态”取代“主观责任”；既反对法官滥用刑罚、严刑峻法，也反对法官无限度宽容、放纵犯罪；在立法上尽量用“替代刑”取代短期自由刑；主张刑罚个别化，进行监狱改革。1930 年前后，出现了古典学派与实证学派折中的折中主义思想，保留了主观责任能力原则和报复刑思想，发展了刑罚个别化、推广了缓刑等。

二、社会防卫思想的形成

20世纪40年代之后，出现了“新社会防卫论”的观点。新社会防卫论是教育刑论的发展，主要代表人物是法国学者马克·安塞尔和意大利律师格拉玛提卡伯爵。1945年，在格拉玛提卡的积极努力下，“社会防卫研究中心”在意大利正式成立。1947年，在圣雷莫召开第一届国际会议，奠定了社会防卫思想的主要原则；以人道主义为基石，坚信人类的命运，保护个人权利和自由；刑法制度要合乎人道；反对盲目镇压、单纯打击；要对误入犯罪歧途的人进行教育、改造和帮助，使他们重返自由社会。1949年在比利时召开第二届会议，正式成立“国际社会防卫学会”。但社会防卫思想正式问世的同时，就分为了格拉玛提卡的激进社会防卫论和安塞尔的新社会防卫论。我们认识新社会防卫思想，不能把它视为一个单纯的刑事政策学派或者思潮，它是一项刑事政策的思想运动、立法运动和改革运动。

（一）格拉玛提卡的激进社会防卫思想

格拉玛提卡是意大利著名的律师、刑法学家，激进的社会防卫论代表人物。1961年，格拉玛提卡发表了《社会防卫论》一书，该书阐述了其社会防卫理论。之所以把他的社会防卫论称为激进的社会防卫论，是因为他的基本观点包括：抛弃刑法，断然与“刑法”或“犯罪法”决裂，以“社会防卫法”取代刑法；废除犯罪、刑事责任、刑罚等刑法基本概念，以“反社会性”、“反社会性的指标及其程度”等概念代替；社会防卫的目的不应该只是保障市民人身、财产等安全，更本质的目的是改善那些反社会的人，使之回归社会；格拉玛提卡认为，刑法的目的“不是处罚人，而是对其教育和治疗，使其适应社会的要求”。①

他认为，社会防卫的本质在于改善那些反社会的人，使之回归社会。国家担负着拯救罪犯、把罪犯改造成为能够重新适应社会生活的新人的义务，这是最高尚的人道主义。他指出：刑法的目的“不是处罚人，而是对其教育和治疗，使其适应社会的要求”。② 格拉玛提卡的社会防卫论对整个国际社会

① ［日］福田平等著：《日本刑法总论讲义》，李乔等译，辽宁人民出版社1986年版，第210页。

② ［日］福田平等著：《日本刑法总论讲义》，李乔等译，辽宁人民出版社1986年版，第210页。

的刑法改革具有积极的作用。

格拉玛提卡的社会防卫思想是激进的，他在否定犯罪、责任及刑罚的基础上，提出了取消整个刑法体系，建立全新的社会防卫论新体系的观点。这种彻底解构传统刑法的激进观点受到包括来自社会防卫学派内部的诸多批评。他将改善个人与防卫社会完全对立起来，其主观主义的社会防卫观给司法中主观归罪以可乘之机。他的过激的社会防卫思想不仅没有能够赢得社会防卫思想追随者的一致赞同和拥护，其影响反而在不断缩小。[①] 而以马克·安塞尔为代表的新社会防卫论则成为当今社会防卫思想的主流。

（二）马克·安塞尔的新社会防卫思想

马克·安塞尔（Mare Ancel，1902~1990）是法国著名刑法学家、犯罪学家，是刑事政策理论的集大成者，曾任国际社会防卫协会主席（国际四大刑事科学组织之一），是该协会两大对立派别中的一派代表人物，曾担任法国最高法院顾问，法国比较法研究中心主任。1954 年，他出版了《新社会防卫思想》一书，在该书中旗帜鲜明地提出了“新社会防卫思想”。他的新社会防卫思想既不同于 19 世纪普林斯所提出的旧社会防卫思想，也不同于格拉玛提卡的激进的社会防卫思想。他修正了格拉玛提卡的一些观点，将社会防卫论建立在更为现实的基础上，称为新社会防卫论。安塞尔又把自己所倡导的社会防卫运动称为“一场人道主义的刑事政策运动”。

按照安塞尔的解释，“社会防卫”一词本义是保卫社会免受犯罪侵害。在历史上的很长一段时期内，防卫社会一直建立在严厉打击犯罪的刑法制度基础上。自 19 世纪，尤其是 19 世纪末起，随着人文科学的发展、犯罪学以及刑罚学的产生，人们开始对刑罚制度的目的及其合理性提出质疑，发现除了刑罚之外，对于犯罪还有许多极有价值但不一定带有惩罚性质的反应方式。于是，“社会防卫”有了新的含义和新的价值，并取得了相对于刑法和刑罚的自主地位，“一场极大的思想运动随之产生”。[②]

安塞尔摈弃了激进社会防卫论的观点，承认刑事责任与刑法，主张根据罪犯人格处以惩罚措施。他认为死刑和短期监禁刑不利于罪犯的重新社会化，因而反对死刑和短期监禁刑，致力于监狱制度改革，提出了采取刑罚替代措施来帮助罪犯再社会化，而且还将被害人纳入犯罪研究中。新社会防卫思想

① 卢建平主编：《刑事政策学》，中国人民大学出版社 2007 年版，第 76 页。

② ［法］马克·安塞尔著：《新刑法理论》，卢建平译，香港天地图书有限公司 1990 年版，第 5、6 页。

超越了以往刑法学的狭隘界限，也超越了犯罪学的纯科学阶段，更趋近于刑事政策学。与格拉玛提卡完全不同的是，安塞尔不但不主张废除刑法，而且还特别关注犯罪学领域的各项研究成果，他的观点温和、折中并更加现实。在某种意义上可以说，安塞尔的新社会防卫论不仅综合反映了现代社会防卫论的主要观点，而且代表了现代西方国家刑事政策的发展方向。

马克·安塞尔曾经把社会防卫运动的基本观点归结为如下三点：①社会防卫论首先对现有的与犯罪作斗争的制度进行批判性研究，甚至提出质疑；②社会防卫论始终主张联合所有人义科学对犯罪现象进行多学科性研究；③坚决反对传统的报复性惩罚制度，立志坚决保护权利，保卫人类，提高人类价值。在刑罚的目的上，他主张："走始终建立在促进人类进步的思想基础上的预防（犯罪）、保护（受害人）和安置（犯罪人）的道路。"[①] 具体地说，新社会防卫论思想的主要内容如下：

1. 关于犯罪和犯罪人的理论

（1）关于犯罪的概念。社会防卫思想在刑法规定的"犯罪"概念以外，还采用了"越轨行为"和"边际行为"的概念，并提出按照这些行为对社会造成危害的轻重程度和社会团体对这些行为的容忍程度确立一个多重性的或多层次的防范战略。[②] 可以说，新社会防卫论思想关于"犯罪"的概念更为宽泛。

（2）注重对现代新型犯罪的研究。自从1910年震惊巴黎的波诺匪帮案后，有组织犯罪、劫机和劫持人质等暴力犯罪接连不断。安塞尔认为应该同这些危险罪犯作斗争，但"从重打击"和"加重刑罚"不是好办法。解决暴力犯罪问题的关键在于对暴力犯罪现象的产生原因、暴力犯罪人的行为特征等进行认真的研究。

在经济犯罪上，安塞尔特别提到白领犯罪，他认为犯这类罪的人已不再是那些生理上有缺陷、失去自我平衡和不能适应社会生活的人，而是社会那些具有特权的人。这些人利用经济或社会优势，对那些社会地位低下，不能自卫的民众滥加侵害，这是导致社会道德败坏和客观不公正的原因之一。对于白领犯罪，安塞尔主张运用"社会反应"，即运用某些限制自由的措施建立一个预防制度，并对当事人进行一个良好的公民常识的再教育，以便在这些

① ［法］马克·安塞尔著：《新刑法理论》，卢建平译，香港天地图书有限公司1990年版，第30、124页。

② ［法］马克·安塞尔著：《社会防卫思想》（法文版），法国大学出版社1985年版，第112页。

社会阶层里建立一种更加协调的社会关系。

社会防卫思想也特别注重新型违法行为与犯罪，如注重研究保护消费者利益、保护环境、现代科学信息技术等对犯罪的影响，并提出了一些主张和建议。

（3）关于犯罪人的理论。新社会防卫思想接受和综合了犯罪生物学主张的“生物心理人”和犯罪社会学主张的“社会人”的观点，认为社会上的人同时是“自然人”和“社会人”，人是“法律的主体”，而不应是科学研究的客体。其关于犯罪人的理论比较集中地代表了他对当个刑事政策学的理论贡献。

“新的社会防卫”并不是只关注保护社会，其所主张采取的各项措施（不论是刑罚，还是保安处分）都应当使“作为其目标的人”获得不可争议的利益，应当使“人”能够更好地去适应理应生活的环境，从而摆脱犯罪或重新犯罪的危险。“最有效的”、“最人道主义的”最佳社会防卫，难道不正是要以最适于当事人性格的方式来保障这种社会再适应吗？[①]

新社会防卫思想吸取了犯罪学理论中的“罪犯人格的概念”，并以此出发重新研究犯罪人，强调刑事诉讼应该考虑罪犯人格，以便更好地帮助、教育、改造和挽救罪犯，使之能尽快重新适应社会。

2. 关于刑罚问题

新社会防卫论主张保留刑法制度和刑罚，强调刑罚的目的在于对犯罪人进行治疗，从而抑制犯罪，使犯罪人重返社会。同时他强调保护人的尊严以及对人的尊重，建立教育与保安处分的理性刑罚制度，从而使人类社会由法治国（legal State）走向福利国（well-fare State）或文化国（culture State）。新社会防卫论不只是着眼于对已然犯罪的惩罚报复，或是对社会上不稳定分子的恐吓与预防，而是把刑罚的目的同整个社会安全联系起来，并“遵循罪刑法定原则，顾及尊重人权，努力从遏制犯罪着手防卫社会”。[②] 安塞尔认为，刑罚的目的不是报应和威慑，而是保卫社会，预防的着眼点不是一般预防而是特殊预防；罪犯的品格是酌量刑罚的重要因素。总之，人们同犯罪作斗争的一切努力的方向应当朝着使罪犯重返社会而不是把罪犯驱逐出社会。社会防卫主义的突出特点是刑罚的弱化和全面人道化。可以说，作为一种方向，

① ［法］卡斯东·斯特法尼等著：《法国刑法总论精义》，罗结珍译，中国政法大学出版社 1998 年版，第 90 页。

② ［日］福田平等著：《日本刑法总论讲义》，李乔译，辽宁人民出版社 1986 年版，第 210 页。

它符合人类社会文明发展的大的基本趋势。安塞尔关于刑罚改革的主张主要包括以下内容：

（1）将传统刑罚和保安处分措施融合成一个统一的刑罚制度。作为一种刑事政策思想，保安处分最初由德国刑法学者克莱因提出。他认为，维护公共安宁和幸福是一切刑事立法的唯一正当根据。因此，就有必要在刑罚之外另行根据行为人的犯罪危险性予以保安处分。因为“刑罚具有按现实的犯罪程度而定的确切内容，而保安处分则具有以行为人的犯罪危险性为基准科处的不定期的内容”。[①] 保安处分（sichernde massnahmen），是指国家基于维护法社会秩序之必要及满足社会大众之保安需求，在行使刑罚权之外，对于特定的行为人，以矫治、感化、医疗、禁戒等手段所为之具有司法处分性质的保安措施。保安处分一般适用于无刑罚适应性的无责任能力人、限制责任能力人、具有特种危险性的犯罪人如习惯犯、常业犯和累犯等，在有的国家保安处分还适用于未曾犯罪但恶性重大者。新社会防卫论主张改革西方现有的刑罚制度，这是新社会防卫运动中最重要的内容：将刑罚和保安处分措施融合成一个统一的处罚制度。[②] 马克·安塞尔认为：人们应当只管适用其中的某种或另一种办法，而不应把它定义为“刑罚”或“保安处分”，形式上的称谓并不重要；重要的是处罚内容的特色。在这方面，人们也注意到现代立法有某种倾向，即不再适用“刑罚”或“保安处分”概念，而使用一个一般性的概念“处罚”。[③]

（2）反对死刑。新社会防卫论认为，在一个尊重个人、保护人的生命的社会里，死刑是绝对不应该的。“社会也好、个人也好，都没有剥夺人的生命的权利。”[④] 死刑与注重挽救罪犯的社会防卫制度是不相配的，更违背了建立在人的尊严和人的生命不可侵犯基础上的刑法哲学。

（3）反对剥夺自由刑。新社会防卫论认为，现实中的监禁刑制度与人们所期待的监狱监禁相去甚远。传统的监禁刑存在着很多弊端，监禁刑在改造

---

① ［日］木村龟二著：《刑法学词典》，顾肖荣等译，上海翻译出版公司 1991 年版，第 465 页。

② 肖剑鸣、皮艺军著：《犯罪学引论》，警官教育出版社 1992 年版，第 72 页。

③ ［法］马克·安塞尔著：《新社会防卫论思想》（法文版），巴黎出版社 1987 年版，第 230 页。转引自李卫红著：《刑罚的变迁、回归于突破》，载《国家检察官学院学报》2007 年第 2 期，第 105 页。

④ 卢建平著：《社会防卫思想》，载高铭暄等主编《刑法论丛》（第一卷），法律出版社 1998 年版，第 178 页。

犯罪人、降低再犯率方面的实际效果并不好。这主要表现在被监禁的犯罪人出狱后再犯率高，许多重、特大案件是重新犯罪案件。在监狱内服刑的监禁刑容易造成交叉感染，使犯罪人变得更坏。在监狱中服刑的犯罪人处于一个特殊的环境中，丧失人身和行动自由，没有自主权和选择权。在这样的条件下，很容易使人产生挫折情绪和自卑感，导致个人自我评价不断降低，最终导致了自己就是“犯罪人”的自我评价。在严重挫折感的影响下，犯罪人很可能由此走上自暴自弃的道路。监禁刑需要监狱等建筑设施、维护费用、被监禁人员生活费用以及负责矫正人员、看守人员的工资等直接与间接费用，成本过高。执行监禁刑将消耗大量的社会资源，成本过高。最重要的是监禁刑使罪犯社会化进程中断，不利于犯罪人回归社会。

虽然新社会防卫思想对剥夺自由刑总的来说并不支持，但也不反对运用剥夺自由刑对罪犯进行“重新社会化治理”的思想。在这一思想的影响下，许多西方国家掀起了监狱改革的浪潮。监狱改革的内容主要包括：减轻监狱严酷程度，使监狱制度更加合乎人道，更与狱外的正常生活接近；对在押犯人进行文化、技术和社会公德教育；改善在押犯人的物质生活条件；加强在押犯罪犯与家庭之间的各种联系，等等。

新社会防卫论还提出了许多监禁刑的替代方案。例如，提出改变绝对的在监狱关押罪犯的做法，建立“开放监狱”、实行周末监禁以及对所有准备释放的罪犯先实行一段时间的假释；提出扩大缓刑适用的主张；提出不剥夺自由的公益劳动；提出用罚金刑替代短期自由刑的主张，等等。可以说，新社会防卫思想主张的有关监狱改革的刑事政策，对西方社会社区矫正的推进和发展有重要的理论和实践价值。

（4）赞同罚金刑，但指出其弊端。新社会防卫论主张适用罚金刑，但却指出了其弊端，即如果实行固定金额罚金制，那么犯罪人贫富的个体差异就会导致不平等。对穷人执行罚金，可能导致其更加贫穷，甚至无以为生，这又是导致其犯罪的一个原因。而对于富人，区区罚金有如沧海一粟，无关痛痒，这就导致了实质的不平等等弊端。新社会防卫论主张改革罚金制，努力减少罚金刑弊端：其一，在判处罚金刑时，不仅要考虑犯罪行为的轻重，还要考虑被告人的收入来源和经济负担；其二，实行“日罚金制”，即先裁量罚金数额再强制犯罪人按日交纳罚金的一种罚金刑执行制度。

3. 关于合理地组织对犯罪的反应

马克·安塞尔从人道主义刑事政策出发，认为要实现刑法在保护公共和平秩序的同时保护权利、保护人类、提高人类价值的任务，合理地组织对犯罪的反应，即通过多学科的研究提出符合我们这个时代要求的、对打击犯罪更有效的反应方式和战略，就成为新社会防卫论的核心。①

马克·安塞尔主张人道主义的刑事政策，他认为合理地组织对犯罪的反应的关键在于给予犯罪人回归社会的权利，社会也有使犯罪人复归社会的义务。把犯罪人教育改造成为新人、使之复归社会，是真正的最高的人道主义。为此，马克·安塞尔反对对犯罪人科处抵偿性、报复性的刑罚，而应当同时适用最终以预防为目的的报复性制裁和非惩罚性方法，以便使犯罪人能够复归社会；社会在组织犯罪人重新社会化的过程中应当给犯罪人以悔过自新的机会。他坚决维护罪刑法定原则，主张根据健全的刑事政策思想修改刑法，将刑罚与保安处分合并为刑事制裁的统一体系，使刑罚体系和法定刑内容现代化。

新社会防卫论主张“刑法不是唯一的甚至不是主要的对付犯罪的工具。首先，应当对预防予以极大的注意，通过预防抵制诱发犯罪的因素，其中包括个人的因素即特殊预防和社会机体的因素亦即一般预防……其次，还应超越刑罚的范围，对犯罪形势和冲突形势，同时也运用民法的、行政法的、社会法的以及教育、卫生、社会福利组织等方法”。②

在合理地组织对犯罪反应的思想基础上，新社会防卫论主张“非刑事化”的人道主义刑事政策，认为对罪犯适用刑罚的目的不在于惩罚，而在于教育、挽救，从而使之重返社会，以达到防卫社会的最终目的。“非刑事化”包括四方面内容：其一是非犯罪化。日本学者大谷实认为“所谓非犯罪化是指将迄今为止作为犯罪加以处罚的行为不作为犯罪，停止对其进行处罚，因此，它包括变更从来都是作为犯罪科处刑罚的现状，而代之以罚款等行政措施加以处罚的情况”。③ 我国台湾学者一般将广义的非犯罪化与广义的非刑罚化统称为除罪化。④ 非犯罪化在立法中的刑事政策意义是在刑罚谦抑主义前提下，纠正立法中过剩犯罪化倾向，纠正单纯的犯罪化、严厉化、国家利益优先的落后于时代的刑事政策。其二是非刑罚化。“所谓非刑罚化（depenalization），

---

① ［法］马克·安塞尔：《从社会防护运动的角度看西方国家刑事政策的新发展》，王立宪译，载《中外法学》1989年第2期。

② ［法］马克·安塞尔：《从社会防护运动的角度看西方国家刑事政策的新发展》，王立宪译，载《中外法学》1989年第2期。

③ ［日］大谷实著：《刑事政策学》，黎宏译，法律出版社2000年版，第88页。

④ 林山田著：《刑法通论》（上），台湾元照出版有限公司1987年版，第90页。

是指用刑罚以外的比较轻的制裁替代刑罚，或减轻、缓和刑罚，以处罚犯罪。”① 其三是受害人化。强调现代刑事政策应重视对被害人的研究，要充分考虑被害人的利益，应责令犯罪人或由社会专门组织对受害人进行赔偿。其四是社会化。新社会防卫思想强调预防犯罪问题不能仅局限在刑法学和刑事政策学范围内，而应统一到整个刑法哲学和社会政策学等所有人文学科内，动员全社会的力量控制和预防犯罪，以防卫社会，保障罪犯人权。

4. 对新社会防卫思想的简单评价

法国学者卡斯东·斯特法尼这样评价新社会防卫运动，他说：“新社会防卫运动也激起了各种各样的批评，这些批评之间常常又是相互矛盾的。其中一些意见认为新社会防卫运动是回到新古典主义；另一些意见则认为它打开了通向专制制度的滥用行为的大门。这些批评意见中，最为严厉的莫过于称新社会防卫运动是对刑法的‘非法院裁判化’。这当然是不无夸张之辞。”虽然批评若此，但这并不妨碍世界刑事政策发展中非刑罚化的发展。②

安塞尔的新社会防卫思想博采众长，对刑法理论中一些对立观点起到了调和作用。他的新社会防卫思想比较系统地建构了刑法的社会防卫职能，所寻求的是既能保护社会又能保护个人的刑事政策。新社会防卫思想产生于特定的历史时期，特别关注世界的变化，具备较强的时代感和现实性。新社会防卫思想对世界范围内的刑法制度和刑事政策具有深远的影响，同时也体现了现代刑事政策的人道主义倾向，因而在整个国际社会中影响深远。

可以说，新社会防卫论以及新社会防卫运动巨大地推动了欧洲各国刑事政策和刑法制度的合理化发展。在新社会防卫运动的影响下，以人道主义为基础、以保护人的权利、保障个人自由、提高人类价值为主旨的刑事政策思想已经成为欧洲各国刑事立法和刑法理念的基石。

第四节 ‖ “轻轻重重”两极化刑事政策的调整以及以“安全”为导向的刑事政策走向

刑事政策以犯罪学的研究成果为基础，根据犯罪现象和犯罪原因，制定出合理的抑制犯罪的对策。世界许多国家也是根据本国的犯罪现象，制定出

① ［日］大谷实著：《刑事政策学》，黎宏译，法律出版社 2000 年版，第 107 页。

② ［法］卡斯东·斯特法尼等著：《法国刑法总论精义》，罗结珍译，中国政法大学出版社 1998 年版，第 93 页。

相应合乎本国要求的刑事政策。当今西方社会，在刑事政策总体上朝轻刑化发展的趋势下，出现了所谓“轻轻重重”的两极化刑事政策。

严格刑事政策，即从维持法社会秩序观点为出发，以压制重大犯罪，且对重大犯罪者采取严格处遇为目的之刑事政策。相对地，宽松刑事政策，即从刑罚谦抑性思想出发，对于轻微犯罪事件处理，尽可能避开正常司法程序，且对某种程度有改善可能性的犯罪者，采取谦和及社会内处遇等政策，以达到防止再犯及使犯罪者能重新复归社会为目的之刑事政策。① 简单地说，所谓两极化刑事政策，就是对于重大犯罪及危险犯罪人，采取严格对策的“重重”刑事政策，而对于轻微犯罪及某种程度有改善可能性的人，采取宽松的“轻轻”刑事政策。这样的刑事政策，也称刑事政策的两极分化。

一、两极化刑事政策产生的理论背景

20世纪70年代，随着改善主义特别是“医疗模式”在“伴随剥夺自由之拘禁环境中，期望达到彻底改善受刑人的方式因刑事司法之过度干预，其结果乃导致不当地侵害受刑人个人自由及自主权，进而影响其再复归社会”，以及“发觉纵使投入相当大的人力及物力改造行刑机构，但受刑人在此优良的环境中出狱后，其再犯率却与以往旧式行刑机构并无任何差别。这样的结果，岂不是说白白浪费投入大把的税金”，导致改善主义特别是“医疗模式”遭受诸多批评后，改善思想产生动摇后所产生的“刑事政策危机”，迫使以北欧及美国为首之国家，针对改善主义的批评，不得不采取另一套刑事政策以防制犯罪。②

两极化刑事政策有其产生的背景，同时也是刑罚目的论发展的结果。自20世纪以来，由于累犯问题日益成为困扰社会的严重问题，强调报应刑又强调教育刑的折中主义刑罚目的的刑事政策发展起来。可以说，报应论、预防论、教育刑论以及新社会防卫论都不能妥善解决累犯问题。为了寻找相应对策，学者们提出了刑罚目的折中论的观点。该观点认为：刑罚目的既有报复惩罚的因素，又有预防、改造的内容。该观点可以说是古典学派刑事政策与实证学派刑事政策调和的产物。

折中论的代表人物，德国刑法学家冯·巴尔指出：“虽然一些值得赞扬的

---

① 张平吾主编：《警察百科全书——犯罪学与刑事政策》第十二篇（许福生执笔），台湾正中书局2000年版，第726页。

② 许福生著：《刑事政策学》，“中央警察大学”2007年印行，第548页。

刑罚目的通过给犯罪人更好的处遇可以获得，但不能忽视：不论怎样好的处遇，人们宁愿不受刑罚处罚；不能设想刑罚制度具有教育制度的特征；太多的注意力被投向了刑罚的改造目的；我先前表达了那种观点——犯罪人必须受到报复，按照这一思想，刑法才具有改造意义；事实上，理想的刑罚将会改造犯罪人，但是不管怎么说，刑罚的目的并不是改造犯罪人。"① 冯·巴尔的表述表达了他批评过分强调教育刑的刑罚目的而忽视刑罚的惩罚目的的观点，同时也表达了他主张惩罚与改造相结合的刑罚目的的思想。

日本学者泉二新熊也主张折中论，他认为："刑罚以行为人过去的犯罪为依据，剥夺其权利，这当然是一种报应的做法。而国家根据法律，在实施报应目的的同时，也是在防止将来的犯罪。所以应当说两者兼而有之。现实的刑罚制度并不是用某种单一的理论就能说明的单纯的东西。刑罚的目的是要从多方面来观察。"②

总的来说，报应刑论侧重于报复，不符合人类理性发展的要求。预防论侧重于威慑，和现代社会主张的人道主义和人权主义相违背。教育刑论与社会防卫论过于宽缓，不利于惩罚犯罪。折中论博采众长，既考虑到刑罚对已然犯罪的报复惩罚，又考虑到对未然犯罪的预防即对犯罪人本人的教育改造，故应该承认其具有较强的科学性与现实性。

从刑罚目的上看，西方现代社会也主张刑罚目的折中论，或叫刑罚目的混合论、综合论，即既强调改造、教育又强调报复与威慑。从刑事政策的角度看，现代西方国家的刑事政策中既有目的刑观念也有成本—效益观念。所以，西方现代社会在强调对轻微犯罪甚至一般犯罪非刑罚化的同时，也特别强调对严重犯罪、有组织犯罪、恐怖主义犯罪等重罪进行严厉惩罚，即所谓的"轻轻重重"刑事政策。

二、严格刑事政策与"轻轻重重"刑事政策的调整

（一）严格刑事政策的对象与主体

严格刑事政策也就是我们所说的"轻轻重重"刑事政策中的"重重主

① A History of Continental Criminal Law, By Car Ludwig, Von Bar, Rothman Reprints, Inc. South Hackensack, New Jersey, Augustus M. Kelley, New York, 1968; pp. 508-509. 转引自谢望原著：《欧陆刑罚制度与刑罚价值原理》，中国检察出版社 2004 年版，第 344 页。

② 李海东主编：《日本刑事法学者》（上），中国法律出版社、日本成文堂 1995 年版，第 63 页。

义”刑事政策。日本学者森下忠认为：严格刑事政策的对象，一般是指伴随有重大法益侵害之重大犯罪而言。例如，暴力犯罪、恐怖主义、组织犯罪、恶质之烟毒犯罪、运输贩卖枪炮、大规模之恶质商法犯罪等，均为严格刑事政策所捕捉之对象。成为此犯罪对象之主体，便为有犯上述重大犯罪危险之“危险的犯罪者”（dangerous offenders）及“处遇困难的犯罪者”（hardcore offerders）。另外，亦包含“危险的被拘禁者”与“处遇困难的被拘禁者”。在此之所以区别犯罪者和被拘禁者之用意，乃因犯罪者并非全是被拘禁者。此外，在此之“被拘禁者”，其含义较受刑人为广。一般如帮派分子、药物滥用者及精神病变态人格者等被拘禁者，均是矫治机构中处遇困难者。①

一般来讲，“重重主义”刑事政策针对的对象主要为严重的暴力犯罪、有组织犯罪、跨境犯罪、恐怖主义犯罪等。对待此类犯罪，国家或执政党采取从重的刑事政策态度，适用刑罚比以往更严厉，比其他罪更严厉。

（二）在犯罪新动向下，西方国家“轻轻重重”刑事政策的调整

当前，国际上的犯罪现象出现了新的状况，尤其是跨国联合犯罪、恐怖主义犯罪等犯罪形式的出现，使得在总体上刑罚趋于缓和的西方国家，也开始着重调整本国刑事政策，对此类犯罪“严厉”打击。美国针对恐怖主义猖狂、重大犯罪与有组织犯罪、跨国有组织犯罪持续增长、严重的情况，倾向于采取“重重主义”的刑事政策。德国一直比较强调轻刑化，但在现代社会有组织犯罪、重罪、恐怖主义等犯罪严重的情况下，也实行“轻轻重重”的刑事政策。

例如，在德国，1976 年 8 月 18 日法律加重了对恐怖主义犯罪的处罚，1986 年在《打击恐怖主义法》中对其中的某些特定犯罪加重处罚；由于暴力犯罪案件数量大增，社会各界要求铲除暴力犯罪的呼声日高，德国联邦政府在 80 年代中期又成立了联邦政府反暴力独立委员会（简称反暴力委员会），专门负责预防和控制德国境内的暴力犯罪的工作；此外，联邦政府还建立专门的监狱或在监狱中设立专门的高度安全监区关押恐怖分子和暴力犯罪分子。为加大对有组织犯罪的打击，联邦政府于 1992 年颁布《打击非法毒品交易和其他形式的有组织犯罪法》（即有组织犯罪法），增设财产刑作为新刑种并扩展追缴的适用范围，对诸如毒品交易、伪造货币、买卖人口、结伙盗窃、洗钱等犯罪，法院在审判有组织犯罪的成员时，可以没收其全部财产，包括追缴其非本罪的犯罪所得；在刑事诉讼中，给予了司法人员尤其是侦查人员更

① ［日］森下忠著：《刑事政策的论点》，日本成文堂 1994 年版，第 5 页。

多的权力。司法人员在刑事罪诉讼中可以依法采用派遣秘密调查人员、使用技术监视器、大规模通缉以及动用警方人员进行跟踪观察等特殊执法手段。此外，国家还对特定种类的罪犯改变从重处罚的原则，予以加重处罚等各种措施，直至在刑事诉讼程序上取消对当事人的某些权利保障等。虽然这些措施往往都是局部的、例外的和暂时的，但其趋势有增无减。“重重主义”刑事政策在行刑方面表现为在特定情况下适用强化监禁的方式。

随着犯罪的新动向，“重重主义”刑事政策倾向也表现在侦查方面，尤其是在美国“9·11”事件后，欧洲各国做出了对策。例如，德国在侦查方面就做出了快速反应，德国警察对伊斯兰国家在汉堡大学学习的学生的强烈反应进行排查。伊斯兰教学生有400人左右处于半“昏迷”（隐蔽）状态，意思是在德国汉堡学习的伊斯兰学生是政府送来的，看起来他们生活正常，实际上是从事恐怖活动的准备。通过电话窃听，如果发现这些人对“9·11”事件特别兴奋，就认为他们可能是智能犯罪，因此州警察局、司法部门可以紧急侦查，以发现嫌疑线索。通过银行查账，发现他们汇款不通过银行，虽然有银行账户，但不用，而是通过邮局汇款；恐怖主义分子租有房子，两年前就付清了房租，与一般人不同；他们成立的宗教组织，每两年要重新组织，注册点不一样；伊斯兰国家不送学生到普通学校，而是送他们到专科学校学机械。从以上几个线索，寻找连接点，三个点连成一线，警察就可以质疑。[①] 这种侦查程序的简化，信息技术汇总速度的提高，是强化、严厉打击恐怖主义犯罪活动刑事政策的必要条件，是根据本国的犯罪新动向对刑事政策所做的调整，是“重重”刑事政策的一个方面。

欧洲出现的另一个犯罪新动向是跨国联合犯罪，它与国际有组织犯罪是有一定区别的，有组织犯罪的组织较为严密，上层决定较多，而跨国联合犯罪另有含义。例如，对布拉格的妇女说可以帮其找工作，实际上是组织卖淫。犯罪组织找到妇女后欲就近安排在布拉格，但总部不同意，就得按总部指示办。而跨国联合犯罪，如下属组织派人去布鲁塞尔进行犯罪交易，仅需通知总部配合，无需征得其同意，上面决定少，自己联系多。有组织犯罪是严重的犯罪，许多国家对有组织犯罪实行“重重”的刑事政策，跨国联合犯罪类似于有组织犯罪，亦应实行“重重”的刑事政策，但跨国联合犯罪较之有组织犯罪更难侦破，给警察侦破带来的难度更大。传统的刑事侦查和越来越

---

① 浙江省青少年犯罪研究会专家代表团：《欧洲犯罪新动向与刑事政策考察报告》，载《犯罪与改造研究》2002年第3期。

民主的刑事诉讼难以适应新的犯罪形式，这也就更需要在刑事侦查领域内调整刑事政策。在新的法律出台前，欧盟警察传出信息，将来可直接追捕犯罪嫌疑人。例如，欧盟警察可以在荷兰直接追捕，这也传递出根据犯罪新动态调整刑事侦查政策的信息。①

自20世纪末以来，犯罪问题似乎比任何一个历史时期都更加严重。在美国，1994年的一项民意调查显示，有19%的美国人认为犯罪是整个国家面临的最主要的问题，远远超过了对公共道德（12%）、经济（11%）、失业（10%）、政府和政治（9%）的关注比例。②

美国立法者自1976年开始就已经为再犯制定了增加刑罚的法律，但对此类法规一直存在不同评价。20世纪90年代，所谓的三次打击法浪潮席卷了全美各州立法。本质上讲，这是各州立法者针对公众对暴力犯罪的恐慌而做出的反应。而且，据估计，绝大多数美国监狱中2/3到3/4的囚犯都是累犯。高再犯率的影响最终扩展到政治领域，然后有了“三次打击然后出局”的政治口号。

对严重犯罪及有组织犯罪、恐怖主义等犯罪适用较为严厉的刑事政策，对普通刑事犯罪实行较为轻缓的刑事政策。即在对犯罪现象的科学考察下，确立“轻轻重重”刑事政策。而且“轻轻重重”刑事政策的确立，更能反映出公众对正义的追求和对人道主义的追求，即对严重犯罪、有组织犯罪、恐怖主义等犯罪严厉打击，防卫社会，实现报复的正义同时实现社会正义。对普通的较为轻的刑事犯罪实行比较轻缓的刑事政策，即不违背公众对正义的追求，同时又体现出人道主义和伦理性倾向。“轻轻重重”刑事政策的确立，是刑事政策发展的一个必然。

三、宽松刑事政策之犯罪对象与理论根据

（一）宽松刑事政策的对象

相对于重大犯罪，即为比较轻微犯罪，亦可指轻微犯罪，一般指法益侵害性比较小的财产犯、轻微伤害、风俗犯等。比较轻微犯罪，在我们日常生活中常发生。例如，在超市行窃、侵占遗失物、普通伤害、风俗犯罪、轻微

① 浙江省青少年犯罪研究会专家代表团著：《欧洲犯罪新动向与刑事政策考察报告》，载《犯罪与改造研究》2002年第3期。

② Mark W. Owens：Lesislative Note：California’ Three Strikes Law：Desperate Times Require Desperate Measures-But Will It Work? Pacific Law Journal Spring，1995.

交通事故等。一般社会大众因偶发或过失而犯此罪机会相当高，而成为此犯罪对象之主体。[①] 宽松刑事政策主要针对比较轻微的普通刑事犯罪，对较轻微普通刑事犯罪适用轻缓化的刑事政策，在很多国家已基本达成共识。

（二）宽松刑事政策的理论依据

1. 标签理论

标签理论（Labeling theory，又称“标定理论”、“贴标签论”等），是一组试图说明人们在初次的越轨或犯罪行为之后，为什么会继续进行越轨或犯罪行为，从而形成犯罪生涯的理论观点，该理论大约于20世纪60年代初开始在美国盛行。贝克尔是标签理论的主要代表人物，他指出：“社会群体通过制定那些违背他们就会构成越轨行为的规则来创造越轨行为，并且将那些规则适用于特定的人，给他们贴上局外人（outsider）的标签。根据这种观点，越轨行为不是个人实施的行为的特性，而是别人将规则和制裁适用于‘犯罪人’的结果。越轨者是被成功地贴上标签的人；越轨行为是人们如此标定的行为。”[②]

该理论背离实证派犯罪学从犯罪人的角度研究犯罪原因，而是将研究的重点从犯罪人转向对犯罪人及其犯罪行为产生重要影响作用的重要他人，包括教师、警察、邻居、父母、朋友等，转向控制犯罪的机构，探讨这些控制犯罪的机构在促成犯罪方面的作用。标签理论家在进行理论研究的同时，也提出了改革控制犯罪的机构与制度的建议。同时，由于标签理论把传统犯罪学理论中认为是控制犯罪的力量的重要他人，看成促成犯罪的力量之一，所以，这种理论在研究犯罪原因的着眼点上与传统的犯罪学理论有着较大的差异，因而被认为有激进色彩。

该理论对于实证派犯罪学所论述之犯罪原因，如犯罪受“体质”及“环境”的影响不以为然，认为犯罪人乃是受刑事司法机关之标签所致。标签理论认为，一个人被贴上标签后，便会产生烙印效应，并自我修正为犯罪人形象，因而脱离社会加深其犯罪性，从而成为真正的犯罪者。例如，一个人被逮捕拘留后，对其心理将产生莫大的心理负担。若是被判有罪而在服刑中，对其家庭及个人将产生巨大打击。服刑归来后，对其回归社会也会产生不良影响。况且基于刑罚本质的限制，难免在服刑时感染一些不良恶习。因此，尽可能从刑罚的最后手段原则考虑，优先考虑不干涉的刑事政策，从而朝非犯罪化、非刑罚化以及非机构化的宽松的刑事政策发展。

---

① ［日］森下忠著：《刑事政策的论点》，日本成文堂1994年版，第5页。

② 吴宗宪著：《西方犯罪学》，法律出版社1999年版，第535页。

尽管标签理论也遭受到质疑，但该理论对于欧美法治国家的刑事司法仍有相当程度的影响。“它迫使近代法治国家刑罚权的发动更加谨慎，对于未受刑罚制裁之人，扩大运用转向处分。”① 因此，标签理论的提出，从某种意义上讲是促进了现代宽松刑事政策的发展。

2. 成本与效率理论

考虑社会成本与效率也是采取宽松刑事政策的理论依据。可以说一个国家对于制裁犯罪所付出的社会成本是极高的。例如，对于一位犯罪人发动司法程序，需要投入相当大的人力与物力，而且所投入的人力与物力并不见得就能有效地防控犯罪，因而尽可能地避开正常的司法程序，而采取其他控制对策能更有效地节约成本。

从成本与效率角度考虑，“轻微犯罪（如轻微之财产犯、暴行犯、风俗犯等）及其他违反行政法规之罪显著增加，为了确保刑事司法机关（如警察、检察院、法官、刑事矫正机构等）之执行能力，不得不进行非犯罪化、非刑罚化及非机构化等措施”。②

3. 转向处分

转向处分（diversion）主要是指利用社会福利等部门的咨询、工作训练、就业帮助等来代替司法机关的审判等活动的社会运动和措施。转向处分起源于20世纪60年代的美国儿童保护运动，重视儿童与少年“本身之社群”。对于符合一定标准的犯罪少年，可以不进入刑事司法程序，或不予起诉或不予刑事处罚，而用教育性等其他辅助措施替代。在美国，少年违法犯罪案件一般都要经过少年警察、少年法院观护人和少年法官三个阶段，每个阶段都有转向处分的可能。美国各州市地方警察局多设有少年组，专门处理少年事件，有权决定少年应否移送少年法院处理。少年犯罪案件被移送到少年法院后，该法院会指定本院的一个少年观护人为受案人员，他会考虑少年的年龄、记录、家庭等背景情况，尤其参照其所犯情节之严重性及犯罪后的态度，综合判断之后，有可能将案件改由其他福利机构处理或直接责令家长严加管教。少年案件被移送到少年法官处进行审理，有若干州规定少年法院在未终结言词辩论认定事实之前，得将少年移付观察，或暂为保护管束，时间通常为六个月，如果少年表现良好，可由法院裁定不付审理，无须认定事实，案件即可终结。至于少年被告经审理后，法院发现并无充分证据足以证明少年被告

① 林山田、林东茂、林灿璋著：《犯罪学》，台湾三民书局1984年版，第160页。

② ［日］森下忠著：《刑事政策各论》（改订版），日本成文堂1994年版，第3页。

犯罪或有监护的理由，法院应对此少年裁定不付审理。

少年犯罪转向处分已经成为当今世界许多国家处理少年犯罪的一项重要制度。《德国青少年刑法》中规定，转处包括检察官的免予起诉，少年法官的中止程序及缓刑、暂不作出判刑决定和尚未执行完毕刑期暂缓执行。其转处的条件是少年被告已供认不讳，犯罪性质轻微，被告是否完全成熟、个性、经历、作案时的环境、案发后的态度、生活情况以及缓刑对他可能产生的效果，少年在特定情境下生活作风是否正派等。

从刑事政策角度，对少年犯罪较成年人更轻缓，少年犯罪转向处分可以实现以教代刑、避免对成长中的少年之负面标签化、减轻司法机关的负担以及实现刑法的人道主义功能。中国台湾学者沈银河这样描述：“此乃肇因于中产阶级运动之下，所产生城市中儿童与少年缺乏管教之问题。此种问题最多者为放荡行为，以及轻微犯罪行为。此类少年问题之处遇，宜朝‘人道’途径进行。以教育措施代替管教措施，主张‘非机构化之处遇’，使其成为‘非干预之处分’。因此，所谓转向处分，即对轻微犯罪之少年，不予审判，更不予处罚，而代以教育性辅助措施。而此转向处分，可谓以辅助代替刑罚的措施。”①

4. 单方面责任主义

19 世纪 60 年代之前，德国刑法学界报应刑思想仍然具有相当的支配地位，当时责任主义概念包含了两大含义：一是无责任即无刑罚，责任是刑罚的前提。二是刑罚必须为责任之抵偿，刑罚之种类与轻重必须根据责任程度而决定。德国刑法学者亚图·考夫曼（Arthur Kaufmann）在其所著《责任主义》一书中，将此种责任主义称为“双面责任主义”。德国 1960 年与 1961 年的刑法草案，皆于第 60 条第 1 项中规定：刑之量定之基础为行为者之责任。

19 世纪 60 年代后，德国刑法学者逐渐扬弃自康德、黑格尔以来的传统的报应刑思想，并从刑事政策的角度赋予责任新的含义，以期达成刑罚制裁合理化之目标。德国刑法学者克劳斯·罗克辛（Claus Roxin）提出了单面责任主义（Einseitgkeit des Schuldprinzips），以单面责任主义取代早期的双面责任主义。

单面责任主义的主要观点有两个方面：一是责任是刑罚的前提，刑罚之轻重不得逾越责任之范围。二是基于预防的考虑，有责的行为并非一律都需要科以刑罚。所以，责任仅为刑罚的必要条件，而不是充分条件（即刑罚的存在是以责任为前提，但并非一有责任即必须科以刑罚）。单面责任主义有别于双面责任主义，故将此理论称为单面责任主义。

---

① 沈银河著：《中德少年刑法比较研究》，台湾五南图书出版公司 1988 年版，第 127 页。

单面责任主义强调犯罪预防，倡导基于预防犯罪之考虑，有责任的行为也未必一定要科以刑罚，严格收缩法定刑罚圈。所谓严格收缩法定刑罚圈，是指尽管行为构成了犯罪，依法应当追究刑事责任，但在决定对犯罪行为的反应方式时，严格控制对犯罪行为适用刑罚的条件，在能不适用刑罚、采用其他非刑罚处理手段也能达到预防和控制犯罪的目的时，即排除刑罚的适用，改用非刑罚处理手段。所以该理论亦成为宽松刑事政策的理论依据。

四、当代西方以“安全”为导向的刑事政策趋势

刑事政策具有钟摆效应，目前各国在犯罪形势严峻或缓和的不同背景下，代表人道主义倾向（以马克·安塞尔的新社会防卫论为代表）的刑事政策和代表安全倾向（受当代新古典主义影响的惩罚政策）的刑事政策就会交替占据着各国刑事政策的舞台。

刑事政策的历史变迁证明，安全导向的刑事政策极易走火入魔，沦为专制独裁的帮凶；而自由优先的刑事政策契合法治主义和人权保障的趋势，这一历史经验值得我们吸取。[①] 从西方刑事政策发展角度，自“二战”后，自由导向占主流，但近年来，安全倾向刑事政策抬头。法国刑事政策也开始转向以安全为核心，安全政策的转向不是法国独有的现象，而是许多西方国家包括美国在内的共有现象。2002~2007 年，法国通过了 10 部主要针对安全的法律。[②]

在法国，安全已经成为法国各项公共政策的核心，对刑事政策影响深刻，无论预防政策还是惩罚政策，都贯穿了安全倾向。“安全问题是法国当前一个最重要的政治议题。为了回应社会大众的不安全感和对秩序的渴盼，政界大多认可了‘安全权’，维护安全权意味着‘零容忍’政策。安全倾向作为惩

① 卢建平：《风险社会的刑事政策与刑法》，载《法学论坛》2011 年第 4 期。

② 第一部是 2002 年 8 月 29 日的《国内安全调整和规划法》。该法律为新的安全政策制定了五年规划，规划内容包括安全政策的财力和人力支持，特别是非常注重发展警力。第二部是 2002 年 9 月 9 日的《司法调整和规划法》。该法规定增加法院的人员配置，大大扩宽了立即出庭程序的适用范围，创设了“拘押紧急审理制度”，增设了匿名证人制度，加大了对未成年犯罪的法律惩罚力度等。第三部是 2003 年 3 月 18 日的《国内安全法》。该法律扩大了警察的权力，加大了对警察权力的保护。第四部是 2003 年 6 月 12 日的《反道路交通暴力法》。第五部是 2003 年 11 月 27 日的《移民管理法》。第六部是 2004 年 3 月 9 日的《与犯罪变化相应的司法调整法》，这部法律对最严重的犯罪行为规定了一套新的惩处办法，并大大加强了警察和检察官的权力。第七部是 2005 年 12 月 12 日的《刑事犯罪累犯处置法》。第八部是 2006 年 1 月 24 日的《反恐怖主义法》。第九部是 2006 年 7 月 25 日的《移民和安置法》。第十部是 2007 年 5 月 3 日的《预防犯罪法》。

罚政策的直接依据，在法国并非近代才有，但是在每个历史阶段作为重刑回溯的依据，其依据的社会客观主观情势不同，表现形式也不同。当代法国安全倾向的依据在于犯罪的增长、民众的不安全感以及新古典主义等新兴理论，表现形式为更严厉的刑事政策。"①

人道主义和安全倾向是法国当代刑事政策的两种倾向，对安全倾向的转向，法国学者并不是完全赞同，"现在法国的左派、右派一致认为安全主题，但某些专家认为，走惩罚道路是危险的。加拿大 Irwin Waller 认为，刑事司法体系不能完全确保公民的安全，惩罚对于犯罪的影响微乎其微，而且花费巨大。最有效减少犯罪的办法是继续帮助犯罪人回归社会，而且通过一系列严格评估的计划增加潜在犯罪人融入社会的机会，从而避免其走向犯罪道路"。②"按照米海依尔·戴尔马斯·马蒂教授的模式考量，是否还应该称法国为"自由社会国家"模式呢？答案是否定的。在刑事政策重组过程中，专制自由模式兴起，安全权取代了安定权。为了威吓和惩罚侵害行为和降低不安全感，增加了刑事罪名和刑罚；为了使刑事反应系统化，扩大了刑事司法人员的权力，扩大了监督权，加快了刑事诉讼的程序；为了消除犯罪人的能力，延长了刑罚的期限，增加了刑罚执行的监督：这些广泛的刑事干预是有风险的，会导致刑事政策滑向专制模式。"③

基于安全倾向德国在 1975～2005 年，刑事政策趋于严厉，刑法呈现不断扩张趋势。希尔根多夫教授指出："如果仍然像之前一样放任这种扩张趋势的发展，那么它最终就会对自由的法治国和在其中生活的个人自由构成危险。"④

西方社会安全倾向刑事政策的转向，有其社会政治经济等原因，安全倾向刑事政策的转向，必然导致刑事政策趋于严厉化，需要有法治的制约，否则容易失控。严格来讲，我国刑事政策思想长期以来一直以"安全"为导向，但现阶段我国在刑事政策的理论研究中，对安全倾向刑事政策以及我国一直以来"严厉"刑事政策进行了相应的反思，这也在某种程度上体现了我国刑

---

① ［法］雅克·博里康、朱琳编著：《法国当代刑事政策研究及借鉴》，中国人民公安大学出版社 2011 年版，第 205-207 页。

② ［法］雅克·博里康、朱琳编著：《法国当代刑事政策研究及借鉴》，中国人民公安大学出版社 2011 年版，第 323 页。

③ ［法］雅克·博里康、朱琳编著：《法国当代刑事政策研究及借鉴》，中国人民公安大学出版社 2011 年版，第 322 页。

④ ［德］埃里克·希尔根多夫著：《德国刑法学——从传统到现代》，江溯、黄笑岩等译，北京大学出版社 2015 年版，第 32 页。

事政策研究的理性发展。

五、轻缓化刑事政策是人类社会的理想与最终发展

轻缓化的刑事政策是对刑罚严酷时期的严刑峻法、古典学派刑罚的报应刑论、一般预防理论直到实证学派的目的刑、教育刑理论、特殊预防理论的思考、讨论中而逐步确立发展起来的。刑事政策轻缓化是人类社会发展进程中孜孜以求的理想。

从本质上看，轻缓化刑事政策思潮是人类理性地对待犯罪现象、理智地看待犯罪人所持心态的反映。可以毫不夸张地说，它是与人类社会不断走向文明、人道的步调相一致的。目前在西方其他一些国家，特别是北欧和西欧诸国，在“轻轻重重”的刑事政策中，它们的侧重点仍是“轻轻”，即“轻轻重重，以轻为主”。

总之，“二战”后，西方各国刑事政策发生了巨大而深刻的变化，这些变化有些是一致的，有些是相互矛盾甚至是相互对立的。归纳起来，这些变化主要表现在：第一，犯罪原因更受到重视，实证主义犯罪学兴起，为刑事政策实践和刑法改革提供了越来越多的营养。第二，刑法典刑事政策化得以继续发展，并且，刑罚总体上趋于缓和，同时出现了“轻轻重重”的战略调整。第三，人道主义和人权在刑事政策中受到空前的重视和强调（国内法、国际法均加强对于人权保护的重视）。同时，刑事政策学也具有了国际性特征。一国的刑事政策可以直接或间接影响其他国家刑事政策，同样也受其他国家刑事政策影响。国家权力的收缩与扩张并存，表现为刑罚的“轻轻”与“重重”并存，犯罪化与非犯罪化并存。虽然目前“安全”倾向加强，但无论刑事政策如何变化，可以说，轻缓化刑事政策始终是我们人类社会的理想，也可以说是最终的发展。

【问题与思考】

1. 试对古典学派刑事政策思想进行分析与评价。
2. 试对李斯特的刑事政策思想进行分析与评价。
3. 简单评价格拉玛提卡的激进社会防卫思想。
4. 试评马克·安塞尔的新社会防卫论。
5. 试论当代西方“轻轻重重”两极化刑事政策的变化。
6. 你如何看待当今西方“安全”倾向的刑事政策？

第三章 我国刑事政策的历史及发展

一般认为，刑事政策是刑事法制指导思想的具体反映，刑事政策的变化一定程度上也体现出了刑事法制指导思想的发展变化情况。中国刑事政策发展的历史蕴含在中国刑事法制指导思想的发展变化之中，体现在刑事司法过程的法律适用之中。自先秦中华法系初成至晚清法制改革之前，中国历代的成文法典始终处于民、刑不分的状态，也就是所谓的“诸法合体”，但又以刑为主。中华法系的成文法典，大都以维护其封建统治政权为中心，将不利于其政权稳定、不利于其封建统治的行为统统禁止于法律之中，行为性质涉及民事、刑事、行政等各领域，国家对于违反法律的行为一律规定为犯罪，科以刑罚，国家司法机关也没有明确的民、刑划分。因此，对于中国历史上各朝代有关于刑事法制思想的考察，可以在一定程度上揭示我国刑事法律政策的变迁。

第一节 ‖ 我国古代的刑事政策

考察历史发现，我国古代文献中没有出现“刑事政策”一词，但伴随刑事法的产生开始出现刑事政策的相关思想。由于时间跨度较长，各个朝代的社会背景、具体情况有所不同，所以采取的具体刑事政策也不尽一致。

一、奴隶制时期的刑事政策

我国奴隶制时期，一般是指夏、商、西周及春秋时期。其中，夏、商可以说是奠基时期；春秋时期是奴隶制度崩溃、瓦解，封建制度萌芽、兴起的社会大变革时期；而西周则是中国早期法制的鼎盛时期，是中国历史上重要的历史阶段之一，代表了中国奴隶制法制时期的较高成就。

夏朝时期，标志着我国早期国家的产生。夏朝修筑了城堡、宫殿，建立了政府机构，组建军队，并制定刑法（禹刑），设置监狱。

西周时期，是我国文献中有早期刑事政策记载的时期。此时统治者修正了神权政治学说，并确定了周王朝新的统治策略，坚持“王权神授”，但又提出了“天命有德”的思想。主张统治者要恭行天命，遵从天帝和祖宗的教诲，爱护天下百姓，以达到“以德配天”。这一时期相关刑事政策思想主要有：

①“明德慎罚”思想。这一思想最早由西周政治家周公旦提出，他认为，商朝的最终灭亡是商纣王不务德、未得到上天的支持所致。“明德慎罚”就是“以德配天”思想的具体体现。“明德慎罚”要求统治者用“德教”的办法来治理国家，也就是要通过道德教化的手段使天下民众臣服，在制定法律、实施刑罚时应当宽缓、谨慎，而不应一味地用严刑重罚来迫使臣民服从。正是这种法制指导思想的确立，使西周各代统治者把道德教化和刑罚镇压结合起来，形成了西周“礼”、“刑”结合的法制特色。②“刑罚世轻世重”理论。这是西周统治者在总结前代刑罚适用经验基础上提出的。据《周礼·秋官司寇》记载，大司寇之职是“掌建邦之三典：以佐王刑邦国，诘四方。一曰刑新国用轻典，二曰刑平国用中典，三曰刑乱国用重典”，这说明统治阶级在适用刑罚上的宽严及轻重，是依据当时阶级斗争形势的缓和或者激烈等不同情况，而由他们审时度势予以决定的。[①] ③刑事司法原则。西周时期，已出现较为先进的刑事司法原则。《周礼·秋官司寇》中就有关于减免罪责的最早规定：“一宥曰不识，再宥曰过失，三宥曰遗忘。一赦曰幼弱，再赦曰老旄，三赦曰蠢愚。”[②] 即确立了对误杀、过失行为可以减免刑罚的“三宥”之法；确定了老、幼、智力障碍者犯罪免受刑罚处罚的“三赦”之法。同时这一时期还明确了“五刑之疑有赦，五罚之疑有赦”的疑罪从轻、疑罪从赦原则；强调“中道”、“中罚”、“中正”宽严适中的刑罚适用原则，要求宽严适中，符合正道。《尚书·吕刑》记载：“士制百姓于刑之中。”西周的刑事法制指导思想、刑事政策及刑罚适用原则，都达到了早期法制的顶峰，都是具有当时世界最高水平的法律制度，对中国后世的法制也产生了重要的影响。

春秋时期，百家各说。一方面，政治保守派从社会混乱的现实出发，提出了新形势下的“礼治”路线，主张“为国以礼”、“以礼明是非”，要求保存礼制，维护宗法等级制度。另一方面，与此针锋相对，政治革新派（以管仲等人为代表）则极力倡导“君臣上下贵贱皆以法”和“事断于法”，认为

① 参见卢建平：《刑事政策学》（第二版），中国人民大学出版社 2013 年版，第 88 页。
② 参见蔡枢衡：《中国刑法史》，中国法制出版社 1982 年版，第 174 页。

法是判别是非曲直的唯一标准，试图创建新型法制来取代奴隶制社会的礼制。据《左传·昭公二十年》记载，郑国子产曾言：“惟有德者能以宽服民，其次莫如猛。”子产死后，子太叔执政，采取宽厚政策，以至于使奴隶主势力抬头，激起人民不满，纷纷反抗。子太叔只得发兵镇压，杀了许多人，才制止了这种反抗运动。孔子听说此事后说：“善哉！政宽则民慢，慢则纠之以猛。猛则民残，残则施之以宽。宽以济猛，猛以济宽，政是以和。”后来，被用于形容宽松与严厉两种手段相互配合使用。汉代王粲在《儒吏论》中说：“吏服雅训，儒通文法，故能宽猛相济，刚柔自克也。”“宽猛相济”主要用来指代以刑罚辅助德教的统治术。从历史来看，“宽猛相济”理论的形成，从一定程度上讲是中国古代对刑法（刑罚）作用认识的一次重要突破，表明对刑罚的认识更加深刻、更加科学。

二、封建制时期的刑事政策

封建时期的法制，一般是指战国以后至鸦片战争之前中国各主要封建王朝的法律制度，时间上指自公元 475 年至公元 1840 年这一千余年的法制历史。我国的“传统法律文化”、“传统法律制度”的主体即在这一时期形成、发展和渐趋成熟的。

战国时期，法家提出了自成体系的刑法（刑罚）主张。首先，在法律适用方面，法家学说反对“礼有差等”，而主张“刑无等级”，主张制定并执行相对公正、平等的法律，在保障国家和君主利益的基础上，平等地适用法律，即所谓“刑过不避大臣，赏善不遗匹夫”。其次，在法律制定上，法家主张“行刑重轻”、“不赦不宥”，即主张用严刑重罚的手段来达到以法治国的目的。“重刑主义”是法家思想的突出内容，他们认为，只有通过严厉的法律惩罚才能达到“禁奸止过”的目的，要求“轻罪重判”提高量刑幅度，最终达到“以刑去刑”的目的。

秦朝时期，奉行法家学说，压制打击儒家思想，提出“以法为教”、“以吏为师”的指导思想。在刑事政策上，全面贯彻法家“以法治国”和“明法重刑”等主张，推行“专任刑罚、躬操文墨”的政策，使“法令诛伐，日益深刻”，通过“深督轻罪”使“民不敢犯”，达到巩固专制统治的目的。不过，秦朝在重刑主义的前提下，也提出了要区别对待的刑罚适用原则，如确立了“累犯加重”、“教唆犯加重”、“自首减轻”、“诬告反坐”等。

汉朝统治初期，对法家学说进行了一定反思。汉儒董仲舒提出，法家“以刑去刑”的严刑理论，无异于“以汤止沸，抱薪救火”，非但不能禁奸止暴，反而会法外生奸，提出了“大德而小刑”的法律原则。统治阶级在深刻反思法家思想的基础上，严厉批判“专任刑罚”、“重刑轻罪”的主张，确立了黄老学派的无为而治，“与民休息”、“宽宥刑法”的指导思想。汉初经过七十余年的“休养生息”，至汉武帝时期，封建统治已具备雄厚的物质基础。汉武帝采纳董仲舒提出的“罢黜百家，独尊儒术”主张，将“礼法并用”、“德主刑辅”作为法制指导思想，在刑罚适用方面开始儒家化。这一点主要体现为：①“上请”原则，即官贵犯罪的，可以请示皇帝给予优待；②“恤刑”原则，即对老幼妇女给予优待；③“亲亲得相首匿”原则，即亲属间首谋、藏匿犯罪可以不负刑事责任。此外，统治者还常施行赦宥，以示矜恤，有大赦、别赦和赦徙，汉武帝建武二年，一年中两赦天下。

隋唐时期，是中国传统法治的成熟、定型阶段。以《唐律疏议》为标志，中国古代法律与道德的融合，也就是“礼法结合”的过程基本完成。唐朝的刑事政策主要有：①刑事立法以科条简要、宽简适中、用刑持平为主要特点。贞观修律后与前朝《开皇律》相比，大为宽简。②以德为本、以刑为用。统治者为了稳固封建统治，总结了隋朝迅速灭亡的历史经验，确立了“德礼为政教之本，刑罚为政教之用”的法制指导思想，唐高祖李渊也提出了“立法务求宽简，取便于时”的思想。③严惩危害统治秩序的犯罪，如将“十恶”标于《唐律疏议》之《名列》的篇首。④确立特权政策，如在“八议”之外，还设有“请、减、赎、当、免”等特权政策，对皇亲国戚加以区别对待。此外，隋唐时期，以《唐律疏议》为代表，确定了“公罪从轻、私罪从重”、在共同犯罪中“首犯从重，从犯减轻”、自首、类推、老幼废疾者减刑、累犯加重等刑罚适用原则。

宋、元、明、清时期是中国古代法制走向极端专制的时期。宋朝于仁宗嘉佑年间、神宗熙宁年间分别专门创立了《窝藏重法》和《盗贼重法》，严厉重惩“重法之人”，即武装反抗封建国家的农民。元朝秉持“分而治之”的国策，按民族与地域的不同，将社会成员划分为不同等级，实施不平等的差别待遇。明朝则以元朝的灭亡为鉴，在总结历史经验的基础上确立了重典治国的基本策略，以“刑乱国用重典”作为指导思想，确立了“从重从新”、“重其所重，轻其所轻”的刑法适用原则，特别以“重典治吏”作为重典治国的着眼点。明太祖朱元璋更是掀起了肉刑复活的高潮。清朝时期，统治者重视推行礼法结合的统治术，沿袭了“德主刑辅”的理论。在刑事政策上，维护皇权与中央集权制度；对于“重其所重”刑罚原则体现得更为充分；完全继承了传统封建法典中的“十恶”制度，实行“文字狱”。

第二节 ‖ 我国近现代的刑事政策

清朝末期，一般是指自鸦片战争至1911年清代灭亡的这段时间。在清朝末期，中国由一个主权独立的国家，沦为一个半封建半殖民地的社会。在清政府存在的最后十年中，清政府被迫进行了范围广泛的法律改革，大量引进了西方近、现代法律学说与法律制度，史称清末修律。清末法制变革是中国法制发展史上的一个重大的转折点，中国古代法律体制从这时开始向近代法律体制过渡。其中，《大清新刑律》是中国历史上第一部近代意义的专门刑法典，抛弃了以往“诸法合体”的编纂形式，吸纳了一些西方资产阶级的刑法原则及刑罚制度，如“罪刑法定”、“法律面前人人平等”，并对幼年犯罪改用了惩治教育的办法。《大清新刑律》体现了轻刑思想和资产阶级的现代刑法理论和刑事政策主张，对北洋政府和国民党政府刑法与刑事政策产生了一定影响。

中华民国时期，北洋政府袁世凯以《大清新刑律》为蓝本，略作修改，颁布了《暂行新刑律》以及一系列单行刑法，主要是补充了一些罪名，加重了量刑幅度，恢复了部分封建性条款，采用重刑方针，严厉镇压反抗军阀统治的活动。南京国民政府公布了《中华民国刑法》(有新旧之分)，新刑法由“客观主义”改为“侧重于主观主义”，强调犯罪性质而非客观后果；由“报应主义”改为“侧重于防卫社会主义”，强调“保全与教育机能”，从而引进了保安处分制度。南京国民政府的新刑法，原则、体例均效仿西方刑法，把“罪刑法定”原则同封建刑法的落后与法西斯主义恐怖性融为一体，采取“从新从轻主义”，但保安处分取“从新主义”和裁判后的“附条件从新主义”。确定了刑事诉讼中的“自由心证”原则，严格限制自诉权，扩大检察官权限，确立保释制度以及秘密侦查制度。

在通常的中国法制史体系中，1921年以后中国共产党在各革命根据地所创建的法律制度，以及新中国成立后的法制发展，也是重要的组成部分。

革命根据地时期，为了打击反革命活动，惩办其他犯罪分子，保卫工农民主政权，各地苏维埃政府颁行了许多的《惩治反革命条例》《政治犯自首条例》等。根据当时的实际情况采用的刑事司法原则主要有：对于首要和次要，区别对待；对自首、自新者实行减免刑罚；罪刑法定和类推相结合；废除肉刑，实行革命的人道主义；按照阶级成分及功绩定罪量刑，等等。

抗日战争时期，人民政权将运用刑罚手段、惩治汉奸反动派，作为保卫边区和抗战的一项重要任务。1942年的《陕甘宁边区刑法总分则草案》，创造性地发展了新民主主义刑法原则，主要有三条，即镇压与宽大相结合的原则、贯彻保障人权原则、实行感化教育原则。此外，在单行刑事法律中还体现了自首从宽、老幼从宽、初犯从宽以及干部从严、惯犯从严的刑事政策。关于自首，在1939年《陕甘宁边区抗战时期惩治汉奸条例（草案）》《陕甘宁边区抗战时期惩治盗匪条例（草案）》及1940年公布的《晋西北行署惩治贪污暂行条例》中都有相关规定。例如，其中规定"年龄在十四岁以下八十岁以上，得减轻或免除其刑"，体现了对年幼无知、年老智衰而犯罪者从宽处罚的特殊刑事政策。

解放战争时期，国内阶级关系发生了变化，人民政权的刑事政策也有所发展，镇压与宽大相结合的刑事政策得以进一步完善。解放区刑事立法的主要任务是打击反动阶级的破坏，为此，各边区、大行政区、各地军管会及人民政府先后制定了刑事法规。对刑法原则的重大发展是明确规定"首恶者必办，胁从者不问，立功者受奖"的方针，极大地丰富和发展了新民主主义刑事立法原则。例如，1947年《中央对新收复区某些人员奖赏问题的指示》中强调："一方面给反动者以坚决镇压，另一方面给动摇着以宽大，给有功者以奖励，才能分化地主和团结群众。绝不应放纵作恶多端的反动分子，亦不可不分界线任意反报复，而必须严格掌握上述政策。"此外，解放区民主政权总结经验，适应处理、改造大批反革命分子的需求，把某些反动或破坏分子交由群众监督改造，并将之制度化，创设了新刑种——"管制"，并随着形势的发展，广泛应用缓刑、假释制度。

第三节 ‖ 新中国的刑事政策

新中国成立后至今，中国刑事政策总体经历了从初步发展到遭受破坏再到得以恢复并取得重大进展的发展历程，各个阶段特点明显。

一、"惩办与宽大相结合"的刑事政策

新中国成立之初，新生政权面临国内外两种力量的威胁，镇压反革命、巩固新生政权成为当时面临的重要任务。脱胎于革命根据地法制建设经验的"镇压与宽大相结合"的刑事政策原则得以确立并进一步具体化。1950年，毛泽东在党的七届三中全会报告中指出：必须坚决地肃清一切危害人民的土匪、特务、恶霸及其他反革命分子。在这个问题上，必须实行镇压与宽大相

结合的政策，即首恶者必办、胁从者不问、立功者受奖的政策，不可偏废。①在此期间，制定的《惩治反革命条例》《惩治贪污条例》等个别单行刑事法律，都贯彻了镇压与宽大相结合的刑事政策，立法粗放而灵活。此外，当时还有一些具体刑事政策成为定罪量刑的直接依据。在“镇反”运动中，党中央决定，对反革命分子，凡是应杀的，只杀有血债者，有引起群众愤恨的其他罪行以及最严重损害国家利益者，其余一律采取“判处死刑，缓期二年执行，强制劳动，以观后效”的政策。在“五反”运动中规定了具体的宽严界限，基本原则是：过去从宽，今后从严；多数从宽，少数从严；坦白从宽，抗拒从严；工业从宽，商业从严；普通商业从宽，投机商业从严。对于政策所起的法律作用，新中国建立之初领导法制工作的董必武予以了肯定：“我们通常说依据党和国家的政策办事，这里所指的政策也起着法律的作用。”②

1956 年“镇压与宽大相结合”的政治斗争策略向惩办与宽大相结合的刑事政策转化。同年 9 月，时任公安部部长罗瑞卿在党的八大第一次会议上所作的《我国肃反斗争的主要情况和若干经验》中，将惩办与宽大相结合政策具体内容概括为：首恶必办，胁从不问，坦白从宽，抗拒从严，立功折罪，立大功受奖。惩办与宽大，两者是密切结合不可偏废的。当年党的第八次全国代表大会《政治报告》中指出：“我们对反革命分子和其他犯罪分子一贯地实行惩办与宽大相结合的政策，凡是坦白的、悔过的、立功的，一律给以宽大的处置……”这是首次正式提出“惩办与宽大相结合”的刑事政策名称，标志着这一政策作为我国基本刑事政策的地位已经得以确立。此外，在实践中，明确提出了两个要求：一是惩办与宽大必须兼顾，不可偏废；二是惩办与宽大必须有必要的限度，即宽有边、严有度。

1979 年 7 月，第五届全国人民代表大会第二次会议通过了《中华人民共和国刑法》，该法第一条规定：“中华人民共和国刑法……依照惩办与宽大相结合的政策……制定。”即将“惩办与宽大相结合”的刑事政策作为制定《刑法》的政策依据。1981 年 6 月 10 日通过的《中华人民共和国惩治军人违反职责罪暂行条例》也贯彻执行了惩办与宽大相结合的政策，即在一些条款中规定了军人在战时犯罪的，处罚要严于平时；军人和其他公民犯同一类罪的，处罚要严于其他公民；并规定了剥夺勋章、奖章和荣誉称号以及战时缓刑制度。总体从历史沿革来看，“惩办与宽大相结合”政策的内容，是对“镇

① 参见《建国以来毛泽东文稿》（第 1 册），中央文献出版社 1987 年版，第 395 页。
② 《董必武选集》，人民出版社 1985 年版，第 450 页。

压与宽大相结合”政策的发展与完善。此后，“惩办与宽大相结合”的刑事政策在我国的刑事立法、司法中得到了具体贯彻与执行。

二、“严打”的刑事政策

20世纪80年代初期，随着改革开放基本国策的确立，经济体制的改革渐次展开，社会面貌发生了巨大变化，但也带来了一些社会问题，以致社会“失范”现象剧增，犯罪率明显上升。伴随社会转型出现的犯罪高峰，使得“严打”刑事政策随之出台，并在一定历史时期内指导了我国的刑事立法与刑事司法。刑事政策的这一变化与犯罪现象的变化密切相关，也是我国社会转型的必然结果。

依据通说，所谓“严打”，即国家在社会治安情势严峻时为打击某几类严重刑事犯罪而制定的、由司法机关为主要执行主体的、以从重从快为基本要求的一种具体刑事政策。1981年6月14日，中共中央批转印发的《京、津、沪、穗、汉五大城市治安座谈会纪要》中，提出了对严重危害社会治安的刑事犯罪分子依法从重从快惩处的方针。严打的刑事政策由此得以确立。自1983年至今，除去针对不同时期的社会治安形势而组织开展打击刑事犯罪活动的各项专项斗争以外，以中央名义发动的全国性的“严打”共三次，分别为1983年开始的第一次“严打”、1996年的第二次“严打”和2001年的第三次“严打”。

三、“宽严相济”的刑事政策

宽严相济的思想蕴含于我国传统文化之中，古代思想家、政治家都注重这一思想在为政治国中的具体运用。今日中国“宽严相济”刑事政策既有深厚的文化渊源，也是在深刻反思“严打”刑事政策的基础上提出来的。2006年10月，十六届六中全会上《中共中央关于构建社会主义和谐社会若干重大问题的决定》提出了要实施宽严相济的刑事司法政策。同年12月，最高人民检察院通过了旨在落实宽严相济刑事政策的《关于在检察工作中贯彻宽严相济刑事政策的若干意见》。总体而言，宽严相济的刑事政策包含的内容为：该严则严，当宽则宽；宽严互补，宽严有度；宽严审势，以宽为主。该政策的运用原则应为：全面把握、严格依法、区别对待、注重效果。

宽严相济的刑事政策是我国现阶段惩治和预防犯罪的基本刑事政策，贯穿于我国的刑事立法、刑事司法及刑罚执行的全过程。该政策的出台表明了我国政策制定者对犯罪的认识进一步科学化、理性化。该政策的提出顺应了现代社会发展趋势，其目的不仅在于要通过贯彻这一政策指导新形势下的犯罪防控工作，以维持良好的社会治安，同时要保持社会的稳定与良性运行，从而为社会发展、构建和谐社会提供重要保障。

综上所述可见，作为对现实犯罪现象的反应，国家刑事政策无疑会受到不同时期社会政治、经济、文化、国内和国际情况等相关因素的影响，其变动亦然。

【问题与思考】

1. 简述我国近现代的刑事政策。
2. 简述我国“惩办与宽大相结合”的刑事政策。
3. 简述我国“宽严相济”的刑事政策。

第四章
刑事政策的构建与运行

第一节‖刑事政策的制定

一、刑事政策制定的概念及特征

所谓刑事政策的制定，是指针对一定时期内的犯罪问题提出并选择解决方案的过程。①刑事政策的制定是动态刑事政策的首要环节，是刑事政策学的核心主题，其具有如下特征：

（一）整体性

刑事政策作为一个政策系统，是由各种刑事政策相互联系、相互作用而又互相制约构成的一个有机整体。在刑事政策的制定过程中，应将单项刑事政策看作刑事政策系统的一个有机组成部分，注意政策协调和配套，以发挥刑事政策的整体效应。

（二）针对性

刑事政策的制定具有较强的针对性。其目的在于消除某些犯罪问题或防止该犯罪问题的发生、恶化及发展，其根本任务就是运用分析或研究手段找到犯罪问题的解决方案。

（三）可行性

刑事政策的制定目的在于执行，刑事政策的执行需具备政策实施的现实条件，这些现实条件包括刑事政策实施的制度条件、物质条件、价值心理因素等。只有具备上述条件，刑事政策才具备可操作性。如果无视现实条件与可行性，再好的刑事政策也无法实施。

---

① 卢建平：《刑事政策学》（第二版），中国人民大学出版社2013年版，第161页。

（四）预测性

刑事政策是针对现实犯罪问题提出的，但它产生的效果往往会在一定时期之后体现出来。在时间概念上它是以实现未来的政策目标为政策诉求的政策行为，是对未来行为所作的一种设想，具有明显的预测性。

二、影响刑事政策制定的因素

（一）刑事政策的制定体制

所谓刑事政策的制定体制，是指从事刑事政策制定工作的机构、人员所形成的组织体制及相应制度。体制按权力的运行可划分为集权制和分权制。体制不同，刑事政策的制定也就不同。一般而言，集权制决策的优点在于可以集中人力、物力进行决策，但基于领导人物的知识、智慧等的局限性，决策容易出现偏差。在分权制条件下，可以发挥各方面的积极性，刑事政策的全面性较易得到保障，但由于政策的制定涉及多个部门，容易出现“政出多门”的现象。

（二）刑事政策的制定者

刑事政策的制定者对刑事政策的制定有着巨大的影响。在现代政策制定中，政策制定者往往是政策制定集团。政策制定集团的构成对政策制定是非常重要的。① 政策制定集团应具有合理的知识结构。刑事政策制定集团合理的知识结构应该是多学科、多层次的，既要有文化知识又要有法学专业知识，既要有理论知识又要有实践知识，既要有社会科学知识又要有自然科学知识。在排除其他因素影响的条件下，政策制定者知识结构越合理，其制定出的刑事政策水平也就越高。

（三）社会治安形势和犯罪态势

社会治安形势和犯罪态势是影响刑事政策制定的最主要因素。刑事政策的发展历史表明：社会治安和犯罪的状况，直接引起刑事政策的变动。② 社会治安形势和犯罪态势直接影响着国家在刑事政策上的选择。只有根据社会治安形势和犯罪态势及时调整刑事政策，才可以有效地发挥刑事政策在维护社会稳定、促进社会发展方面的积极作用。

（四）理论学说

刑事政策是政治的集中体现，是国家或政党在一定历史时期为了打击犯

---

① 参见王传宏、李燕凌：《公共政策行为》，中国国际广播出版社 2002 年版，第 214-215 页。

② 参见刘仁文：《刑事政策初步》，中国人民公安大学出版社 2004 年版，第 179 页。

罪、维护统治的一种治国策略，其不可能不受某种犯罪学理论的影响。在刑事政策发展史上由于受犯罪学理论的影响而导致刑事政策发生重大变更的事例是很多的。例如，以龙勃罗梭、菲利、李斯特等为代表的实证学派，通过实证的方法来研究犯罪原因，主张“改造犯罪人”这一近代刑事政策理念。实证犯罪学派对于促进启蒙思想的刑事政策向“科学阶段”的刑事政策的发展起到了公认的作用。①

（五）民意

民意是指不特定主体通过某种方式表达出来的关于特定事项的相近或相同的倾向性意见或看法。由于刑事政策的制定会对民众带来深远影响，刑事政策的制定者在制定政策时，必须将民意纳入考量范围。囿于民意本身的特性，其制定者和执行者要避免因过分听取民意而堕入民粹主义，同时亦不可脱离民意，仅站在统治者立场可能导致“长官立法”、“精英立法”等问题。刑事政策应该体现和反映民意，反之民意亦不应绑架刑事政策。②

（六）政党

政党本质上是特定阶级利益的集中代表者，是特定阶级政治力量中的领导力量。政党，尤其是执政党，是刑事政策制定的核心力量。在现代国家，所有的政党无不作出最大的努力去夺取政权、保持政权，而一旦成为执政党和掌握政权、组织政府后，它便可以在条件允许的情况下，尽量将本党的政见变为国家政策。所以，执政党及其领导者的态度及经验对刑事政策的制定也起着重要作用。

（七）一定时期的政治、经济和社会形势

刑事政策总是与一定时期的政治、经济和社会形势相联系，不同时期的刑事政策必然反映出不同时期的政治、经济和社会形势。例如，在20世纪30年代中期，由于美国当时经济萧条，社会矛盾尖锐复杂，这一时期其对死刑的适用达到了历史的最高峰。而到了20世纪60年代，美国国内在掀起反对越南战争浪潮的同时也掀起了一股废除死刑的浪潮，这对美国部分州废止死刑起到了促进作用。

（八）国际组织

一些区域性和全球性的国际组织对各国的刑事政策制定也有影响。亚洲

---

① 参见何秉松主编：《刑事政策学》，群众出版社2002年版，第237页。

② 鲁梦迪：《刑事政策对民意的必要考量与批判采纳》，载《山西省政法管理干部学院学报》2019年第1期，第71页。

预防犯罪基金会等区域性的组织在同联合国秘书处的密切合作下开展工作，使在联合国政策范围内规划、执行和评估合乎人道的刑事政策的工作有所改善。联合国预防和控制犯罪委员会等全球性的组织在促进各国刑事政策的交流与合作，加强刑事政策的研究、联络与传播，乃至制定刑事政策的指导原则等方面也发挥着重要的作用。例如，联合国预防犯罪和罪犯处遇大会，从1950年至今，每5年召开一次大会，审议各个时期的犯罪发展趋势和变化，促进预防犯罪和刑事司法方面的国际合作，从而成为目前世界各国政府和民间学术团体最为重视、对世界各国刑事政策影响最大的国际会议组织。①

三、刑事政策的制定程序

关于刑事政策的制定程序学者观点不一，本书将其总结为如下几个阶段：

（一）确认问题

政策问题的发现、确认，是刑事政策制定的起点。问题，是指实际状态与期望状态之间的差距，具体指各种需要加以解决的矛盾。刑事政策问题，则是指那些已进入议事日程的各类犯罪问题。刑事政策制定者首先要发现、确认犯罪问题，分析其影响程度和范围，对问题的严重性作出恰当的估计。

确认问题主要有以下途径：一是党政机关、政法系统或者各种内参自下而上反映某一问题，受到上级机关和领导的重视；二是某一个问题在社会上反映强烈，引起决策者的注意；三是有关领导和部门察觉到某一问题需要进行研究和处理。

要保证对犯罪问题的确认和准确分析，需做好以下工作：一是要通过深入调查研究，广泛收集资料，充分掌握与犯罪相关的各种信息。二是要贯彻实事求是，一切从实际出发的原则，如实地反映问题和分析问题，避免弄虚作假、歪曲事实，报喜不报忧。三是要掌握必要的研究方法和手段。要做到全面把握问题，必须坚持定性分析和定量分析相结合，全面分析和重点分析相结合，切忌仅凭主观感受而妄下结论。例如，民众的社会安全感与犯罪率并非完全成正比，“民众并不依赖犯罪统计数字来感觉犯罪，他们真正相信的是他们听到的与看到的”，对于任何民众而言，“只要发生在他们身上的就是严重犯罪”。②

---

① 参见刘仁文：《刑事政策初步》，中国人民公安大学出版社2004年版，第187页。

② 许福生：《刑事政策学》，中国民主法制出版社2006年版，第61-62页。

（二）确立目标

刑事政策的目标，即指刑事政策制定者希望通过刑事政策实施所达到的效果。在对问题进行分析和确认的基础上，就进入目标确立阶段。目标确立是刑事政策制定过程中一个非常重要的阶段，它不仅决定了刑事政策的方向，而且成为政策方案优劣的评判标准，为未来检验政策执行结果提供了基本尺度。

确立目标时须把握以下几点：第一，目标的针对性。刑事政策的目标是为解决犯罪问题而确立的。因此，确立目标时要针对实际犯罪问题，准确地选中解决问题的突破口。[①] 第二，目标的可行性。刑事政策的目标既要立足于现实，又要高于现实水平，即兼顾刑事政策目标的先进性与合理性。实现刑事政策目标的条件一般分为两类：一类是实现政策目标的各种资源，如人、财、物等；另一类是制约政策目标实现的环境条件，如国内外政治环境、社会心理状况、公众的政治社会化程度等。这些制约条件又可分为可控的和不可控的。只有当可控条件占据主要地位时，政策目标才具有相应的可行性。以中国为例，如考虑到民众对取消死刑的心理接受能力较弱及与其他西方国家不同的情况，中国不可能在目前条件下设定全面废除死刑的刑事政策目标。第三，目标的系统性。刑事政策所要解决的问题往往比较复杂，因而政策目标也往往不是单一的，而是多目标的有机结合，因而在确立一项刑事政策目标时不能只考虑目标本身，而应着眼于整体，全面考虑，照顾对各项目标的影响，根据实际情况合理地确立目标结构。例如，“严打”，从横向上看，除要确立严厉打击刑事犯罪的总目标外，还应确立人权保障、建立健全预防机制、发现和清理政法队伍内部的腐败分子等目标；从纵向上看，应分别确立第一阶段、第二阶段等阶段性目标。[②]

（三）方案设计

方案设计，就是基于犯罪问题，依据刑事政策目标，设计实现目标的各种可能性方案的过程。方案设计可分成轮廓勾画和细节设计两个步骤。轮廓勾画，就是从不同角度、不同途径提出多种多样的方案设想。它必须遵守以下两个基本准则：一是政策方案应多样化。为实现既定的政策目标，方案选择应多样化，以便比较鉴别。二是要满足整体上的完备性和个体间的互斥性。所谓整体上的完备性，是指应把所有可能的备选方案全部构想出来，不能有

---

① 参见卢建平主编：《刑事政策学》，中国人民大学出版社 2007 年版，第 212 页。

② 参见刘仁文：《刑事政策初步》，中国人民公安大学出版社 2004 年版，第 192-193 页。

任何遗漏。这是保证最后能选定最优方案的一个重要条件。所谓个体间的互斥性，是指不同的备选方案之间必须彼此独立、相互排斥，而不能相互重复和包含。在轮廓勾画过程中，需要经验、理论思维及创造性思维的综合运用。同时，还要充分发扬民主，充分调动各方面的积极性和聪明智慧。例如，我国近些年提出的宽严相济刑事政策，便是对长期适用的“严打”刑事政策的一种修正。

政策方案经初步筛选后，要进行进一步的细节设计。政策方案的细节设计，即将政策方案具体化，确定实现政策目标的各种措施，如政策界限的规定和相关机构的设置、人员配备和经费保障等。细节设计需要进行充分的论证、反复的计算和细致的推敲，同时要考虑到各种内外条件和环境，注重方案的可行性、可操作性。

（四）方案论证

方案设计出来之后，即进入论证阶段。该阶段包括的主要内容为后果预测。刑事政策方案总是面向未来的，其后果往往要过一段时间之后才会出现。为了正确地评估方案，必须对方案的后果进行科学预测。预测内容包括两个方面：一是该方案是否可能达到目标、能在多大程度上达到目标、存在的差距有多大；二是其执行是否会遇到阻力和困难，可能产生什么消极后果及如何补救等。

方案论证中很重要的一项就是可行性论证，即围绕政策目标，运用一定的方式方法，对政策方案实际上是否可行的问题进行系统的分析和研究。政策方案论证的方式主要有：一是统计式，即政策主张以样本的抽象调查与统计分析中获得的论据为基础；二是类别式，即政策主张是以从不同类别的成员那里获得的结论为基础；三是直觉式，即政策主张的论证基础来自政策制定者的见识、洞察力、判断力与难以言传的知识；四是分析式，即政策主张是以从多种科学的方法中得出的论据为基础；五是解析式，即政策主张是以从原因中得出的结论为基础等。在方案进行具体论证时，应当综合运用这些方式方法。

（五）方案选择

经过方案论证之后，要对各方案进行择优评估，以选择出或综合出一个最佳方案。评估要科学、客观，才能作出优化选择。总体来讲，择优评估的标准应是符合元政策的要求和价值标准。可具体化为如下几点：一是利于元政策的实现。政策方案本身应体现基本国策精神，符合国家总体战略发展目标。二是能最大限度地实现政策目标。这是择优评估最主要和最基本的标准。

三是消耗的政策资源尽可能的少。四是实现政策目标的风险程度尽可能小。五是政策方案实施中产生的副作用尽可能小。当然，在实际工作中，往往很难达到上述几个标准同时具备的最优方案，因而在一般情况下，应遵循“有限合理性”原则，选择一种在现实条件下相对较好的方案。[①]

经过政策方案选择后选出最优方案，标志着方案规划过程的结束。但要使方案成为权威性的政策，还必须经过合法化的过程。所谓刑事政策的合法化，是指按照刑事政策制定程序抉择的政策方案上升为法律或获得合法地位的过程，即刑事政策主体经过一系列法定程序使刑事政策方案获得权威性，而准予实施的过程。[②] 在实践中，刑事政策的内容、形式和效力不同，其合法化的主体和程序也不尽相同。

四、我国刑事政策制定过程中存在的主要问题

刑事政策制定应当符合合理、平衡、法治、科学、民主、人权等基本原则，但是实践中刑事政策制定存在以下问题：

（一）民意表达不充分

一个健康的社会应当是民意自由表达并受到充分尊重的社会。作为应对社会上存在的犯罪现象的相应对策之一的刑事政策在制定过程中，也应当充分考虑到民意因素。公众的参与是确保刑事政策合法化的根本途径。“现代决策特征之一在于政府决策是一种群众参与程度较高的决策，它既是社会的一种价值要求，也是决策过程实际需要。”[③] 但在我国刑事政策的制定过程中，公众参与程度仍存在不足、民意的表达尚缺乏有效的渠道。不仅一般的社会领域主体和经济领域主体对刑事政策制定缺乏必要的参与渠道，而且专家也没有能够充分地参与刑事政策的制定。

（二）科学化程度不高

刑事政策是对犯罪状况的一种反应，其制定的科学与否，很大程度上取决于对一定犯罪状况的统计分析是否及时、精确、科学。我国目前仍存在对犯罪状况的统计分析缺乏系统性、严密性、滞后性等问题。一方面，行政执法与刑事执法之间尚未形成信息处理平台；另一方面，公、检、法等国家机关之间也尚未达到犯罪数据指标的整合，甚至司法机关内部各部门间也未实

① 王宏玉主编：《刑事政策学》，中国人民公安大学出版社 2011 年版，第 153-157 页。
② 卢建平：《刑事政策学》（第二版），中国人民大学出版社 2013 年版，第 171-172 页。
③ 刘伯龙、竺乾威主编：《当代公共政策》，复旦大学出版社 2000 年版，第 17 页。

现数据指标的整合。因而，导致刑事政策的制定缺乏相应的指标分析和科学的数据支撑。对犯罪的规律性缺乏理性的认识，刑事政策制定存在过于理想化的倾向。

（三）协调性不足

首先，有些刑事政策未能与犯罪学、罪犯矫正学等学科协调，既未顾及对犯罪原因的深入研究，又没很好地关注犯罪人矫正及复归社会。其结果只能是治标未能治本，使下级公安、司法机关永远处于疲于奔命的状态。其次，与相关政策不协调。德国学者李斯特曾指出："最好的社会政策就是最好的刑事政策。"刑事政策与社会政策紧密相连，有的社会政策本身就包含刑事政策的内容。近年来，我国出台的某些刑事政策存在与社会政策不协调的情况，因而影响到政策目标的实现。例如，我们现在定期不定期地会对一些文娱场所进行整治，但效果并不理想，实践中甚至形成"一打就走、打后再回来"的恶性循环。其实，这和就业问题、社会保障问题未能解决，而文娱场所又未得以根本上的压减关停等有很大关系。因此，刑事政策的制定应与相关政策协调，避免政策的结构性缺陷。

（四）过分倚重刑罚方法

在我国重刑主义思想一直占有重要地位，对刑罚的期望值过高。每当犯罪态势严重、犯罪率上升、社会治安发生消极变化时，人们就会本能地想到加强打击、严刑峻法这一类的应对措施，进而主张加大刑罚量以严惩犯罪。过分依赖刑罚强调重刑，一方面会造成刑罚资源的浪费，另一方面也会造成刑罚效用降低和刑罚的贬值。因此，制定合理有效的刑事政策，必须以树立正确的刑罚观为前提。

改变这种状况，需要在科学主义的指导下，加强刑事政策的规范化和民主化；以现代法治精神和人权公约为基准，用法治和人权来指导刑事政策的制定；大胆创新，勇于借鉴；着眼于广义的刑事政策观，在刑罚外发掘治理违法犯罪的新举措。①

第二节 ‖ 刑事政策的执行

只有刑事政策得到了比较好的执行，制定政策时确定的目标才能实现。就同样的刑事政策而言，由于执行的方式不同，所产生的效果是不一样的。

---

① 参见刘仁文：《刑事政策初步》，中国人民公安大学出版社2004年版，第201-207页。

有效的刑事政策执行，可以达到刑事政策目标；相反，刑事政策执行不当或不力，不但难以解决犯罪问题，还可能会使犯罪问题恶化。所以，刑事政策执行与刑事政策制定两者相辅相成，同样重要。

一、刑事政策执行的概念及特征

刑事政策的执行，是指刑事政策执行主体通过运用各种手段，将刑事政策的内容转变为现实，从而实现刑事政策目标的一种行为。① 刑事政策的执行具有如下特点：

（一）执行性

执行性是刑事政策执行的根本特性。它是对既定的刑事政策的执行，而不是重新制定出新的刑事政策；它必须遵循原有的政策精神，而不是偏离原有的政策。

（二）目标性

刑事政策的执行具有目标导向，它的目的在执行之前就已经很明确。一切执行活动都是为了实现刑事政策的目标，为了实现刑事政策方案所规定的内容。

（三）创造性

刑事政策执行虽然是既定刑事政策方案规定下的权力运作，但绝不是权力机构的机械简单运行。由于刑事政策大多是战略性的决策，概括性、原则性较强，因而面对复杂的现实情况，刑事政策执行必须具有能动性和创造性。

（四）综合性

刑事政策的执行手段具有多样性，不仅包括法律手段特别是刑事法手段的运用，而且还要综合运用经济、科技等手段，达到多手段的协调配合，发挥各种手段综合运用的合力作用。

二、刑事政策执行的程序

刑事政策执行是一个非常复杂的过程，其基本上可以分为执行准备、执行实施与执行总结三大阶段。

（一）执行准备阶段

刑事政策执行的准备阶段是刑事政策执行的开端。充分的准备工作对于成功地执行刑事政策具有重要意义。一般而言，刑事政策执行的准备工作有

① 卢建平：《刑事政策学》（第二版），中国人民大学出版社 2013 年版，第 174 页。

如下几项：

1. 制订执行计划

为保证刑事政策的顺利进行，必须对抽象的总体目标进行分解，制订具体的执行计划，也就是说，根据刑事政策的要求，科学、及时地制订出达到刑事政策目标的未来行动方案。

2. 进行物质准备

筹备必要的财力和物力是保障刑事政策顺利执行的必要经济基础。

3. 做好组织准备

刑事政策执行组织是刑事政策方案的组织载体，是执事政策的主体。做好组织准备是政策贯彻落实的保障机制，组织功能的发挥在一定程度上决定着政策目标的实现程度。

（二）执行实施阶段

执行实施阶段是刑事政策执行的中心阶段。它包括政策宣传、政策试点与政策全面推广三个环节。

1. 政策宣传

这是统一人们思想认识的重要手段。政策宣传通过政策部门或大众媒体将刑事政策有关内容传播到各个阶层，促使执行者和广大人民群众充分理解政策精神和内容，以便执行的顺利进行。

2. 政策试点

这是根据目标群体和政策适用范围的实际情况，选择具有代表性的局部地区先行试行政策的方法，通过试验，发现问题、总结经验，从而减少执行风险、降低执行成本。例如，全国人大常委会 2016 年 9 月授权“两高”在北京、天津、上海、重庆等 18 个城市部署为期二年的认罪认罚从宽制度试点，到 2018 年 10 月，试点地区适用认罪认罚从宽制度起诉的案件数，占同期起诉刑事案件总数的 50%左右，其中绝大部分是检察机关建议适用，审查起诉平均用时缩短至 26 天。这充分说明，认罪认罚从宽制度在依法及时惩治犯罪、强化人权保障、优化司法资源配置、推动繁简分流、提升诉讼质量效率、完善多层次刑事诉讼程序体系等方面发挥了重要作用。基于此，2018 年 10 月 26 日通过并施行的修改后的《刑事诉讼法》在充分吸收试点经验的基础上，将这项制度立法化，使之成为贯穿整个刑事诉讼程序的重要制度。①

① 董凡超：《孙谦解读修改后的刑事诉讼法：认罪认罚从宽贯穿整个刑诉程序》，载 http：//www. spp. gov. cn/spp/zdgz/201812/t20181213_ 402337. shtml。

3. 政策全面推广

这是政策执行中涉及面最广、变量最多，因而也最为艰难的一个环节，为此应注意具体的执行策略、艺术性，要注意坚持原则性与灵活性相结合、把握重点与解决难点相结合等原则，始终围绕政策目标开展执行工作。

（三）执行总结阶段

总结阶段要对刑事政策执行过程中信息反馈与执行情况进行回顾、检查并解决执行后的遗留问题。认真做好总结工作，无论对于政策调整，还是对于政策再制定、再执行，都具有重要的意义。具体而言是：

1. 验收总结

对执行全过程进行回顾、检查，对执行成果进行整理，总结经验、教训，落实奖惩措施。

2. 解决执行后的遗留问题

对执行中工作失误造成的问题应随时解决，一时来不及彻底解决的也应尽快解决，对按当时的政策难以处理或无法处理的，还需要追踪决策，适时制定补充性政策等。总结阶段是执行阶段的最后环节，但往往也是新一轮执行过程的先导。

三、影响刑事政策执行的主要因素

刑事政策的执行是一项十分复杂的活动，受到许多因素的制约和影响，这些因素包括刑事政策问题、刑事政策自身、刑事政策执行主体、刑事政策执行资源、刑事政策执行对象、刑事政策执行环境等。

（一）刑事政策问题

刑事政策是为了解决犯罪问题而制定的，犯罪问题本身对刑事政策的执行成效有着重要的影响。一般而言，犯罪问题本身所涉及的范围、问题的复杂程度等都对问题解决的难易，进而对于执行的难易产生影响。一般来说，对形成原因复杂的犯罪问题（如腐败犯罪等），刑事政策执行难度较大；反之，则难度较小。

（二）刑事政策自身

刑事政策的执行，以执行的刑事政策自身为出发点。刑事政策自身的权威性和科学性对刑事政策执行有重要影响。一方面，刑事政策自身权威性会影响到政策的执行。权威性的提高，要靠主体的权威性及制定政策的程序合法性做保障。另一方面，刑事政策自身的科学性。例如，政策目标的适当性、政策目标的弹性程度、政策的可行性等，也会影响到政策的执行。科学性的提高，要依靠制定主体的高素质及民主科学的决策程序的保障。

（三）刑事政策执行主体

刑事政策执行主体包括刑事政策执行组织和刑事政策执行人员两个方面。政策执行主体对刑事政策的执行有着不可低估的影响，其对政策精神的理解和把握程度，对政策目标的认同状况，一定程度上决定着刑事政策能否顺利地贯彻实施。因此，执行主体自身的素质如执行组织的层级、自立性、内部凝聚力、执行人员的认知水平、认知态度、职业道德、利益驱使等对刑事政策执行都会产生重大影响。

（四）刑事政策执行资源

刑事政策执行是以对资源的消耗为前提的，资源的投入对刑事政策的执行产生一定影响，资源的稀缺性往往成为影响政策有效执行的重要因素。因此，能否调配刑事政策执行所必需的资源将直接关系到政策执行的效果。一般而言，保障刑事政策执行，主要需要以下资源：一是人力物力资源，也即合格的执行人员、必要的执行经费和相关的物质资料；二是信息资源，包括政策制定者关于执行指令的信息和政策执行的相关信息、情报资源；三是制度资源，也即与执行政策相关的配套制度，包括对依法执行政策人员的个人权益进行保障的制度等。

（五）刑事政策执行对象

刑事政策执行对象是政策执行所针对的个人或群体。执行对象对刑事政策执行产生影响主要体现为以下三个方面：一是执行对象的范围。所涉及的范围越大，政策执行产生的社会震动就越大，执行阻力也就越大。二是执行对象的构成。对象的构成越复杂，执行起来就越困难。三是执行对象对政策的认可程度。一方面，如果政策对象对政策根本不甚了解，就感受不到政策威力，就会影响对政策执行的配合、参与；另一方面，政策对象虽熟知某项政策但并不认同，也会给执行带来一定的阻力。

（六）刑事政策执行环境

刑事政策执行环境，是指除政策执行主体自身外的诸多自然因素和社会因素的总和。刑事政策执行必然要受到政治、经济、社会心理、自然地理和目标环境因素的影响与制约。刑事政策的执行要考虑社会文化及社会的认同因素、经济发展状况、政治民主程度、所处的地理位置和自然情况，同时还要考虑执行自身的工作环境因素等。

四、我国刑事政策执行中存在的主要问题

（一）缺乏对刑事政策的全面理解，导致在执行中出现偏差

任何一项政策都是一个多层面、多因素所构成的有机整体。大的政策往往包含诸多小政策，它们相互依存，目的在于发挥解决共同问题的整体效应。正确地执行刑事政策，首先要求刑事政策的执行组织和人员对刑事政策要有一个全面系统地把握和准确地理解其精神，防止出现偏差。但在现实中，依然存在对刑事政策出现误读、执行中顾此失彼等现象。

（二）部门保护主义和地方保护主义的存在，导致刑事政策的执行产生偏差

首先，一些行政部门在部门利益的诱惑下，对本应向司法机关移送的涉嫌构成犯罪的案件不移送，或作“以罚代刑”的处理等，严重影响了法律实施的严肃性。其次，公安、司法机关之间互相争夺经济利益，如存在赃款赃物不随案移送的现象。再次，为避免国家赔偿，对冤假错案不予纠正。例如，有的二审法院为使一审法院不承担错案责任，对一审法院的错误判决不予彻底纠正。[①] 最后，由于体制和其他等方面原因，目前执法机关受命于地方党政领导的现象还在一定程度上存在，这使得对刑事政策执行的干扰成为可能。例如，一些地方在打击制售假冒伪劣产品、走私等犯罪活动时，受地方利益的驱使，采取默许、袒护等态度，导致国家刑事政策执行的弱化。

这些偏差表现在：一是象征式政策执行。在刑事政策执行过程中，执行主体仅做表面文章，或只做政策宣传而不务实际，或“阳奉阴违”，或前紧后松，或敷衍塞责。其总的特点是对政策束之高阁，不予贯彻执行。二是附加式政策执行。在政策执行过程中附加不恰当的要求，使政策的调整对象、范围、力度、目标超越了政策原定的要求。三是选择式政策执行。一个完整的政策在执行时只有部分被贯彻落实，其余则被遗弃，使政策内容残损不全，不能有效地、完全地实现原定的政策目标。部分单位和部门在全局利益和局部利益相冲突时，合自己“利”的就执行，不合自己“利”的就不执行，置国家的政策原则于不顾。四是替代式政策执行。政策在实施过程中被换上与原政策表面上一致而事实上背离的内容。这是一种极为严重的政策执行偏差，其政策内容、政策目标、政策性质已发生了根本的改变。往往发生在所需要

① 参见刘仁文：《刑事政策初步》，中国人民公安大学出版社 2004 年版，第 236 页。

实施的政策与政策执行主体的利益出现差异和冲突极为激烈的时候。①

（三）执行人员和司法资源的有限，导致刑事政策的执行产生问题

我国刑事政策的执行过程中，存在着积极性和主动性发挥得不够、消极应对的现象。主要表现为：一是刑事政策的执行缺乏连贯性。如果相关部门检查督促，就主动落实，否则可能执行得不够有力，甚至出现对违法犯罪行为听之任之的情况。二是刑事政策的执行目的缺乏科学性。有些地方在执行刑事政策时，不是着眼于问题的根本解决，而是将目的定位于应付上面或有利于突出自己的政绩。三是不善于在执行中发现问题、研究问题。即使发现了问题，也出于种种顾虑，不愿或者不敢向上面反映问题。而在刑事政策执行完毕后，既不进行很好的总结，也不就执行过程中暴露出来的一些问题采取善后措施，而是消极地等待下一步刑事政策的执行。四是部分刑事政策执行人员素质不高，使刑事政策在实际执行中走样。

从而严重影响到刑事政策制定者所预期的目标的实现。近年来，我国刑事犯罪立案数居高不下、社会治安形势不容乐观，这一方面与我国社会处于转型期、社会矛盾凸显有关，但另一方面，也是和我国刑事政策执行中的消极性、被动性分不开的。

因此，还需进一步加强刑事政策执行队伍建设，加强各个刑事政策执行组织间的沟通和合作，提高刑事政策执行水平。

第三节 ‖ 刑事政策的评估

一、刑事政策评估概述

（一）刑事政策评估的概念

所谓刑事政策评估，就是刑事政策评估机构依据一定的程序和标准，对刑事政策运行过程中的效率、效能、效益进行检测和评价，以判断刑事政策的效果的活动过程。② 刑事政策评估是衡量刑事政策效果的重要途径，也是对刑事政策的效果进行科学描述的重要手段。

---

① 参见卢建平：《刑事政策学》（第二版），中国人民大学出版社 2013 年版，第 182-183 页。

② 严励著：《中国刑事政策的建构理性》，中国政法大学出版社 2010 年版，第 213 页。

（二）刑事政策评估的意义

1. 可以提供关于政策运行的基本信息

通过科学的刑事政策评估，可以在调查研究和资料收集的基础上，对刑事政策的内容、执行、效益、效果等作出判断。这种判断可以起到“旁观者清”的作用，对于政策制定者和执行者有重要的参考价值。

2. 能够为刑事政策的运行方向提供科学依据

一项刑事政策在经过一段时间的运行后，可能会面临或继续存在或作适当的修改调整或废止等情形。究竟如何取舍，取决于对该刑事政策的效果评估。

3. 有利于社会公众对刑事政策的正确认识

社会公众对某项刑事政策的态度是制定、执行和调整该项政策的重要参考，也是某项刑事政策是否具有正义性和合理性的重要依据。①

二、刑事政策评估的具体标准

（一）社会秩序

一般来讲，任何刑事政策都必须有利于维护社会秩序，有利于防止因犯罪产生的社会秩序混乱。社会秩序是一系列具体秩序的总称，可分为政治秩序、经济秩序、劳动秩序、公共场所秩序、伦理道德秩序等。刑事政策要有利于维护各种社会秩序，保证社会秩序的协调发展，促使整个社会处在有序的状态。在评估刑事政策效果时，要综合考虑刑事政策在维护各种社会秩序方面的效果。

（二）社会安全感

社会安全感是社会公众在日常生活中对社会治安状况的主观感受。违法犯罪率低，人们感受到自己遭受违法犯罪行为侵害的可能性小，自己的生命、财产的安全有保障，社会安全感就强。反之，社会安全感就弱。社会安全感弱，公众对违法犯罪行为有恐惧感，也会大大影响社会秩序和稳定，又会助长违法犯罪行为的产生。所以，社会安全感是评估刑事政策的具体标准。

（三）犯罪状况

犯罪状况，是指在一定时间和地区内犯罪的整体水平或情况。犯罪状况是评估刑事政策的具体标准之一，可从以下几个方面以犯罪状况为标准评估刑事政策。

其一，考察特定的刑事政策是否有利于控制犯罪状况。把犯罪状况作为

① 王宏玉主编：《刑事政策学》，中国人民公安大学出版社 2011 年版，第 29 页。

评估刑事政策的标准，应当考察特定的刑事政策是否对犯罪状况产生影响。

其二，通过三种指标准确衡量犯罪状况。

(1) 犯罪率。犯罪率，是指一定时空内犯罪数与人口总数之比。由于犯罪数有犯罪案件数和犯罪人数之分，因而犯罪率又可以分为两类：一是指年度内刑事案件数与年均总人口数之比即发案率，一般以万分比表示，这是在犯罪学研究中常常使用的指标。二是按照犯罪人数与人口总数之比。在犯罪数量统计中，存在着警察、检察院、法院三个职能部门不同的统计数量，各统计之间存在着递减的“漏斗效应”。犯罪率通常以国家司法部门提供的犯罪数量为基础计算。

(2) 被害率。被害率，是指在一定时间和地区内居民遭受犯罪侵害数量与居民总数之间的比率。

过去，衡量犯罪状况常以犯罪率为标准，但研究发现，在犯罪率统计中，存在大量犯罪黑数。黑数又称隐案，是指虽已发生但由于种种原因未予记载的犯罪数量。大量犯罪黑数的存在，严重影响对犯罪状况的正确分析与评价，影响刑事司法、立法和执法，影响社会的整体利益。因此，要通过犯罪被害的调查与推断，估计犯罪的真实状况。

(3) 犯罪钟。犯罪钟是用来形象地表示在一定时间内发生的犯罪案件的数量的方法。这是一种比较形象的犯罪状况表示方法，最初由美国联邦调查局（FBI）在其《统一犯罪报告》（U-niform Crime Report）中创造出来，用于形象地表示在一定时间间隔内犯罪发生的数量。

目前，犯罪钟已经被一些国家和地区采用，作为表示犯罪状况的一种通俗、形象的方法。

(四) 再犯率

再犯率，是指在一定时期内再次进行犯罪行为的犯罪人数量与同期犯罪人总数之间的比率。再犯率是评估刑事政策的重要标准之一。

(五) 刑罚效益

在刑事政策评估中，也要考虑刑罚效益：看是否以最小的投入获得最大的效益，看犯罪前的预防是否优于犯罪后的镇压与改造。

三、刑事政策评估的内容和方法

(一) 刑事政策评估的内容

1. 刑事政策效益评估

即评估刑事政策目标得以实现的程度。一项刑事政策的实施效果越是离预期目标近，说明其效益越好；越是离预期目标远，说明其效益越不好。

2. 刑事政策成本评估

即评估政策投入与产出之间的比例关系。在假定一项刑事政策效益不变的情况下，成本越小，就说明该项刑事政策越成功；成本越大，就说明越不成功。

3. 刑事政策影响评估

即评估刑事政策的实施对社会和公众以及政策受体所产生的各方面影响。刑事政策评估者既要重视刑事政策的积极影响，也要重视其消极影响并对消极影响的形成原因进行剖析，进而提出如何将其降低到最低限度的改进意见。

4. 刑事政策过程评估

即对刑事政策运行的各个环节进行评估。实践是检验真理的唯一标准，经过政策实施，再回头考察政策过程的各个环节，对准确发现问题、有的放矢地改进工作有着重要的意义。

5. 刑事政策价值评估

即对一项刑事政策在价值上所具有的意义进行评估。现代刑事政策评估不光指刑事政策的效益、成本等事实层面上的评估，还包括对刑事政策的公平、公正等价值层面上的评估。

（二）刑事政策评估的方法

刑事政策评估方法，是指在评估特定刑事政策效果时所使用的具体方法。对刑事政策评估时要注意定性分析与定量分析相结合、资料收集与综合分析相结合以及科学抽样的重要性。刑事政策评估方法主要有以下几种：

1. 比较分析法

（1）不同地区比较法。不同地区比较法，是指比较不同地区的刑事政策效果和相关因素的方法。通过此方法可以借鉴不同地区的成功经验，提高本地区刑事政策效果。

（2）不同国家比较法。不同国家比较法，是指比较不同国家之间刑事政策的内容和效果，取长补短，提高刑事政策效果的方法。

（3）不同类型刑事政策比较法。不同类型刑事政策比较法，是指对不同类型刑事政策进行比较，可以评估不同类型刑事政策效果，取长补短，相互借鉴。

（4）历史比较法。历史比较法，是指将目前的情况与过去的情况进行比较，从而对刑事政策进行评估的方法。

2. 历史分析法

历史分析法，是指以时间先后或延续为线索对刑事政策效果进行评估的方法。既可以在一个较长历史时期内评估刑事政策，也可以对实施某项刑事政策前后的情况进行比较。

3. 价值分析法

价值分析法，是指对通过价值分析评估刑事政策效果的方法。

价值观是社会成员用来评价行为、事物以及从各种可能的目标中选择自己合意目标的准则，是人们对社会存在的反映。刑事政策的价值就在于它能够满足人们预防和控制犯罪需求方面的特性。如果刑事政策越能够满足人们预防和控制犯罪的需求，它的价值就越大，也就越能达到人民的期望。

4. 成本效益分析法

成本效益分析法，是指通过分析某项刑事政策的耗费成本与预期效益进行评估的方法。成本效益分析法的应用，是社会进入理性决策时代的产物。在过去的非理性决策时代，刑事政策的制定和实施不考虑成本和效益的关系，往往耗费了大量的社会资源。但是，刑事政策的实施不一定会收到预期的效果，甚至某项刑事政策的实施反而会造成社会治安的恶化。因此，为了合理配置社会资源，减少浪费，避免错误的刑事政策带来的副作用，必须注意使用成本效益分析法评估刑事政策。①

四、刑事政策评估中存在的问题及完善对策

当前，我国刑事政策评估面临的主要问题是：对刑事政策评估工作的重要性缺乏足够认识，还没有将刑事政策评估作为一项经常性、制度性的工作来开展；在有限的内部刑事政策评估工作中，存在着评估质量不高的现象；信息、资料不公开，使得外部评估寸步难行。为数不多的刑事政策评估工作也主要表现为自我评估、内部评估与单项性指标评估。

针对我国刑事政策评估工作的上述缺陷和问题，要作如下改进：提高对刑事政策评估工作及其意义的认识，高度重视对刑事政策的评估；建立健全多层次、多方位的刑事政策评估机制，使刑事政策评估工作规范化、制度化，纵向确立起从中央到地方、横向确立起从官方到社会的多种主体互相配合、互相促进，多层次、多方位的刑事政策评估机制；优化刑事政策评估环境，

① 参见吴宗宪：《论刑事政策评估的方法》，载《福建公安高等专科学校学报——社会公共安全研究》2002 年第 3 期，第 5-8 页。

加强刑事政策评估的软硬件建设；拓展刑事政策评估成果的吸收途径，使之真正服务于刑事政策实践。[①] 也有学者建议推进刑事政策评估之科学化变革，应以“第三方评估模式、公开评估模式与综合性指标评估模式”为基础来建构起我国的刑事政策评估体系。[②]

【问题与思考】

1. 影响刑事政策制定的因素有哪些？
2. “严打”刑事政策在制定过程中存在哪些问题？
3. 我国刑事政策在执行过程中存在哪些问题？
4. 简述刑事政策评估的方法。

① 刘仁文：《论刑事政策的评估》，载《政法论坛》2002 年第 4 期，第 76-78 页。

② 姜瀛：《刑事政策评估的科学化及其进路展开》，载《天津法学》2016 年第 1 期，第 20 页。

第五章 刑事政策的价值目标与基本原则

第一节 ‖ 刑事政策的价值目标

刑事政策作为人对犯罪的一种有意识的、有组织的反应，必然承载着主体的价值追求。刑事政策的价值目标是刑事政策价值分析的核心范畴，是连接刑事政策价值事实与刑事政策价值规范的纽带，是对刑事政策进行价值分析的实践活动的灵魂。因此，对刑事政策进行价值分析，寻求刑事政策合目的化的途径，成为刑事政策研究的一个基本问题。

一、刑事政策价值的概念

无论是中西方，价值一词的含义都十分复杂，经济学家、社会学家、哲学家、法学家等都从各自不同角度界定价值问题。一般而言，价值是客体在与主体需要的互动关系中产生的有用性。价值的基础在于客体的固有属性，但客体的固有属性自身并不就是客体的价值，只有与主体需要相联系，客体才能体现、发挥出其对主体的价值，也才能说客体具有有用性。法律科学研究离不开对价值的探讨。正如美国法学家庞德所讲到的："价值问题虽然是一个困难的问题，（但）它是法律科学所不能回避的。即使是最粗糙的、最草率的或最反复无常的关系调整或行为安排，在其背后总有对各种互相冲突和互相重叠的利益进行评价的某种准则。"①

关于什么是刑事政策价值，国内理论界众说纷纭。例如，有学者指出："刑事政策的价值是刑事政策的客体对于刑事政策主体的意义和效用，包括刑

---

① ［美］罗·庞德著：《通过法律的社会控制》，商务印书馆1984年版，第55页。

事政策价值主体、刑事政策价值客体、刑事政策价值目标三个要素。”① 有学者认为：“刑事政策的最高价值追求与法的最高价值目标是一致的，包括自由、正义、秩序三大基本价值。”② 另有学者指出：“刑事政策的价值，是指刑事政策对于满足主体需要而言的有用性，它是刑事政策基于其自身的固有属性而在与主体需要相互作用的关系中产生的一种关系属性。”③ ……以上学者均对刑事政策价值的概念进行了各自界定，均有一定的合理性和可取之处。

综合上述观点，本书认为，刑事政策的价值，是指刑事政策对满足主体需要的意义和有用性。刑事政策价值体系包括价值主体、价值客体和价值目标，三者之间相互关联、相互作用、缺一不可。

第一，刑事政策自身的固有属性是刑事政策价值产生的内在根据。如前所述，刑事政策从其本质上而言是对刑事资源进行配置的一种方式，其自身具有综合性、灵活性、开放性、指引性与倡导性等特性，并具有指引、调节与符号等功能。这些本质、特性与功能构成了刑事政策的固有属性，是刑事政策价值产生的内在根据和客观前提。

第二，刑事政策主体的需要是刑事政策价值产生的外在条件。刑事政策主体的需要，就是刑事政策视野中的人的需要，也就是主体意欲借助于刑事政策所弥补的自身缺乏或不平衡状态。需要是刑事政策价值产生的根本动力和主观前提，如果没有主体的需要，任何价值都不会产生。

第三，刑事政策价值是在刑事政策自身固有属性与主体需要的互动关系中产生的，其本身属于关系范畴。刑事政策固有属性与主体需要虽然是刑事政策价值产生的前提，但是刑事政策价值并不是二者的简单相加，而是二者互动关系的产物。一方面，刑事政策自身属性制约着主体的需要，是主体对其需要进行选择、调适的基础。例如，人本能地会有消灭犯罪的愿望，但事实上犯罪是不可消灭的，其原因除了政治、经济、文化等各方面的因素之外，刑事政策自身的局限性也是构成原因的因素之一。在对这一点有正确认识的情况下，主体就不会再对刑事政策提出消灭犯罪的需要。另一方面，主体的需要是揭示、整合、运用刑事政策自身属性的根本动力。基于主体的需要，主体会对刑事政策进行相应的调整，以使刑事政策更符合实现主体目的的需要。例如，为了维护社会秩序，刑事政策主体可能会制定较为严厉的刑事政

---

① 严励：《论刑事政策的价值目标》，载《法学评论》2004 年第 3 期，第 29 页。
② 曲新久著：《刑事政策的权力分析》，中国政法大学出版社 2002 年版，第 92 页。
③ 侯宏林：《刑事政策的价值分析》，中国政法大学 2004 年博士学位论文，第 88 页。

策，加大对犯罪的惩罚力度，以实现对犯罪的有效预防和控制。

第四，刑事政策价值虽然属于关系范畴，但其并不就是刑事政策属性与主体需要的互动关系本身，而是在这种互动关系中产生的一种属性，或称关系属性。刑事政策的这种关系属性也就是刑事政策的有用性，或称为合目的性、效用性等。

二、刑事政策的价值目标

价值目标，“即价值主体根据理性和既往生活经验而形成的需要和利益”。[①] 刑事政策的价值目标即刑事政策的价值判断标准，它是刑事政策价值分析的核心范畴，也是刑事政策价值主体与价值客体相互连接的纽带和相互贯通的桥梁。确立刑事政策的价值目标，是对刑事政策进行价值分析的必要准备和理论前提。

在刑事政策的价值目标方面，学界观点不一。本书主要分析刑事政策价值的民主与法治目标、公正与效率目标、自由与秩序目标。需要指出的是，价值目标在不同社会、不同时期地位不是等同的。至于何者“优先”、何者“兼顾”理论上不宜笼统概括，而是要结合刑事政策的特性及其在刑事反应体系中的地位进行具体确定。

（一）民主法治价值目标

1. 民主价值目标

民主与专制相对立，民主政权的权力源自人民的授予并受人民的控制。“民主制度在如此短的时间内急速成长，毫无疑问，是人类历史上最壮观的，也是最重要的政治变迁”[②]。民主之所以值得称道，是因为它是多数人的统治，或称多数统治、多数票决制。我国的社会主义国家政治文明建设，民主是基础，法治为保障。刑事政策制定与实施既是对政治文明建设中“民主法治”要求的贯彻，更是对民主法治建设的有力保障。例如，我国“宽严相济”的刑事政策的酝酿与出台，就反映了党和国家决策过程的民主化，充分调动了社会基层组织和专家学者的积极性，同时又避免了决策的主观性，因此，是我国刑事政策民主化过程的重大进步和跨越。

---

① 冯亚东：《理性主义与刑法模式》，中国政法大学出版社 1999 年版，第 22 页。

② ［美］塞缪尔·P. 亨廷顿著：《第三波——20 世纪后期的民主化浪潮》，刘军宁译，上海三联书店 1998 年版，第 3 页。

2. 法治价值目标

法治并非万能，但却是迄今为止人类最好的治理手段。实践证明，只有在法治状态下，人们才能获得最大限度的安全、自由与权利，社会才能得以全面发展与进步。法治的基本要义与诉求为：社会生活的统治形式和手段是法律；国家机关不仅运用法律，而且其本身也为法律所支配；法律是衡量国家、组织和个人行为的标准。① 法治是公权力行使的基本原则，法治的精神就在于限制国家的权力，以保障权利的实现。

刑事政策具有意向性、开放性、动态性和综合性等特性，因而决定了其对刑事立法、司法起着先行、指导作用，正是这些特性和作用，赋予了刑事政策的生命力和重要价值。当然，刑事政策的特性和作用的发挥也要受到刑事法治制约。所谓刑事法治，即法治的要求与状态在刑事法律领域中的具体体现。刑事政策作为刑事法治的重要内容与关键点，既是刑事法治水平的重要表征，也是刑事法治发展方向的必要指引。刑事政策作为治国的一种策略，是公权力实现的重要方式，刑事政策的行使必须符合法治主义原则。具体到刑事政策制定方面，这一原则体现为如下方面：一是刑事政策的制定必须受宪法制约。宪法规定的人权原则、平等原则等对刑事政策的制定起着制约作用，对犯罪人权利的限制，只有在合乎防止犯罪目的所必需的最小限度内的、合理的、在程序及实体两方面均为适当的时候才能进行。刑事政策在实施过程中要坚持人权原则、平等原则。二是刑事政策制定必须受刑事法制约。刑事政策在很大程度上表现为国家直接运用刑事法来打击业已发生的犯罪，因而刑事政策的制定必须符合刑事法的基本原则和精神，这些原则主要包括罪刑法定原则、罪刑均衡原则、无罪推定原则、合法程序原则、上诉不加刑原则、被告的沉默权原则等。三是在制定刑事政策的同时，还应尽快使之法律化（刑法化）。

（二）公正与效率价值目标

1. 公正价值目标

公正意为公平正直，没有偏私。作为一种价值判断，公正含有一定的价值标准。一般而言，公正既要求形式公正，也要求实质公正，必须是二者的有机统一。

刑事政策的公正价值，也即刑事政策的正义价值、合理性价值、正当性价值、伦理性价值，是指刑事政策以其特定的资源配置方式所实现的每个人

---

① 参见 A. T. 默克尔：《法治国的观念和形态》，载《法学译丛》1983 年第 5 期。

都得到公正对待的价值。人不仅是一种经济性的存在，更是一种伦理性的存在。得到公正的对待，是刑事政策视野中的人的基本需要。因此，刑事政策必须顾及人类固有的尊严、伦理道德观念与正义感，必须具有人道的精神、科学的精神。犯罪破坏人的幸福，是一种不公正，因此，对犯罪的预防、控制本身是实现、恢复公正的基本途径。但同时，以实现公正为目的的防控犯罪活动本身也可能由于自身运用的不当而造成更大的不公正。例如，对嫌犯进行刑讯逼供，对犯罪情节基本相同的人处以差异巨大的刑罚，等等。而后一种不公正危害更大、影响更为恶劣。刑事政策通过其特定的刑事资源配置方式，使得每个人都得到合理的、正当的对待，从而满足人对刑事政策的伦理性需要。①

2. 效率价值目标

从本来的意义上而言，效率是一种普遍存在的客观状态。人的任何目的性行为都会产生一定的结果，而效率就是这种行为与结果的某种对比关系。

效率价值是刑事政策必须面对的问题。从经济学角度讲，效率就是以最小的投入获得最大的产出。刑事政策的效率价值，指刑事政策以其特定的刑事资源配置方式所实现的以较小的刑事资源投入获得较大的防控犯罪效率的价值。刑事政策的效益价值是经济效益和社会效益的有机统一，追求效益价值是现代刑事政策的必然要求。从狭义角度讲，刑事政策的资源投入主要是刑罚的运用。比如，刑罚执行过程中就需要国家投入一定资金。据统计，每名罪犯每年的刑罚执行费用要超过1万元人民币。② 刑事政策制定者需要对有限的资源加以配置，争取以最小的成本投入实现威慑和预防犯罪的目标。刑罚的经济效益分析使我们认识到，“刑罚是有一定社会成本的，刑事控制的科学模式就是要以最小的刑罚成本支出最大限度地遏制犯罪……总之，刑罚作为一种社会投资，不仅具有生产性，而且具有消费性，所以应当建立刑罚的经济性观念”。③刑事政策以预防和控制犯罪为根本目标，其在发挥导向与调节功能时，在方向上追求的也是预防与控制犯罪的最佳效果。刑事政策要始终关注如何以最小的社会资源耗费获取最大的防控犯罪的预期效果。

（三）自由与秩序价值目标

刑事政策的自由价值与秩序价值是对刑事政策视野中的人的个体性需要

---

① 参见侯宏林：《刑事政策的价值分析》，中国政法大学2004年博士学位论文。

② 参见吴宗宪等：《非监禁刑研究》，中国人民公安大学出版社2003年版，第8页。

③ 陈兴良：《刑法的人性基础》，中国方正出版社1999年版，第387-388页。

与社会性需要的满足，是刑事政策价值体系中不同侧面的价值。刑事政策在实现自由价值的同时，要明确秩序是其边界。因为“自由只有通过社会秩序或在社会秩序中才能存在，而且只有当社会秩序得到健康的发展，自由才能增长”。①

1. 自由价值目标

自由是人们生存和发展的渴望，是人们追求的最高理想和最高价值，也是法律制度（政策）要关注的基本价值。正如博登海默所言：“任何值得被称之为法律制度的制度，必须关注某些超越特定社会结构和经济结构相对性的基本价值。在这些价值中，较为重要的有自由、安全和平等。”② 诚然，自由本身又是一个有争议的难题。正如普列汉诺夫所说：自由问题“像斯芬克斯一样向每个思想家说：请你解开我这个谜，否则我便吃掉你的体系！”正因为如此，有许多著名的思想家和学者孜孜不倦地分析自由概念，探究自由的本质。③

对自由的保障是刑事政策对个人权利进行保障的核心。这是因为，人首先是一种个体性的存在，对个体权利的保障是人对刑事政策的基本需要，而自由则是个体权利的核心。所谓刑事政策的自由价值，是指刑事政策对以个体自由为核心的个体权利进行保障的价值。一般而言，对个人自由的侵犯可能来自两个方面：其一，来自犯罪。基于此，国家需通过惩罚犯罪来保障个人自由。其二，来自国家，国家有可能滥用权力而侵犯公民个人的自由权利。因此，国家需要制定法律，以明确其权力范围，限制其处罚人的恣意，因而保障个人自由。④ 前一种对于自由的保障，实际上是通过控制犯罪、维持秩序而实现的。此意义上的自由保障实际上就是秩序价值的实现，是刑法与刑事政策保护社会、维持秩序的重要体现。现代刑事政策要求：一方面，刑事政策在制定时必须通过国家惩处和预防违法犯罪，使一般个体自由的权益得以实现；另一方面，要保障犯罪人的权利得以公平合理的实现。

2. 秩序价值目标

秩序，就是指事物存在和发展的稳定性、连续性和一致性。它包括自然秩序和社会秩序。正如博登海默所言：“秩序（order）概念，意指在自然进

① ［美］查尔斯·霍顿·库利著：《人类本性与社会秩序》，洪小良译，华夏出版社1999年版，第301页。

② ［美］E. 博登海默著：《法理学——法哲学及其方法》，邓正来、姬敬武译，华夏出版社1987年版，作者致中文版前言第1页。

③ 参见张文显：《法学基本范畴研究》，中国政法大学出版社1993年版，第523-536页。

④ 参见张亚平：《宽严相济刑事政策的价值分析》，载《江淮论坛》2009年第1期。

程和社会进程中都存在着某种程度的一致性、连续性和确定性”；“无序（disorder）概念则表明存在着断裂（或非连续性）和无规则性的现象，亦即缺乏智识所及的模式——这表明从一个事态到另一个事态的不可预测的突变情形。”① 作为刑事政策的价值是指社会秩序，自然秩序无须采取什么政策立法，所谓社会秩序，是指人类社会共同体存在、运动、变化过程中，社会结构和社会活动的相对稳定、协调的一种状态。②

法理学认为，秩序的存在是人类一切活动的必要前提，秩序构成了人类理想的要素和社会活动的基本目标，秩序的核心是安全。正如博登海默所指出的：“历史表明，凡是在人类建立了政治或社会组织单位的地方，他们都力图防止不可控制的混乱现象，也曾试图确立某种适于生存的秩序形式。这种要求确立社会生活有序模式的倾向，绝不是人类所做的一种任意专断或‘违背自然’的努力。”③

刑事政策的价值目标之一就在于对秩序的追求。刑事政策的秩序价值，是指刑事政策对以社会秩序为核心的社会利益进行保护的价值。社会秩序是由人组成的，人具有主观能动性，其行为都受到意识的支配，因而每个人对社会有不同的社会需求以及有不同的行为导向。所以为了保持社会秩序的稳定，我们就必须为我们的行为立法。秩序不仅是一种事实，而且还是一种价值。这是因为遵守了为社会所普遍承认和接受的社会规范而行动便形成了社会秩序，而客观存在的社会秩序作为一种社会事实，同时也必定蕴藏着对人们有益的方面，从而满足人们的需要，成为人们共同追求的价值。秩序作为刑事政策的价值之一，其应当处于何种地位以及其应当有何种限制，作为刑事政策的制定主体对此必须有所考量。在社会处于动荡的状态时，刑事政策的主要价值应当趋向于维持社会秩序，并且以此为主导；在社会处于稳定的状态时，此时的刑事政策价值应当以保障人权、维护自由、实现公正为主导。在社会保持稳定的情势下，刑事政策以维持社会秩序为主导价值的指导思想就应当转向以保障人权、维护自由、实现公正为主导价值的指导思想。

---

① ［美］E. 博登海默著：《法理学、法律哲学与法律方法》，邓正来、姬敬武译，中国政法大学出版社 2001 年版，第 219 页。

② 刘清华等：《论刑事政策的价值及其取向》，载《遵义师范学院学报》2006 年第 5 期。

③ ［美］E. 博登海默著：《法理学、法律哲学与法律方法》，邓正来、姬敬武译，中国政法大学出版社 2001 年版，第 207 页。

第二节 ‖ 刑事政策的基本原则

刑事政策的基本原则，是指刑事政策研究和决策过程中需要坚持的理念或宗旨，亦即指导思想。在现代，刑事政策所坚持的原则主要有科学主义原则、谦抑主义原则、罪刑法定原则、人道主义原则以及教育改善原则。

一、科学主义原则

（一）科学主义原则的概念及含义

关于刑事政策的科学主义原则，以往的很多学者均有较为一致的阐释，较有代表性的是日本学者大谷实，他将其解释为必须使刑事政策学立足于犯罪学等经验科学的研究科学成果之上的原则。[①] 若要将此原则的含义用我们习惯的方法表述，则为：所谓刑事政策的科学主义原则，是指刑事政策的研究与制定应秉承科学的理念和方法，这意味着刑事政策的研究和制定必须立足于犯罪学等经验科学的研究并充分吸收和应用相关科学研究成果。具体地说，刑事政策的科学原则主要体现在以下四个方面，即科学准确地认识和把握犯罪现象、科学地研究犯罪原因、科学地研究和评价现有刑事政策、科学地预判和评估刑事政策效果。

第一，科学准确地认识和把握犯罪现象。犯罪现象是犯罪政策研究的出发点和基础。认识和把握犯罪现象就是透过对犯罪基本状况的研究，认识和分析犯罪的发展变化规律，预测犯罪的发展趋势，有的放矢地提出犯罪的对策，包括刑事对策。对犯罪现象的科学认识，就要全面、准确地收集、整理、分析有关犯罪的各种数据和材料，没有科学理念的指导和科学方法的应用则无法实现。

第二，科学地研究犯罪原因。现代犯罪学研究，使人们越来越清楚地意识到犯罪是由多种因素综合作用而引起的。比如，不论是犯罪现象还是犯罪行为，都与一定的社会生活条件密不可分，并且深深地受其影响，社会生活环境中方方面面的因素，如政治、经济、文化、道德、法律、宗教等无一不对犯罪产生深刻的影响。再者，犯罪既是由诸多社会因素综合作用所导致的一种现象，又是通过个体特定的生理机制和心理活动体现出来的个人行为。因此，探讨犯罪原因离不开社会学、心理学、教育学、精神病学、人类学及

① 参见［日］大谷实著：《刑事政策学》，黎宏译，法律出版社2001年版，第15-16页。

相关学科的方法、知识和成果。现代刑事政策只能建立在科学研究犯罪原因的基础上。

第三，科学地研究和评价现有刑事政策。这是指对现有刑事政策的内容、手段、执行以及效果进行科学的研究和评价。仅以刑事政策手段为例，刑事政策手段既有刑罚手段，又有非刑罚手段，二者的效果如何、配置是否合理、层次是否清晰并相互自然衔接，应在立足于犯罪预防的基础上给予科学的研究和评价。

第四，科学地预判和评估刑事政策效果。这是指刑事政策的决策过程要科学。它要求刑事政策制定过程要科学民主，广泛征求各方面意见，并运用多种方法充分论证，对其执行效果进行科学的预判和评估，以及时调整和完善。

（二）科学主义原则的重要性

正如人们所达成共识的——刑事政策的研究内容是国家如何以刑罚诸制度为手段镇压犯罪，其最终目的是预防犯罪。因此，刑事政策的基础即对犯罪原因的科学认识。台湾地区著名学者张甘妹在其《刑事政策》一书中明确指出：刑事政策是实现犯罪预防目的的手段，而这一手段要有效则需对犯罪现象的各个方面有确实的认识，就像医生的处方要有效，就要首先对疾病情况诊断正确一样。若要对犯罪的各个方面有正确的认识，就必须依赖各相关学科对犯罪的研究。① 刑事政策大家李斯特也曾通过将刑事政策进行定义而特别强调刑事政策的科学性：刑事政策者以犯罪原因及刑罚作用之科学的研究为基础的诸原则之全体，因此万不可缺乏科学的基础。② 故此，现代刑事政策学必须立足于犯罪学等各经验科学研究的成果之上。

二、谦抑主义原则

（一）谦抑主义原则的概念及含义

关于刑事政策的谦抑主义思想前人已有较为明确的论述和简要的概括。台湾地区学者张甘妹在其著作中将之概括为对刑罚万能思想的排除。她认为，虽然刑罚在当今之社会仍不失为一种对付犯罪的主要手段，但并非唯一的手段。其原因如下：其一，虽历经治理，可犯罪者之数量非但未见减少，累犯、少年犯罪人却日增，这使得刑罚在防止犯罪方面的价值大大降低；其二，在

① 参见张甘妹著：《刑事政策》，台北三民书局 1979 年版，第 11-12 页。

② 参见张甘妹著：《刑事政策》，台北三民书局 1979 年版，第 11-12 页。

犯罪人当中也有不少是不能适用或不宜适用刑罚者，这也使得刑罚在这些犯罪人身上难以发挥功效。[①] 日本学者大谷实将刑事政策谦抑主义思想更为深入地阐述为：至少包括补充性、不完整性和宽容性三个基本的思维和判断。这其中，补充性是指刑法所具有的保护法益的最后手段的特性；不完整性是指刑法不介入市民生活的各个角落的特性；宽容性是指现实生活中已发生犯罪，但从维护社会秩序的角度来看，缺乏处罚的必要，因而不进行处罚的特性。[②] 在大谷实阐述的基础上，我国学者梁根林将谦抑原则界定为“对具有公共危害属性因而具有刑法干预必要的行为，应当从刑法作为最后手段、补充法、保障法、第二次法的属性出发，进行是否予以实际干预的考量”。[③]

根据以上阐述，可以认为，谦抑主义原则是指在刑事政策制定执行的过程中，要排除刑罚万能的思想，并以获得最大的社会效益及有效预防和抗制犯罪为目的，同时要适度。

谦抑主义原则应包含如下内容：

第一，排除刑罚万能的思想，将刑罚看作预防和抗制犯罪的最后手段、最后一道防线。某种行为只有符合下列条件时才能被规定为犯罪并动用刑罚加以处罚：其一，行为具有严重社会危害性并且为社会绝大多数人不能容忍并主张以刑法规制；其二，其他制裁力量不足以抑制这种行为，只有动用刑法才能充分保护合法权益；其三，运用刑罚不会导致禁止对社会有利的行为及使公民的自由受到很大限制；其四，对这种行为刑罚能够进行客观的认定和公平的处理；其五，动用刑罚会有预防和抑制该行为的效果。

第二，强调刑罚资源的合理设置和投入。刑事政策的直接目的是防止犯罪，刑事政策的核心手段是刑罚，哪些行为被纳入刑事政策视野，尤其是哪些行为被纳入刑罚手段调控，是刑事政策制定、执行中必须慎重考虑的问题。在刑事政策调控范围上，必须做到谦抑，即应当力求以最少的支出达到最有效的预防和控制犯罪。调控范围谦抑首先要求合理划定犯罪圈，只将最极端、最明显的危害社会的行为作为犯罪对待；其次是要适时启动除罪机制，将不再具有“最极端、最明显”的危害社会行为排除出刑事法律调控范围；最后必须根据社会的发展和犯罪现象的变化，将新出现的“最极端、最明显”的危害行为纳入刑事政策视野，即犯罪化。只有这样，我们才能有效地防止犯

① 参见张甘妹著：《刑事政策》，台北三民书局1979年版，第13页。

② 参见［日本］大谷实著：《刑事政策学》，黎宏译，法律出版社2000年版，第86页。

③ 梁根林：《刑事政策：立场与范畴》，法律出版社2005年版，第106页。

罪，保障个人自由，促进社会发展。

第三，强调刑罚资源的有效使用。刑事制裁手段在民事制裁和行政制裁出现功能不足、没有有效遏制不法行为的升级时，则应当作为抗制不法行为的最后一道防线，及时有效地对犯罪行为适用。在不违背禁止双重惩罚原则的前提下，合理配置制裁模式，综合运用各种制裁手段制裁犯罪行为。比如，对既构成民事侵权又构成刑事犯罪的不法行为，应当根据侵权行为法和刑法，同时追究行为人的侵权责任和刑事责任，分别给予民事制裁和刑罚处罚；对既构成行政不法又构成刑事犯罪的危害行为，也应当根据行政处罚法和刑法，同时追究行为人的行政责任和刑事责任。

（二）谦抑主义原则的渊源与发展

1. 古典学派理论是刑罚谦抑主义思想的重要基石

刑罚的谦抑主义思想源于刑事古典学派理论。为避免封建刑罚的严酷和滥用在新的刑事法律制度中重演及对刑罚保障人权功能的高度关注，刑事古典学派的理论强调刑罚的宽和和谦抑。究其依据，其一，古典学派理论认为，作为社会正式反映的刑罚是十分必要的。罪行制造惊恐，刑罚重建安全；罪行是所有人的敌人，刑罚是公共的保护者；中止刑罚的存在，世界就将变成抢劫的舞台，社会就会分裂。重建刑罚，激情就会趋于平静，秩序就会被恢复，每个人的弱点就会被保护公共的力量所制约。刑罚既应当保护个人的自由，又应当维护社会的必要秩序；既应当承认个人欲望是人自然本性的正常表现，又应当防止这种欲望的冲突使社会陷入混战。刑罚作为一种政治约束，其作用在于当人们为追求个人欲望而相互发生冲突时阻止恶果的发生。其二，必须注意到，刑罚也可能是一种恶。“下列之恶是每一种刑罚所具有的：第一，强制之恶。它根据受禁止事物有权享用的快乐程度向案犯适用或多或少之痛苦。第二，刑罚所产生之痛苦。当刑罚被实际执行时皆如此。第三，恐惧之恶。那些已经违反法律或害怕随之而来的指控者必然遭受此种痛苦。第四，错误控告之恶。这种恶专属于刑罚，而且尤其是含混不清之刑法及虚假之罪。人们的普遍憎恨是受到指控和责难的嫌疑犯即被告人处于一种可怕的形势之下。第五，衍化之恶。发生在受到法律制裁者之父母或朋友身上”①。因此，为避免上述之恶，立法者只应当把那些在较严重程度上危害社会共存的，而且只有依靠刑罚才能有效制止的行为宣布为犯罪。

---

① ［英］吉米·边沁著：《立法理论——刑法典原理》，孙力等译，中国人民公安大学出版社 1993 年版，第 67 页。

古典学派理论还认为，当刑罚是滥用、无效、过分以及太昂贵之时，就不应适用刑罚。这也就是说，针对不存在现实之罪，或者该行为并非具有较严重的社会危害性，抑或这种行为具有可补偿性时，对其适用刑罚即为滥用之刑；而那些对意志毫无效用、无法预防相似行为（如对于不知法者、非故意行为者、因错误判断或不可抗力而无辜干坏事者）所适用的刑罚都是无效之刑。另外，如果一个人在不畏惧超过任何法律惩罚的情况下，或者怀着对至高无上的善的向往而实施某种行为的话，那么法律对他只能有很小的影响；当通过更温和的手段——指导、示范、请求、缓期、褒奖可以获得同样效果时，适用的刑罚就是过分之刑；而如果刑罚之恶超过罪行之恶，立法者就是制造更大的痛苦而不是防止痛苦，是以较大之恶之代价来消除较小之恶，这样的刑罚就是昂贵之刑。

古典学派理论认为，如果刑法的制定和执行有违谦抑主义思想，则后果可能十分严重——可能使刑罚变得残酷，并激起大众内心的痛苦感。因为这样的刑罚不仅仅使有罪者受到处罚，而且使那些最无辜及心灵脆弱者因感情受到伤害、意见受到践踏以及目睹野蛮残暴的场面而承受真实的惩罚。由于对大众感情的这种漠视，立法者会在不知不觉中处于和大众对立的立场，失去大众赞同，在执法过程中可能得不到人们的自觉帮助。更可怕的是，人们不仅对司法不予以帮助，有些人反而会尽力帮助罪犯逃脱，或者会因检举罪犯而感到良心不安，证人也不会愿意作证。这种普遍的敌对情绪可能走得更远，有时甚至爆发与司法官员或判决执行的公开对抗。而且某人与当局的对抗的成功都将被人民视作一个胜利，未受处罚的罪犯可能面对软弱无能的法律而欢呼。① 因此，古典学派理论的结论是，立法者如果鼓励一个民族具有人性，那么他自己应当首先树立榜样。要求自己不仅对人的生命，而且对一切能影响人之感受的环境情状都给予极大的尊重。

2. 谦抑原则在刑事活动中的确立和发展

作为刑事古典学派理论的重要内容的谦抑主义思想，对其后世界很多国家的刑事立法和执法过程产生着深远的影响。这种影响主要表现如下：

（1）运用刑罚以外的方法，达到防止和抗制犯罪的目的。受刑罚谦抑思想的影响，很多国家通过所谓的“非犯罪化”（指从刑法中取消某种罪名，排除该行为应受刑罚处罚的性质）和“非刑罚化”（指用刑罚替代措施来处罚

① ［英］吉米·边沁著：《立法理论——刑法典原理》，孙力等译，中国人民公安大学出版社 1993 年版，第 80 页。

犯罪行为）以达到用刑罚以外的方法代替刑罚，在刑法制定或修改中加入或扩大缓刑、假释的适用范围，增加保护管束、监控等开放性处遇手段的适用。

（2）将经济分析原理引入刑事活动，追求刑事手段的有效性。20世纪60年代后，经济分析方法和效益观念开始了向法学和犯罪学的渗透。刑法学教授梁根林先生对刑事政策领域之经济分析观点作了如下的总结：①

首先是关于犯罪。对犯罪的经济分析观点认为，罪犯是根据自己的最大利益原则行事的，影响犯罪行为的代价和收益的因素有时间的机会成本、犯罪行为的利润和刑罚的代价。犯罪概率与从事犯罪行为所得的利润成正比，而时间的机会成本和刑罚代价成反比。

其次是关于犯罪控制和犯罪预防。经济分析观点认为，确定犯罪行为的控制规模和模式时必须对犯罪和刑罚进行成本分析。所谓犯罪的成本包括犯罪所造成的物质上和精神上的损害、经济损失和财产毁坏以及那些防止犯罪的投入。

刑罚是犯罪人实施犯罪行为所必须付出的代价。加重刑罚或提高判刑可能性将提高犯罪的代价而减少犯罪。为了对犯罪进行有效的威慑，必须使犯罪活动的成本包括刑罚对犯罪的惩罚和犯罪的机会成本大于犯罪给罪犯带来的利润。但刑罚投入需要相应的成本，其中最主要的是刑事审判制度的成本，包括警察局、监察机关、辩护律师、法院、拘留所和监狱的费用。国家可用于控制犯罪的刑罚资源是有限的。因此，以有限的刑罚资源控制犯罪必然要求以最小的刑罚成本支出达到最大限度地遏制犯罪的效果，即要求实现刑罚效益的最大化。

收缩刑事法网适用范围，追求刑事追究的形式和实质的双重合理性是刑法谦抑主义思想在刑事司法中影响的体现。在18～19世纪的刑事罪刑法定时代，刑法谦抑主要体现为刑事立法而非刑事司法的谦抑，法官虽然应当根据罪刑法定的要求对刑法进行严格解释而不得进行禁止扩大处罚或保护法益的类推解释，但是同时也强调有法必依、有罪必罚的机械刑事司法准则，法官没有适用解释刑法的自由裁量权限和斟酌处理的司法能动空间。被告人的行为符合刑法明文规定的，法官必须严格依法定罪量刑，即使这种定罪量刑缺乏实质的合理性。但在20世纪的实质罪刑法定观念发达后，刑法谦抑原则不仅要求刑事立法的谦抑，而且进一步提出刑事司法的谦抑及刑法适用解释谦抑的要求，在继续强调刑法适用解释必须坚持严格解释的同时，又强调法官

① 梁根林：《刑事政策：立场与范畴》，法律出版社2005年版，第106-114页。

在适用解释刑法时应当运用实质和理性判断的阻却机制，使得形式上触犯刑法明文规定、该当犯罪构成要件的行为在特定情况下也能够予以出罪处理。在刑事诉讼证明过程中，则发展出诸如无罪推定、非法证据排除规则、存疑有利被告原则等规范和制约案件事实认定和证据运用的刑事诉讼原则与刑事证明规则，强调在法院判决被告人有罪之前，假定被告人无罪，控方必须承担提出确实、充分或者排除合理怀疑的证据证明被告人有罪的证明责任，被告人不承担证明自己无罪的责任。

三、罪刑法定原则

（一）罪刑法定原则的概念及含义

罪刑法定原则是当代民主法治国家的刑事政策的基本原则，其意是指刑事政策的制定、执行受法律制约、受法律支配，即必须在法律框架范围内进行。

罪刑法定的基本含义是："法无明文规定不为罪，法无明文规定不处罚。"由于刑事政策的运用往往涉及国民的自由、财产乃至生命等生杀予夺的重大利益，因而需要特别考虑对人性尊严的尊重和基本人权的保护，刑事政策的运用、刑罚权的运作对犯罪者法益的侵害只能限于维护法律秩序的必要的范围内。简单地说，由于刑事政策在多数情况下是同限制人身等情形相连的，因此，在制定和实施刑事政策时，必须依照罪刑法定主义的精神，依法办事。

日本学者大谷实对刑事政策中罪刑法定原则的内容作了经典的概括：第一，对犯罪人所进行的权力限制，必须依照由国民的代表组成的国会所制定的法律行事；同时，还得立足于《宪法》第31条所作的宪法上的人权规定，即对犯罪人权利的限制，只有在合乎防止犯罪目的所必需的最小限度内的、合理的、在程序及实体两方面均为适当的时候才能进行。第二，受《宪法》第14条第1款所规定的平等主义要求的制约，在刑事政策的实施过程中不得对对象人采取差别对待。[①] 依上述原理，刑事政策的罪刑法定原则的含义应包含以下两个方面：一是刑事政策的制定和实施应受宪法和国际条约的制约，这就是说，宪法规定的人权原则、平等原则等对刑事政策的制定起着制约作用，刑事政策的制定必须符合该国宪法精神，只有符合宪法精神的刑事政策思想才能法律化，而且刑事政策的实施也必须遵循该国宪法规定；对于一国已加入的国际条约，基于"条约必须信守"原则，该国刑事政策必须符合所加入的国际条约的内容。二是刑事政策的制定和实施应受刑事法制约。刑事

① ［日］大谷实著：《刑事政策学》，黎宏译，法律出版社2001年版，第16页。

政策在很大程度上表现为国家直接运用刑事法来打击业已发生的犯罪，因而刑事政策的制定和实施必须符合刑事法的基本原则和精神，这些原则主要包括罪刑法定原则、罪刑均衡原则、无罪推定原则、合法程序原则、上诉不加刑原则、被告的沉默权原则等。

（二）形式的罪刑法定原则和实质的罪刑法定原则

在刑事法理论中，罪刑法定原则也有形式的罪刑法定与实质的罪刑法定之别，而形式的和实质的两个侧面构成了罪刑法定原则的有机整体。

1. 形式的罪刑法定原则

在形式上，罪刑法定原则要求禁止制定不明确的刑罚法规（明确性原则），以保障公民可以正确预测行为的后果，特别是预测行为可能招致的刑罚。从这个角度看，罪刑法定原则包括排除习惯法和判例法于刑法规范之外的法律主义，刑法不得溯及既往的禁止事后法主义，不得作不利于被告人的类推解释的类推禁止原则，以及禁止绝对不定期刑原则等内容。

（1）实行法律主义。形式的罪刑法定原则要求作为处罚依据的刑法渊源必须是立法机关通过的成文法，排斥习惯法和判例法，法院对行为人定罪判刑只能以规定犯罪和刑罚的成文法律作为依据。这是“法无明文规定不为罪”、“法无明文规定不处罚”的当然结论。其目的首先在于严格限制法官的定罪量刑，认定犯罪与处罚判决必须以明确的刑法法规为基础和依据，以求司法的公平性与一致性；其次是使社会公众对自己的行为及行为后果有自律和预测的可能性，并为其行为的安全性提供法律保障。而不成文的习惯法和判例法则具有明显的不确定性和不明确性，也不具有公众行为的自律性和法律后果的可预测性，从而不利于实现法的确定性和安全性。

（2）刑法不得溯及既往。形式的罪刑法定原则要求刑法不得溯及既往，刑法只适用于其实行以后发生的犯罪，而不溯及它生效以前的行为。此为不溯及既往原则或禁止事后法原则。刑法的溯及适用有害于法的安定性并有非法侵害个人自由的危险。禁止事后法，不仅体现了罪刑法定对司法权的制约，更凸显了罪刑法定对立法权的制约。禁止事后法因而也就成为刑事立法政策上必须坚守的基本立法准则。是否坚守禁止事后法的原则，可以被视为判断罪刑法定是否得到贯彻的基本指标。但是，从罪刑法定“有利于被告”这一价值基础出发，对刑法不得溯及既往也不能采取绝对立场，在有利于被告人的情况下刑法溯及既往的效力则被承认：如果行为时法与裁判时不一致，裁判时法如果是重法，自然没有溯及力；但如果裁判时法是轻法，即裁判时法不再认为该行为是犯罪或者处罚比行为时法更轻，则应当认为裁判时法具有溯及力。

（3）禁止类推解释。形式的罪刑法定原则要求禁止法官类推解释刑法。按照罪刑法定的要求，一个行为是否被认为是犯罪和处罚，必须依照现有法律所作的明文规定。类推解释是法官对于法律没有明文规定的事项，援用其他规定了的类似事项的法律所进行的解释，是创造法律，是法官立法。类推解释明显超过了法官的权限，并将导致法官恣意适用法律，更不利于保障公民对行为后果的可预测性，从而侵害公民的法自由与法安全。因此，罪刑法定禁止类推解释，要求刑法的适用必须实行严格解释。

（4）禁止绝对不定期刑。形式的罪刑法定原则否定绝对不确定刑，即禁止在刑法法规中规定完全没有刑期的绝对不确定的法定刑，也禁止在有罪判决中对罪犯宣告完全没有刑期的绝对不定期的刑罚。罪刑法定原则要求刑事立法对法定犯罪应当规定一定的刑罚种类和刑罚幅度，在法定的刑度范围内，法官可以根据个案的具体情况和犯罪人的个性特点斟酌裁量其认为适当的刑罚，从而在刑罚法规所许可的一般公正范围内实现个案处理的个别公正。而绝对不定期刑，无论是立法上的绝对不确定法定刑，还是司法裁量上的不定期宣告刑，实质上都赋予了法官在量刑这一直接体现国家刑罚权的行使、直接关系国计民生生杀予夺的过程中以绝对的不受限制的自由裁量权，是罪刑擅断的具体体现。绝对不定期性直接违反了罪刑法定原则之刑罚法定之基本宗旨，使人们无法预测犯罪行为的具体法律后果，破坏了法的确定性和安全性。

2. 实质的罪刑法定原则

罪刑法定原则的实质要求是有关犯罪与刑罚的法律内容本身具有正当性。从这个角度看，罪刑法定原则禁止处罚不当罚的行为和禁止规定与罪刑不成比例的刑罚。一般认为，罪行法定对实质合理性的追求主要体现为罪刑法定派生出来的两个新的原则，即刑罚法规的不明确即无效原则和刑罚法规内容的实体正当原则。

（1）刑法法规的不明确即无效原则。不明确即无效原则要求刑法法规关于犯罪与刑罚的规定必须是明确、具体、确定的，而不能是含糊其辞、模棱两可、似是而非的，否则就是无效的。

（2）刑法法规内容的实体正当原则。刑法法规的内容实体正当性原则要求刑事立法政策在衡量一个行为是否应当犯罪化、如何设定刑罚时，应当斟酌考量其必要性和合理性，即其在内容上是正当的。刑法法规的内容实体正当性原则则要求刑事立法政策在衡量一个行为是否应当犯罪化、如何设定刑罚时，应当斟酌考量其必要性和合理性，以使所制定的刑法法规不仅在形式上具有合法性，符合罪刑法定形式的侧面的要求，而且在内容上具有正当性，符合罪刑法定之实质的侧面的要求。

总之，罪刑法定是对刑事擅断主义的否定，是以限制基于国家权力的刑罚权、保障公民人权免受国家权力侵害的自由主义为基调而设计的法治国家的刑法原则。首先，罪刑法定原则要求制约国家刑事司法权，要求法官只能根据国家立法机关制定的成文刑事法律对被告人定罪。传统罪刑法定的法律主义、禁止类推解释、禁止适用溯及既往的法律、禁止绝对不定期性，都是罪刑法定对司法权的限制的具体体现。其次，罪刑法定也要求制约国家的立法权。罪刑法定的实质在于为保护公民个人权利与自由而确立国家刑罚权的范围与界域，题中应有之意就是对国家刑事立法权的限制。传统罪刑法定所要求的禁止制定事后法、现代罪刑法定派生出的刑罚法规的明确性原则以及内容实体的正当性原则，就是罪刑法定对立法权的限制的具体体现。罪刑法定要求严格规范和限制国家刑罚权，体现了国家权力的内敛性和收缩性、制约性，强调国家刑罚权发动的正当性、合理性，着眼点在于保护公民权。

四、人道主义原则

（一）人道主义原则的概念及含义

1. 人道主义原则的概念

关于刑事政策的人道主义原则的概念，因学者们的不同研究而有不同的表述。有学者将其表述为：人道主义是指在防止犯罪特别是对犯罪人进行处遇时，应考虑其作为人的尊严，人道地实施的原则。① 此表述强调尊重犯罪人作为人的尊严和对犯罪人的人道主义处遇，仅将犯罪人作为刑事政策的人道主义所针对的对象，其所含之意相对狭窄。也有学者认为：作为刑事政策基本原则的人道主义是指刑事政策活动应当立足人性，人性的基本要求是指人类出于良知而在其行为中表现出善良与仁爱的态度和做法，即把任何人都作为人类看待。② 刑事政策中人道主义的基本含义，无非是指对人性尊严的尊重。③ 此类表述将人道主义立足于人性，立足于对人的尊重，不仅尊重犯罪人

① ［日］大谷实著：《刑事政策学》，黎宏译，法律出版社 2001 年版，第 16-17 页。

② 钟云华：《论刑事政策的基本原则》，载《四川警官高等专科学校学报》2006 年第 4 期。

③ 许福生著：《刑事政策学》，中国民主法制出版社 2006 年版，第 19-20 页。

的尊严，而且尊重社会公众；不仅强调人道地处遇犯罪人，而且注重建立和重塑社会的基本价值、尊重社会公众的普遍福祉，应当是刑事政策的现代价值的体现。

综上，可将刑事政策的人道主义原则表述为：刑事政策的制定、执行要以保护人、尊重人、教育人为目的。

2. 人道主义原则的含义

我国学者梁根林对刑事政策的人道主义原则的含义作了较好的概括。他认为，刑事政策是为解决作为社会问题的犯罪问题而制定和实施的，而犯罪问题的核心是处于社会关系中的人际冲突，形式上表现为犯罪人与被害人之间的冲突，实质上反映作为个人的罪犯与作为群体人的社会的冲突。因而，刑事政策的核心可以归结为解决人的问题。刑事政策必须以人为本，理解人、关心人、帮助人、满足和解决人的需要，尊重人性尊严，促进人的发展，注重人权保障，实现刑事政策的人文关怀。其中，“理解人”是指科学地把握人犯罪的原因、合理地确定犯罪人的刑事责任；“尊重人”是指尊重包括犯罪嫌疑人、被告人和罪犯在内的全体国民的人格、尊严、自由和权利；“关心人”是指在关心社会秩序的维护、社会基本价值体的维系以及社会公众普遍福祉的促进的同时，关心被追究刑事责任的犯罪人的社会复归。①

人道主义原则要求刑事政策必须以人为本并体现对人性尊严的尊重。在刑事政策制定和执行过程中应考虑人的自由、权利和尊严，包括一般人、被害人和被告人。即使对一个犯了罪的人，也应依一定的司法程序，保障其公平接受司法的审判，使其有尊严地接受法律的制裁。在对犯罪人的刑事追诉过程中，该原则主要体现在两个方面：其一是对犯罪人处遇的人道性。首先是不得拷问犯罪人，不得以残暴的、非人道的或是伤害人格的方法处罚犯罪人；其次是要考虑行为人、被告人和被判刑人的个性，根据其特点，以负责任的态度人道地对待他们，把教育作为必不可少的内容和目的，采取适合的处遇方法，以便其能顺利地复归社会。其二是对犯罪人处遇的公平性。被告人或犯罪人不能因为人种、国籍、社会身份地位、财产、门第或是其他地位而受到歧视。

当然，人道主义原则也不是无限度适用，而是要在相应的幅度内施行。由于刑法的首要任务是维护公正，实施行为人认识其违法行为的责任，而不受到处罚和没有痛苦是不能实现这一目的的。因此，人道主义原则应在由刑

---

① 参见梁根林：《刑事政策：立场与范畴》，法律出版社2005年版，第114页。

法任务所决定的界限范围内适当地体现，以不超出刑法固有的公领域为限。

（二）人道主义原则的渊源与发展

从古至今，刑法都是以冷酷的形象示人的。特别是封建社会的刑罚基于报应和威吓的目的，肆意贬低和侮辱犯罪人的名誉和人格；对犯罪人经常使用极其野蛮、残暴的肉刑，用以折磨犯罪人，造成犯罪人巨大的肉体痛苦和精神痛苦。这不仅不利于犯罪人的改造，而且是一种有悖于文明发展的、愚昧的刑罚方法。尽管现代社会的刑罚已经轻缓了，但只要刑法存在一天，它给犯罪人带来的就只能是痛苦。问题在于：如何把这种痛苦控制在人的尊严所能接受的限度之内，这就是刑法的人道性。① 随着人类文明的发展，人道性越来越成为现代刑法追求的价值目标。

1. 人道主义原则的理论基础

（1）古典学派的刑罚权理论。古典学派认为，刑罚权是公权力，是国家行使的，具有强制性和暴力性。刑罚权的行使不仅关系到社会秩序和基本价值体系的维护，而且直接关系到犯罪人的生杀予夺。法治国家的基本价值强调个人的权利与自由的保障、独立人格和法秩序的主体地位，以及国家权力特别是刑罚权的限制。由此必然产生刑事政策人道主义的要求。因此，犯罪人在刑罚权这样一种公权力行使过程中是否得到人道的对待，直接反映了公民个人相对于国家的法律地位，甚至也决定刑法的性质。

（2）实证学派的社会防卫理论。早期实证学派学者认为，犯罪并非具有完全自由意志的人随心所欲选择的结果，而是由犯罪人所处的生理、心理缺陷以及导致其犯罪的恶劣社会环境共同作用的结果，犯罪在一定程度上是被决定的。犯罪人虽然应当因其罪行和罪责而受到刑罚的制裁，但犯罪人本身又是应当给予特别关怀的一个特殊的人群。如果不关注犯罪人的个性，不再尊重其人性尊严的前提下，对其使用适当的制裁，而是向封建专制时代那样一味地折磨人、污辱人、不把人当作人、刑罚几近残酷野蛮之能事，把犯罪人当作单纯的惩罚和威慑的对象，就不可能达成预防再犯、防卫社会的目的。

（3）新社会防卫理论。第二次世界大战后的欧洲，新社会防卫运动将人道主义的刑事政策的思想运动和改革运动推向了高潮。马克·安塞尔强调，真正的现代防卫运动的基石在于：相信人类的命运，保护人类，反对盲目镇压，希望使刑法制度人道化，并使误入歧途的人重新回归社会。社会防卫运动这一现代刑事政策运动的产生以人权、人格尊严及其在社会中的有效保护

① 陈兴良著：《本体刑法论》，商务印书馆 2001 年版，第 83 页。

为基础。在一个以尊重人、保护人的生命、人类进化的自信心（或希望）、保护人（尽管他已误入歧途或犯有过错）的社会价值为基础而建立的社会里，死刑是绝对不应存在的。监狱里种种限制、混杂的人群及它所内含的各种暴力使监狱成了一种真正的肉体惩罚……监狱不仅侵犯了罪犯的身体，而且扰乱了罪犯的精神。监狱导致人格异化，导致人的本质的腐坏。因此，新社会防卫运动力倡监狱改革，在承认监狱制度在现实中存在的必要性的前提下，主张剥夺自由刑只能是在任何其他方式和方法都行不通以后的与犯罪作斗争的“最后手段”。①

2. 人道主义原则的发展

人道主义作为一种思想体系，本来是以古希腊和古罗马思想为基础的关于人的认识体系。文艺复兴时期人道主义得以传播，并发展成为一种以人为中心和目的的，关于人生、人的价值和尊严、人的现实生活和信服、人的解放的学说。

资产阶级在其反封建的斗争中提出了刑罚人道主义原则。经过启蒙时期的理性主义运动，刑事政策的人道性不断加强，威吓性、报复性、残酷性不断受到限制，刑事政策日益走向文明、轻缓、人道和理性。人道主义作为一项刑罚原则，是资产阶级革命和法制的产物，较之封建社会的重刑主义和刑罚非人道主义是一个巨大的历史进步。这是人类社会进步和人类文明向前发展的表现，具有重大意义。

人道主义在“二战”后的人权思想的展开中成为刑事政策，特别是犯罪人处遇的指导理念。② 1948 年联合国大会通过的《世界人权宣言》第五条规定：“任何人不得受到拷问、残暴的、非人道的或是侮辱性的待遇或刑罚。”1955 年第一届“关于防止犯罪以及罪犯处遇联合国大会”上决定的《被关押者处遇最低标准规则》规定：“被关押者不能因为人种、国籍、社会身份地位、财产、门第或是其他地位而受到歧视。”这是对前述《世界人权宣言》所讴歌的法律上的平等和禁止歧视被关押者方面的再次宣言。《公民权利及政治权利国际公约》（1966 年）第 7 条规定：“任何人不得受到拷问、残暴的、非人道的或是伤害人格的待遇或刑罚。特别是任何人若非情愿，不接受医学、科学实验”，第 10 条第 1 款规定：“对应剥夺自由的人，实行人道的并且尊重

① 梁根林：《刑事政策：立场与范畴》，法律出版社 2005 年版，第 114-118 页。

② 钟云华：《论刑事政策的基本原则》，载《四川警官高等专科学校学报》2006 年第 4 期。

其所固有的尊严的待遇。”世界上很多国家也相应制定或调整了其刑事政策，以顺应世界潮流。至此，刑事政策中的人道主义的原则，作为刑事司法中的适当程序的保障、科学主义刑罚的合理化及刑事政策中的法制主义的指针，已经成为现代刑事政策的指导理念。

在我国，社会主义的人道主义刑罚原则是建立在新的经济关系基础之上的新型刑事政策原则，主要表现在：在执行刑罚过程中要把犯罪人当人看，尊重他们的自尊心、自信心和人格，不歧视、虐待，不任意打骂体罚；保证他们享有各种法定权利，包括申诉权、控告权、辩护权等；切实搞好罪犯的生活管理，在医疗卫生、劳动保护、安全生产等方面给予合理的待遇和相适应的物质保证；对在改造中有悔改或立功表现的，依法给予减刑、假释。总之，其核心思想是适用刑罚不是为了给罪犯造成身心痛苦，而是以改造罪犯、预防犯罪为最终目的。

五、教育改善原则

（一）教育改善原则的含义及内容

教育改善原则的含义是：刑事政策的最终目标是教育改善犯罪人，使其重新成为对社会有用之人，而不是对犯罪人加以报应性的痛苦使其赎罪。现代社会中，以教育改善原则为指导的刑事政策的主张主要包括：

其一，建立以教育矫正为基本内容的刑罚制度。

教育改善原则将复归作为行刑的目标。为了实现复归社会的行刑目标，各国进行了相应的改革，其中以美国的不定期性制度和德国的保安处分制度最具代表性。

1870 年美国监狱会议通过了关于行刑处遇的原则宣言，如美国的刑罚制度中应当引入不定期刑制度与附条件的刑罚缓期执行制度。该原则宣言排斥报应思想为行刑的基础，建议将复归社会的理念确定为自由刑的基础，指出监狱处遇的任务应当是培养有工作意识和工作能力的国民。其倡导的罪犯处遇原则是：（1）必须根据罪犯的需要而非罪行的严重性决定刑罚；（2）为了鼓励犯人参加自我改造，刑期应当是不确定而非固定，应当可以延长不可救药的犯人的刑期，并且可以根据犯人的矫正程度做出释放犯人的决定；（3）应当对犯人进行分类，根据犯人的年龄、性别与所犯罪行的严重程度予以隔离；（4）教育与职业培训应当成为矫正计划的实质性因素，一旦犯人有改变自身行为的愿望，就应鼓励而非惩罚他们；（5）监狱处遇应当考虑帮助犯人重返社会；（6）在有减少犯罪的可能时，应当使用预防性而非监禁性的方法。自

19世纪70年代至20世纪70年代，奠基于教育改造理念基础之上的这种不定期刑制度整整统治了美国刑事政策一百年。①

在德国，由于受到罪刑法定原则和罪责原则的约束，不得不实行定期刑制度。但是为了解决恶性重大的累犯、惯犯再犯的问题，则在刑法典中将刑罚与保安处分设计为犯罪的双重法律效果，在刑罚之外科处的保安处分部分实行不定期刑制度。例如，《德国刑法典》第66条规定："1. 行为人因故意犯罪被判处2年以上监禁，并具有下列情形时，法院应加处交付保安监禁：①行为人犯本罪前因故意犯罪曾两次被判处1年以上监禁的；②行为人犯本罪前因一个或数个犯罪已执行2年以上监禁或执行剥夺自由的矫正及保安处分的；且③综合考虑犯罪人及其犯罪行为，认为具有对他人精神、身体、财产造成严重损害的重大犯罪倾向，对社会有危险。2. 行为人犯有三个应处1年以上监禁的故意罪，且其中一个或数个犯罪应判处3年以上监禁即使以前未被定罪或剥夺自由法院依前述③项规定，除判刑外可以指令保安拘禁。"第一次交付保安拘禁的期间不得超过10年，第二次预防性拘留的期限可以是无限制的。在保安监禁期间，法院可以随时审查是否可以停止监禁而交付考验，在保安监禁满2年之前则必须进行审查。保安监禁期间应当实行矫正处遇，直至被处分人社会危险性消失。②

其二，主张实行刑罚个别化。

所谓刑罚个别化原则，是指在刑罚立法、适用和执行等各个环节中，要根据犯罪者个人的具体情况分别对待，使之能够适应个人的具体情况而充分发挥作用。

现代刑事政策认为，犯罪是一种十分复杂的社会现象。由于犯罪人的犯罪恶性程度以及犯罪行为的形成过程、原因均有不同，故各个犯罪人在矫治其犯罪性格上的需要也不相同。从罪前情况及犯罪原因看，犯罪人所具有的潜在的社会危险性、犯罪人的个性形成过程和特征、犯罪人的家庭背景和文化背景也都大有差别；从犯罪的实施过程看，犯罪的性质、方法和手段以及犯罪人当时的主观恶性程度各有不同。因此，必须分析和考虑上述不同情况，区别对待，在对犯罪人和犯罪性质、类型进行区别的基础上进行具体处理。这就是所谓的刑罚个别化。

在运用刑事惩罚政策过程中，在刑事立法方面，要依据犯罪行为和犯罪

---

① 参见梁根林：《刑事政策：立场与范畴》，法律出版社2005年版，第118-122页。

② 梁根林：《刑事政策：立场与范畴》，法律出版社2005年版，第118-122页。

人的不同情况规定不同的刑罚方法和幅度；在适用刑罚时，也要根据不同情况区别对待，判处有利于改造罪犯和预防犯罪的适当刑罚；在刑罚的执行过程中，则要以是否有利于实现刑罚的目的为标准，实行因人而异、有的放矢的教育改造措施。刑罚的个别化原则是刑罚合理化、科学化的体现。它的实施和应用必将进一步发挥刑罚的教育改造技能，收到改造罪犯、预防犯罪的良好效果。

其三，创制缓刑制度、假释制度，通过社会内处遇矫正罪犯。

缓刑制度是指对于犯有轻微罪行的初犯、偶犯或者机会犯，在确信暂不宣告刑罚或者暂不执行所判刑罚不致发生社会危害的前提下，附条件地暂缓宣告或执行刑罚的制度。假释制度是经由不具备法官身份之专家决定受刑人之释放时间，并配合释放时间确定适当的社会内的处遇程序。

其四，经受刑人同意，使用医学或药物治疗或社会治疗。

（二）教育改善原则的渊源与发展

1. 教育改善原则的渊源

现代刑事政策肇始于古典刑法学派对刑罚制度的理性化反思。[①]

古典犯罪学理论认为，人到了一定年龄，即具备了衡量利弊、选择行为的自由意志。犯罪者既然明知其行为之恶而故意为之，在道义上这种行为就应得到恶报，科以报应刑以对其进行惩罚。由此可见，立足于自由意志论基础上古典学派，追求道义责任论和报应刑论，强调刑罚的主要作用就是对犯罪的报应。在这种思想之下，刑罚的主要作用是本能的报应，无政策可言。因此，在古典学派学者的理论视野中是不存在教育改造罪犯的目的追求的。但报应刑实行的结果，犯罪不但未能减少，反而是累犯、常习犯与日俱增，于是促成了对古典学派理论的反思和实证学派的产生。

实证学派主张决定论和社会责任论。实证学派围绕犯罪人，即从犯罪人的生理、心理及其所置身的环境等因素入手探讨犯罪行为产生的原因。比如，早期实证学派的理论就认为，犯罪行为的发生，往往有自己无法左右的个人的及社会的多种原因，并非简单的犯罪人一时冲动——所谓意志选择的结果。所以，犯罪对策应是对症下药。如果不科学、全面地探求犯罪原因，只是盲目地处以报应刑，防控犯罪的效果很难令人满意。而若想减少犯罪以防卫社会，除要惩罚过去的罪行外，还应在行刑上注意犯罪人品性的改善、知识的增进、谋生技能的教授等，使犯罪人在出狱之后能顺利地适应社会生活，而

① 梁根林：《刑事政策：立场与范畴》，法律出版社2005年版，第118页。

不致再犯。只有根据教育刑的思想，才能使刑罚制度注意到应如何应用、如何改善等刑事政策问题。刑事政策方面的各项主张，如死刑的废止、刑罚残酷性的祛除、行刑技术的改善等都是以教育改善主义原则为根据的。①

因此，现代刑事政策的发达应当归功于实证学派对刑法教育改造罪犯的目的的追求。现代刑事政策实践的最终目的亦在于教育改善犯罪人，使其重新复归社会，而非对犯罪人加以报应性痛苦使其赎罪。

之后的世界各国的刑罚及行刑无不以教育改善主义为标榜，在整个法律体系中增加由人道主义决定的教育思想也成为现代刑法改革的目标。在此目标下的改革内容包括：尽量使处罚方式与被判刑的个性相适应，扩大非监禁刑的适用，在刑罚的同时辅以教育手段，以被判刑人的再社会化为目标来安排刑罚的执行等，期望这些改革能够唤起社会对刑满释放人员的共同责任感并减轻刑满释放人员重返社会的阻力。

2. 教育改善原则遭遇挑战

但20世纪60年代至70年代以后，由于犯罪率上升、经济衰退致使经费短缺、受刑人在不自由的处遇机构中接受治疗的效果不佳以及使用未经受刑人同意的强制治疗手段有损人性尊严等原因，现代古典学派抬头。现代古典学派主张重新检讨、修正刑事政策，批评教育刑论，强调刑罚的目的由教化转向威吓和隔离，要求恢复死刑，主张大量使用监禁刑，否定矫正效果。尽管现代古典学派理论对刑事政策的影响并没有导致对教育改善主义作为刑事政策的基本原则的否定，但后者无疑遇到了强大的挑战。

现代刑事政策肇始于古典刑法学派对刑罚制度的理性化反思，他们为刑事法律的创建奠定了坚实的理论基础，现代刑事法律的主要原则均以此为渊源，如谦抑主义原则、罪刑法定原则、人道主义原则等。但是刑事古典学派的自由意志论追求道义责任论和报应刑论，强调刑罚的主要作用就是对犯罪的报应。因此，在古典学派学者的理论视野中是不存在教育改造罪犯的目的追求的。而实证学派主张决定论和社会责任论，强调如不科学地探求犯罪的原因以对症下药，仅仅盲目地科处报应的刑罚，则不足以有效地预防犯罪。要减少犯罪、防卫社会，除应惩罚过去的恶行外，还应在行刑时注意罪犯品性的完善、知识的增进、谋生技能的传授等，使犯罪人能够顺利适应社会生活。只有根据这样的科学主义和教育主义刑事政策思想，才能正确指导刑罚制度的运用及刑事政策的改善。

① 张甘妹：《刑事政策》，台湾三民书局1979年版，第9-11页。

【问题与思考】

1. 思考我国刑事政策的指导思想都有哪些。
2. 解释刑事政策的自由与秩序价值目标。

第六章
刑事立法政策

第一节 ‖ 刑事立法政策概述

刑事立法政策，是指在刑事立法领域发挥作用的刑事政策。刑事立法政策是刑事立法的灵魂，有什么样的刑事立法政策，就会有什么样的刑事立法。好的刑事立法政策会导致好的刑事立法。相反，坏的刑事立法政策会导致坏的刑事立法。[①] 刑事立法的扩张与收缩，无不是刑事立法政策在起作用。因此，刑事立法政策在刑事政策中具有重要地位。

一、刑事立法政策的含义

德国当代刑法学家汉斯·海因里希·耶赛克和托马斯·魏根特在《德国刑法教科书（总论）》一书中对刑事政策的理解，主要包含的就是刑事立法政策。他们认为："刑事政策探讨的问题是，刑法如何制定，以便其能最好地实现其保护社会的任务。刑事政策与犯罪的原因联系在一起，它探讨如何描述犯罪构成要件特征以便与犯罪的实际情况相适应；它尝试确定在刑法中适用的制裁措施的作用方式；它斟酌允许立法者将刑法延伸到何种程度以便使公民的自由空间不会超过不必要的限制；它检验实体刑法是否作了使刑事诉讼能够得以进行的规定。"[②]

关于刑事立法政策，我国学者给出了不同的定义。

---

① 刘仁文著：《刑事政策初步》，中国人民公安大学出版社 2004 年版，第 50-52 页。严励：《广义刑事政策视角下的刑事政策横向结构分析》，载《北方法学》2011 年第 3 期。

② ［德］汉斯·海因里希·耶赛克、托马斯·魏根特著：《德国刑法教科书（总论）》，徐久生译，中国法制出版社 2001 年版，第 28-29 页。

有学者认为:“刑事立法政策，指在刑法上如何制定犯罪、刑罚以及刑罚的适用起指导作用的政策，它是制定、修改、补充和完善我国刑法的重要依据。”①

有学者认为:“刑事立法政策，是指在进行刑事立法时所奉行的政策。”“指在刑法上如何规定犯罪、刑罚以及刑罚的适用起指导作用的政策。它是制定、修改、补充和完善我国刑法的重要依据。”“把刑事立法政策限定为刑法立法政策，这是不科学的，还应当至少包括刑事诉讼法立法政策，因为程序问题与实体问题不仅具有密不可分的联系，还具有独立的价值。至于刑事执行法立法政策以及相关的刑事社会立法政策，到底宜划入立法政策的视野还是划入刑事执行政策和刑事社会政策的视野，倒是可以探讨。也许，两方面都可以从各自的角度去探讨。”②

有学者认为:“刑事立法政策，即进行刑事立法时所奉行的政策，它不仅指刑法立法政策，也包含刑事诉讼立法政策等。”③

有学者认为:“刑事立法政策是指刑事立法中的策略、方针和原则。它是刑事立法的灵魂。”“其所发挥作用的领域涵盖所有的刑事立法，具体包括刑事实体法、刑事程序法和刑事执行法。相应地，刑事立法政策也可以分为刑事立法政策、刑事诉讼法立法政策与刑事执行立法政策。”④

有学者认为:“刑事立法政策即指为控制和预防犯罪，在刑事立法过程中所采用的策略、方针和原则，而刑事法包括刑事实体法、刑事程序法和刑事执行法，所以刑事立法政策又可进一步细分为刑事实体法立法政策、刑事程序法立法政策以及刑事执行法立法政策三个部分。”⑤

有学者并不认可刑事立法政策，认为:“所谓刑事立法政策，是指在刑事立法领域中所奉行的基本刑事政策和具体刑事政策的总和。因此，刑事立法政策只是我国基本刑事政策和具体刑事政策的一种特殊表现领域的体现，而并不是一种独立的‘刑事政策’。”⑥

关于刑事立法与刑事政策，有学者提出:“随着刑法修正走向纵深，刑事

① 马克昌:《中国刑事政策学》，武汉大学出版社1992年版，第74页。

② 刘仁文著:《刑事政策初步》，中国人民公安大学出版社2004年版，第49-50页。

③ 谢望原、卢建平著:《中国刑事政策研究》，中国人民大学出版社2006年版，第238页。

④ 侯宏林著:《刑事政策的价值分析》，中国政法大学出版社2004年版，第105页。

⑤ 黄京平、王烁:《刑法立法政策评估指标体系解析》，载《法学杂志》2013年第6期。

⑥ 魏东:《刑事立法政策论纲》，载《山东警察学院学报》2013年第2期。

立法的应时性特征愈加明显，立法过度回应刑事政策的倾向也渐露端倪。”[①] “‘以策入法’是传统刑法思维惯性的延续。无论是广义的合法性还是狭义的合法性，都为我们提供了一个审视权力或者政策正当性的路径。通过对哈贝马斯的理论进行演绎可以发现，权力行使或政策贯彻的危机在于两个极端：一是权力滥用或政策过度回应，二是权力的不作为或者政策缺乏有效应对（至于文化系统的缺乏信任，也有可能是上述的原因所致）。”[②] 并提出“刑法立法不应属于刑事政策直接作用的领域”[③] 的观点。

从我国学者对刑事立法政策的概念中，我们可以看出，我国学者主要围绕刑事实体法立法政策、刑事诉讼法立法政策以及刑事执行立法政策三个方面对刑事立法政策进行界定。当然，也有学者不提倡使用刑事立法政策的概念，提出要警惕政策对立法的权力干预，这些对我国刑事立法政策的理论与实践均有借鉴意义。

二、刑事立法政策的主要内容

体现在刑事立法活动中的刑事政策，主要包括以下内容：

（一）确立科学的刑罚哲学

刑罚哲学又称“刑罚理念”，是指导刑罚制定、适用和执行活动的基本观念。从历史上看，刑罚哲学观念多种多样，有报应、威慑、隔离、剥夺犯罪能力、重新整合、赔偿、恢复等。但是，归纳起来，这些刑罚哲学大体可以分为两类：惩罚哲学和改造哲学。[④] 一般我们称惩罚哲学和矫正哲学。

不同刑罚哲学家对刑罚根据的认识，导致了报应论和功利论的世代对垒。最古老的惩罚哲学的理论是报应。报应论是这样一种刑罚根据论，它认为刑罚是为了惩罚犯罪而存在，刑罚只能以犯罪为施加的前提、以犯罪人为施加的对象，刑罚的严厉性应该与犯罪的严重性相适应。报应刑是一种理念，它脱胎于复仇，但自其完成了从私力复仇到法律复仇的突变后，便与复仇决裂。报应理念不是要求复仇的正义而是要求刑罚的正义。

---

① 孙万怀：《刑事立法过度回应刑事政策的主旨检讨》，载《青海社会科学》2013年第2期。

② 孙万怀：《刑事立法过度回应刑事政策的主旨检讨》，载《青海社会科学》2013年第2期。

③ 孙万怀：《刑事立法过度回应刑事政策的主旨检讨》，载《青海社会科学》2013年第2期。

④ 王牧主编：《新犯罪学》，高等教育出版社2005年版，第347-348页。

矫正的基本含义就是通过适当的措施和活动改变犯罪人的犯罪行为和态度，预防犯罪。矫正论立足于功利论，凡是符合犯罪预防目的的刑罚都是正当的刑罚，因此又称之为“预防论”。帕克对矫正论描述如下：“矫正论是这样一种主张，即刑罚通过改变罪犯的人格使之会遵守法律的命令而可以被用以预防犯罪。”

在刑事立法过程中，要恰当确立刑罚政策的基本价值取向——是倾向于惩罚与报应还是倾向于教育、矫正，协调好惩罚、报应与教育、矫正的关系。

从现代刑罚哲学角度看，“惩罚”与“矫正”哲学应是相辅相成、缺不可的，对待犯罪人，仅仅惩罚并不够，还需要教育矫正，矫正是预防再犯的最好的方式，目的是让犯罪人能更好地回归社会。我们也称其为“目的”刑，即刑罚除了刑罚之外另有目的，这个目的就是“教育刑”。

有什么样的刑罚哲学，就有什么样的刑罚。惩罚与教育矫正不是两个极端，而是相辅相成的。一个国家的刑罚或倾向于惩罚，或倾向于教育矫正，和一个国家的犯罪状况、政治经济状况、刑罚理论等相关。例如，美国在20世纪50年代后，矫正理念盛行，但是到了70年代后，由于经济等一系列原因，惩罚理念回归。1966年，马丁森和他的同事受纽约州州长犯罪人特别委员会的委托，对1945~1967年年底用英文发表的关于改造效果的1000多项研究中的符合他们标准的231项评价性研究进行了重新检验。在这项工作中，马丁森等人认真考察了11种罪犯改造方法：缓刑、监禁、假释、个别调查和个别指导、职业技能训练、个别心理治疗、集体心理治疗、环境治疗、剥夺部分自由、医疗方法和闲暇活动。

1974年，马丁森发表了题为《有什么效果？关于监狱改革的问题与答案》的研究报告，提出改造对减少重新犯罪没有产生效果的观点，引起了巨大的反响。马丁森的这个惊人的报告和观点，被称为“马丁森炸弹”。

（二）建立合理的刑罚体系

所谓刑罚体系，是指国家以有利于发挥刑罚的功能、实现刑罚的目的为指导原则，通过刑法的规定而形成的，由一定刑罚种类按其轻重程度而组成的序列。由于各国的文化背景、价值观念、立法技术等不同，导致了各国刑法典中的刑罚体系各有千秋。

我国刑罚分主刑和附加刑。主刑是基本的刑罚方法，只能独立适用，不能附加适用。对一个罪只能适用一个主刑，不能同时适用两个或两个以上的主刑；附加刑又称从刑，既可以独立适用又可以附加于主刑适用。对一个罪可以适用一个附加刑，也可以适用数个附加刑。主刑有5个：管制、拘役、有期徒刑、无期徒刑和死刑，附加刑有 4 个：罚金、剥夺政治权利、没收财产和驱逐出境。

根据科学的刑罚哲学建立合理的刑罚体系，是完善刑罚政策的重要体现。这就要求尽力避免和消除刑法规定的不合理现象并丰富刑罚种类。在刑事立法中，应当注意关注刑种发展的状况，吸收一些新的刑罚方法，及时将它们纳入刑罚体系中来，如社区服务刑为科学适用刑罚提供了更多的选择。

从我国刑罚体系看，刑罚结构也有不合理的地方。我国学者也从刑事政策的角度提出：从我国刑罚运作的状况来看，我国刑罚体系存在结构性缺陷，这就是死刑过重、生刑过轻、一生一死，轻重悬殊，极大地妨碍了刑罚功能的正常发挥。[①]

说到死刑，不得不提死缓，死缓本是指死刑缓期执行，是我国死刑的一种执行方法，但在司法实践中却往往作为一种独立的刑种来使用。而且根据刑法的规定，被判死缓的犯罪分子，除非在缓刑考验期内故意犯罪，不然基本上不再执行死刑。因而作为一项执行制度，我们也要把它单独归为生刑范围之内。根据我国 1997 年《刑法》第五十条规定，“判处死刑缓期执行的，在死刑缓期执行期间，如果没有故意犯罪，二年期满以后，减为无期徒刑；如果确有重大立功表现，二年期满以后，减为十五年以上二十年以下有期徒刑”。可见，死缓的上限是“2 年+无期徒刑”（不包括判决前羁押，死缓上限相当于有期徒刑 24 年），下线是“2 年+15 年=17 年”。从实际情况考察，在我国司法实践中，被判死缓的，一般服刑 18 年左右可以重获自由。[②] 可以这样说，死缓相对于死刑，其惩罚成本明显低得多。

1997 年《最高人民法院关于办理减刑、假释案件具体应用法律若干问题的规定》第六条规定：“无期徒刑罪犯在执行期间，如果确有悔改表现的，或者有立功表现的，服刑二年以后，可以减刑。减刑幅度为：对确有悔改表现的，或者有立功表现的，一般可以减为十八年以上二十年以下有期徒刑；对有重大立功表现的，可以减为十三年以上十八年以下有期徒刑。”可见，无期徒刑的上限是 22 年，下线是 15 年。在我国司法实践中，无期徒刑一般服刑 15 年左右就可以重获自由。可以说，从犯罪成本的角度，死缓和无期徒刑的成本比死刑要低太多。因此，从死刑、死缓以及无期徒刑的实际执行来看，我国的刑罚结构不是很合理，尚需调整。

---

① 陈兴良主编：《宽严相济刑事政策研究》，中国人民大学出版社 2007 年版，第 14 页。
② 陈兴良主编：《宽严相济刑事政策研究》，中国人民大学出版社 2007 年版，第 16 页。

2011 年《刑法修正案（八）》将《刑法》第五十条修改为："判处死刑缓期执行的，在死刑缓期执行期间，如果没有故意犯罪，二年期满以后，减为无期徒刑；如果确有重大立功表现，二年期满以后，减为二十五年有期徒刑；如果故意犯罪，查证属实的，由最高人民法院核准，执行死刑。对被判处死刑缓期执行的累犯以及因故意杀人、强奸、抢劫、绑架、放火、爆炸、投放危险物质或者有组织的暴力性犯罪被判处死刑缓期执行的犯罪分子，人民法院根据犯罪情节等情况可以同时决定对其限制减刑。"

2015 年《刑法修正案（九）》将《刑法》第五十条第一款修改为："判处死刑缓期执行的，在死刑缓期执行期间，如果没有故意犯罪，二年期满以后，减为无期徒刑；如果确有重大立功表现，二年期满以后，减为二十五年有期徒刑；如果故意犯罪，情节恶劣的，报请最高人民法院核准后执行死刑；对于故意犯罪未执行死刑的，死刑缓期执行的期间重新计算，并报最高人民法院备案。"这两次修改，提高了死缓的实际执行时间，缓解了我国"生刑过轻、死刑过重"的刑罚结构性缺陷。

同时，2015 年《刑法修正案（九）》将《刑法》第三百八十三条修改为："对犯贪污罪的，根据情节轻重，分别依照下列规定处罚：（一）贪污数额较大或者有其他较重情节的，处三年以下有期徒刑或者拘役，并处罚金。（二）贪污数额巨大或者有其他严重情节的，处三年以上十年以下有期徒刑，并处罚金或者没收财产。（三）贪污数额特别巨大或者有其他特别严重情节的，处十年以上有期徒刑或者无期徒刑，并处罚金或者没收财产；数额特别巨大，并使国家和人民利益遭受特别重大损失的，处无期徒刑或者死刑，并处没收财产。""对多次贪污未经处理的，按照累计贪污数额处罚。""犯第一款罪，在提起公诉前如实供述自己罪行、真诚悔罪、积极退赃，避免、减少损害结果的发生，有第一项规定情形的，可以从轻、减轻或者免除处罚；有第二项、第三项规定情形的，可以从轻处罚。""犯第一款罪，有第三项规定情形被判处死刑缓期执行的，人民法院根据犯罪情节等情况可以同时决定在其死刑缓期执行二年期满依法减为无期徒刑后，终身监禁，不得减刑、假释。"

《刑法修正案（九）》增加了终身监禁的规定，终身监禁和无期徒刑的含义不一样，从某种角度上，类似于增加了一个刑种，也是对目前我国刑罚结构的一个调整。

（三）对犯罪规定合理的刑罚

根据罪刑相适应这一现代刑法基本原则，犯罪与刑罚应当相适应，避免重罪轻罚或轻罪重罚的不合理现象。为了达到这一原则要求，在立法时就有必要对犯罪的轻重和刑罚的轻重进行量化的实证研究，对严重的犯罪规定严厉的刑罚，对轻微的犯罪规定宽和的刑罚。

（四）合理划定犯罪圈

刑事立法中的定罪政策决定了一国所划定的犯罪圈的大小以及刑事法网的疏密程度，即一个国家在刑事立法中犯罪化与非犯罪化的问题。

1. 犯罪化

关于犯罪化问题学界有不同的理解。

第一种理解是从狭义的角度，认为犯罪化就是立法上的犯罪化，将犯罪化严格限制在立法领域。例如，有学者认为："犯罪化指立法者将现行刑法尚未规定为犯罪但有必要施以刑罚的行为规定为犯罪。"① "犯罪化是国家立法机关依据合法的职权和程序，把有刑罚处罚必要的反社会行为纳入刑法的调控范围，使之成为刑法明文规定的犯罪行为的过程。"②

第二种理解是从广义的角度，认为犯罪化不仅包括立法上的犯罪化，也包括解释上的犯罪化。例如，日本学者大谷实明确指出："所谓犯罪化是指将不是犯罪的行为在法律上作为犯罪，使其成为刑事制裁的对象。犯罪化包括立法上的犯罪化和刑罚法规解释适用上的犯罪化，解释上的犯罪化是指通过扩大刑罚法规的解释而进行的犯罪化；适用上的犯罪化是指刑罚法规适用范围内的某种事实，由于对其常年不适用刑罚，实际上等于不罚，但现在又重新对其适用刑罚，进行犯罪化的情况。"③

法国学者米海依尔·戴尔玛斯·马蒂认为："犯罪化都是通过定罪这一法律的和社会的活动而实现的。定罪，即确定罪名，也同时是命名与区分。命名，即对某种情势命名，或对某种从未定名的行为命名。区分，即将社会空间分成合法的与非法的，或确切地说，通过新的禁止对自由的空间进行限制（或通过新的义务性规范要求行为人作为）。"④

我国学者张明楷提出："犯罪化包括立法上的犯罪化与司法（广义）上的犯罪化，司法上的犯罪化，也可谓解释适用上的犯罪化，即在适用刑法时，

---

① 赵秉志：《刑法修改中的宏观问题研讨》，载《法学研究》1996年第3期。

② 孙战国著：《犯罪化基本问题研究》，中国法制出版社2013年版，第13页。

③ ［日］大谷实著：《刑事政策学》，黎宏译，中国人民大学出版社2009年版，第93页。

④ ［法］米海依尔·戴尔玛斯·马蒂著：《刑事政策的主要体系》，卢建平译，法律出版社2000年版，第244页。

将迄今为止没有适用刑法作为犯罪处理的行为，通过新的解释将其作为犯罪处理。”①

狭义的理解将犯罪化局限在刑事立法上，有其局限性。当然，不可否认立法上的犯罪化是犯罪化的主要方式，但由于立法具有滞后性，刑事政策需要在立法滞后情况下的解释，因此，不能从理论上否定立法解释以及指导性案例中的犯罪化。广义的犯罪化认为犯罪化不仅包括立法上的犯罪化，也包括解释适用上的犯罪化，虽说在理论上解释适用上的犯罪化要有边界，不能随意发动，但不能否认解释适用上的犯罪化的存在价值。

犯罪化问题，简单地说，就是指如何界定刑法涉足社会生活的广度和深度的问题，也就是如何确定犯罪圈、刑罚圈大小的问题。

犯罪圈的大小问题关系到一个国家在立法中的刑事政策价值取向。犯罪圈的大小没有好坏之分，犯罪圈或大或小，关键看整体刑事政策是否与之配套、是否合理。美国刑法的犯罪圈就划分得相当宽泛，犯罪定义外延很大。这是因为美国刑事政策以预防犯罪为自己的价值取向，在定罪上采取行为本位主义，而不是结果本位主义。

放大犯罪圈的长处在于在刑事惩罚政策上有利于打击犯罪，但随之而来的问题是国家的刑法权也随之增大。这就要求在刑事立法政策上必须制约刑罚权。可以说，犯罪化是刑事立法政策面临的永恒的主体，也是最难以解决的问题之一。

2. 非犯罪化

非犯罪化目前国际间尚未有统一见解，一种说法认为非犯罪化是对于原先被判处刑罚的犯罪行为，不再适用刑罚，而以行政处罚代替。还有一种说法认为非犯罪化不仅不适用刑罚，也不适用行政处罚，而是将其视为合法行为。日本学者大谷实认为，“所谓非犯罪化是指将迄今为止作为犯罪加以处罚的行为不作为犯罪，停止对其进行处罚，因此，它包括变更从来都是作为犯罪科处刑罚的现状，而代之以罚款等行政措施加以处罚的情况。”② 台湾地区学者一般将广义的非犯罪化与广义的非刑罚化，统称为除罪化。③ 非犯罪化的刑事政策意义是在刑法谦抑主义前提下，纠正立法中过剩犯罪化倾向，纠正单纯的犯罪化、严厉化、国家利益优先的落后于时代的刑事政策。

---

① 张明楷：《司法上的犯罪化与非犯罪化》，载《法学家》2008 年第 4 期。

② ［日］大谷实著：《刑事政策学》，黎宏译，法律出版社 2000 年版，第 88 页。

③ 林山田著：《刑法通论》（上），台湾元照出版有限公司 1987 年版，第 90 页。

非犯罪化理论基础是刑法谦抑原则，刑法谦抑原则主张严格收缩刑法干预范围即法定犯罪圈，能不作犯罪处理的违法行为尽量不作犯罪处理。当代西方一些国家的非犯罪化过程就是将传统的道德犯罪、危害不大的行政犯罪进行非犯罪化，从而体现刑法谦抑原则。

非犯罪化实践包括立法上的非犯罪化和司法上的非犯罪化，立法上的非犯罪化是指通过变更或废止法律的规定而使过去被作为犯罪的行为不再作犯罪处理的情况。司法上的非犯罪化，是指在规定犯罪的刑法条文没有变化的情况下，司法机关基于某种原因，将原本属于刑法规定的犯罪行为，不以犯罪行为论处。司法上的非犯罪化包括审判上的非犯罪化与取缔上的非犯罪化。所谓审判上的非犯罪化，是指通过刑事审判而进行的非犯罪化，主要表现为通过变更判例、变更司法解释，将以往作为犯罪处罚的行为不再作为犯罪处理。“所谓取缔上的非犯罪化，是指刑法法规虽然存在，但因调查以及取缔机关不适用该刑法法规，事实上几乎不作为犯罪处理的情况，又称为事实上的非犯罪化。”①

第二节 ‖ 我国刑事立法政策中的犯罪化

自 1979 年制定第一部《刑法》至今，我国一直以来以犯罪化刑事立法政策为主，非犯罪化倾向并不明显。

一、刑事立法上的犯罪化

1978 年以来，我国开始实行改革开放政策。自此，我国开始由传统的计划经济体制向市场经济体制转变，社会处于转型时期。在社会转型中，建立在旧体制基础上的利益格局不复存在，新体制还未真正建立，因此，在新旧体制之间出现了真空地段。在这种情况下，社会整合功能失调，规律性地形成了各类社会问题（包括各种越轨行为、犯罪行为）的骤增。从 20 世纪 80 年代起，我国刑事犯罪高发，社会治安状况严峻，各种新型犯罪在不断滋生。面对这种社会犯罪现象状况和社会治安现状，犯罪化观念不仅成为我国刑事政策的主导思想，而且也成为刑事立法和司法实践中的切实行动。

我国近几十年，特别是改革开放以来，随着社会经济、政治、文化等的发展变革，刑事立法政策中犯罪化的趋势表现得较为突出。

---

① ［日］大谷实著：《刑事政策学》，黎宏译，法律出版社 2000 年版，第 93 页。

具体说，新中国成立后，我国犯罪化刑事政策经历了以下几个阶段：

（一）1979 年我国的犯罪化刑事政策

1978 年，党的十一届三中全会召开，我国开始实行经济体制改革和对外开放的政策，我国的社会主义经济建设进入了一个新的时期。同时，我国也开始了全面立法工作。当时，我国经济建设刚刚起步，国门也是刚刚打开，许多新型犯罪现象还没有出现，犯罪以传统型犯罪为主。根据当时的犯罪现象，我国 1979 年制定第一部刑法时的刑事政策总体上来讲是趋于轻缓的。当然，这种轻缓是与后来我国的刑法相比较而言的。与当时的犯罪现象相适应，我国的刑罚结构分主刑和附加刑，主刑有管制、拘役、有期徒刑、无期徒刑和死刑。同现行刑法相比，1979 年刑法中有些犯罪的法定刑是偏低的，而且挂死刑的条款比现行刑法要少。在刑罚执行中，1979 年刑法确定了缓刑、假释制度。可以说，与我国当时的刑事政策相适应，我国刑罚结构从轻到重依次排列，而且也确立了各种刑罚执行制度。

（二）80 年代初期至 90 年代初期我国的犯罪化刑事政策

80 年代初，我国出现了改革开放后的第一个犯罪高峰期，治安案件大幅增长，同时，经济领域内发生的犯罪也日趋严重。为了扭转严峻的局面，国家及时调整了刑事政策，在全国范围内实行严厉打击刑事犯罪活动，并取得了立竿见影的效果。“严打”的标志是 1983 年 8 月 25 日中共中央作出的《关于严厉打击刑事犯罪活动的决定》。与此同时，全国人大常委会通过《关于严惩严重危害社会治安的犯罪分子的决定》和《关于迅速审判严重危害社会治安的犯罪分子的程序的决定》，对 1979 年刑法和刑事诉讼法的有关规定作了补充和修改，用法律的形式肯定了从重从快惩处犯罪的方针，使“严打”政策具有了法律依据，并且体现“严打”精神的单行刑法和附属刑法规范陆续出台。

从刑事立法上看，自 1980 年至 1996 年我国第一部刑法施行的 16 年间，全国人大常委会先后通过了 20 多个刑事《决定》和《补充规定》（单行刑法），其修改补充速度之迅速，涉及面之广泛，在世界刑法史上是十分罕见的。1997 年修订后的刑法，其分则规定的总罪名数已远远超过了 1979 年制定的第一部刑法典。由此可见，犯罪化刑事立法政策在我国的那一个时期已占据了主导地位。80 年代中后期，犯罪化的进程进一步加快，全国人大常委会又通过了《关于严惩严重危害社会治安的犯罪分子的决定》（1983 年 9 月）、《关于迅速审判严重危害社会治安的犯罪分子的程序的决定》（1983 年 9 月）、《关于刑事案件办案期限的补充规定》（1984 年 7 月）、《关于惩治走私罪的补充规定》（1988年1月）、《关于惩治贪污罪的补充规定》（1988年1月）、《关于惩治泄露国家秘密犯罪的补充规定》（1988年9月）、《关于惩治捕杀国家重点保护的珍贵、濒危野生动物犯罪的补充规定》（1988年11月）、《关于禁毒的决定》（1990年12月）、《关于惩治走私、制作、贩卖、传播淫秽物品的犯罪分子的决定》（1990年12月）、《关于惩治盗古文化遗址古墓葬犯罪的补充规定》（1991年6月）、《关于严禁卖淫嫖娼的决定》（1991年9月）、《关于严惩拐卖、绑架妇女、儿童的犯罪分子的决定》（1991年9月）、《关于严惩组织、运送他人偷越国（边）境犯罪的补充规定》（1994年3月）、《关于惩治破坏金融秩序犯罪的决定》（1995年6月）等单行刑法和附加刑法。这些单行法根据我国的犯罪现象的变化，增加了新罪名，加重法定刑并不断增加死刑的适用范围。

在立法上，80年代初至90年代，我国对经济犯罪和危害社会治安的犯罪奉行从严的方针，死刑的适用范围持续扩大，涉及的条文和罪名不断增多。据统计，自1981年至1995年，我国最高立法机关制定的25件单行刑法中，规定有死刑罪名或对某些犯罪补充规定死刑之适用的就有18件，由于这些规定，使我国刑事立法中可处死刑的犯罪由原来1979年刑法典规定的28种猛增到70余种。①

在这里，我们并不评价“严打”过程中的某些失误。在当时，刑事犯罪现象十分严重，广大人民群众有严重的不安全感。1979年刑法典又趋于轻缓，加上刑法固有的滞后性，不能有效地发挥刑罚的威慑性。为此，我国及时调整刑事政策，由相对轻刑化向重刑化转变。在犯罪化与刑罚结构的调整上，主要以单行法的形式增加罪名并加重某些犯罪行为的刑罚并增设死刑。

可见，在“严打”期间，为了缓解社会治安形势和社会经济秩序，我国刑事政策开始趋重。在犯罪化的刑事立法政策下，根据犯罪现象，增设新罪名，以适应社会控制新型犯罪现象的需要。同时，根据犯罪化与重刑化的刑事政策，我国的刑罚也出现了变化，某些犯罪的法定刑在刑法典的基础上加重并增加死刑的适用范围，使死刑在刑法典中所占的比例加大。

随着社会的发展，单行刑法和附加刑法的增加，我国开始进行刑法改革。在改革过程中，刑法界学者提出了不同的刑事政策的观点。有的学者认为我国现行刑法趋重，主张采取轻刑化刑事政策，并从历史、文明、经济发展、

① 赵秉志著：《刑法改革探索》，法律出版社2006年版，第16-17页；卢建平、刘春花：《我国刑事政策的演进及其立法影响》，载《人民检察》2011年第9期。

刑法科学化等角度论述轻刑化是刑事政策发展的必然趋势，而我国的刑法中挂死刑、无期徒刑的条款还是过多，罚金、缓刑的适用范围过窄，建议我国的刑事政策朝轻刑化方向发展。有的学者认为我国现行刑法趋轻，主张采取重重主义的刑事政策。认为修改刑法要使刑罚更加严厉，以充分发挥刑罚的威慑功能，稳定我国目前的社会治安。认为轻刑化作为刑法发展的总趋势不能取代在某个国家某个特定时期根据需要适量加重刑罚，以适应同犯罪作斗争的需要。[①] 有的学者采取折中态度，认为我国修改刑法采取重重主义和轻轻主义的刑事政策都是极端化做法，刑事政策应适度化。可见，刑事立法政策对刑事立法有着直接的影响，有什么样的刑事政策，就有什么样的刑事立法。

（三）1997 年后我国的犯罪化刑事政策

1997 年，我国通过了第二部刑法典，也是现行刑法典。新刑法废止了类推制度，明文规定了罪刑法定原则，在贯彻刑事法治原则和保障人权方面有显著的进步。但是，由于刑法修订是在“严打”背景下进行的，仍然具有较重的“严打”色彩：例如，删除了关于惩办与宽大相结合刑事政策的规定。又如，死刑罪名多达 68 个，约占全部罪名总数的 16%，特别是对经济犯罪挂死刑，以及规定绝对死刑的法定刑（第一百二十一条、第二百三十九条、第二百四十条、第三百一十七条、第三百八十三条、第三百八十六条），实为世界各国立法中之少见；由于死刑多，刑罚整体阶位必然提高，所有的罪都挂徒刑，没有一个罪的法定刑只限于拘役或者罚金。同时，与西方国家罚金适用率高不同，罚金仍作为附加刑，适用的罪种不多，只有 23 个，约占该法典全部罪种的 17.7%。再如，将不受追诉时效的限制由有关机关采取强制措施后提前到立案或应立案时，“实际上等于取消了追诉时效制度”。[②]

总的来看，1979 年刑法分则共 103 条，规定有 122 个罪名；而 1997 年刑法分则增加到了 350 条，规定了大约 410 个罪名。可以说，修订后的 1997 年刑法典反映了犯罪化和重重主义的刑事政策，在刑罚结构上表现为基本上将 80 年代后通过的单行刑法和附加刑法中规定的罪名和死刑条款收录在内。在刑罚执行制度上，1997 年刑法限制了假释制度的适用范围。新刑法第八十一条第二款规定：“对累犯和因杀人、爆炸、抢劫、强奸、绑架等暴力性犯罪被判处十年以上有期徒刑、无期徒刑的犯罪分子，不得假释。”

① 何秉松著：《我国犯罪趋势、原因与刑事政策》，载《政法论坛》1989 年第 6 期。

② 高铭暄主编：《刑法专论》（上编），高等教育出版社 2002 年版，第 54 页。

自1997年后至2015年又出台了1个单行刑法、9个修正案，共新增近60个罪名。现行有效的单行刑法是1998年12月29日全国人大常委会颁布的《关于惩治骗购外汇、逃汇和非法买卖外汇犯罪的决定》。九个修正案分别是：1999年的刑法修正案（一）、2001年的刑法修正案（二）、2002年的刑法修正案（三）（四）、2005年的刑法修正案（五）、2006年的刑法修正案（六）、2009年的刑法修正案（七）、2011年刑法修正案（八）、2015年刑法修正案（九）以及2017年刑法修正案（十）①。可见我国的犯罪化刑事立法政策一直未变，这也是社会转型期间刑事立法政策的必然。

宽严相济刑事政策的提出对刑事立法政策也有深远的影响。从2009年《刑法修正案（七）》和2011年《刑法修正案（八）》、2015年《刑法修正案（九）》、2017年刑法修正案（十）的相继出台，宽严相济刑事政策对刑事立法的指导作用愈加明显。《刑法修正案（七）》开始注意入罪与出罪相结合、从严与从宽相协调，从而较好地贯彻了宽严相济的基本刑事政策。例如，《刑法修正案（七）》开始严密刑法网，提高了巨额财产来源不明罪的法定刑，扩大了受贿罪的主体范围，新增了十余种罪名。同时也有“宽”的

① 例如，《刑法修正案（五）》增加了妨害信用卡管理罪；窃取、收买、非法提供信用卡信息资料罪和过失损坏武器装备、军事设施、军事通信罪等新罪名。《刑法修正案（六）》新增大型群众性活动安全事故罪；不报、谎报安全事故罪；虚假破产罪；损害上市公司利益罪；骗取金融机构信用罪；擅自运用客户资金、财产罪；组织乞讨罪等罪名。《刑法修正案（七）》新增利用未公开信息交易罪；组织、领导传销活动罪；出售非法提供公民个人信息罪；窃取、非法获取公民个人信息罪；组织未成年人进行违法活动罪；非法获取计算机信息系统数据、非法控制计算机信息系统罪；提供用于侵入、非法控制计算机信息系统的程序、工具罪；伪造、盗窃、买卖、非法提供、使用武装部队专用标志罪；利用影响力受贿罪等罪名。《刑法修正案（八）》新增危险驾驶罪、对外国公职人员或者国际公共组织官员行贿罪、虚开发票罪、持有伪造的发票罪、协助强迫他人劳动罪、恶意欠薪罪等罪名。《刑法修正案（九）》新增准备实施恐怖活动罪，宣扬恐怖主义、极端主义、煽动实施恐怖活动罪，利用极端主义破坏法律实施罪，强制穿戴宣扬恐怖主义、极端主义服饰、标志罪，非法持有宣扬恐怖主义、极端主义物品罪，虐待被监护、看护人罪，使用虚假身份证件、盗用身份证件罪，组织考试作弊罪，非法出售、提供试题、答案罪，代替考试罪，拒不履行信息网络安全管理义务罪，非法利用信息网络罪，帮助信息网络犯罪活动罪等罪名。《刑法修正案（十）》为了惩治侮辱国歌的犯罪行为，切实维护国歌奏唱、使用的严肃性和国家尊严，在第二百九十九条中增加一款作为第二款，将该条修改为：“在公共场合，故意以焚烧、毁损、涂划、玷污、践踏等方式侮辱中华人民共和国国旗、国徽的，处三年以下有期徒刑、拘役、管制或者剥夺政治权利。在公共场合，故意篡改中华人民共和国国歌歌词、曲谱，以歪曲、贬损方式奏唱国歌，或者以其他方式侮辱国歌，情节严重的，依照前款的规定处罚。”

一面，如对绑架罪增加了一档从轻的法定刑量刑档次，使得绑架罪的罪刑单位重中有轻、严中有宽，更加适应司法实践复杂的案件情形的处理需要。

《刑法修正案（八）》在立法政策上更加全面深入地贯彻了“宽严相济”刑事政策。

“宽”主要体现在以下几个方面：

（1）取消了13个经济性非暴力犯罪的死刑。

（2）完善对未成年人和老年人犯罪从宽处理的规定。对犯罪时不满十八周岁的人不作为累犯；对不满十八周岁的人和已满七十五周岁的人犯罪，只要符合缓刑条件的，应当予以缓刑；已满七十五周岁的人故意犯罪的，可以从轻或者减轻处罚，过失犯罪的，应当从轻或者减轻处罚；对已满七十五周岁的人，不适用死刑（但以特别残忍手段致人死亡的除外）；对未满十八周岁的人犯罪被判处五年有期徒刑以下刑罚的，免除其前科报告义务。

（3）完善管制刑及缓刑、假释的执行方式，明确将社区矫正纳入刑法。

“严”主要体现在以下几个方面：

（1）将1997年《刑法》第五十条修改为：“判处死刑缓期执行的，在死刑缓期执行期间，如果没有故意犯罪，二年期满以后，减为无期徒刑；如果确有重大立功表现，二年期满以后，减为二十五年有期徒刑；如果故意犯罪，查证属实的，由最高人民法院核准，执行死刑。”“对被判处死刑缓期执行的累犯以及因故意杀人、强奸、抢劫、绑架、放火、爆炸、投放危险物质或者有组织的暴力性犯罪被判处死刑缓期执行的犯罪分子，人民法院根据犯罪情节等情况可以同时决定对其限制减刑。”将“死缓”实际执行期限延长至最高29年。

（2）适当延长有期徒刑数罪并罚的刑期。对因犯数罪被判处有期徒刑，总和刑期在35年以上的，将其有期徒刑的上限由20年提高到25年。

（3）扩大累犯的范围，加大对恐怖活动犯罪、黑社会性质组织犯罪的惩处力度。《刑法修正案（八）》规定对实施危害国家安全犯罪、恐怖活动犯罪、黑社会性质组织犯罪的犯罪分子，在刑罚执行完毕或者赦免以后，在任何时候再犯上述任一类罪的，也都以累犯论处。

（4）完善黑社会性质组织犯罪的规定，加大惩处力度。《刑法修正案（八）》将全国人大常委会法律解释的内容全部吸收，对黑社会性质组织的特征在法律上作出明确规定；同时，增加规定财产刑，对这类犯罪除处以自由刑外，可以并处罚金、没收财产。并且对黑社会性质组织经常从事的犯罪进行完善，如降低敲诈勒索罪的入罪门槛，完善法定刑；增补强迫交易罪的犯罪行为，加大惩处力度；完善寻衅滋事罪的规定，从严惩处首要分子。

（5）加强对民生的保护，加大对生产、销售不符合安全标准的食品罪，生产、销售假药罪和重大环境污染事故罪的惩处力度；酒驾入刑，增加拒不支付劳动报酬的犯罪，非法买卖人体器官的犯罪等。

2015年《刑法修正案（九）》在立法政策上继续贯彻了“宽严相济”刑事政策，维护社会公平正义，对严重社会危害的犯罪坚持“严”的刑事政策。“严”不仅仅是指严厉，而是由严厉向严格、严密发展。同时，对一些轻微犯罪，坚持“宽”的刑事政策。

“宽”的一面主要体现在：

取消了9个死刑罪名，分别是：走私武器、弹药罪，走私核材料罪，走私假币罪，伪造货币罪，集资诈骗罪，组织卖淫罪，强迫卖淫罪，阻碍执行军事职务罪，战时造谣惑众罪。至此次刑法修改后，中国的死刑罪名降至46个。

“严”的一面主要体现在：

（1）增加了职业禁止，严密刑法网。在《刑法》第三十七条后增加一条，作为第三十七条之一：“因利用职业便利实施犯罪，或者实施违背职业要求的特定义务的犯罪被判处刑罚的，人民法院可以根据犯罪情况和预防再犯罪的需要，禁止其自刑罚执行完毕之日或者假释之日起从事相关职业，期限为三年至五年。”

“被禁止从事相关职业的人违反人民法院依照前款规定作出的决定的，由公安机关依法给予处罚；情节严重的，依照本法第313条的规定定罪处罚。”

“其他法律、行政法规对其从事相关职业另有禁止或者限制性规定的，从其规定。”

（2）完善罚金刑。将《刑法》第五十三条修改为：“罚金在判决指定的期限内一次或者分期缴纳。期满不缴纳的，强制缴纳。对于不能全部缴纳罚金的，人民法院在任何时候发现被执行人有可以执行的财产，应当随时追缴。”

（3）完善刑罚执行方式。《刑法》第六十九条中增加一款作为第二款：“数罪中有判处有期徒刑和拘役的，执行有期徒刑。数罪中有判处有期徒刑和管制，或者拘役和管制的，有期徒刑、拘役执行完毕后，管制仍须执行。”

（4）严惩恐怖主义犯罪。对组织、领导、参加恐怖组织罪增加规定财产刑；增加规定以制作、散发宣扬恐怖主义、极端主义的图书、音频视频资料或者其他物品，或者通过讲授、发布信息等方式宣扬恐怖主义、极端主义的，或者煽动实施恐怖活动的犯罪；增加规定利用极端主义煽动、胁迫群众破坏国家法律确立的婚姻、司法、教育、社会管理等制度实施的犯罪；增加规定明知是宣扬恐怖主义、极端主义的图书、音频视频资料或者其他物品而非法持有，情节严重的犯罪。增加规定以暴力、胁迫等方式强制他人在公共场所穿着、佩戴宣扬恐怖主义、极端主义服饰、标志的犯罪。将资助恐怖活动培训的行为增加规定为犯罪，并明确对为恐怖活动组织、实施恐怖活动或者恐怖活动培训招募、运送人员的，追究刑事责任。将为实施恐怖活动准备凶器、危险物品或者其他工具，组织恐怖活动培训或者积极参加恐怖活动培训，为实施恐怖活动与境外恐怖活动组织或者人员联系，以及为实施恐怖活动进行策划或者其他准备等行为明确规定为犯罪。

（5）新增20个罪名，严密刑法网，尤其注意加强人身权利保护。对于收买妇女、儿童的行为一律作出犯罪评价收买被拐卖的妇女、儿童罪。对收买被拐卖的妇女、儿童，对被买儿童没有虐待行为，不阻碍对其进行解救的，将“可以不追究刑事责任”的规定，修改为“可以从轻处罚”；按照被买妇女的意愿，不阻碍其返回原居住地的，将“可以不追究刑事责任”的规定，修改为“可以从轻、减轻处罚”。

扩大强制猥亵、侮辱妇女罪、猥亵儿童罪的适用范围，同时加大对情节恶劣情形的惩处力度。具体规定为：以暴力、胁迫或者其他方法强制猥亵他人或者侮辱妇女的，处五年以下有期徒刑或者拘役。聚众或者在公共场所当众犯前款罪的，或者有其他恶劣情节的，处五年以上有期徒刑。猥亵儿童的，依照前两款的规定从重处罚。

对未成年人、老年人、患病的人、残疾人加强保护。负有监护、看护职责的人虐待被监护、看护的人，情节恶劣的，追究刑事责任。

2017年通过《刑法修正案（十）》继续该原则。为了惩治侮辱国歌的犯罪行为，切实维护国歌奏唱、使用的严肃性和国家尊严，在《刑法》第二百九十九条中增加一款作为第二款，将该条修改为：“在公共场合，故意以焚烧、毁损、涂划、玷污、践踏等方式侮辱中华人民共和国国旗、国徽的，处三年以下有期徒刑、拘役、管制或者剥夺政治权利。”“在公共场合，故意篡改中华人民共和国国歌歌词、曲谱，以歪曲、贬损方式奏唱国歌，或者以其他方式侮辱国歌，情节严重的，依照前款的规定处罚。”

二、解释与适用上的犯罪化

我国台湾地区学者许福生认为：“犯罪化是指通过刑事立法手段或刑事法

规的解释与适用，将本来不属于犯罪的行为，赋予刑罚的法律效果，而成为刑事制裁的对象。”①

所谓解释与适用上的犯罪化，是指在解释与适用刑罚法规之时，将该刑罚法规适用于至目前为止没有被作为犯罪予以取缔的事实，其包含通过变更解释的方法（解释上的犯罪化），以及变更取缔方针的方法（适用上的犯罪化）来达到。前者是指通过扩大刑罚法规的解释而进行的犯罪化；相对地，后者则对于某种犯罪事实，由于长期不对其适用刑罚，实际上等于废止了对其适用刑罚，现在又重新对其适用刑罚，进行犯罪化的情况。例如，我国台湾地区以往法院审理公寓大楼住户于顶楼加盖平台违建占为已有，或一楼住户独自占用各楼层住户共有之地下室案件时，多数认为是民事侵权行为，其他共有人可向法院请求强制占有人恢复原状，并向占有人求偿占有利益。唯1993年我国台湾地区“高等法院”的法官座谈会却结论认为此乃构成刑法窃占罪的规定，将民事侵权行为变成刑事犯罪行为，以维护公寓大厦之生活秩序。②

三、处罚上的重刑化

处罚上之重刑化，即原本已是法律上所规定的犯罪行为，借由法律的修正，加重此等犯罪行为的法律效果。处罚上的重刑化，可与立法上的犯罪化及解释与适用上的犯罪化，合称为广义上的犯罪化。典型例子如我国台湾地区“刑法”第二百三十五条有关散布猥亵物品罪处罚规定。该条于1969年修正前，仅得处以一千元以下之罚金。政府为遏止妨害风化书刊与图片之泛滥，乃提高其罚金之幅度，并增列第三项及自由刑。1999年“刑法”修正时，将原法定刑从一年以下有期徒刑，提高为二年以下有期徒刑，而采取更加严格的处罚措施。就有关该条之修正，似乎更加深了伦理化的要求，此与第二次世界大战后英、美、德各国所流行的刑法脱伦理化，对于不发生具体被害的无被害人犯罪，应停止刑法的处罚，而带动了“无被害人犯罪”之除罪化运动背道而驰。③

解释和适用上的犯罪化以及处罚上的重刑化，很容易触碰罪刑法定的底线，需特别谨慎，本教材不主张适用。

① 许福生：《刑事政策学》台湾元照出版有限公司2012年版，第71页。

② 许福生：《刑事政策学》，中国民主法制出版社2006年版，第72页。

③ 许福生：《刑事政策学》，中国民主法制出版社2006年版，第72-73页

第三节 ‖ 我国刑事立法政策中的非犯罪化

根据中国当前的社会情况，虽然还有强调适度犯罪化的必要，但还是应当反对过度的犯罪化和大规模的非犯罪化。我国在刑事立法上主要是犯罪化倾向而不是非犯罪化，自第一部刑法至今，我国刑事立法上的非犯罪化不明显，多是废除一个旧的口袋罪名，又分解出若干新罪名。

一、废除反革命罪，以危害国家安全罪取代

我国 1979 年《刑法》把反革命罪规定在分则第一章，并在第九十条为反革命罪规定了如下的定义："以推翻无产阶级专政的政权和社会主义制度为目的的、危害中华人民共和国的行为，都是反革命罪。"反革命罪是当时刑法上最严重的一类犯罪。通常是指以推翻现政权为目的的行为。反革命一词是在资产阶级革命后出现的，但在资本主义国家的刑法中，一般不用反革命罪这个罪名，而用内乱罪、外患罪等罪名。我国 1997 年《刑法》已经取消了反革命罪，并以危害国家安全罪取而代之。危害国家安全罪主要有背叛国家罪；分裂国家罪；煽动分裂国家罪；武装叛乱、暴乱罪；颠覆国家政权罪；煽动颠覆国家政权罪；资助危害国家安全犯罪活动罪；投敌叛变罪；叛逃罪；间谍罪；为境外窃取、刺探、收买、非法提供国家秘密、情报罪；资敌罪等罪名。主要原因是反革命是一个政治概念，不宜作为法律概念使用；反革命罪需要具有反革命目的，而反革命目的在实践中不易认定；反革命罪作为一个罪名与一国两制不相符合；反革命罪这一名称不利于国际间的刑事司法协助，也不利于对犯罪分子进行惩处；反革命罪与刑法分则体系不协调。严格讲，取消反革命罪并非立法上的非犯罪化，而是由于时代的进步，将原"反革命罪"以"危害国家安全罪"取而代之。

二、废除投机倒把罪，分解出若干罪名

1979 年《刑法》第一百一十七条规定："违反金融、外汇、金银、工商管理法规，投机倒把，情节严重的，处三年以下有期徒刑或者拘役，可以并处、单处罚金或者没收财产"；第一百一十八条规定："以走私、投机倒把为常业的，走私、投机倒把数额巨大的或者走私、投机倒把集团的首要分子，处三年以上十年以下有期徒刑，可以并处没收财产"；第一百一十九条规定：

“国家工作人员利用职务上的便利，犯走私、投机倒把罪的，从重处罚”。《刑法》第一百一十七条、第一百一十八条、第一百一十九条均是关于投机倒把罪的认定和惩处。1980 年 1 月，工商总局、公安部根据《刑法》规定，下发《关于查处投机倒把案件的几个问题的联合通知》，指出：“投机倒把案件，主要由工商行政管理部门审查处理，但情节严重和重大投机倒把案件需要侦察的，交由公安机关办理。”

1979 年《刑法》中投机倒把罪内容总体上还是比较宽泛和笼统，因而被时人称作“口袋罪”（流氓罪也被称为口袋罪）。1992 年确定建立市场经济体制后，投机倒把的概念越来越难以适应社会的发展，其适用范围越来越小。1997 年《刑法》，将投机倒把罪除名，并分解出几种常见罪，分别是合同诈骗罪，非法经营罪，强迫交易罪，倒卖车票、船票罪，非法转让、倒卖土地使用权罪等。虽然是分解，但从立法角度，废除投机倒把罪，是该罪名在刑事立法上的非犯罪化。

三、废除流氓罪，分解出寻衅滋事等罪名

1979 年《刑法》第一百六十条规定：“聚众斗殴，寻衅滋事，侮辱妇女或者进行其他流氓活动，破坏公共秩序，情节恶劣的，处七年以下有期徒刑、拘役或者管制。流氓集团的首要分子，处七年以上有期徒刑。”流氓罪在 1979 年《刑法》中是一个罪名，由于其比较笼统，被称为“口袋罪”。1983 年《全国人民代表大会常务委员会关于严惩严重危害社会治安的犯罪分子的决定》规定了 6 种提高量刑幅度的犯罪，流氓罪列于首位。①

流氓罪的规定比较笼统，在实际执法中难以界定，在适用过程中，把刑法没有明文规定的妨害社会管理秩序行为，也定为流氓罪，随意性很大。对流氓罪刑罚幅度过宽也容易造成量刑时畸轻畸重的弊病。1997 年我国《刑法》废除了类推适用，确立了罪刑法定原则，将原流氓罪取消，而将其分解为强制猥亵侮辱妇女罪、猥亵儿童罪、聚众淫乱罪、聚众斗殴罪、寻衅滋事罪等罪。就流氓罪本身而言，在立法上的废除属于立法上的非犯罪化。

---

①《关于严惩严重危害社会治安的犯罪分子的决定》（1983 年 9 月 2 日第六届全国人民代表大会常务委员会通过）对流氓罪规定为：“流氓犯罪集团的首要分子或者携带凶器进行流氓犯罪活动，情节严重的，或者进行流氓犯罪活动危害特别严重的”，“可以在刑法规定的最高刑以上处刑，直至判处死刑。”从此，流氓罪的刑罚最高刑为死刑，与故意杀人罪相同。

值得一提的是，对于寻衅滋事罪，① 也有口袋罪的嫌疑。实践中我国部分地区将无理上访人员以寻衅滋事罪定罪，寻衅滋事罪在实践中有扩大使用的嫌疑。“在 2013 年之前，政府更多的是运用训诫、行政拘留、劳动教养等方式规训桀骜的上访者，基本不会动用刑罚的手段。2013 年 12 月 28 日，劳动教养制度废除，如何规制非常规上访的问题变得更为紧迫，非常规上访经历了一个入罪的过程，从违法行为演变成犯罪行为，罪名往往是寻衅滋事。以‘信访’+‘寻衅滋事’为主题词检索中国裁判文书网的刑事判决，得到检索结果 242 件，排除掉重复的案件和并非因信访而被定罪的案件，获得了 154 件有效的因上访而被判处寻衅滋事罪的案件。然后以‘寻衅滋事’+‘信访’+‘省份’检索，补入前一检索遗漏的目标案件，最后一共得到 375 个案件。笔者对这些案件按照省份，并根据判决的日期进行了相应的编号。其中黑（17 件）、吉（40 件）、辽（61 件）；京（1 件）、冀（10 件）、晋（4 件）、内（11 件）；豫（150 件）、鄂（3 件）、湘（11 件）、粤（2 件）、桂（2 件）；苏（3 件）、浙（10 件）、皖（3 件）、沪（2 件）、鲁（11 件）、赣（6 件）、闽（5 件）；陕（3 件）、甘（11 件）、新（1 件）；云（6 件）、川（1 件）、藏（1 件）。从数据可以看出，将信访纳入刑法治理的视野主要是 2013 年以来信访领域的新现象，而且很快形成了以寻衅滋事定罪常态化、扩大化的趋势。2013 年 7 月 15 日，最高人民法院、最高人民检察院颁布的《关于办理寻衅滋事刑事案件适用法律若干问题的解释》成为这一转型的规范基础和表征。”② 如果寻衅滋事罪被扩大使用，沦为口袋罪，那么应否将寻衅滋事罪非犯罪化，就值得探讨。

总的来说，非犯罪化在我国立法中并不是主流。

虽然说改革开放以来至今我国刑事立法政策以犯罪化为主，但在刑事立法政策上轻缓化倾向加强。犯罪化的刑事政策思想是基于完善刑罚网、保护人的基本权利和社会公序良俗，如对新型暴力犯罪、网络新型犯罪、食药环犯罪等新型犯罪予以惩处，保护法益。关于非犯罪化，我国并没有出现大规

---

① 《刑法》第二百九十三条规定，寻衅滋事罪，是指肆意挑衅，随意殴打、骚扰他人或任意损毁、占用公私财物，或者在公共场所起哄闹事，严重破坏社会秩序的行为。刑法将寻衅滋事罪的客观表现形式规定为四种：①随意殴打他人，情节恶劣的；②追逐、拦截、辱骂、恐吓他人，情节恶劣的；③强拿硬要或者任意损毁、占用公私财物，情节严重的；④在公共场所起哄闹事，造成公共场所秩序严重混乱的。

② 汪庆华：《通过司法的社会治理：信访终结与寻衅滋事》，载《浙江社会科学》2018 年第 1 期。

模非犯罪化趋势，主要原因是由于我国和英美法系以及大陆法系国家立法不同，英美法系以及欧洲大陆法系国家出现的非犯罪化倾向主要是对一些轻微犯罪实行非犯罪化以及排除妨碍风俗行为的犯罪性，将如通奸、同性恋、卖淫、吸毒、赌博、堕胎、出版淫秽书刊等行为非犯罪化。还有就是将某种行为从刑法的罪名中删除但作为违反秩序的行为科以其他行政处罚，如排除违警罪，把违警行为视为对法规的一般违反，只对其处以行政罚款，而非刑事处罚。而这些行为在我国本就不是犯罪，仅仅作为违法行为处理，因而立法上的非犯罪化在我国并不是主流。

【问题与思考】

1. 什么是刑罚哲学？谈谈你对刑罚哲学的理解。
2. 谈谈你对我国刑事立法政策犯罪化进程的理解。

第七章 刑事司法政策

第一节 ‖ 刑事司法政策概述

刑事司法政策是刑事政策的有机组成部分。它可以调节法律与现实生活中的紧张关系，对于实现个别正义、防卫社会和保障人权具有重要意义。[①] 但对于刑事司法政策，人们有不同的理解。

有学者认为，广义的刑事司法，是指警察、检察、审判和司法行政机关查明犯罪和处理犯罪的活动。狭义的刑事司法，仅仅是指审判机关适用刑法的活动。这里的“刑事司法”取其狭义，相应地，狭义的刑事司法政策就是指审判机关在适用刑事实体法的活动中所奉行的刑事政策，其内容包括司法定罪政策和刑罚裁量政策。刑罚裁量政策（简称量刑政策），是刑罚裁量活动所遵循的原则、规则、制度、方法等的总称。[②]

有学者认为，从广义角度来看，刑事司法政策，是指在刑事司法领域发挥作用的刑事政策，主要包括刑事侦查政策、刑事起诉政策和刑事审判政策三部分。从狭义角度理解，刑事司法政策指的就是刑事审判政策，主要就是刑罚裁量政策，也就是量刑政策。[③]

有学者认为，刑事司法政策，即在刑事司法活动过程中所奉行的刑事政策，主要涉及侦查、起诉和审判三个环节。根据程序特色和实施机关的特点，刑事司法政策可以分为全局性的刑事司法政策，侦查机关、检察机关和人民法院的刑事司法政策等。[④]

---

① 参见刘仁文：《刑事政策初步》，中国人民公安大学出版社 2004 年版，第 60-61 页。

② 卢建平主编：《刑事政策学》，中国人民大学出版社 2007 年版，第 245 页。

③ 王宏玉主编：《刑事政策学》，中国人民公安大学出版社 2011 年版，第 185 页。

④ 谢望原、卢建平：《中国刑事政策研究》，中国人民大学出版社 2006 年版，第 239 页。

有学者认为，通常所说的刑事司法一般是指狭义的刑事司法，指的是各类刑事司法机关将刑事法律规范适用于具体个案的各项活动，包括刑事侦查、刑事检察和刑事审判三个环节。刑事司法政策即在刑事司法活动的全过程中应遵循的刑事政策，包括侦查程序中的刑事司法政策、起诉程序中的刑事司法政策和审判程序中的刑事司法政策。①

有学者认为，刑事司法政策是指导刑事司法实践的具体指导思想和策略原则，体现在刑事诉讼法中即刑事诉讼的基本原则，还体现在侦查、起诉和审判的各个环节。例如，在刑事侦查方面有公开举报和追逃奖励政策，有使用技术侦查、特殊侦查手段的政策；在刑事起诉方面有酌定不起诉、延期起诉、附条件不起诉和诉辩交易的政策；在刑事审判中有“普通程序简易审”和少年司法审判等方面的政策和制度等。②

有学者认为，刑事司法政策是指在刑事司法活动过程中所奉行的政策，它主要涉及侦查、起诉和审判三个环节。③

上述学者对刑事司法政策的定义基本一致，代表了学界的主流观点。刑事司法政策主要包括三个层次的内容：

首先，刑事司法政策是在刑事司法领域中运用的政策，排除了刑事立法、刑事执行领域中的政策。这里的“政策”应指“刑事政策”，之所以做此强调，是基于存在刑事附带民事诉讼中参考非刑事方面的政策的客观情况。当然，有些刑事政策在刑事立法、司法、执行中都起作用，但仍无法否认我们这里的定性。

其次，刑事司法策略是指导刑事司法实践的具体指导策略原则。例如，“重证据，重调查研究，不轻信口供，严禁逼供”的刑事政策，既是我国一项重要的刑事政策，也是一项重要的刑事司法原则。这一政策体现在刑事诉讼法中是作为刑事诉讼的基本原则。

最后，刑事司法政策是包括侦查、起诉和审判三个环节“子政策”的体系。

本教材从广义角度理解刑事司法政策，即在刑事司法活动过程中所奉行的刑事政策，包括全局性的刑事司法政策，侦查程序、起诉程序和审判程序中的刑事司法政策。其中，审判程序中的刑事司法政策包括司法定罪政策和

① 参见刘昊：《刑事司法政策的转型与调整》，载严励主编：《刑事政策学前沿与热点问题研究》，中国法制出版社 2017 年版，第 201-210 页。

② 严励：《广义刑事政策视角下的刑事政策横向结构分析》，载《北方法学》2011 年第 3 期，第 87 页。

③ 刘仁文：《刑事政策初步》，中国人民公安大学出版社 2004 年版，第 60 页。

刑罚裁量政策。

第二节 ‖ 侦查程序中的刑事司法政策

一、侦查程序中的刑事司法政策概述

（一）含义

虽然学者通常都认为刑事司法政策是在刑事司法活动过程中所奉行的刑事政策，但是少数对侦查程序中的刑事司法政策作出界定的却大相径庭。

有学者认为，侦查政策主要是指公安机关、检察机关在刑事侦查活动中奉行的刑事政策，主要包括侦查机关采取刑事强制措施、侦查终结后的处理所涉刑事司法政策。[①]

有学者认为，刑事司法政策体现在侦查、起诉和审判的各个环节。例如，在刑事侦查方面有公开举报和追逃奖励政策，有使用技术侦查、特殊侦查手段的政策。[②]

有学者认为，刑事侦查政策是指保证侦查的合理性的政策。即在查明犯罪行为和追究犯罪人刑事责任的过程中，公安、检察机关的侦查部门既要查明刑事案件的事实，保护国家和社会权益，又要保障犯罪嫌疑人的人权，遵循法律规定的程序，使用法律规定的方法。坚决杜绝刑讯逼供、超期羁押现象，不能为了追求实体正义而牺牲程序正义。[③]

我们认为，使用技术侦查措施、特殊侦查手段不能称之刑事司法政策，但也不局限于采取强制措施、侦查终结后的案件处理政策。侦查程序中的刑事司法政策主要是指公安机关、检察机关为保证侦查的合理性奉行的刑事政策。

（二）侦查程序的重要性与刑事司法政策的介入

根据《刑事诉讼法》第一百零八条的规定，“侦查”是指公安机关、人民检察院对于刑事案件，依照法律进行的收集证据、查明案情的工作和有关的强制性措施。

---

① 赵运锋主编：《刑事政策学》，中国法制出版社 2014 年版，第 229 页。

② 严励：《广义刑事政策视角下的刑事政策横向结构分析》，载《北方法学》2011 年第 3 期，第 87 页。

③ 王宏玉主编：《刑事政策学》，中国人民公安大学出版社 2011 年版，第 185 页。

在现代刑事诉讼中，侦查居重要地位。一方面，由于犯罪的特点，使得侦查在绝大多数案件中成为破获犯罪、确定被告人不可或缺的程序。非经侦查，无从收集固定证据；非经侦查，无从发现犯罪嫌疑人。因此，侦查是起诉的前提和基础。另一方面，侦查以国家强制力做后盾，侦查活动的开展以限制甚至剥夺有关公民的法定权利为代价。侦查权力的任何不当行使或者异化滥用，均可能对公民合法权益造成严重侵犯。

一般认为，在刑事诉讼活动过程中，刑事诉讼的侦查阶段与犯罪嫌疑人的人权保障联系最为密切，侦查机关的侦查活动必然会涉及对犯罪嫌疑人人身自由权利的限制或剥夺、对犯罪嫌疑人个人隐私权的侵犯以及对其财产权利的侵害等。因此，我国的刑事司法政策对于侦查环节健全侦查程序、规范侦查行为具有十分重要的意义。

二、侦查终结后的案件处理政策

侦查程序是刑事诉讼程序的一个重要环节，侦查活动的结果更是在一定程度上影响诉讼程序的走向和进行。故侦查终结后对案件的处理，尤其是案件的撤销同样属于刑事司法政策范畴。是移交起诉还是做撤案处理，什么情况下可以做撤销案件处理，或者说撤销案件的范围划定，一定程度上是刑事司法政策指导下的侦查机关的自由裁量权的行使问题。

国外警察机关的移送起诉率是相当低的。1995 年至 2004 年几个发达国家的主要犯罪[①]移送起诉率如下：德国年均为 51.69%、英国年均为 25.07%、美国年均为 20.71%，日本的移送起诉率基本上逐年降低，前 4 年的年均移送起诉率为 40.2%，后 6 年的年均移送起诉率为 24.55%。[②]

为什么国外的警察有如此之大的自由裁量权，可以将刑法明文规定的犯罪不移送起诉至法院？其中的一个重要原因是，国外刑法规定的犯罪没有量的限制，包含在刑法中的轻微犯罪大体上都没有被移送到检察机关。国外对故意杀人案件移送起诉率与对盗窃案件移送起诉率的差异，最能说明这一点。例如，在 2000 年至 2004 年的 5 年间，德国对故意杀人案件与盗窃案件的移送起诉率分别平均为 95.4% 和 30.34%；英国对二者的移送起诉率分别平均为 81.88% 和 14.5%；美国对二者的移送起诉率分别平均为 62.9% 和 16.46%；

① 其中的“主要犯罪”，在德国、法国为除交通犯罪外的重罪与轻罪，在英国是指警察向内务部报告的犯罪，在美国指暴力犯罪与盗窃罪，在日本指刑法典规定的犯罪。

② 日本法务综合研究所：《平成十八年版犯罪白书》，国立印刷局 2006 年版，第 37 页。

日本对二者的移送起诉率分别平均为94.16%和18.76%。① 显然，故意杀人案件之所以移送起诉率高，是因为故意杀人不可能是轻微犯罪（对涉嫌故意杀人案件不起诉，主要是因为证据不足）；而盗窃案件的移送起诉率低，是因为存在盗窃数额较小的轻微盗窃案件，于是，警察机关对轻微的盗窃案件作其他处理。由此可见，国外刑法所规定的犯罪没有量的限制，成为国外侦查机关充分行使出罪权的最重要理由。② 但同时，多数国家在侦查环节均设置了微罪处分③制度，以使罪行轻微、主观恶性不大，即使不对其进行刑事处罚也不会对社会有任何潜在危害的犯罪嫌疑人，及早从后续复杂、烦琐的司法程序中解脱出来和分流出去。这种侦查阶段实体性处分制度的设立，实际上不仅是其主动回应预防犯罪目的观、人道主义刑事观等现代刑事司法理念的结果，也是面对犯罪率高涨而司法资源有限的窘困现状作出务实选择的结果。

（一）国外的微罪处分

以日本为例，侦查主要是由司法警察职员即各都道府县警察机关的警察官担任。但此外，国税厅检察官也可进行。检察官对由警察移送来的案件及由于检举揭发等自己发现的案件展开调查。一般情况下，警察在进行犯罪侦查后必须很快把案件连同文档和证物一起移送检察机关，但是对于检察机关指定的案件，一般是指犯罪情节特别轻微的盗窃、欺诈、贪污、收受赃物、赌博等，其中也包括已缴纳罚款的违反道路交通法的事件，警察可以自行终结案件的处理，但犯罪嫌疑人已被逮捕的案件及已被起诉、告发、自首的案件不在此限。这被称为微罪处分。这一制度是基于微罪不拘捕、微罪不起诉方针，在1885年左右开始实际执行、1905年被明确认可的。根据1993年的统计数据，在日本有48.9%成年人所犯的普通刑事案件是通过微罪处分制度进行处置的。其中，盗窃罪占58.8%，非法侵占遗失物占93%。④ 对于微罪处分的案件，按照规定警察每个月应向检察官集中报告一次，以接受检察官的司法监督。且日本《犯罪调查规范》规定，警察作出微罪处分时必须同时采

---

① 日本法务综合研究所：《平成十八年版犯罪白书》，日本国立印刷局2006年版，第38-39页。

② 张明楷：《司法上的犯罪化与非犯罪化》，载《法学家》2008年第4期，第74页。

③ 微罪处分，又称侦查转处，即在侦查程序进行中，对部分特定的案件进行非刑事化处理，将这部分案件和犯罪嫌疑人转移至非刑事程序或机构处理。参见吴茜：《刍议侦查程序中的转处制度》，载《上海公安高等专科学校学报》2006年第2期，第37页。也有的学者称之为侦查阶段实体性处分制度。

④ 参见［日］田口守一：《刑事诉讼法》，刘迪等译，法律出版社2000年版，第97页。

取如下措施：对犯罪嫌疑人加以严厉训诫，告诫其将来不要犯罪；劝导其赔偿犯罪损失或向被害人谢罪；传唤其亲权者及雇主，让他们对嫌疑人将来给予必要的监督注意，以防止再犯。①

在德国，检察机关虽然是法定的领导和指挥侦查机关，但在司法实践中，除杀人和经济犯罪案件外，大部分犯罪的侦查都是由警察依职权独立进行的。最近的改革表明，警察开始创设一些条件引导检察官的决策，并逐步在确定是否在轻微案件处理中发挥作用。如 1998 年，诗莱斯维格-霍斯坦州以及下萨克森州先后颁布法令，指出警方处理未成年人犯罪案件时，可以将案件从刑事司法体系和正规的法庭审理中分流出去，通过不起诉的途径解决。通常警察会给予他们一个具有警戒或教育作用的警告，建议他们向遭到侵害的被害人正式道歉，或弥补被害人的一切损失。在与检察官沟通并征得允许后，警察可进一步建议犯罪嫌疑人参加与被害人的调解、提供社区服务、支付小额罚金等。在诗莱斯维格-霍斯坦州，自从该法令实施后，约有 80%的不起诉案件的处理遵循上述程序。在 1999 年前 6 个月里，约 594 起案件因不予起诉而被撤销。在警方处理的 495 起案件中，未予任何处罚的 81 件，警告 257 件，警告并处其他处罚的 144 件。这意味着当前大量的不起诉案已成为警方的责任。②

英国司法警察在刑事侦查中享有较大自由裁量权，其有权决定是否对其侦查后的案件提起诉讼，也有权发展警告政策以“警告”方式结案（如对未成年人犯罪、轻罪等）。英国警察在做出警告之前，案件必须具备一定的前提条件，包括违法犯罪者的有罪证据充分，产生了有罪判决的现实可靠性；违法犯罪者承认其违法行为；违法犯罪者对于被警告明确表示同意。这些条件旨在避免警察在不收集充分的证据证明无辜的嫌疑人有罪的情况下做出警告。警告可以分为正式警告和非正式警告。正式警告是由警察对一些已经构成犯罪的人作出警示，明确告知依法可以对其提起刑事诉讼，但考虑到种种情况，目前暂时不对其进行追诉。对于正式的警告，警方会有记录，影响到以后再犯时是否提起诉讼，并且，它可以被随后的法庭诉讼所引证，在判决环节作为法庭考虑的依据。非正式警告则是在给予正式警告的标准已经满足，但是感到正式警告不合适的时候才适用，它的唯一后果是留下一个可能影响以后

① [日] 大谷实著：《刑事政策学》，黎宏译，中国人民大学出版社 2009 年版，第 180 页。

② 参见陈光中、[德] 汉斯-约格 阿尔布莱希特主编：《中德不起诉制度比较研究》，中国检察出版社 2002 年版，第 158-159 页。

起诉的记录。起初，英国的警告制度只适用于青少年和道路交通案件，但是1990年以后发展到对成年人也可适用。2000年，除机动车犯罪外，英格兰和威尔士所有的犯罪案件中，总共有23.9万名犯罪者被处以警告。其中不仅包括轻微犯罪，1700名犯有最严重罪行“公诉罪”，如强奸、抢劫和企图谋杀的犯罪，也被警方以警告的方式进行了处理。这些犯罪如被起诉，就会在刑事法庭受审，被处以终身监禁的最高刑也是可能的。① 且在《1990年警告准则补充》中，英国内务部指出：“这种安排应该建立在自愿基础上，任何设计安排的协议都不能成为警告的条件。”②

美国警察对轻微刑事案件也具有很大的处分权力。目前，在美国联邦以及许多州的刑事诉讼中，都实行一种被称为“pretrial diversion”的审前转处制度。根据这项制度，侦查机关在被追诉人被逮捕后即可对其进行处分。在进行处分决定的同时，侦查机关往往与被追诉人达成一定的协议，要求被追诉人参加一种社区监视活动（supervised program）。如果监视活动得以成功完成，被追诉人没有违反义务或进一步犯罪，刑事指控就会被撤销。这种审前转处制度尽管有利于被追诉人免受因对案件的追诉所带来的难堪、失业、精神折磨等痛苦，但被追诉人仍然要背负被逮捕的记录，这对他们融入社会造成了较大困难。因此，美国此后又发展了一种避免逮捕的捕前处分制度。具体做法主要有三种：一是对某人进行警告，如“如果你继续实施某种行为，你将会被逮捕”；二是对家庭纠纷不经正式的诉讼程序径行处理；三是直接将某人带至治疗机构。在实践中，由于警察所实施的这些处分并不作正式记录，因而其数量难以统计，但是可以确信其数量是相当可观的。③

从上述各国情况来看，无论是警察独立承担侦查职责的英美法系国家，还是实行检警一体化的大陆法系国家，在侦查环节均设置了相关的转处机制（从适用范围上看，大部分国家限定在轻罪案件，少数国家可以适用重罪案件）。当然，由于各国历史、现实国情以及司法体制的不同，警察拥有处分权力的大小也不尽相同。在英美法系国家，由于警察与检察机关是一种相对独立的关系，警察在对轻罪的处分上拥有较大的自主权。而在大陆法系国家，如德国、日本，警察在作出处分决定时必须受检察机关的制约和监督。另外，从附加条件看，

① 参见［英］麦高伟、杰弗里·威尔逊：《英国刑事司法程序》，姚永吉等译，法律出版社2003年版，第158-161页。

② 江礼华、杨诚主编：《外国刑事诉讼制度探微》，法律出版社2000年版，第115页。

③ FrankinE. Zimring, Richard S. Frase, The Criminal Justice System. Little Brown and Company, 1980, p. 310.

除英国以法律形式排除了前提条件外，其他各国均要求侦查转处的适用必须具备一定的条件，如与被害人和解、对被害人进行补偿、为被害人社区提供义务服务、参加治疗机构治疗等。这也反映了各国在设置侦查阶段实体性处分制度时，一般会同时兼顾被害人利益和关注后续的社会效果。①

（二）我国的微罪处分

1. 现状

与多数国家赋予侦查机关一定的微罪处分权力不同，我国的侦查机关并不享有实体处分的权力。根据《刑事诉讼法》第一百六十二条和第一百六十三条的规定，公安机关在案件侦查终结以后，只能作出两种处理决定：一是犯罪事实清楚，证据确实、充分时，写出起诉意见书，连同案卷材料、证据一并移送同级人民检察院审查决定。二是发现不应对犯罪嫌疑人追究刑事责任的，应当撤销案件；犯罪嫌疑人已被逮捕的，应当立即释放，发给释放证明，并且通知原批准逮捕的人民检察院。《刑事诉讼法》第一百六十八条规定，人民检察院侦查终结的案件，应当作出提起公诉、不起诉或者撤销案件的决定。《刑事诉讼法》第十六条规定了撤销案件的六项情形，后五项都是法定情形，第一项规定的是“情节显著轻微、危害不大，不认为是犯罪的”，六项中仅此一项涉及侦查机关的自由裁量权。

一方面，对于构成犯罪的案件，无论罪行轻重，也无论犯罪嫌疑人自身人身危险性的大小和其他具体案件情况，按照规定，公安机关都必须将案件移送检察机关审查决定是否起诉。导致轻微犯罪案件一旦立案进入了侦查程序，也只能在诉讼这一流水线上继续流转下去。这种诉讼程序设置不仅无端浪费了国家更多的司法资源，也使罪行轻微的犯罪嫌疑人身心饱受了更多的诉讼折磨，可以说既不经济也不人道。

另一方面，尽管刑事诉讼法没有明确赋予侦查机关微罪处分的权力，侦查机关却以选择性执法的方式在法外对轻罪进行着事实上的处分和分流，但是却根本没有任何法定的标准可遵循。且由于承担主要侦查职责的公安机关同时拥有治安处罚权和刑事侦查权，这种集多种处罚和权力于一身的体制设置，也为公安机关对轻罪进行处置大开方便之门。因此，脱离实践的立法，导致执法过程中的恣意和凌乱。故赋予侦查机关适当的微罪权力并使其纳入严格的法制轨道，是应然的理性之选。

---

① 郑丽萍：《侦查阶段实体性处分制度之构建》，载《清华法学》2012 年第 5 期，第 32-33 页。

2. 我国侦查阶段微罪处分制度的构建

借鉴国外的微罪处分制度，通过程序设置，把现今在程序之外被违法处分和事实分流的轻罪，也纳入侦查机关实体性处分制度范畴。

（1）适用范围。侦查阶段微罪处分制度虽然有设置的必要性，但是由于其毕竟会导致一个刑事案件在刑事诉讼初始阶段即告终结，所以适用范围不宜过广。该制度适用的范围应限于两类案件：一类是犯罪情节轻微，依法不需要判处刑罚或者可以免除刑罚的案件，主要限于公安机关侦查阶段刑事和解的案件。另一类是法定最高刑为 3 年以下有期徒刑的未成年人犯罪案件和已满 70 周岁的老年人犯罪案件。

（2）适用条件。为了使侦查阶段微罪处分制度置于严格的法律规制之下，防止发生放纵犯罪分子或侵犯犯罪嫌疑人合法权益的问题，其适用应具备如下几个条件：第一，犯罪事实已经查清。第二，犯罪嫌疑人作有罪供述。第三，犯罪嫌疑人知悉并且自愿接受处分。第四，犯罪嫌疑人没有再犯的危险。

（3）适用结果。微罪处分制度的适用，会使犯罪嫌疑人在侦查阶段即从刑事诉讼程序中分流出去，由此，一方面使犯罪嫌疑人免除了被法院实际定罪量刑，另一方面也使其避免了留下犯罪记录。但是微罪处分制度的适用不能是一处了事，没有任何的附随后果。尤其我国刑法对犯罪既定性又定量，犯罪的门槛相对较高，所谓的犯罪一般而言危害都相对较重。因此，微罪处分应当规定一定的附随后果。具体而言，可以根据案件的具体情况，对犯罪嫌疑人采取诸如警告、训诫、责令具结悔过等措施。对于有被害人的案件，应责令犯罪嫌疑人向被害人赔礼道歉，对于给被害人名誉造成不良影响的案件，应责令犯罪嫌疑人为被害人恢复名誉、消除影响。此外，还可以要求犯罪嫌疑人义务为社区提供一定小时数的服务。

（4）监督机制。在赋予侦查机关实体性处分权力的同时，必须对其权力予以监督和制约。这种监督和制约应来自三个方面：第一，侦查机关内部的监督和制约。即微罪处分制度之适用，应经侦查机关主管领导的批准。第二，检察机关的监督和制约。所有微罪处分的案件，最后都应该报经检察机关审查和备案。检察机关经审查认为侦查机关不应作出处分时，可以要求侦查机关移送起诉，侦查机关应当移送起诉。第三，被害人的监督。被害人认为侦查机关实施的处分有错误时，可以向作出决定的侦查机关申诉；对于侦查机关维持处分决定的，可以向同级人民检察机关进一步申诉，也可以不经向侦查机关申诉而直接向同级检察机关申诉。对于经申诉检察机关维持处分决定的，被害人可以直接向人民法院起诉。

总之，随着宽严相济刑事司法政策的深入发展，构建侦查转处制度应成为刑事司法改革的方向之一。

第三节 ‖ 起诉程序中的刑事司法政策

一、起诉程序中的刑事司法政策概述

（一）含义

虽然多数学者认为刑事司法政策是在刑事司法活动过程中所奉行的刑事政策，主要涉及侦查、起诉和审判三个环节，但是对起诉程序中的刑事司法政策作出界定的却不多。

有学者认为，起诉政策指刑事案件在起诉环节奉行的刑事政策，即检察机关基于防控犯罪的需要，而就提起公诉与否进行抉择、利益衡量的策略，包括起诉的必要性、不起诉的酌量和特殊的起诉处理，如附条件不起诉、暂缓起诉等。①

有学者认为，刑事司法政策体现在侦查、起诉和审判的各个环节。在刑事起诉方面有酌定不起诉、延期起诉、附条件不起诉和诉辩交易的政策。②

有学者认为起诉程序中的刑事司法政策是指贯穿其中的“宽严相济”刑事司法政策。③

我们认为，宽严相济的刑事政策是基本刑事政策，虽然也适用于起诉阶段，但不是起诉程序专有的刑事司法政策。更倾向于第一种界定，但是不赞同用“起诉政策”的称谓。起诉程序中的刑事司法政策主要是宽严相济刑事政策下的起诉裁量制度。

（二）起诉程序的重要性与刑事司法政策的介入

起诉程序作为衔接侦查程序和审判程序的纽带，对于惩罚犯罪和保障人权具有十分重要的意义。一方面，检察机关在起诉程序中负有审核侦查结果的正确性、合法性的职责，确保案件的质量，实现惩罚犯罪的目的；另一方

① 赵运锋主编：《刑事政策学》，中国法制出版社 2014 年版，第 234 页。

② 严励：《广义刑事政策视角下的刑事政策横向结构分析》，载《北方法学》2011 年第 3 期，第 87 页。

③ 参见刘昊：《刑事司法政策的转型与调整》，载严励主编：《刑事政策学前沿与热点问题研究》，中国法制出版社 2017 年版，第 216 页。

面，通过对侦查结果的审核，对于不符合起诉条件的犯罪嫌疑人做出不起诉决定，对侦查机关移送的案件起到了过滤作用，这不仅有利于节约司法资源，同时也是人权保障的体现。起诉程序所具有的这种上承侦查下启审判的功能，使得它在整个刑事司法领域中获得了独特的、重要的地位，也正是基于这种重要性，使得刑事司法政策在该程序中发挥了作用。

1996 年以前，我国检察机关在审查起诉程序中秉持着“起诉法定主义”原则，即指公诉机关依法负有追究犯罪的义务，只要认为被告人犯罪事实清楚，证据确实充分的，依法应当受到刑事处罚的就毫无例外地向有管辖权的法院提起诉讼。换言之，公诉机关没有自由量权，符合条件的，必须起诉；不符合条件的，不得起诉。起诉法定主义是以报应刑理论为基础的，其背后是“国家刑罚权”的独占，在当时“严打”政策的背景下，其所发挥的作用与价值并未受到质疑。然而，随着刑罚观念的转变，教育、挽救犯罪人使得犯罪人复归社会的理念冲击了单一的报应刑目的，除惩罚犯罪外，保障人权、重视公共利益、诉讼经济被搬上了刑事政策的舞台，使得起诉从“起诉法定主义”走向“起诉法定主义[①]为原则，起诉便宜主义[②]为例外”。这种“起诉便宜主义”原则在 1996 年修改的《刑事诉讼法》中被正式确立为三大不起诉制度，使得宽严相济刑事政策下的起诉裁量制度在起诉程序中得到了法定化。

（三）起诉裁量制度

当今世界各国大都赋予检察机关以起诉裁量权。然而，由于法律传统、诉讼理念、文化基础、价值观念等方面的差异，各国立法对于检察机关起诉裁量权制度的规定也各自相异。

起诉裁量权是指检察人员根据案件具体情况，在法律规定的范围内，酌情做出合理决定的权力。这个定义在理论界被基本认可，不存在太大争议。但是对于不起诉裁量权的定义与内涵，在理论界众说纷纭、莫衷一是。有的学者认为，起诉裁量权与不起诉裁量权是同一概念，不起诉裁量权既可以表现为提起公诉，也可以表现为不起诉，在此意义上，不起诉裁量权也包含起诉裁量权的含义。因为不起诉是一种例外处理，为突出其包含不起诉内容，

---

① 起诉法定主义是指只要符合法定的起诉要件，检察官就应代表国家进行起诉，无裁量余地。

② 起诉便宜主义指在已符合犯罪起诉条件的情况下，检方还可以考量具体案件情况以决定是否起诉。起诉便宜主义与起诉法定主义的实质区别是检察官是否被赋予起诉的自由裁量权。

故称之为不起诉裁量权。[①] 而有的学者则提出，不起诉裁量权是指人民检察院（检察官）根据自己的判断和理智，依法对侦查终结的案件移送审查起诉，不提交人民法院进行审判而自行作出处理的权力。也就是不起诉裁量权只是决定不起诉的权力，不涉及起诉的处理。[②] 我们同意前一种观点。

二、我国起诉程序中的刑事司法政策现状

起诉裁量制度是世界各国普遍存在的刑事诉讼制度，它体现了诉讼效益的精神和宽严相济的刑事司法政策，符合当今社会刑事诉讼向起诉便宜主义发展的趋势。起诉裁量制度是轻缓刑事司法政策的文本化，是宽严相济刑事政策在法律上的体现，也是实现宽严相济刑事司法政策的路径。《最高人民检察院关于在检察工作中贯彻宽严相济刑事司法政策的若干意见》强调要正确把握起诉和不起诉条件，依法适用不起诉。在审查起诉工作中，要严格依法掌握起诉条件，充分考虑起诉的必要性，可诉可不诉的不诉。对于初犯、从犯、预备犯、中止犯、防卫过当、避险过当、未成年人犯罪、老年人犯罪以及亲友、邻里、同学同事等纠纷引发的案件，符合不起诉条件的，可以依法适用不起诉，并可以根据案件的不同情况，对被不起诉人予以训诫或者责令具结悔过、赔礼道歉、赔偿损失。确需提起公诉的，可以依法向人民法院提出从宽处理、适用缓刑等量刑方面的意见。

（一）起诉裁量权的内容适用

根据现行的 2018 年《刑事诉讼法》的规定，一般认为，我国的起诉裁量制度包括：控辩交易、相对不起诉、附条件不起诉以及和解不起诉[③]。

1. 控辩交易

修改后的《刑事诉讼法》第一百八十二条规定："犯罪嫌疑人自愿如实供述涉嫌犯罪的事实，有重大立功或者案件涉及国家重大利益的，经最高人民

① 宋英辉、吴宏耀：《不起诉裁量权研究》，载《政法论坛》2000 年第 5 期，第 116 页。

② 戎百全：《不起诉裁量权的研究》，载《法制与社会》2012 年第 2 期，第 294 页。

③ 根据《刑事诉讼法》第一百七十六条的相关规定，提起公诉的条件包括两个方面：一是实体性条件，检察院认为"犯罪事实已经查清，证据确实、充分"；二是程序性条件，即符合审判管辖等程序性规定。尤其是对于符合实体性条件的案件，立法中规定检察官"应当作出起诉决定"，某种程度上意味着排除了裁量权。且虽然我国刑事诉讼法在不起诉制度方面规定了五种不起诉，但由于对法定不起诉有明确的法律规定，检察机关对于法定不起诉没有自由裁量权。存疑不起诉是由于证据方面不符合起诉条件，也不能认为是起诉裁量权的情形。

检察院核准，公安机关可以撤销案件，人民检察院可以作出不起诉决定，也可以对涉嫌数罪中的一项或者多项不起诉……”这是我国“控辩交易”制度的法律依据①，也是首次将公共利益标准纳入裁量不起诉的审查标准。

2. 相对不起诉

所谓相对不起诉，又称为酌定不起诉，是指人民检察院对侦查机关侦查终结移送审查起诉的案件，经过审查后，认为犯罪嫌疑人的犯罪行为情节轻微，依照刑法规定不需要判处刑罚或者免除刑罚时，依法作出不起诉的决定。在相对不起诉的条件下，人民检察院享有对案件的自由起诉裁量权，既可以作出不起诉决定，也可以作出起诉决定。它是刑法个别化和轻刑化的刑事政策在公诉活动中的体现，是贯彻“宽严相济”刑事政策的重要载体。

相对不起诉应当符合以下三个条件：第一，犯罪嫌疑人的行为已经构成犯罪，案件事实清楚，证据确实、充分，依法可以追究刑事责任；第二，犯罪行为情节轻微，即从犯罪嫌疑人实施犯罪行为的手段、对象、危害后果、动机、目的等情况以及犯罪嫌疑人的年龄、一贯表现等综合考虑，认为犯罪情节轻微；第三，依照刑法规定不需要判处刑罚或者免除刑罚。

3. 附条件不起诉

附条件不起诉是对犯罪的未成年人实行教育、感化、挽救方针，坚持教育为主、惩罚为辅原则在审查起诉阶段的具体落实，是对未成年人从宽处理理念在立法上的具体体现。

附条件不起诉是指未成年人涉嫌《刑法》分则第四章、第五章、第六章规定的犯罪，可能判处一年有期徒刑以下刑罚，符合起诉条件，但有悔罪表现的，人民检察院可以决定暂时不予起诉，对其设置一定的考验期，进行监督考察，根据其表现再决定是否起诉的制度。附条件不起诉应当符合以下条件：第一，罪名条件；第二，刑罚条件；第三，证明条件，即证明案件符合起诉条件；第四，表现条件，即有悔罪表现。此外，在程序上，还应当听取被害人和公安机关的意见。

4. 和解不起诉

新刑事诉讼法实施后，我国检察机关新增“和解不起诉”裁量权，以期在审查起诉阶段贯彻落实宽严相济的刑事司法政策，教育、挽救犯罪嫌疑人，

① 刘道前：《刑事诉讼法再修改体现宽严相济的刑事政策》，载《人民公安报》2018年11月4日第3版。

节约诉讼资源。

根据我国《刑事诉讼法》第二百八十八条之规定，和解不起诉，是指在审查起诉阶段，对于达成和解协议的案件，人民检察院应当对和解协议的自愿性与合法性进行审查，将和解协议的内容及履行情况记录在案，对于犯罪情节轻微，不需要判处刑罚的，可以依法作出不起诉的决定，从而终止刑事诉讼，使案件退出刑事追诉程序。[①]

新刑诉法明确限定了适用刑事和解[②]程序的两种案件类型：因民间纠纷引起的刑事案件，并设置了起因、罪名、刑罚三个要件；过失犯罪，并设置了罪名、刑罚两个要件。此外，上述两类案件还需符合排除性要件。另外，新刑诉法也明确设置了适用刑事和解程序的六个要件：前提要件、路径要件、协议要件、审查要件、被害人要件与证据要件。一个刑事案件只有同时具备以上六个要件，检察机关才能作出和解不起诉决定。

（二）起诉裁量权的制约机制

目前我国也采取了多种措施控制裁量权的滥用：首先，设立了相应的监督制约机制。根据《刑事诉讼法》的相关规定，这种制约主要来源于三个方面：一是公安机关的复议、复核权；[③] 二是被害人的申诉与公诉转自诉权；[④] 三是被不起诉人的申诉权。[⑤] 其次，内部体制制约模式。这主要体现在不起诉

① 吉冠浩：《检察官裁量权制衡模式——以和解不起诉案件为切入的分析》，载《东北农业大学学报（社会科学版）》2013年第3期，第50页。

② 刑事和解制度适用于公检法的各个阶段，对于检察院的审查起诉阶段而言，若达成和解协议的，有两种处理方法。第一，对于犯罪情节轻微，不需要判处刑罚的，可以做出相对不起诉决定。第二，对仍需判处刑罚的，则向人民法院提出公诉，并提出从宽处理的建议。

③《刑事诉讼法》第一百七十九条规定：对于公安机关移送起诉的案件，人民检察院决定不起诉的，应当将不起诉决定书送达公安机关。公安机关认为不起诉的决定有错误的时候，可以要求复议，如果意见不被接受，可以向上一级人民检察院提请复核。

④《刑事诉讼法》第一百八十条规定：对于有被害人的案件，决定不起诉的，人民检察院应当将不起诉决定书送达被害人。被害人如果不服，可以自收到决定书后七日以内向上一级人民检察院申诉，请求提起公诉。人民检察院应当将复查决定告知被害人。对人民检察院维持不起诉决定的，被害人可以向人民法院起诉。被害人也可以不经申诉，直接向人民法院起诉。人民法院受理案件后，人民检察院应当将有关案件材料移送人民法院。

⑤《刑事诉讼法》第一百八十一条规定：对于人民检察院依照本法第一百七十七条第二款规定作出的不起诉决定，被不起诉人如果不服，可以自收到决定书后七日以内向人民检察院申诉。人民检察院应当作出复查决定，通知被不起诉的人，同时抄送公安机关。

适用程序的审批，[①] 以及检察机关开展的对不起诉案件的执法大检查。再次，外部监督模式。主要是指人民监督员制度，[②] 以及人大、民主和人民群众监督。最后，评价指引模式。我国检察机关制定了《人民检察院办理起诉案件质量标准》《人民检察院办理不起诉案件质量标准》，分别用以规范起诉裁量权与不起诉裁量权的行使。

监督程序启动主体从人民监督员单一主体扩大到当事人、控告人、举报人、申诉人等多个主体。同时，案件台账查询、知情权告知等一系列配套机制，为人民监督员了解检察工作、发现监督线索提供保障。数据显示，自2014年9月试点至2017年12月，全国省、市两级检察机关共组织监督案件9241件。案件监督更加规范，深入监督效果不断彰显。[③]

三、我国起诉程序中的刑事司法政策的不足与完善

（一）起诉程序中刑事政策的不足

首先，酌定不起诉适用率低。自1996年《刑事诉讼法》中规定酌定不起诉至今，酌定不起诉适用率低，这与当时的立法初衷相背离，原因主要在于：(1) 酌定不起诉的适用空间过于狭窄，只适用于非常轻微的案件，且对于该“轻微”条件规定得过于模糊。(2) 适用程序过于烦琐。以基层检察机关为例，若要适用酌定不起诉，须经承办人员、公诉部门负责人、分管副检察长以及检察长逐级认可后提交检委会讨论，对于讨论通过的，还要报请上级检察机关的检委会讨论。这种烦琐的程序在一定程度上使得享有自由裁量权的检察官选择做出起诉决定。(3) 受不合理的考核机制的影响。检察机关在内部的工作考评中普遍规定了“不起诉率”，这使得办案人员为了自身的利益需求，从而形成“可诉可不诉的就诉”的心理，与制度设计初衷不吻合，背离了“宽严相济”的刑事政策。

其次，附条件不起诉制度存在缺陷。一方面，适用范围过于狭窄。附条

---

① 《人民检察院刑事诉讼规则》第四百零六条规定：人民检察院对于犯罪情节轻微，依照刑法规定不需要判处刑罚或者免除刑罚的，经检察长或者检察委员会决定，可以作出不起诉决定。第四百零七条规定：省级以下人民检察院办理直接受理立案侦查的案件，拟作不起诉决定的，应当报请上一级人民检察院批准。

② 目前人民监督员一律由地市级以上司法行政机关选任和管理，检察机关办理职务犯罪案件的关键环节一律接受监督，参加监督的人民监督员一律由司法行政机关随机抽选。

③ 于潇：《最高检：合理拓宽人民监督员监督范围》，载 http：//www.spp.gov.cn/spp/zdgz/201803/t20180309_369707.shtml。

件不起诉制度目前只适用于未成年人，而将其他主体排除在外，不利于全面贯彻“宽严相济”政策。另一方面，所附条件不具有针对性。附条件不起诉中所附条件基本为指导性规定，较为概括，且并未针对未成年人特殊心理设计，而是完全参照管制、缓刑罪犯的规定，尤其是没有落实矫治教育的具体方案，无法起到教育、感化、挽救未成年人的作用。

最后，刑事和解制度存在缺陷。一方面，适用范围有局限。《刑事诉讼法》将刑事和解的公诉案件局限于《刑法》分则第四章、第五章的规定，将其他案件中犯罪嫌疑人有意愿与被害人达成和解协议的情形排除在外，隔断了适当地表达悔意的渠道，限制了刑事和解的适用数量。另一方面，赔偿无标准，和解方式单一。当下，和解方式呈现出“赔偿—谅解—减刑”的模式，容易造成“以钱买刑”的不良风气，不利于社会和谐稳定。

（二）起诉裁量权制约机制的不足

一是缺少司法审查制度。司法审查在西方国家是最主要，也是最为有效防止公诉裁量权滥用的控制措施，但在我国却是空白。根据《刑事诉讼法》第一百八十六条规定：人民法院对提起公诉的案件进行审查后，对于起诉书中有明确的指控犯罪事实的，应当决定开庭审理。法院审查依据的标准是“起诉书中是否有明确的指控犯罪事实”，换言之，对于检察院提起公诉的案件，只要起诉书中有明确的指控犯罪事实，人民法院就应当开庭审理。同时，六部委颁布的《关于实施刑事诉讼法若干问题的规定》（2013 年 1 月 1 日）第二十五条明确规定：对于人民检察院提起公诉的案件，人民法院都应当受理。由此可见，我国立法上有“提起公诉为常态，不起诉为例外”的倾向，关于提起公诉的司法审查也是一种极其宽松的形式性审查。

二是缺少强制起诉制度。公诉转自诉制度存在不少弊端，如司法审查权的缺失，导致无法有效制衡不起诉权。强制起诉制度的核心就是由法院行使司法审查权，对检察机关的不起诉决定是否恰当进行监督。而我国公诉转自诉制度中，将应由检察机关承办的义务转移至被害人方，这不仅没有有效制衡检察机关的不起诉决定，反而加重了被害人的诉讼负担。且由于被害人既缺乏强制性取证手段，又无相应的侦查技术，引发证明难题，导致制度被空置。反观强制起诉，虽然是由被害人行使诉权，请求法院对检察机关不起诉决定进行审查而启动的，但无论是德国强制起诉程序，还是日本准起诉程序，一旦法院裁定准予起诉，将案件交付审判，其效力就视为案件已经提起公诉，或强制检察机关提起公诉，而不是被害人自诉。法院强制案件起诉后，案件进入公诉审判程序，由公诉人出庭支持公诉，被害人无须承担控诉职责或败诉风险。只是在公诉人的选定上做法不一。日本由法院指定执业律师作为公诉人担当公诉，而德国仍然由检察机关派员作为公诉。①

三是需加强外部监督。根据《最高人民检察院关于人民监督员监督工作的规定》，人民监督员对人民检察院办理直接受理立案侦查案件拟不起诉的可以实施监督，试图通过规范化的运作程序，将办理职务犯罪案件的关键环节有效地置于人民群众监督之下，但这个范围太窄，应适当扩大。近年来，各地检察机关在做好人民监督员监督职务犯罪案件的同时，也主动探索将刑事和解案件、涉及未成年人案件以及公开审查案件等，纳入人民监督员监督范围，并取得了良好成效，但还有待于上升到法律规定，且人民监督员的决议只具有建议的作用。

（三）起诉程序中刑事政策的完善

1. 进一步扩大不起诉裁量权的适用范围

我国现有的不起诉裁量权本身适用范围窄，除完善现有的酌定不起诉、附条件不起诉与和解不起诉制度外，还应当进一步扩大不起诉裁量权的适用范围，使其更加灵活便利地发挥案件过滤、提高诉讼效率以及保障人权的程序性作用。

扩大酌定不起诉案件的适用范围，包括三个方面：第一，适用对象为可能判处三年以下有期徒刑、拘役、管制、单处罚金的公诉案件。第二，扩大酌情考虑的因素，即除了依照《刑法》规定不需要判处刑罚或免除刑罚的以外，还可以考虑特殊主体、人身危险性、犯罪后表现、犯罪性质等。第三，取消不合理的考核指标，为了使办案人员能够大胆地适用不起诉制度，真正贯彻落实“宽严相济”政策，应当调整考核标准，改进考评方法。此外，应当完善不起诉决定程序，包括三个方面：第一，化繁为简，简化做出不起诉决定的程序。第二，达成控辩合意。不起诉决定涉及犯罪嫌疑人的正当权利，应当征求其意见。第三，赋予被害人知情权与参与权。

放宽附条件不起诉制度的适用范围，以罪行轻重为标准，而非以是否未成年人为标准。同时，明确附条件不起诉的附条件，根据犯罪人自身的身心特点、案件性质、案件情节设置考验期内应遵守的条件，如对于有毒瘾的，可以附加戒毒治疗；对于缺乏爱心和责任心的，可以附加参加公益劳动等。此外，建立帮教组织，针对不同的犯罪嫌疑人制订个性化的帮教方案，包括

① 兰耀军：《论刑事诉讼中的“强制起诉”》，载《法学论坛》2007 年第 5 期，第 108 页。

在生存技能、职业教育等方面提供帮助，使其早日复归社会。

适度放宽刑事和解案件的适用范围。对超出《刑法》第四章、第五章规定的轻罪案件，当事人就赔偿数额、精神抚慰、赔礼道歉等事项达成和解共识，当这种和解行为最终使得犯罪嫌疑人的再犯可能性、社会危险性降低时，检察机关可以在量刑建议时要求从宽处罚，但对于是否从宽到不起诉则应当慎重。①

2. 构建不起诉裁量权的程序性控制

一是建立公诉审查法官制度。现有的起诉裁量权制约机制，如党委、人大监督与检察机关内部的自我监督并未达到预期的效果，因此，应当在我国现有立法的基础上借鉴西方的司法审查制度，实现司法权对起诉裁量权的有效控制。完善庭前审查制度，将其明确划分为公诉审查程序与开庭准备程序两部分，在公诉审查程序中构建独立于审判法官的公诉审查法官制度，设立公诉审查标准，由公诉审查法官通过对案件的全面审查，裁定是否交由审判法官开庭审理。这种程序性控制措施能够有效制约检察官的起诉裁量权，具有审前案件过滤功能，防止滥诉及错案的产生。2012 年《刑事诉讼法》恢复了全案证据移送制度，这也为庭前公诉审查程序的构建提供了契机。

二是改进人民监督员制度，赋予其强制执行力。人民监督员制度是公众参与的社会监督方式，具有进步意义，应当扩大拟不起诉案件的监督范围、强化人民监督员的独立性并赋予人民监督员决议的强制效力。

三是设立强制起诉制度，加强法院对于不起诉裁量权的制约。设立强制起诉制度，主要是通过启动司法审查的方式防止检察机关不起诉裁量权的滥用，保障被害人的利益。具体程序可以设计为：被害人如果不服检察机关的不起诉决定，可以先向上一级检察院申诉，请求提起公诉，当上一级检察院维持不起诉决定时，被害人可以向法院提出“审查不起诉决定”的请求，法院应当对检察院的不起诉决定是否合法进行审查，作出不起诉决定的检察院承担“不起诉决定合法”的证明责任。经法院审查，如果认为不起诉决定错误，检察院应当提起公诉并出庭支持公诉；如果认为不起诉决定适当，则应当驳回被害人的请求。②

---

① 刘昊：《刑事司法政策的转型与调整》，载严励主编：《刑事政策学前沿与热点问题研究》，中国法制出版社 2017 年版，第 223-224 页。

② 武晓慧：《论公诉裁量权的运行与程序性控制》，载《中国刑事法杂志》2016 年第 1 期，第 88 页。

第四节 ‖ 审判程序中的刑事司法政策

一、司法定罪政策

（一）概述

定罪政策，简言之，就是指有关定罪的策略、方针、措施等。就其内容来说，定罪政策包括两个层面：一是立法层面，即刑法如何设置定罪规范，前文已有论述；二是司法层面，即司法机关如何适用定罪规范。前者属于刑事立法政策的范畴，后者属于刑事司法政策的内容，也就是本节所要探讨的内容。

关于在刑事司法过程中如何适用定罪规范，所探讨的内容是比较广泛的，概括来说，主要包括以下几个方面的问题：

（1）刑事政策与定罪，即刑事政策在定罪过程中的角色和作用；

（2）定罪的原则和方法，即审判机关在案件审理中定罪时应当遵循的基本行为准则及其所运用的方法；

（3）司法上的犯罪化与非犯罪化，由司法机关基于对法律的理解、解释而将某行为作为犯罪处罚，或者不作为犯罪处理。

（二）刑事政策与定罪

刑事政策能否作为定罪的依据，关于这一问题的讨论，随着我国刑事立法的发展变化而先后有肯定说和否定说两种观点。

1. 肯定说

在新中国第一部刑法典制定之前，由于当时历史条件的限制，我国的刑事法律数量十分有限，调整的范围也极其狭窄，因此刑事司法活动的主要根据便是政策。那时候，政策实际起着一种法律的作用。许多犯罪案件都是根据政策和司法实践来处理的。在当时特定的历史条件下，把政策作为法律来使用是得到允许和承认的。

2. 否定说

随着 1979 年刑法典的颁布实施以及其他刑事法律的制定，我国的刑事法制逐渐走上了正轨。刑事政策被作为定罪依据的做法受到了很多人的质疑。有学者指出："在此情况下，如果再把政策当作法律来使用，那只能大大降低刑事法律的威严，给社会主义法制建设带来消极作用。”① 还有的学者对政策与法律之间的界限进行了探讨和区分：“政策是区分人们行为是与非、正确与错误的标准，法律是区分人们行为犯法与否、犯罪与否的标准”，② 从而否定刑事政策可以成为定罪的直接依据。现在，否定说已成为理论界对这一问题的共识。

二、刑事政策对定罪的作用

关于刑事政策对定罪所起的指导作用，大多数学者都持肯定态度。

刑事政策对定罪指导作用的特点在于其间接性和具体性。间接性表现在：其一，它不能如刑事法律一样引用来作为定罪的直接依据；其二，它须通过法官的认同转化为指导思想而作用于定罪；其三，有一些政策须经立法程序法律化而成为定罪的直接依据；其四，有一些刑事政策无法法律化、无必要法律化或者暂不必法律化，但需要一定的规范形式予以执行，往往通过司法解释的方法予以变通。具体性则表现在，刑事政策对于定罪的影响与对立法的影响不同，它一般不是普遍适用于所有定罪活动，而多是针对某一类行为的定罪发生指导作用。例如，对经济犯罪的定罪政策、对黑社会性质组织犯罪的定罪政策、对邪教犯罪的定罪政策等。③

在刑事政策与定罪的关系及刑事政策对于定罪活动的作用问题上，学界基本已达成一致的见解。对于刑事政策作为定罪的依据，从肯定到否定的立场变化，与我国几十年来刑事法制的不断发展完善是有着密切关系的。随着法制的健全，法治意识的深入人心，依法办事理念的确立，人们对于政策与法律的关系的认识也日益理性。在刑事法治已经基本确立的今天，刑事政策对包括定罪在内的刑事司法仍起着重要的指导作用。刑事政策对定罪的指导作用主要通过影响犯罪构成要件的解释来实现，对于刑法条文的解释和具体适用要受现行刑事政策的指导。正如德国刑法学家李斯特所指出的，“刑事政策给予我们评价现行法律的标准，它向我们阐明应当适用的法律，它也教导我们从它的目的出发来理解现行法律，并按照它的目的具体适用法律”。④ 对

① 王勇：《论政策对定罪的指导作用》，载《法学评论》1990 年第 2 期，第 46 页。

② 高克明：《正确认识政策和法律的关系》，载《现代法学》1980 年第 3 期，第 54 页。

③ 王桂萍：《定罪总论》，中国政法大学 2003 年博士学位论文，第 75 页。

④ [德] 弗兰茨·冯·李斯特：《德国刑法教科书》，徐久生译，法律出版社 2000 年版，第 2 页。

刑法的解释和适用无不依据一定的价值判断标准来进行，而该种价值判断标准的主要根据则是一定时期内制定的刑事政策。在不同的社会发展阶段，不同的刑事政策不仅可能导致对同一刑法条文作出不同的理解，而且可能对社会危害性及其程度的判断标准也产生影响，从而影响到某些行为罪与非罪的认定。

三、我国司法上的犯罪化与非犯罪化

司法上的犯罪化与非犯罪化是作为刑事司法政策内容之一的定罪政策的核心。

（一）司法上的犯罪化

1. 司法上犯罪化的含义

关于司法上的犯罪化，学界有不同的见解。

（1）否定说。我国学者一般认为，犯罪化只是刑事立法上的犯罪化，因而只是刑事立法政策的选择问题。[①] 例如，我国台湾地区学者林山田教授认为，所谓犯罪化，系指针对某一破坏法益的不法行为，经过刑事立法政策上的深思熟虑，认定非动用刑罚的法律制裁手段，无法衡平其恶害，或无法有效遏阻者，乃透过刑事立法手段，创设刑事不法构成要件，赋予该不法行为刑罚的法律效果，使其成为刑法明文规定处罚的犯罪行为。[②]

还有的学者认为，由于刑法规范属于禁止性规范，无论在犯罪化的过程中如何努力保持克制和谦抑，犯罪化终究意味着公民自由空间的相应缩减，因此，犯罪化应当是一种审慎的举措，只能够通过立法途径进行。换言之，犯罪化的主体具有唯一性，仅限于国家的立法机关，除此以外的任何机关和个人都无权进行犯罪化操作。这也是现代刑法中罪刑法定原则的基本要求。[③]

（2）肯定说。这些学者认为，犯罪化包括立法上的犯罪化和法律适用解释上的犯罪化（司法上的犯罪化）。[④]

司法上的犯罪化，也可谓解释适用上的犯罪化，即在适用刑法时，将迄今为止没有适用刑法作为犯罪处理的行为，通过新的解释将其作为犯罪

---

① 梁根林：《刑事法网：扩张与限缩》，法律出版社 2005 年版，第 3 页。

② 林山田：《刑法的革新》，台湾学林文化事业有限公司 2001 年版，第 128 页。

③ 卢建平主编：《刑事政策学》（第二版），中国人民大学出版社 2013 年版，第 188 页。

④ ［日］大谷实：《刑事政策学》，黎宏译，法律出版社 2009 年版，第 95 页。

处理。[①]

关于法律适用解释上的犯罪化的含义，学者的理解并不完全一致。日本大谷实教授认为，所谓适用解释上的犯罪化，是指在解释、适用刑罚法规之际，将本刑罚法规适用于迄今为止没有被作为犯罪予以取缔的事实。它包括变更解释的情况（解释上的犯罪化）和取缔方针变更的情况（适用上的犯罪化）两种类型。前者是指通过扩大刑罚法规的解释而进行的犯罪化；与此相对，后者正如在刑罚法规的适用范围内的某种事实，由于长年不对其适用刑罚，实际上等于废止了对其适用刑罚，但现在又重新对其适用刑罚，进行犯罪化的情况。[②]

我国梁根林教授认为，在严格的意义上，所谓适用解释上的犯罪化的前提仍然是刑法文本对这种行为已经明确规定其为犯罪，或者至少是在不违反罪刑法定原则的前提下超越刑法文本及其语词的通常字面含义，而通过扩张解释将特定行为解释为刑法文本已经明文规定的犯罪。[③]

2. 司法上犯罪化的主要表现

在我国，司法上的犯罪化，主要表现为如下几种典型的情形：

第一，刑法分则对大量犯罪规定了“情节严重”、“数额较大”等量的限制条件。与以往相比，刑事司法放宽对情节严重的认定标准、降低数额较大的起点标准，就意味着犯罪化。

第二，刑法对一些犯罪的实行行为，只作了性质上的限定，而没有对行为的方式作具体规定。在这种情况下，刑事司法也完全可能在不违反罪刑法定原则的前提下，将原本没有当犯罪处理的行为以犯罪论处，如对抢夺公交司机方向盘的乘客以危险方法危害公共安全罪追究刑责。[④]

第三，即使刑法对构成要件有较为具体的描述，但只要具有解释的空间，也不排除刑事司法上的犯罪化。

第四，有些行为实质上具有严重的法益侵害性，原本属于刑法明文规定的犯罪行为，但由于某种原因，刑事司法上未能以犯罪论处。后来刑事司法

---

① 张明楷：《司法上的犯罪化与非犯罪化》，载《法学家》2008 年第 4 期，第 66 页。

② ［日］大谷实：《刑事政策学》，黎宏译，法律出版社 2009 年版，第 96 页。

③ 梁根林：《刑事法网：扩张与限缩》，法律出版社 2005 年版，第 4 页。

④ 卢金增、葛业锋：《乘客借酒劲抢夺公交车方向盘致车辆失控被判刑三年》，载 http：//news. jcrb. com/jxsw/201812/t20181203_ 1935633. html。

改变态度，对该行为以犯罪论处，从而实行犯罪化。[①]

如在以往的司法实践中，通常仅对收受他人财物并已实施或者实现了为他人谋取利益的行为的，才认定为受贿罪。但最高人民法院 2003 年 11 月 13 日《全国法院审理经济犯罪案件工作座谈会纪要》指出："为他人谋取利益包括承诺、实施和实现三个阶段。只要具有其中一个阶段的行为，如国家工作人员收受他人财物时，根据他人提出的具体请托事项，承诺为他人谋取利益的，就具备了为他人谋取利益的要件。明知他人有具体请托事项而收受其财物的，视为承诺为他人谋取利益。"与以往的司法实践相比，将收受与职务有关的财物（作为将来职务行为的不正当报酬）的行为认定为受贿罪，就是一种犯罪化。2016 年 4 月 18 日两高《关于办理贪污贿赂刑事案件适用法律若干问题的解释》第十三条又作了新的阐释，该条第二款规定："国家工作人员索取、收受具有上下级关系的下属或者具有行政管理关系的被管理人员的财物价值三万元以上，可能影响职权行使的，视为承诺为他人谋取利益。"以克服"感情投资"型贿赂案件难题，即便案发时尚未出现具体的职务行为乃至承诺，只要在一般人看来具有影响职权行使的可能性，便可以认定"为他人谋取利益"这一要件。

从上述表现形式可以看出，一方面，司法上的犯罪化是与以往的刑事司法的状态相比较而言的，因而意味着刑事司法的变更。另一方面，被犯罪化的行为以往都是违法行为。换言之，以往完全正当合法的行为，是不能实行司法上的犯罪化的。司法上的犯罪化之所以形成，主要基于两个方面的原因：其一，司法机关对事实作了重新评价。例如，之所以降低侵犯著作权罪的情节严重标准，就是因为对侵犯著作权罪的法益侵害性作了重新评价。其二，司法机关对法条作了重新解释。例如，之所以将"履职时未被请托，但事后基于该履职事由收受他人财物的"行为认定为受贿罪，就是因为对"为他人谋取利益"作了重新解释。

3. 司法上犯罪化的趋势

司法上的犯罪化主要是通过对刑法的定罪规范的解释适用来实现的。

尽管有的学者认为我国在今后的相当长时间内，司法上的犯罪化是主流趋势。理由：当今社会非正式的社会统制减弱，越来越依赖刑罚；社会犯罪的危害普遍加重，越来越需要刑法的提前介入；随着行政管理加强，行政犯

---

① 参见张明楷：《司法上的犯罪化与非犯罪化》，载《法学家》2008 年第 4 期，第 66-67 页。

会越来越多，而且行政犯的法益侵害性也越来越明显等。司法上的犯罪化，实际上是因为社会生活事实的变化，在刑法条文可能具有的含义内，对刑法做出同时代的客观解释的结果，是刑法真实含义不断变化的结果。只要司法上的犯罪化并不背离法条的客观含义，即使违背了所谓立法原意，也应认为符合罪刑法定原则。①

但我国多数学者对司法上的犯罪化持谨慎态度，甚至有的持否定态度，其主要的担忧是这一做法可能导致对罪刑法定原则的背离。在罪刑法定、立法明确规定犯罪构成要件的前提下，司法上的犯罪化是应当受到严格限制的，特别是如何把握好解释的限度，禁止类推解释，区分扩大解释和越权解释之间的界限，这是法律适用解释上犯罪化的关键问题。②

（二）司法上的非犯罪化

1. 司法上非犯罪化的含义

关于非犯罪化的界定，理论界的观点不尽一致，大体上可分为四类：

第一类观点是最狭义说。例如，我国有学者认为：无论是犯罪化还是非犯罪化，其主体都只能是刑事立法机关，非犯罪化应仅指立法上的非犯罪化，主张司法机关对法律已经规定为犯罪的行为也可通过“不予认定为犯罪”之手段进行非犯罪化的观点，实际上是将司法机关也纳入刑事立法主体，而刑事立法主体的多元化将使罪刑无法明确化，最终导致罪刑法定原则的沦丧。③

第二类观点是狭义说。日本学者森下忠认为，司法上非犯罪化包括两种类型：一是司法上的非犯罪化，即由审判机关或者法官基于对某法律的理解、解释而不将某行为作为犯罪处罚；二是事实上的非犯罪化，即虽然在立法上将某行为（如堕胎）规定为犯罪并规定了一定的处罚，但司法机关在大多情况下都不予追诉。④

大谷实认为，司法上的非罪化包括取缔上的非犯罪化和审判上的非犯罪化。取缔上的非犯罪化是指刑罚法规虽然存在，但因调查以及取缔机关不适

---

① 参见张明楷：《司法上的犯罪化与非犯罪化》，载《法学家》2008 年第 4 期，第 70、74-75 页。

② 卢建平主编：《中国刑事政策研究综述》，中国检察出版社 2009 年版，第 128 页。

③ 参见王明星：《刑法谦抑精神研究》，中国人民公安大学出版社 2005 年版，第 186-188 页。

④ 参见［日］森下忠：《刑事政策的论点》，日本成文堂 1997 年版，第 33-35 页。

用该刑罚法规，事实上几乎不作为犯罪处理的情况，又称为事实上的非犯罪化。[①] 审判上的非犯罪化是指通过刑事审判而进行的非犯罪化，也称“司法上的非犯罪化”。它以通过变更判例、变更刑罚法规的解释和适用，将从来均被处罚的行为今后不再处罚为内容。在此种场合，法院认可刑罚法规在习惯法上已被废止，并对由于该刑罚法规而被起诉的事实做免诉处理。[②]

我国也有学者支持日本学者的观点，认为司法上的非犯罪化，是指在规定犯罪的刑法条文没有变化的情况下，司法机关[③]基于某种原因，将原本属于刑法规定的犯罪行为，不以犯罪行为论处。司法上的非犯罪化包括审判上的非犯罪化与取缔上的非犯罪化。[④]

第三类观点是广义说。根据欧洲委员会的《非犯罪化报告》，事实上的非犯罪化[⑤]是指刑罚制度的正式反应没有发生变化，但刑事司法制度对特定情况下的特定行为减少了其反应的现象。事实上的非犯罪化的途径主要有将轻微犯罪行为交由警察机构之外的机关处理、检察官行使自由裁量权不起诉、法院科处最低限度或者象征性刑罚等。[⑥] 法国学者米海依尔·戴尔玛斯·马蒂也认为：对非犯罪化的概念应从最广泛的意义上来理解，非犯罪化既可能源于某种官方的选择即法律上的非犯罪化，也可能源于某种一般的实践即事实上的非犯罪化。[⑦]

我国也有部分学者持广义观点。有的学者认为司法上的非犯罪化，是指刑法关于具体犯罪的罪刑规范没有发生变化，但司法机关通过刑事法律适用活动，不将该行为以犯罪论处。司法上的非犯罪化可分为追诉上的非犯罪化

① 造成取缔上的非犯罪化的原因：该刑罚法规与国民情感严重背离；由于社会变动，处罚的必要性已经消失，但法律尚未被废止；因取缔体制的弱化，对一部分违反者处罚的话，会引起差别对待。

② 参见［日］大谷实：《刑事政策学》，黎宏译，法律出版社 2009 年版，第 101-102 页。

③ 在日本，司法权具有终局、独立、中立、被动等特性，系专指法院的审判权而言，因此，只有法院的审判活动才可称为“司法”。在我国，理论和实务基本上都认为公、检、法的活动均属“司法”范畴。

④ 张明楷：《司法上的犯罪化与非犯罪化》，载《法学家》2008 年第 4 期，第 70 页。

⑤ 在欧洲所称事实上的非犯罪化，与日本所称的事实上（取缔上）的非犯罪化。尽管称谓相同，内涵不同，但本质都是相对于立法上（法律上）的非犯罪化而言的。

⑥ European Committee on Crime Problems, Report on decriminalisation, Strasbourg 1980, p. 166.

⑦ 参见［法］米海依尔·戴尔玛斯·马蒂著：《刑事政策的主要体系》，卢建平译，法律出版社 2000 年版，第 254-255 页。

和审判上的非犯罪化。前者是指追诉机关对依刑法规定构成犯罪的行为，不以犯罪追诉，如公安机关对犯罪事实显著轻微的案件不予立案[①]和检察机关对犯罪情节轻微的案件不提起公诉；后者是指审判机关通过对犯罪构成要件的重新解释，将不具备可罚性的行为排除在犯罪认定之外。[②] 还有的学者认为，司法上的非犯罪化主要通过侦查、起诉和审判阶段的非犯罪化来实现，这是立足于我国的司法实践而得出的结论。在侦查阶段，能作为治安处罚的就不作为犯罪追究；在起诉阶段，正确适用裁量不起诉制度；在审判阶段，能不定罪的就不定罪。[③]

第四类观点是最广义说。例如，我国台湾地区学者林山田总结了司法上非犯罪化的四种方法：一是除刑化，即通过刑事立法手段，对于刑事实体法明定的犯罪行为规定的舍弃刑罚，由此使行为人之行为虽仍成立犯罪，并宣示其罪责，但却免受刑罚的制裁；二是缓刑，包括暂缓刑罚的宣告与暂缓宣告刑的执行；三是增设追诉要件，即在刑事立法上针对本属非告诉乃论的特定犯罪，因其行为的轻微情状而明定必须告诉乃论；四是不予追诉，包括舍弃追诉或停止程序与暂时舍弃追诉或暂停程序。[④]

综上可见，狭义非犯罪化与广义非犯罪化的争议焦点在于对非犯罪化途径的理解和认识，或者说是非犯罪化的主体问题，即非犯罪化的主体是否包括司法机关，以及司法机关是否专指法院。

持最狭义说的论者质疑通过司法途径实现的非犯罪化的正当性与合法性。对此，我们认为：司法上的非犯罪化是非犯罪化的重要内容和途径，对其合法性与正当性应当予以肯定。司法上的非犯罪化与罪刑法定原则并不矛盾。“法无明文规定不为罪，法无明文规定不处罚”——罪刑法定原则的这一经典表述用否定性、排除性的方式表达出了该原则的本意，即罪刑法定原则的初衷是为了限制入罪，防止统治者滥用刑罚权对公民进行刑事追究、侵害公民的权利。这也是该原则的价值和魅力所在。罪刑法定并不等于有罪必究。实际上在限制国家刑罚权的动用这一方面，非犯罪化与罪刑法定原则具有一定

---

① 对该学者的“司法上的非犯罪化在立案环节表现为对犯罪事实显著轻微的案件不予立案”，笔者持异议，因为侦查转处更多表现为侦查终结撤案不移送起诉。

② 参见贾学胜、孙春雨：《司法上的非犯罪化的基本问题》，载《法学杂志》2013年第11期，第118-119页。

③ 侯铁男、宋殿宝：《宽严相济刑事政策刍议》，载《人民法院报》2007年2月6日，第5版。

④ 参见林山田：《刑法的革新》，台湾学林文化事业有限公司2001年版，第127-141页。

的相通之处：非犯罪化在本质上是压缩犯罪圈，即通过建立出罪机制，将一些轻微的危害行为从刑法干预范围中排除出去，由此也排除了刑罚的适用。出罪机制的建立涉及立法和司法两个层面。我国1997年《刑法》第十三条中的“但书”规定只是构筑了一个大的框架，而何种情形属于“情节显著轻微危害不大”，则需要司法人员在办理案件过程中加以具体考量。①

最广义说对司法上非犯罪化的界定十分广泛，但是，其中有的内容实际上已经超出了非犯罪化的应有之义。司法上的非犯罪化应是指将原本规定为犯罪的行为从刑法干预范围中排除出去，而上述所谓的除刑化、暂缓刑罚宣告和暂缓刑罚执行，都是以认定行为成立犯罪为前提的，特别是暂缓刑罚宣告与暂缓刑罚执行，是以行为成立犯罪、被追诉为前提的，并且在一定时期内仍时刻存在着宣告、执行刑罚的可能，这与非犯罪化的含义无疑是相矛盾的。

广义观点的学者认为司法上的非犯罪化包括侦查转处、裁量不起诉、法院科处最低限度或者象征性刑罚等。这种观点本身是正确的，但由于本教材已经在前述的侦查程序和起诉程序中的刑事司法政策中对相关内容进行了论述，故在本节司法定罪政策部分采用狭义说，即司法上的非犯罪化包括审判上的非犯罪化与取缔上的非犯罪化。

2. 司法上非犯罪化的主要表现

在我国，司法上的非犯罪化，主要表现为如下几种典型的情形：

（1）尊重、强化被害人的权利选择，根据被害人的意愿对加害人作宽大处理。例如，《最高人民法院关于审理未成年人刑事案件具体应用法律若干问题的解释》第九条第三款之规定将盗窃亲属财物不作为犯罪处理的“亲属”范围由原来最高人民法院解释规定的“近亲属”扩大到“其他亲属”，但是必须具备“其他亲属要求不予追究”的条件才可不作为犯罪处理。在判决宣告前，其他亲属随时可以提出不追究的请求。而其他亲属一旦提出该要求，司法机关就宜对嫌疑人作无罪化处理。

（2）调高入罪门槛/情节犯和数额犯的部分非犯罪化。我国《刑法》对许多犯罪规定了量的限制，如情节严重、数额较大等。但是随着社会生活的变化，司法机关会对行为的违法程度进行重新评价。当司法实践对情节严重进行严格认定或者提高数额较大的起点标准，就意味着非犯罪化。例如，盗

① 卢建平主编：《刑事政策学》（第二版），中国人民大学出版社2013年版，第189-191页。

窃罪“数额较大”的标准，两高《关于办理盗窃刑事案件适用法律若干问题的解释》已经从1992年的300~500元提高到2013年的1000~3000元。

（3）将轻微犯罪行为非司法化或降格作无罪处理。具体说来，包括三点内容：

其一，通过司法解释，把一些原本作为犯罪处理的案件作无罪处理。早在《刑法修正案（八）》实施后不久召开的全国法院刑事审判工作座谈会上，时任最高人民法院副院长的张军大法官就要求正确把握危险驾驶罪的构成条件，主张认定危险驾驶罪不应仅从文意上理解《刑法修正案（八）》的规定，只要达到醉酒标准驾驶机动车的，就一律构成犯罪，也应根据《刑法》第十三条的规定，对于情节显著轻微危害不大的，不认为是犯罪。面对因醉酒驾驶被追诉的行为人数量巨大，将一些本不需要追究刑事责任的行为人入罪的现实，为了减轻审判压力，也为了保持刑法的谦抑性，司法机关不得不出台政策进行区别对待。例如，重庆市高级人民法院以会议纪要方式规定：“经检验，行为人血液中酒精含量在130mg/100ml以下（含130mg/100ml）的，已经提起公诉的，法院可以判处免予刑事处罚；但是，具有下列情节之一的除外……”上海市高级人民法院规定，对于挪用车位型、救治病人型、睡觉休息型、隔时醉驾型、尚未驶出型、被醉驾追尾型六类情况，适用《刑法》第十三条的“但书条款”，即“犯罪情节显著轻微，危害不大，不认为是犯罪”。①

其二，对于未成年人轻微犯罪，作无罪处理。例如，《最高人民法院关于审理未成年人刑事案件具体应用律若干问题的解释》第六条、第七条、第九条第一款和第二款的规定。

其三，对于一些因拆迁等问题引发的群体性犯罪案件，以及参与人员众多的普通寻衅滋事案件，坚持惩治少数，争取、团结、教育大多数的原则进行处理。对一些情节较轻的从犯，司法机关可适用《刑法》总则第十三条“情节显著轻微，危害不大，不认为是犯罪”的规定，作无罪处理，以缓和政府与人民群众之间的矛盾和冲突，减小对立面。②

3. 司法上非犯罪化的趋势

尽管有个别学者认为，我国当今社会犯罪危害普遍增大和非正式社会统制减弱的现实使得在今后相当长的时间内司法上的犯罪化应是主流趋势；我

---

① 姜涛：《立法事实论：为刑事立法科学化探索未来》，载《法制与社会发展》2018年第1期，第117-118页。

② 毛卓俊：《宽严相济刑事司法政策在检察工作中的实现》，载中国人民法制网，http：//www.fz-china.com.cn/ShowInfo.aspx？ID=10501，2007-07-16。

国《刑法》分则对犯罪构成的规定具有量的限制，刑事立法上已经基本将国际社会所称的微罪与部分轻罪排除在犯罪之外，实行了非犯罪化，在刑法规定的犯罪大抵相当于国外刑法规定的重罪的情况下，司法上的非犯罪化几乎不可能，因此，司法上的非犯罪化应呈颓势。①

但司法上的非犯罪化在我国理论界和实务界受到较为普遍的肯定，尤其是在宽严相济刑事政策的指导下，司法上非犯罪化的实践探索更是走在了理论的前面。②

有学者指出，由于我国在立法上已经明确区分了犯罪与一般违法行为，且各自由不同的法律进行规制，同时，我国刑法中极少涉及道德犯罪，对无直接被害人的犯罪，现行刑法也只规定了赌博罪、重婚罪等少数几种，因而在立法上进行非犯罪化的空间已很有限，所以，司法上的非犯罪化是我国目前及今后非犯罪化实践的主要途径。③

还有学者针对司法上的非犯罪化应呈颓势的观点进行了反驳：重罪和轻罪的划分只能以一国的刑法体系为标准和参照，尽管我国的轻罪相当于欧美主要国家的重罪，但这些犯罪在我国的刑法体系中属于轻罪，对轻罪就存在非犯罪化的可能。不论从历史还是从现实看，尽管犯罪化在数量上肯定多于非犯罪化，但不应否定和忽略非犯罪化保障刑法健康发展的重要意义。④ 诚如我国台湾学者林山田教授所言："犯罪化与去犯罪化有如汽车中的油门与刹车，一味加油，固然可使汽车飞速前进但易肇祸，导致人命的伤亡与财产的损失，可是老踩刹车，行车固然安全，但车行缓慢不前，故油门与刹车必须交互使用，不可偏废一方。"⑤

我国刑法对犯罪的界定包括性质和程度两个方面，社会危害性是对其"质"的规定，而严重到应受刑罚处罚的程度则是对其"量"的限定。同样，非犯罪化也要从这两方面着手。立法上的非罪化主要是从行为性质方面入手，否定某种行为类型的犯罪性。司法上的非犯罪化则主要是从行为程度方面进

① 参见张明楷：《司法上的犯罪化与非犯罪化》，载《法学家》2008 年第 4 期，第 74-93 页。

② 卢建平主编：《中国刑事政策研究综述》，中国检察出版社 2009 年版，第 128 页。

③ 郭理蓉：《宽严相济视野下的犯罪化与非犯罪化——从最高人民检察院〈不起诉标准〉说起》，载《河北法学》2008 年第 4 期。

④ 贾学胜、孙春雨：《司法上的非犯罪化的基本问题》，载《法学杂志》2013 年第 11 期，第 122 页。

⑤ 林山田：《刑法的革新》，台湾学林文化事业有限公司 2001 年版，第 154 页。

行的，在立法定性的前提下，从"量"的方面进行排除处理。从我国现行刑法的规定来看，在立法上进行非犯罪化的空间确实已很有限，因此，司法上的非犯罪化是我国目前及今后非犯罪化实践的主要途径。

近几年，一些省、市的司法机关实行的对轻微犯罪的刑事和解、对危险驾驶罪的部分情况不认为是犯罪等，都是司法机关先行的探索和尝试。值得注意的是，由于目前所进行的一些司法上的非犯罪化举措尚无法律依据，加之实施中的规范性不足，因而也招致了一些质疑和批评。为了维护法治的严肃性和稳定性，笔者建议，对于实践中所探索和尝试的一些非犯罪化的措施，在其效果经过一定的实证考察和评估后，在积累一定经验的基础上，应当在法律中加以明确规定，使这些举措不仅具备立法依据，而且在具体实施方面能够进一步规范化。

有学者指出，司法上的非犯罪化虽有其合理性，但也不是无限度、无边界的。特别是在宽严相济刑事政策的前提下，在对某些案件进行非犯罪化处理时，要正确理解和把握"宽"的精神，"宽"不是无原则、无限度地宽，要严格把握轻微犯罪的标准和界限，防止片面追求宽缓而偏离严格执法的轨道。[①] 此外，还有学者强调在司法非犯罪化的实践中还特别应当加强对司法机关的有效监督，防止发生"大案化小，小案化微"的腐败、渎职现象。[②]

四、刑罚裁量政策

刑罚裁量政策，简称量刑政策，是刑罚裁量活动所遵循的原则、规则、制度、方法等的总称。刑罚裁量是刑罚适用的核心内容，也是实现刑事政策目标的重要环节。量刑适当与否、合理与否，直接影响到刑罚功能的发挥与刑罚目的的实现。

（一）刑罚裁量政策的类型

量刑政策是某一国家的刑罚目的以及基本刑事政策的具体体现。在不同时期，在不同的刑罚目的和刑事政策思想的指导下，会产生不同的量刑政策。从量刑政策的发展、演变来看，主要表现为如下几种形态：

1. 刑罚裁量的擅断主义

量刑擅断主义主要存在于奴隶社会和封建社会，是威慑刑时代的产物。

---

① 肖玮、吕卫红：《最高检公诉厅官员详解五种不起诉案件标准》，载正义网，2007年8月17日。

② 卢建平主编：《中国刑事政策研究综述》，中国检察出版社2009年版，第126页。

在当时，刑罚主要是被用作镇压、威慑民众的手段；对罪犯处罚与否、处以何种刑罚以及适用何种刑罚幅度，主要是依据统治者的个人意志。量刑擅断主义主要表现为两种倾向，即滥用重刑和大量的法外用刑。据考证，在中国封建社会时期，自汉代开始除了少数朝代以外，绝大部分朝代都存在着大量的法外刑。欧洲的中世纪同样是罪刑擅断泛滥的时期。

2. 刑罚裁量的客观主义

随着启蒙运动的兴起，资产阶级思想家严厉谴责和批判罪刑擅断，积极倡导刑罚的客观主义，认为只有依据犯罪及其危害程度，特别是依据犯罪结果的大小来适用刑罚，才是客观、公正的，才能实现罪刑均衡。资产阶级革命胜利以后，罪刑相适应原则在早期刑法中得以确立，但是建立在客观主义犯罪观和报应主义刑罚观基础之上的，其强调已然之罪是适用刑罚的依据，要求刑罚的轻重应与犯罪行为的社会危害大小相均衡。考虑到刑罚的不确定性具有侵犯人权的极大危险，1791 年《法国刑法典（草案）》不仅明文规定了各种犯罪，而且规定了绝对确定的法定刑，在量刑上不给法官留有任何自由裁量的余地，这使得在对许多具体犯罪案件的处理上不能应情科刑，导致刑罚失去了具体的妥当性。其后的 1810 年《法国刑法典》将绝对确定的法定刑改为相对确定的法定刑。这一做法为后来多数国家的刑法典所借鉴和采纳，成为各国刑法的通例。

3. 刑罚裁量的主观主义

19 世纪末，随着刑事人类学派和刑事社会学派的兴起，人们对犯罪的关注开始由犯罪行为转向了犯罪人。根据刑事实证学派的观点，犯罪是行为人生理状况、心理情状与周围环境交互影响的产物，而并非由于行为人的自由意志。各犯罪人的个人情况不同，即便是就同一种犯罪而言，犯罪人的反社会性或人身危险性也是因人而异的，所以，刑罚的根据不应是犯罪的外部实害，而应是犯罪人的反社会性或人身危险性。量刑主观主义是建立在目的刑观念基础之上的。刑罚的目的在于预防犯罪，这是刑事近代学派关于刑罚适用的一个基本主张。在否定刑罚报应主义、力倡预防刑的基础上，刑事近代学派提出了以刑罚个别化作为适用刑罚的一项原则。刑罚个别化的产生，是现代刑事政策的重要收获。该原则对 20 世纪以来各个国家刑罚立法及其适用的实践均产生了重要影响。

4. 刑罚裁量的折中主义

20 世纪中期以后，犯罪数量的大幅度增加、累犯率的上升等导致了报应和威慑思想的回潮，刑罚目的综合论开始受到重视并逐渐盛行起来，由此促成了刑事立法与司法实践的一系列变革。很多国家的量刑政策也随之进行了调整，呈现出罪刑相适应与刑罚个别化的折中倾向，即刑罚的裁量既要求与行为人所实施的犯罪行为的客观实害相适应，又要求将犯罪人的个人情况作为影响量刑的重要因素加以考虑。这一主张在很多国家的刑法典中得到了体现。例如，德国1998年《刑法典》第46条规定："犯罪人的责任是量刑的基础，且应考虑刑罚对犯罪人将来社会生活产生的影响。""法官在量刑时应权衡一切对犯罪人有利和不利的因素，特别应注意下列事项：犯罪人的犯罪动机和目的，行为所表露的思想和行为时的意图，违反职责的程度，行为方式和犯罪结果，犯罪人的履历、人身和经济情况及犯罪后的态度，尤其是为了补救损害所作的努力。"这项规定在恪守责任主义原则的同时，突出了犯罪人将来复归社会的特殊预防的思想。类似的规定还可见于意大利、瑞士等国家的刑法中。

（二）刑罚裁量的模式选择

客观主义的量刑政策侧重考虑刑罚与犯罪客观危害大小的均衡，主张对危害性相同的犯罪处以相同的刑罚，强调刑罚适用结果上的一致性和同罪同案同罚的平等性，倾向于一般公正的实现；主观主义的量刑政策则强调刑罚与犯罪人的人身危险性相适应，主张根据具体行为人的人身危险性，相应地适用不同的、有针对性的刑罚，倾向于追求个别公正的实现。在一个法治社会里，一般公正的实现在一定意义上比个别公正的实现更为重要，因为：法治的一个基本精神就是同等情况同等对待，这在刑事司法中的重要体现就是同罪同案同判。人们可以通过同类案件与同类法律后果之间的恒定联系，建立起对量刑均衡和公正的确定信念。如果司法实践中出现同案不同判，便会向人们传递着消极信息，法治原则将无法真正得到张扬，人们便无法通过前后一贯的案例信息在头脑中形成法律行为与结果的稳定预期。[①] 能够实现所有案件的个别公正当然是量刑公正的理想境界，可是这很难达到。因此，量刑政策的选择实际上是一般公正和个别公正相平衡与协调的过程，较为合理的量刑政策应当是一种折中的模式，即在一般公正的前提和框架下，保证个别公正的实现。

1. 一般公正的制度保障：量刑基准的统一

量刑基准，即根据何种原则或规则进行刑罚裁量的问题，具体包括什么样的事项应当作为量刑时所考虑的对象，应当根据何种原则来进行刑罚的量

① 参见白建军：《罪刑均衡实证研究》，法律出版社2004年版，第370页。

定等内容。[1] 量刑基准的统一是一般公正实现的前提和保障，最重要的是确立量刑原则。

责任原则与刑罚个别化原则是刑罚裁量应当遵守的两项基本原则。在量刑时，一方面应坚持刑罚与犯罪行为的客观实害相适应，另一方面应考虑刑罚与犯罪人的人身危险性相适应。作为对责任原则的补充，刑罚个别化原则具有十分重要的意义，其强调特殊预防，不仅体现了对不同的犯罪人区别对待的刑事政策，而且有利于使刑罚得以合理有效的适用。

（1）责任原则。责任原则，又称“责任主义”、“责任负担的原理”，是国外刑法学界非常强调的刑罚原则。我国台湾地区学者通常称之为“罪责原则”，并将其作为刑罚的一个首要原则。

由于对刑事责任理解的立场不同，在大陆法系刑法理论中先后出现了道义责任论、社会责任论、人格责任论、心理责任论、规范责任论等不同的观点。但无论不同理论之间有何重大的区别，在目前，责任原则作为刑罚的一项基本原则已是毫无疑问的。

责任原则作为一项重要的量刑原则，其含义有三：其一，责任是量刑的前提。有责任才有刑罚，对没有责任者不能处以刑罚。因此，责任具有决定能否判处刑罚的功能。其二，责任程度是量刑的基准。量刑时应以责任的严重程度来决定刑罚的严重程度，对犯罪人判处的刑罚应当与其所应承担的刑事责任相均衡，这意味着责任具有决定处刑的程度及分量的功能。其三，责任是量刑的限制。责任主义在应否科以刑罚、科以何种程度的刑罚上约束了国家刑罚权的无限制行使，从而防止了国家根据功利的需要对个人进行不当的干涉。

责任原则在很多国家的刑法中也得到了明确体现。例如，瑞士 1996 年《刑法典》第 63 条规定，法官根据行为人的罪责量刑。德国 1998 年《刑法典》第 46 条第 1 款规定，行为人的责任是量定刑罚的基准。

（2）刑罚个别化原则。刑罚个别化是指法官在适用刑罚时，要充分考虑犯罪人的人身危险性即再犯可能性，根据犯罪人人身危险性的大小适用轻重不同的刑罚，以期收到改造教育罪犯、实现刑罚特殊预防的目的之功效。[2]

主观主义刑事学派所主张的刑罚个别化原则对 20 世纪以来的刑事立法产生了重要影响。例如，日本 1974 年《改正刑法草案》第 48 条第 2 款规定，

---

① 这是量刑基准的广义理解，量刑基准的狭义理解是指标准罪行的处断刑罚量。

② 周振想：《刑罚适用论》，法律出版社 1990 年版，第 183 页。

适用刑罚时，应当考虑犯罪人的年龄、性格、经历与环境，犯罪的动机、方法、结果与社会影响，犯罪人在犯罪后的态度以及其他情节，并应当以有利于抑制犯罪和促进犯罪人的改善更生为目的。澳门 1995 年《刑法典》第 65 条，我国台湾地区现行“刑法典”第 57 条等也都有类似规定。

刑罚个别化也是英美法系国家在量刑实践中遵循的一项原则。例如，英国法官量刑时须考虑被告人的个人情况。被告人的年龄是少年还是老人，是否失业，是否酗酒或者有其他不良习惯，是否悔过，是初犯还是惯犯等情况，是法官确定刑罚的种类及轻重时要考虑的情形。[①]《美国法典》第二十八篇第九百九十四节（d）规定，量刑委员会应考虑是否某些具体罪犯特征“与适当判决的性质、程度、服刑地或其他事件有关联”。这些具体罪犯特征包括犯罪人的年龄、教育和职业技能、心理和情感状况、身体状况、就业记录、家庭联系与责任、社区联系、犯罪史等。但这些因素只有在被量刑委员会认定为同判决相关时才对其加以考虑。[②]

（3）我国的量刑原则。我国《刑法》第五条规定：“刑罚的轻重，应当与犯罪分子所犯罪行和承担的刑事责任相适应。”罪责刑相适应原则的基本要求是对犯罪分子所判处的刑罚必须同犯罪人的刑事责任相均衡；责轻刑重、责重刑轻或者责任轻微依法不应判处刑罚而适用刑罚的，都是有违这项原则的精神的。责任原则的基本含义是，责任是量刑的前提、基准及限制。可见，作为我国量刑原则之一的罪责刑相适应原则与国外刑法中的责任原则在含义上具有某些相通之处。可以说，罪责刑相适应原则是责任原则在我国刑法中的体现。

此外，2017 年 4 月 1 日起实施的《最高人民法院关于常见犯罪的量刑指导意见》（以下简称《量刑指导意见》）规定了量刑的指导原则：一是量刑应当以事实为根据，以法律为准绳，根据犯罪的事实、性质、情节和对于社会的危害程度，决定判处的刑罚。二是量刑既要考虑被告人所犯罪行的轻重，又要考虑被告人应负刑事责任的大小，做到罪责刑相适应，实现惩罚和预防犯罪的目的。三是量刑应当贯彻宽严相济的刑事政策，做到该宽则宽，当严则严，宽严相济，罚当其罪，确保裁判法律效果和社会效果的统一。四是量刑要客观、全面把握不同时期不同地区的经济社会发展和治安形势的变化，

---

① 中国政法大学刑事法律研究中心、英国大使馆文化教育处主编：《中英量刑问题比较研究》，中国政法大学出版社 2001 年版，第 264 页。

② 参见美国量刑委员会编：《美国量刑指南》，王世洲等译，北京大学出版社 1995 年版，第 392-396 页。

确保刑法任务的实现；对于同一地区同一时期、案情相似的案件，所判处的刑罚应当基本均衡。但量刑原则作为一个在刑法理论与司法实践中都具有重大意义的问题，应该在刑事立法中得到明确规定，特别是确立刑罚个别化原则的地位，以更好地指导量刑活动。

2. 一般公正框架下个别公正的实现：允许并限制法官的自由裁量权

据《牛津法律大辞典》，“法官自由裁量权”是指法官在公正、合理的情况下酌情做出决定的权力。

刑事自由裁量权的存在有其必然性，在实现个别正义、保证刑法的灵活性等方面彰显出独特的价值。但事物往往具有两面性：如果实行严格的规则主义，法官便没有任何自由裁量权，这显然不利于实现个案的公正；而法官在量刑中的自由裁量权过大也会适得其反，有可能因法官过度地以自己的刑罚价值观影响量刑而导致量刑失衡、司法不公甚至司法擅断，不仅会影响到刑罚目的的实现，而且可能导致保护公民的刑罚手段反而蜕变成为侵犯公民人权的手段。故应允许并限制法官的自由裁量权。

（1）影响法官刑事自由裁量权的主要因素。美国联邦法院前任首席大法官波斯纳将法官的自由裁量权形象地比喻为“黑箱”，他认为黑箱里的东西和成分复杂多样，法律也许只是其中的一小部分。法官在把待决案件投入自由裁量的黑箱里以及最后得出判决的过程中，法律也许只是用来帮助确定一个起始方向并提供具体的原始材料，许多非法律性的成分在黑箱里起着重要作用，它们影响甚至决定自由裁量的结果。这种观点在一定程度上揭示了影响法官刑事自由裁量权的内外因素的复杂性。

结合我国的刑事司法实践，影响法官刑事自由裁量权的因素主要有以下几方面：一是刑事立法不完备。有关条文简单粗疏，法定刑幅度过大，同时关于量刑情节的规定用语含糊，又缺乏具体的适用标准，这就给法官提供了一个相对较大的自由斟酌的余地。二是刑事政策的存在。不同阶段的刑事政策，对于法官行使自由裁量权同样具有重要影响。例如，在“宽严相济”刑事政策提出后，全国法院判处的刑罚整体趋于轻缓。三是行政干预司法和司法行政化。虽然我国宪法和刑事诉讼法都明确规定，人民法院独立行使审判权，不受行政机关、社会团体和个人的干涉，但在司法实践中却往往难以实现。因为在领导体制上，法院对外要接受各级政法委员会、各级党委、政府和人大的领导，内部也由层级分明的各式各类的“长”组成近乎垂直的领导体系……诸多权力的牵制模糊了法官自由裁量权的存在。四是社会舆论的影响。随着网络技术的发展，社会公众参与司法的途径更为便捷，范围也更加广泛。但被少数人利用的不公正舆论会对法院的正确定罪量刑产生消极影响，有时甚至严重影响法官自由裁量权的行使，因为法官在判案过程中出于对判决的社会效果的考量不可能对社会公众的评论置若罔闻。五是法官的素质。法官素质的高低将在很大程度上决定案件的处理结果是否公正。法官业务素质的欠缺将会导致对很多案件自由裁量的失准，而法官职业道德素质的沦丧必将滋生司法腐败。[①]

（2）规范法官刑事自由裁量权的路径选择。

一是进一步完善刑事立法。完善刑事立法的量刑规定，是限制法官刑事自由裁量权的治本之举。而现有刑法对很多犯罪规定了多个量刑档次，却往往以“情节较轻”、“情节严重”等抽象、模糊的用语作为划分量刑档次的标准，且分则中上、下限之间的差距在5年以上的法定刑超过260个，约占法定刑总数的38%，给自由裁量留下了较大的空间。需要进一步明确具体适用标准。此外，对于刑法中未能用严格规则予以规范的内容，应通过司法解释的形式使之明确化，以降低法官自由裁量的范围。

二是建立案例指导制度。我国实际采用的是大陆法系的量刑模式，虽然有利于司法统一和法的稳定性、权威性，但由于相对确定法定刑的刑度弹性大，导致处刑差异大，容易产生量刑不公正。因此，最高司法机关定期或者不定期颁布量刑判例，作为各级人民法院量刑的法律依据，可以构建一种多元化的法律统一适用保障机制。最高人民法院在“二五”改革纲要中就提出建立和完善案例指导制度，其公布的典型、疑难案例中所体现的判案原则、方法以及判决结果，对法官处理类似案件起到了重要的参考作用。

三是制定并完善量刑指南。量刑指南对规范法官刑事自由裁量权，实现刑事个案的相对公正，进而使相同或类似案件能有相近的处理结果，保证法律适用的统一性具有非常重要的作用。我国从2014年全面实施量刑规范化，《量刑指导意见》一方面对于十五种常见犯罪案件的量刑起点均做了具体的幅度限制，有助于实现一般公正；但另一方面规范的罪名仍不足，而且对于常见量刑情节的适用采用了大量的比例制，对量刑情节冲突时的适用顺序又不明晰，还需进一步完善。

四是保证审判活动的独立性。全面推进司法责任制等基础性改革，完善法官、合议庭办案责任制，改革审判权力运行机制，实现“让审理者裁判，

① 徐秀红、邹世发：《统一裁判语境下的法官刑事自由裁量权及其规制》，载《湖北社会科学》2012年第9期，第129页。

由裁判者负责”，法官对办案质量终身负责，充分激发广大法官的工作积极性和责任感。坚持放权与监督相结合，构建全员全过程的监督管理机制。完善司法人员依法履职保障机制，推进人财物省级统管改革，着力构建新型司法管理体制。

五是提高裁判文书的说理性和公开性。裁判文书理由的说明不仅能够提高法官自由裁量权的社会认同度，促进自由裁量的发展，而且能够有效监督自由裁量的合理行使。近年来，我国法院在裁判文书的说理方面有了很大的进步，但还需进一步加强。而公开裁判文书可以把案件的处理置于更加广泛的社会监督之下，从而促使法官更加谨慎地行使手中的自由裁量权。近年来，我国司法公开取得重大进展，倒逼法官提升司法能力，让人民群众以看得见的方式感受公平正义。截至2018年2月底，中国裁判文书网公开文书4278.3万份，访问量133.4亿人次，成为全球最大的裁判文书资源库。①

六是提高法官素质。这是保证法官正确行使刑事自由裁量权的关键所在。在改革现行的法官遴选制度让法官队伍精英化的基础上，加强对现任法官的培训与交流。培训应坚持业务培训和职业道德教育并重，并建立健全法官淘汰机制。近五年各级法院坚持遴选产生员额法官，根据需求导向加强教育培训，建立挂职学者、法律研修学者、法律实习生制度，推动完善法治人才培养机制。

总之，量刑平衡需要具备一系列主客观条件。除了要完善刑事立法有关量刑的规定以及改革量刑方法之外，还需要提高审判人员的综合素质，保障审判活动的独立性，特别是要限制法官过于膨胀的量刑自由裁量权。解决量刑失衡问题，实现个案平衡和刑罚公正，是包括我国在内的各个国家都普遍关注的问题，也是量刑的刑事政策追求的终极目标。

【问题与思考】

1. 谈谈你对刑事司法政策的理解。
2. 谈谈你对我国司法上的犯罪化与非犯罪化的理解。

① 《2018年最高人民法院工作报告》，载 http：//www.court.gov.cn/zixun-xiangqing-87832.html。

第八章
刑罚执行政策

第一节 ‖ 刑罚执行政策概述

刑罚执行是刑事执行活动的组成部分，是国家行使刑事执法权的重要步骤，是实现刑罚目的的关键环节。

一、刑罚执行与刑罚执行政策

刑罚执行，是指刑罚执行机关依照法律规定执行刑罚的活动。刑罚执行具有如下特征：其一，法定性，即刑罚执行要依据法律规范规定有序进行，体现为执行依据的法定性、执行机关的法定性及执行程序的法定性；其二，强制性，即刑罚执行以国家强制力为后盾，这一强制力通过监狱等专门机构体现出来；其三，目的性，即刑罚执行的目的不仅在于惩罚犯罪，而且要实现预防犯罪的目的。

刑罚执行政策，是指国家和政党制定的指导刑罚和刑罚制度执行与落实的方针、政策、原则等方略总和。刑罚执行政策是刑事执行政策[①]的核心。刑罚的执行不仅关系到刑罚目的的实现，而且关系到刑罚功能与价值的实现。一定程度上讲，刑罚执行的好坏、优劣，还会影响到刑事司法系统其他环节的投入是否能够产生收益。由于某些刑罚执行的时间较长，所以更需要国家

---

① 目前，学界对刑事执行政与刑罚执行政策认识不一。有的认为二者基本一致。如有学者指出："刑事执行政策，是指在刑罚和某些刑罚制度的执行阶段所奉行的政策。" 参见刘仁文著：《刑事政策初步》，中国人民公安大学出版社 2004 年版，第 73 页。还有著作指出："刑事执行政策（简称行刑政策），顾名思义，就是指导和调节刑罚执行全过程的政策。" 参见卢建平主编：《刑事政策学》，中国人民大学出版社 2007 年版，第 251 页。本章出于相关内容考虑，统一用"刑罚执行政策"。

与政府根据国情、社会经济发展状况、治安发展态势和国内外犯罪观、刑罚观的变化，及时作出政策调整与调控。

二、现代刑罚执行的基本原则

刑罚执行原则，是指在刑罚执行过程中应遵循的基本准则。纵观历史，刑罚执行总体上经历了由落后走向文明、由严酷走向宽和、由野蛮走向科学的变迁之路。当今世界刑罚执行的基本原则概括如下：

（一）依法执行原则

依法执行原则，是指刑罚执行活动的所有方面都要依法办事的原则。刑罚执行活动是国家刑事执行活动的重要方面，由于这类执法活动涉及对公民权利的限制，并且以强有力的国家强制力作后盾，因而公民个人力量很难与这种国家强制力相抗。因此，为了防止公民在刑罚执行过程中遭受权力的损害，应当对刑罚执行活动提出更高的法治要求，无论是刑罚执行的参与人员，还是刑罚执行的程序设定、场所选择等都要严格遵守法律的相关规定。基于此，我国在《立法法》中对刑罚执行活动提出明确要求。依据该法规定，涉及犯罪和刑罚的事项，只能通过制定法律加以规范。

（二）人道主义原则

人道主义是14~16世纪欧洲文艺复兴运动产生的一种思想，它倡导关怀人、尊重人、以人为本、以人为最高价值、尊重人的权利、关心人的幸福。美国学者D. 霍吉斯在考察了人道主义的渊源及流变后，认为人道主义传统的核心就是关于人格全面发展的观念。① 自18世纪以来的两百多年的历史中，人道主义思潮推动了欧美乃至世界各国的行刑改革：野蛮残忍的死刑执行方式被废除，监狱也逐渐摆脱了长期以来笼罩着的野蛮黑暗阴影。作为一项伦理道德的基本原则，人道主义深刻地影响着人类的社会制度变革和社会实践活动，其中包括刑罚制度、监狱制度及刑罚执行活动。

人道化是现代世界各国刑罚执行的共同趋势。首先，刑罚执行人道化主要包括三个层次：第一，关心和改善罪犯的物质生活，包括衣食住、医疗、卫生体育等，这是行刑人道主义的最基本层次；第二，尊重罪犯的人格，维护罪犯的人权等，这是行刑人道主义的较高层次；第三，罪犯处遇人道化，关注罪犯个人价值和社会价值的双重实现，以罪犯复归社会为最终目标。自

① ［美］D. 霍吉斯：《马克思对人道主义的贡献》，载《科学与社会》1965年春季号，第27页。

1948年以来，以联合国的名义发布的《世界人权宣言》（1948）、《囚犯待遇最低限度标准规则》（1955）、《禁止酷刑和其他残忍、不人道或有辱人格的待遇或处罚公约》（1984）、《保护所有遭受任何形式拘留或监禁的人的原则》（1988）、《囚犯待遇基本原则》（1990）、《公民权利和政治权利国际公约》（1996）等世界性法律文件，都体现了刑罚执行与罪犯矫正的人道化原则，并以法律方式保障人权的实现。

（三）个别化原则

个别化原则最初体现在刑罚适用中，19世纪末被正式提出，当今世界很多国家已将刑罚个别化作为各国刑罚制度的重要原则之一。所谓刑罚执行个别化，是指在刑罚执行过程中由行刑机关考虑犯罪人所犯罪行应受责难的情况以及预防其再犯的需要，而予以个别化的对待或处遇。① 我国也有学者指出，刑罚个别化是“根据报应与预防的需要既考虑犯罪的危害程度，也考虑犯罪的人身危险性的刑罚原则”。② 由于个体犯罪原因是个复杂的系统，因人而异，犯罪行为的表现也千差万别。因此，刑罚执行也应体现个别化、具体化。

联合国《囚犯待遇最低限度标准规则》较准确而详尽地指出了实行罪犯评估和罪犯处遇个别化的内容和措施。该规则规定，为实现培养犯人出狱后守法自立的意志，并使他们有做到这个境地的能力这一目标，“应当照顾到犯人社会背景和犯罪经过、身心能力和习性、个人脾气、刑期长短、出狱后展望，而按每一囚犯的个人需要，使用一切恰当办法，其中包括教育、职业指导和训练、社会个案调查、就业辅导、体能训练和道德性格的加强，在可能进行宗教照顾的国家包括这种照顾”。“在囚犯入狱并对刑期相当长的每一囚犯的人格作出研究后，应尽快参照有关他个人需要、能力、倾向的资料，为他拟订一项待遇方案。”③ 目前世界上许多国家已成立专门的罪犯矫正分类评估机构，实现了罪犯评估和处遇的个别化。

（四）教育化原则

教育化原则，是指在刑罚执行过程中要重视对罪犯的教化和培育原则。教育是一种培养人的社会实践活动。教育刑理论脱胎于德国犯罪学家李斯特所主张的教育刑，该理论将刑罚作为教育犯人的一种方法。教育目的和重返

① 卢建平：《刑事政策学》（第二版），中国人民大学出版社2013年版，第202页。
② 翟中东：《刑罚个别化研究》，中国人民公安大学出版社2001年版，第57页。
③ 转引自于爱荣等著：《矫正技术原论》，法律出版社2007年版，第140页。

社会理念取代了传统的报应哲学，对罪犯实行教育矫正，已日益成为刑罚执行的人道化、社会化的核心内容。

联合国对罪犯的教育予以了一定关注，这体现在它的一系列法律文件中，其中值得一提的是《关于监狱教育的新决议》，这是一部专门、较详尽地规定教育矫正的国际性法律文件。“二战”后，西方国家监狱制度发生了很大变化。面对日益严重的犯罪现象，西方国家开始关注对罪犯进行教育矫正，并将其作为监狱制度的重要组成部分，把接受教育作为罪犯的基本权利。

至20世纪末，世界多数国家在对罪犯的教育矫正上取得了很大进步。例如，加拿大矫正局制定的《任务使命》提出：将积极鼓励和帮助犯人回归社会、成为守法公民作为矫正目标，通过设计好的矫正项目和处遇措施，帮助罪犯满足他们自身的正当需要，提供使罪犯发展社会和生活技能的矫正项目，以帮助他们去矫正犯罪行为，增强他们变成守法公民并重新回归社会的潜力。我国1994年通过的《监狱法》对罪犯的教育规定为三项：思想教育、文化教育和职业技术教育，并对教育的原则、方法、内容都作了专门规定。2003年司法部发布的《教育改造工作规定》规定了罪犯的入监教育、个别教育、技术教育和出监教育等内容，是一部较系统规定教育矫正的部门规章。实践中，我国监狱管理部门也对罪犯职业技术教育提出了具体要求，如要求技术教育入学率达到80%，获证率为入学人数的20%。①

（五）社会化原则

随着社会的文明与进步，刑事司法制度已由单纯的报复性制裁转化为改善性矫正。② 关注行刑社会化，已成为现代刑罚及矫正制度的基本价值。

所谓行刑社会化，是刑罚执行社会化的简称，指为了避免和克服监禁矫正存在的某些弊端，使刑事执行服务于罪犯再社会化的目标，而应慎用监禁刑，使罪犯在社会上得到更多的教育改造；同时对于罪行较重，有必要进行监禁的罪犯，应使其尽可能更多地接触社会，并使社会最大限度地参与罪犯矫正事业，从而使刑事执行与社会发展保持同步，为罪犯顺利回归社会创造有利条件。③

行刑社会化是第二次世界大战后兴起的一种刑罚思潮。一方面，行刑社

---

① 司法部劳改局编：《劳改工作手册（1987—1993）》，法律出版社1993年版，第202页。

② 高莹：《矫正教育学》，教育科学出版社2007年版，前言。

③ 许成磊等：《行刑社会化及其理论基础探讨》，载《山东公安专科学校学报》2002年第6期。

会化体现了人道主义的要求，另一方面有利于实现刑罚的效益（经济效益与社会效益）。就当今社会而言，行刑社会化主要包含如下内容：

第一，监狱向社会开放，广泛接受社会因素的介入。当前国外刑罚执行实践更明显地表现出这一点，如很多欧洲国家都设有开放式监狱，其中丹麦和瑞典是设立开放式监狱的典范。在开放式监狱中，有的国家囚犯可以出去工作，有的国家囚犯每三周可回家一次。此外，国外监狱非常重视罪犯与社会的不间断接触，如丹麦、瑞典的监狱犯人有休假制度。丹麦在1971年的刑法改革中也对此作了专门规定。法国、德国实行“监外走廊”，允许罪犯受雇于监狱之外的公司企业。[①]

第二，社会成为一些罪犯服刑的场所。目前世界范围内的刑罚方法出现了从以监禁刑为主的体系向以非监禁方式转变的趋势。当今社区矫正已成为欧美等国家的主要行刑方式。据司法部统计，2000年西方主要发达国家对罪犯适用缓刑和假释的比例达到全部被判刑罚者的70%以上，其中加拿大为79.76%、澳大利亚为77.48%、法国为72.63%、美国为70.25%、新加坡为76.15%，日本约有3/5的罪犯在社区保护官的监督下接受矫正处遇措施。韩国比例较低，但也达到了45.9%。俄罗斯社会治安形势持续严峻，但缓刑假释人数仍占44.48%。[②] 我国自2003年7月开始了社区矫正试点工作，开启了罪犯的非监禁矫正探索。2009年10月，全国范围内的社区矫正工作开始推行。截至2014年年底，各地累计接收社区服刑人员223.7万人，累计解除矫正150.5万人。其中，2014年新接收43.1万人，解除矫正38.1万人，现有社区服刑人员73.2万人。[③]

第二节 ‖ 死刑执行政策

死刑作为一项刑罚措施，由于剥夺的是人的生命权，因而被视作最为严厉的一种刑事处罚。

① 张峰、连春亮：《行刑与罪犯矫治社会化研究》，群众出版社2007年版，第10页。

② 司法部社区矫正制度研究课题组：《改革和完善我国社区矫正制度之研究》（上），载《中国司法》2003年第5期。

③ 《截至去年年底，各地累计接收社区服刑人员223.7万人》，载紫光阁网，2015年1月19日。

一、死刑政策的历史及趋势

死刑，即剥夺犯罪人生命的刑罚，亦称生命刑或极刑。其本身所体现的价值是惩罚报应和恐吓威胁。

死刑的起源历史悠久，在原始社会末期已经萌生。死刑作为刑罚体系中最为古老而又最为残酷的刑罚方法，在中国和世界各国的刑事法律中曾长期占据主导地位。随着近现代维护人权理念的逐步提出和完善，死刑的道德准则不断受到各方质疑，且随之逐步出现了限制死刑执行进而呈现废除死刑的全球化趋势。正如学者所言：死刑兴盛于刑罚的报复时代，泛滥于刑罚的威慑时代，失宠于刑罚的等价时代，衰弱于刑罚的矫正时代，时至今日所处的刑罚折中时代，死刑已呈全面消亡之势。①

直接推动死刑由盛到衰的动力起始于启蒙时代的死刑废除论。欧洲的启蒙主义思想所宣扬的自由、平等、博爱等观念对当时的刑罚理论产生了很大冲击。率先对死刑进行系统论述和全面抨击的当数深受启蒙思想影响的，被誉为“近代刑法之父”的贝卡利亚。②

在贝卡利亚思想影响下，18 世纪末 19 世纪初，在美国出现了废除死刑论的主张。之后，英国的哈特等学者也就废除死刑进行了系统论述和强烈呼吁。世界性废除死刑运动的第一个高潮出现于 19 世纪中叶至 20 世纪初。20 世纪中期后，死刑废除论得到了有关国际组织的大力支持。联合国自 1950 年以来的预防犯罪和罪犯处遇大会，在有关死刑的决议中均认为死刑侵犯人的尊严及人的最基本权利，并侵犯人人不受残酷、不人道及有辱人格的刑罚的权利，主张废除死刑。1997 年 4 月，联合国人权委员会以半数以上的赞成票通过了 1997 年第 12 号决议，首次呼吁尚未废除死刑的国家逐渐减少死刑适用范围，暂停执行死刑的判决，为最终废除死刑而努力。

现今死刑废除论已取得了压倒多数的优势，从世界范围看，死刑在刑罚体系中的地位日渐衰落。截至 2000 年 10 月底，在世界上全部 194 个国家（或地区）中，已有 76 个立法全部废除死刑；另有阿根廷、巴西等 10 个国家对普通犯罪废除了死刑；还有阿尔巴尼亚等 37 个国家（或地区）事实上废除

---

① 杨开江：《理论之基与客观之实：死刑正当根据》，载正义网，2009 年 12 月 3 日。

② 贝卡利亚强烈谴责了死刑的残酷性、非人道性和不公正性。他认为，死刑是一场国家对人民的战争，滥施极刑从来没有使人改恶从善。参见贝卡利亚：《论犯罪与刑罚》，中国大百科全书出版社 1993 年版，第 45 页。

了死刑。[①] 废除死刑的国家已成为国际社会的大多数。而对于那些仍然保留死刑的国家，也都从立法和司法实践中对死刑的适用加以严格限制。

二、我国的死刑执行政策

死刑的执行政策，简言之，就是指导死刑执行过程的方针及策略，涉及对犯罪人自死刑执行令签发直至付诸行刑诸环节的处遇问题。

尽管死刑有悖人道并日渐衰落，但鉴于我国当前尚不完全具备废除死刑的条件（传统报应刑思想、人口众多、治安状况严峻等），因而我国仍然保有死刑。当然，我国在死刑执行政策方面，应更加强调慎用死刑的政策，强调对死刑犯人道主义关怀，切实保障死刑犯的权利实现，尽量减轻死刑犯的痛苦。

（一）坚持严格控制死刑、慎重适用死刑的政策

死刑是从古至今一直延续下来的刑罚种类，在我国有着极为深厚的思想基础，社会民众的朴素观念就是“杀人偿命，欠债还钱”。因此，死刑有广泛的群众基础，在我国目前仍然保留。当然，严格控制死刑、慎重适用死刑，是当前党和国家确定的适用死刑的基本政策。在司法中，最高人民法院在《关于进一步加强刑事审判工作的决定》中，进一步阐述了这一基本政策的具体操作标准，修改后的《刑事诉讼法》也使得死刑复核更加慎重，一系列“把关程序”为纠正司法错误创造了条件。尽量限制和减少死刑的适用、防止错杀，这既符合“刑罚谦抑”理念及现代刑罚的重要趋势，也是我国“宽严相济”刑事政策的具体体现与基本要求。随着刑罚轻缓化观念的深入人心以及宽严相济刑事政策的推行，司法实践方面，我国死刑立即执行的案件数量大幅减少，尤其是最高人民法院在 2007 年收回死刑立即执行的核准权后，死刑立即执行的数量得以压缩。执行数量的减少意味着死刑执行越来越谨慎，越来越趋于人性化。为保障“严格控制死刑、慎重适用死刑”这一目标的实现，要求不断完善死刑执行相关制度，做到实体正义与程序正义的双重保障。

（二）确立依法、人道的行刑理念

任何一种司法政策都必须有理念的支撑，任何一项程序的实施也必须在理念的指引下进行。在死刑执行中，应体现出人道、文明的行刑理念，从而

① 所谓事实上废除死刑，指虽然在法律上仍然保留死刑，但已经连续 10 年未实际执行死刑，并且相信已经形成不执行死刑的政策或惯例。参见黄华生著：《论刑罚轻缓化》，中国经济出版社 2006 年版，第 113 页。

最大限度地体现出死刑制度的现存多元价值及法律效果和社会效果。

1. 人道对待死刑罪犯

对于已判处死刑的罪犯而言，与其他罪犯相比，更容易缺失讨价还价的筹码与人文关怀。但需要强调的是，人最宝贵的就是生命权，只要生命依然存在，作为罪犯本身就理应享受到应有的权利与人道的关怀。宽容的人道主义关怀作为终极原则应贯穿于死刑政策的全阶段。在依法剥夺死刑犯生命的过程中，不应给予受刑人以任何不必要的痛苦。这是刑罚人道化的基本要求与内容。联合国于1984年通过的《关于面临死刑的人的权利保障规则》中要求："死刑的执行，要害是必须给予受刑人最小限度的痛苦。"所谓给予受刑人最小限度的痛苦，不仅指在执行时要尽量减轻受刑人在肉体上的痛苦，还包括禁止给予受刑人精神上不人道或有辱人格的待遇。对此，我国《宪法》明确规定了"国家尊重和保障人权"，而我国《刑法》和《刑事诉讼法》也都对死刑执行程序作了特别慎重的规定，主旨就在于充分保障犯罪人的人权。在具体执法过程中，亦不能对死刑犯进行任意体罚、虐待，或者强迫其从事严重损害身体健康的劳动。总之，在死刑案件执行过程中，人权保障理念应当贯穿始终。

2. 严格死刑执行程序

作为刑事诉讼程序中的最后一个诉讼阶段，刑事执行程序直接关系到刑事案件的公平与公正，关系到当事人的生死命运，因而非常关键。其中，死刑执行监督程序尤为重要。这一程序的设立相对于为被执行罪犯的权利保障设置了最后一道屏障。在对所有的刑罚执行法律监督中，对于生命刑的执行法律监督程序是最不容忽视的环节，因为在刑罚执行阶段，死刑的执行也就意味着对于死刑罪犯的生命权的剥夺，在这一环节最能体现对于罪犯的权利保障。执行阶段的监督无疑是防止冤假错案的最后一道屏障。如果死刑执行这一阶段的监督制度不尽完善，那么当事人的权利也就无法得到充分的保障，甚至会因冤假错判而失去生命。在死刑执行监督方面，首先，要充分体现我国当前死刑问题上一贯强调的"少杀慎杀"政策；其次，要坚持死刑标准的统一性、严谨性及平等性，并充分保障死刑罪犯的基本权利。当前，我国在死刑执行监督方面，还需要在监督主体、监督范围、监督方式、临场监督等方面予以明确及完善。

3. 推行人道的死刑执行方式

自古至今，死刑的执行方法发生了很大变化，总体趋势是朝着更文明、更人道的方向发展。一些国际条约和国际宣言也明确了死刑执行应当体现这一精神，联合国经济及社会理事会于 1984 年 5 月 25 日批准的《关于保护死刑犯权利的保障措施》第 9 条规定：“判处死刑的执行应尽量以引起最少痛苦的方式为之。”根据此规定，只有尽量减少受刑者的痛苦的死刑执行方式才是符合国际人权保障法的做法。目前国际上已有多个国家先后推广注射刑的使用。依据我国相关法律规定，死刑的执刑方式有枪决、注射等，推广以注射为代表的新的执刑方式，是中国死刑执行方式更加趋于文明的重要标志。在人权保障理念下，为保障死刑犯执行死刑的最小痛苦权，应当进一步研究更为轻缓的死刑执行方式，使死刑犯被执行死刑的痛苦程度降到最低。但对死刑立即执行的方式上，还应充分做到尊重与保障死刑犯的民事权利，如器官捐赠权、生育权，以及行刑方式的选择权和不予公开权。

第三节 ‖ 监禁刑执行政策

美国学者大卫·葛兰（David Garland）指出：“由于死刑、放逐或流放普遍已不再实施，因此对于大多数现代刑罚体系而言，监狱就成了终极的刑罚，它是最后一道具有强制性的有力制裁。”随着现代刑罚文明的推进与刑事法律制度的发展，监禁刑的执行呈现出了新的特征与趋势。

一、监禁刑执行政策概述

监禁刑即剥夺自由刑。监禁刑执行是由监狱或其他监禁机构将被审判机关判处剥夺自由刑罚的罪犯收监执行刑罚的一种行刑与矫正活动。

监禁刑的核心内容是使犯罪人失去或减少人身自由，强调在惩罚的前提下，以教育、矫正犯罪人为宗旨。监禁刑具有时间上的持续性、伸缩性与分割性，更有利于罪刑均衡原则的适用、奖惩制度的增减和累进处遇矫正制度的推进，因而成为近现代刑罚体系的核心。现代意义上的监禁刑执行呈现以下特点：第一，由强调监内执行，到强调监外执行；第二，由注意监禁戒护，到注意教育矫正；第三，由行刑目的的消极，到行刑目的的积极；第四，由行刑事务的集权，到行刑事务的民主。之所以呈现上述特征，是监禁刑和监狱内在的矛盾及规律所致。需要指出的是，监禁刑和监狱存在不可避免的弊端，如感染性（即罪犯在狱内的交叉感染）；封闭性（即监狱将罪犯与世隔绝，造成犯罪人出狱以后难以回归社会）；盲从性（即严格监管令罪犯服从，使罪犯丧失了人的主观能动性）。此外，监禁刑和监狱行刑还存在成本高昂、监狱囚犯标签化等诟病。

我国刑罚是以自由刑为核心建构的体系，主刑五种，除死刑外，其余四种均为自由刑。四种自由刑中又有三种剥夺自由刑（无期徒刑、有期徒刑和拘役），一种限制自由刑（管制）。在刑事司法实践中，相对而言，死刑和管制适用较少，监禁刑仍是我国刑罚体系的主导。

二、我国的监禁刑执行政策

在当前我国“宽严相济”的刑事政策框架下，监禁刑执行政策应把握如下几点：

（一）坚持惩罚与改造相结合的思想

我国监禁刑执行中曾长期坚持的惩罚与改造相结合的思想，是基于中国革命长期对敌斗争的理论与实践，历经思想萌芽、初步形成、充实发展、丰富明确等演进阶段，逐步成为统领我国以惩罚犯罪为主导的理论与实践的首要的思想准则，在刑事立法与司法方面，曾起到了重要的指导作用。

目前我国监禁刑执行的指导思想仍需坚持以惩罚与改造相结合，以改造人为宗旨。1994 年的《监狱法》及 1995 年的《国务院关于进一步加强监狱管理和劳动教养工作的通知》都确认了这一罪犯改造方针。该方针表明：我国刑事执行工作的任务，一是惩罚罪犯；二是改造罪犯；三是正确处理惩罚与改造的关系，既要把二者有机结合，又要有所侧重，即侧重于改造，要以“改造人”为全部刑罚执行工作的最终宗旨。该方针体现了我国监狱行刑的指导思想，对监禁矫正具有重要的指导意义。

当然，结合联合国《囚犯待遇最低限度标准规则》《禁止酷刑和其他残忍、不人道或有辱人格的待遇或处罚公约》《联合国少年司法最低限度标准规则》等规则规定，在我国监禁刑执行政策方面，应进一步把握并贯彻如下原则：第一，人道化原则，即监禁刑执行机关应将罪犯当人看，充分尊重罪犯的人格，切实保障罪犯的合法权益；第二，社会化原则，是指在监禁刑执行过程中，应尽量与社会相联系与接触，并通过调动与组织监禁机构外的一切社会积极因素，教育罪犯，实现罪犯重返社会的目的；第三，科学化原则，即在自由刑执行过程中，应遵循科学方法的基本原理，运用现代自然和社会科学成果，确立现代罪犯矫正制度，改善监管罪犯的软硬件设施，创建现代化科学化的文明监狱。

（二）注重科学系统监禁矫正方法的运用

现代监禁矫正制度源于西方，经过长期的研究和实践，在矫正方法上已得到了充分发展。尽管 20 世纪 60 年代以来，人们对以矫治为核心的矫正模式提出质疑，但并未找到更好的促使人们不犯罪的方法，矫正罪犯仍是当前有效的方法。

我国自新中国成立初就逐步形成了以劳动改造和教育改造为主的狱政方针。20世纪90年代前，我国居于主导地位的罪犯矫正方法主要有三项：管理、教育和劳动，之后罪犯心理矫治方法得以运用。

1. 管理矫正

管理，是指为实现一定的共同目标而对被管理对象进行的计划、组织、指挥和控制活动，其在罪犯矫正中具有重要的地位和作用。罪犯管理，即罪犯矫正机构对被矫正对象实施的组织管理活动，它包括的内容相当广泛，如刑罚执行中的收监、申诉、检举的处理，监外执行、保外就医的办理，罪犯的日常生活管理、安全防范管理、非监禁刑罚执行管理等。要矫正罪犯的思想和行为，前提之一就是要依法严格管理保证刑罚得以合法、有效的执行，防止罪犯实施任何犯罪活动，确保监狱的良好秩序和监管安全。可以说，管理是包括监狱和社区在内的罪犯矫正机构的一项重要职能。

2. 教育矫正

教育矫正是对特定的矫正对象的身心施加影响的过程，其目的在于提高知识技能，转变思想观念，矫正行为，塑造社会所期待的人格。[①] 犯罪学研究表明，个体犯罪的原因是多方面的，但个体的思想、意识，尤其是错误的人生观、世界观占了重要地位。要真正矫正罪犯，使其弃恶从善、痛改前非，就必须首先对他们进行思想道德、知识文化教育，同时进行必要的职业技术教育，使之从思想深处感悟犯罪带来的严重后果；增强判断是非和克制冲动的能力；同时掌握一技之长，为刑满释放后顺利复归社会准备条件。我国一直非常重视对罪犯施以教育。我国1994年的《监狱法》对罪犯的教育规定为三项：思想教育、文化教育和职业技术教育。之后2003年司法部发布的《教育教育改造工作规定》规定了罪犯的入监教育、个别教育、技术教育和出监教育等内容，是一部较系统规定教育矫正的部门规章。实践中，我国监狱管理部门也对罪犯职业技术教育提出了具体要求。据统计，2003年全国服刑人员参加职业技术学习的人数为872288人，获得各种技术证书的有288667人，获证率为33.1%。[②]

---

① 高莹主编：《矫正教育学》，教育科学出版社2007年版，第57页。

② 鲁兰：《中日矫正理念与实务比较研究》，北京大学出版社2005年版，第119页。

3. 劳动矫正

劳动是我国宪法赋予公民的基本权利和义务，劳动是改造人的基本手段。马克思曾高度评价劳动改造人的作用，指出："劳动是防止一切社会病毒的消毒剂。"① 我国《监狱法》第六十九条明确规定："有劳动能力的罪犯，必须参加劳动。"现行《刑法》第四十六条规定："被判处有期徒刑、无期徒刑的犯罪分子，在监狱或者其他执行场所执行；凡有劳动能力的，都应参加劳动，接受教育和改造。"理论上讲，罪犯的劳动矫正可产生如下结果：一是使罪犯自身素质和思想意识得以进一步提高；二是可以创造出一定数量的具有社会价值的产品，带来了相当一部分的经济效益。应该说，劳动在我国劳改事业发展的各个阶段曾发挥了一定作用，在矫正罪犯、预防重新犯罪等方面取得了显著成效。当然，我国在劳动矫正方面尚存在一定问题，劳动矫正还有待法制化、规范化和科学化。

4. 心理矫治

对罪犯开展心理矫治，是科学认知犯罪诱因、确保监狱安全、减少重新犯罪的有效手段，对引导罪犯走出心理误区，帮助他们培养健全人格，具有重要意义。

20 世纪 90 年代起，随着我国监狱矫正理念的更新，心理矫治技术在我国监狱得到了普遍的应用。1994 年的《监狱法》虽未专门直接规定罪犯心理矫治，但已包含了心理矫治的相关内容。2003 年的《监狱教育改造工作规定》专列一章对"心理矫治"作了具体规定。

目前罪犯心理矫治已成为我国罪犯矫正的一项矫正措施。在普及情况方面，根据学者的调查显示，我国开展罪犯心理矫治工作的监狱已达 90% 以上。在矫治技术方面，我国监狱系统已开始运用相关技术进行心理测试。此外，目前国内很多监狱采用国际上较有影响的量表对罪犯进行心理测试，并据此建立罪犯心理档案，使用最多的是卡特尔十六种人格因素（16PF）、艾林克人格调查表（EPQ）、明尼苏达多相人格调查表（MMPI），及气质量表、行为类型量表、心理卫生评定量表（SCL-90、CPI）等。②

综上，我国目前在监禁刑执行中逐步推进罪犯矫正方法的系统化，在矫正过程中，注意到了各种方法的各自独立、相互促进，取得了一定矫正效果。

---

① 《马克思恩格斯全集》（第 31 卷），人民出版社 1972 年版，第 538 页。

② 刘邦惠：《罪犯心理矫治的回顾与思考》，载《第九届全国心理学学术会议文摘选集》（2001 年）。

当然，矫正工作作为一项系统工程，必须有相应的理念、理论、制度、人员及物质等保障条件。目前我国在保障体系上仍存在诸多不足，继续加强相关领域的研究，实现罪犯矫正方法的科学化、规范化、体系化，仍是急需解决的问题。

（三）进一步推进监狱行刑社会化

监狱行刑社会化，是相对于传统的封闭式的监狱行刑而言的一种行刑方式，指在不影响监禁刑执行的情况下，通过取消监狱围墙、铁栅栏、手铐等形式，降低监狱行刑的封闭性，减少对犯罪人人身自由的限制，增加对犯人的信任，以尽可能缩短在押犯同正常社会生活的距离。

20世纪中期以来，伴随着世界范围内人道主义思潮的兴起，以民主、科学、人道、效益等价值为内容的刑罚执行理念的革新，行刑社会化理论被世界各国广泛采纳并迅速发展。人们对传统的监禁刑在预防犯罪和控制犯罪方面的效果进行了重新审视，发现传统的监禁刑具有其固有的弊端。首先，监禁刑对改善犯罪人的效果不大；其次，监禁刑容易产生交叉感染，使犯罪人变得更坏；再次，监禁刑成本过高；最后，社会化进程中断，不利于犯罪人回归社会。为尽量避免这些弊端，保障服刑人员的人权及再社会化，现代西方国家率先开始了监狱行刑科学化、社会化的改革，开放式处遇成为改革的主要目标之一。现在很多国家都在积极探索在监狱行刑过程中增加部分社会处遇的内容，或创设将传统监狱行刑与社会处遇相结合的方式。比如，设置开放式监狱、完善外出和归假制度、组织监外劳动等，目的就在于为罪犯在监狱和社会之间设立一个联系的纽带，使之能最终复归社会。例如，丹麦15个国家监狱中有9个属于开放式监狱，在开放式监狱中服刑的罪犯数量超过封闭式监狱；瑞典共有72所监狱，其中43所为开放式监狱；德国如今有一半以上的罪犯在开放式监狱服刑。而在挪威著名的开放式监狱巴斯托监狱，囚犯每年也享有18天外出探亲假，有孩子的囚犯假期更长达一个月。①

我国自20世纪末以来，一些地方的监狱系统进行了多种形式的探索，如北京监狱系统尝试的“三个延伸”性质的帮教工作责任书的签订，上海女监试行的周末服刑制。需要强调的是，我国的行刑社会化改革必须以保障人权为宗旨，树立以罪犯为本的行刑理论，尊重罪犯的最低限度的人性要求，追求行刑的人性化。目前进一步推进监禁刑行刑社会化，应做好以下工作：第一，应确立“促进罪犯重返社会”的监狱行刑理念；第二，建构罪犯危险评

① 参见《挪威开放式监狱犯人年假18天》，载《新京报》2007年11月25日。

估体系；第三，实行行刑矫正累进处遇制度，设立过渡性半开放或开放式监狱；第四，扩大假释的适用，更改对假释的限制条件；第五，大力推行学习释放、工作释放制，组织罪犯外出劳动，推行周末监禁制等；第六，鼓励社会资源参与监禁刑执行活动；第七，建立出狱人保护机制；等等。

第四节 ‖ 非监禁刑执行政策

20 世纪 50 年代以后，在刑罚理念的更新及国际社会的倡导下，世界各国不断进行刑罚制度的创新。西方发达国家率先倡导对罪犯尽可能地适用非监禁矫正模式及方法的理念，同时相关机构也进行了行刑社会化工作的探索，逐步将社区矫正作为一项重要的行刑制度列入法律规定之中。

一、非监禁刑执行政策概述

（一）非监禁刑与社区矫正

非监禁刑，即不剥夺犯罪人人身自由，在监禁机构外执行各种刑罚、刑制和处遇方法的总称（死刑除外）。当今世界各国的非监禁刑运动，主要表现为：第一，罚金刑的广泛适用；第二，社区矫正的推广。

社区矫正（Community correction），是一种不使罪犯与社会隔离并利用社区资源教育改造罪犯的方法，是所有在社区环境中管理教育罪犯方式的总称。在我国，一般认为：社区矫正是与监狱矫正相对的行刑方式，指将符合社区矫正条件的罪犯置于社区内，由专门的国家机关在相关社会团体和民间组织以及社会志愿者的协助下，在判决、裁定或决定确定的期限内，矫正其犯罪心理和行为恶习，并促进其顺利回归社会的非监禁性的执行刑罚活动。作为非监禁矫正的最重要方式，目前在世界上很多国家，社区矫正已成为重要的刑罚执行方式。

（二）联合国有关社区矫正的刑事司法准则及其理念

联合国在倡导社区矫正方面作出了许多努力，极大促进了世界各国社区矫正工作的发展。

早在 1955 年，在日内瓦召开的第一届联合国预防犯罪及罪犯待遇的会议上通过了《囚犯待遇最低限度标准规则》，其核心理念为：罪犯被送进监狱是作为惩罚，而不是为了惩罚，被剥夺的仅是人身自由权，其他权利应该受到尊重和保障。此规则对各国提高被拘禁者的处遇做出了贡献。1980 年联合国在加拉加斯召开的第六届联合国预防犯罪和罪犯待遇大会上又强调："刑事司法要尽量减少关押人犯，因为监狱的特性与其使犯罪人康复的功能具有内在矛盾性，监禁违反了人类的本性，监狱则使囚犯的人格感到削弱。”1985年举行的第七届联合国预防犯罪和罪犯待遇大会通过的《减少监禁人数、监外教养办法和罪犯的社会改造》决议，呼吁国际社会重视和使用非监禁刑。1990年，在古巴哈瓦那召开的第八届会议所通过的《非拘禁措施最低限度标准准则》，为非拘禁措施的使用和执行提供了基本的国际准则。① 此外，联合国经济与社会理事会在1998年举行的会议上通过的《开展国际合作，以求减少监狱人满为患和促进替代性的刑罚》决议，也是一份促进社区矫正发展的重要文件。②

二、社区矫正相对于监禁矫正的优势

传统的监禁刑尤其是短期监禁刑存在诸多弊端，在改造犯罪人、降低再犯率方面的实际效果不甚理想。社区矫正模式虽然并非完美无缺，但它在一定程度上能够克服监禁刑的弊端。

（一）节约矫正成本

罪犯矫正需要一定的行刑资源的投入，而监禁矫正需要花费大量的社会财富，社区矫正更能体现出行刑的经济性。首先，节约行刑成本。社区矫正节省了监狱必须投入的警戒设施经费及运作费用，包括人力、财力及物力的投入，比监禁矫正更为经济。其次，增大社会效益。社区矫正是刑罚效益原则的必然选择。而且，也可以收到其他的许多社会效益。例如，建设社区基础设施，改善社区服务体系，改进社区邻里关系，发展社区预防犯罪体系，帮助罪犯家庭改善生活和促进罪犯就业等，这对社会安定和稳定具有长效意义。

（二）有助于犯罪人复归社会

从一定程度上说，能否使罪犯顺利地重返社会是衡量罪犯矫正成功与否的重要标准。而社区矫正具有这方面的优势：首先，社区矫正可以较好地矫

① 该规则的基本理念包括：为促进采用非拘禁措施提出了一套基本原则，并为作为监外教养对象的人提供最低限度的保障措施；促进社区在更大程度上参与刑事司法管理工作，特别是在罪犯处理方面，并促进在罪犯当中树立对社会的责任感；应根据各国现行的政治、经济、社会和文化情况，并顾及各国刑事司法制度的目的和目标来执行本《规则》；力求在罪犯的个人权利与受害者的权利及社会对于公共安全和预防犯罪的关注之间达到妥善的平衡；在本国法律制度内采用非拘禁措施，从而减少使用监禁办法的程度，并使刑事司法政策合理化，同时考虑到遵守人权的义务、社会正义的需求以及改造罪犯方面的需要。

② 杨宇冠、杨春晓编：《联合国刑事司法准则》，中国人民公安大学出版社2003年版。

正罪犯的缺陷人格。社区矫正对象在接受矫正过程中，拥有健全的家庭生活、稳定的就业、正常的休闲活动、适度的社会监督及良好的社区环境，这些都能恢复矫正对象作为社会公民的主体地位、保障其未被依法剥夺的权利；有利于克服矫正对象消极的、不适应的行为，促进不良心理和行为的改变；减少矫正对象对社会的仇恨心理，使其不再排斥社会、仇视社会。其次，社区矫正可以帮助矫正对象重新适应社会生活。社区矫正充分利用社区资源帮助矫正对象适应社会，为其提供一定的时间与机会保持与社会的正常接触，使在社会上从事获得报酬的工作。同时根据实际需要，社区矫工机构还可以为矫正对象提供职业教育和技能培训，并为其提供咨询和治疗项目，这不仅能确保行刑目的的实现，也有利于帮助罪犯早日重新融入社会。

（三）体现刑罚的人道

产生于近代西方启蒙思想运动的背景之下的刑罚人道主义是现代刑罚的价值导向，也是现代刑罚的基本理念与原则，其核心是对于人的主体性的承认与尊重，即以人为根本目的和最高价值，维护人的尊严，关注人的权利，促进人的幸福。20 世纪后，随着国际人权运动的蓬勃发展，人权保障越来越为世界各国所重视。刑罚趋缓趋轻、加强对犯罪嫌疑人、被告人的人权保障，对犯罪人处遇的研究已经成为当今刑罚发展的一个总的趋势。而社区矫正对犯罪人采取非监禁处罚的方式，更有利于保护犯罪人的合法权益，保护其基本人权。社区矫正立足于人性关爱的基本要求，以满足人的需要为内容，以罪犯的复归为归宿，不仅能够真正体现人道主义精神，并且有助于矫正对象人格再塑和重返社会目标的实现。此外，社区矫正作为一种重要的刑罚执行方式，突出反映了刑罚轻缓化的趋势；体现了刑法的谦抑思想，更加关注社区与犯罪人的互动；并且有助于恢复性司法制度的建立。①

---

① 一个社会既要有效地控制犯罪、减少犯罪，还要考虑避免被害人向犯罪人转化。这就要求社会必须强化抑制系统的功能，即通过法律和道德等行为规范来对被害人及社会公众的失衡的心理进行调节。虽然刑罚因具有强制性、惩罚性及国家暴力机器的保障和支持使其成为社会控制的有效手段，但要达到社会和谐、恢复社会关系的目的，还需考虑对犯罪被害人及社会公众的安抚。社会对犯罪人适用刑罚，是对犯罪被害人的一种精神弥补，也有平复其对犯罪人怨恨心理的作用。同时，促使犯罪人对被害人进行赔偿作为社会控制系统中的一个重要环节，也是对被害人进行物质弥补和精神弥补的补充，目的也是调节被害人失衡的心理状态，防止和避免其向犯罪人转化，从而达到预防、控制犯罪的目的。如果将罪行轻微的犯罪人留在社区中，让他们继续从事原来的工作，就可以有效地赔偿被害人的损失。同时，通过个别化的赔礼道歉等方式，也可以缓解、平息被害人的愤怒情绪。

当然，社区矫正并非万能，也存在自身不足，如在处理严重暴力犯罪的犯罪人时还必须借助较为严厉的监禁刑；对于犯罪的震慑效果也不如监禁刑更直接；可能会导致自由裁量权的滥用；而且社区矫正制度的构建、推广也需要国家和社会一系列政策、体制以及立法的支撑，等等。

三、我国的社区矫正执行政策

自2003年我国开展社区矫正试点工作至今，已经过了10多年的历程。目前我国的社区矫正工作取得了一定进展。例如，社区矫正在立法中得以确认，社区矫正工作队伍日益壮大，社区矫正对象数量不断增加，社区矫正工作方法日趋系统，社区矫正效果日渐显现。但由于我国的社区矫正工作起步较晚，目前尚处于探索阶段，在实践中还存在一些困惑与不足。当前我国执行社区矫正中，应把握如下几点：

（一）坚持“惩罚与矫正兼顾、监控与帮助兼顾”的行刑政策

社区矫正给了犯罪人较为“自由”的空间及宽松的环境，针对犯罪人实施教育矫正等措施，使犯罪人的人格获得重建。在这种条件之下，刑罚中教育工作应从简单的教育改造向教育矫正转变，不仅仅通过教育改造人格，更需要从社会发展和个体互动的关系中实现教育对人格发展的导向。在社区矫正的执行中，既要体现对犯罪人的矫正与帮助，使其真正地悔罪认罪，也要体现法律对犯罪人的惩罚。通过适用社区矫正，使犯罪人逐渐学会做人、处世，学会遵守法律、自觉接受社会规则和社会道德的约束，减少甚至消除其人身危险性，促进服刑人员在相对开放的社会环境中顺利实现再社会化，进而有效地减少重新犯罪。

当然，在强调对犯罪人的教育与帮助的同时，也不能忽视刑罚的惩罚与监控作用。因为公共安全要求社区矫正必须完善其强制性，正如古希腊的梭伦所言：“没有强制力的正义是不可能实现真正的正义”，同时这也是刑罚的惩戒正义的必然要求。放任不管的惩戒只会使得社区矫正带来更大的社会风险，自由与安全都将受到冲击。因而在社区矫正执行中，应把握的一项重要原则就是“兼顾惩罚与矫正”、“兼顾监控与帮助”。正如有学者所言：“在考虑权利保护的同时，不能忽视刑罚的惩罚功能，即使在社区，也需要根据我国国情，对服刑人员的权利给予一定的限制和剥夺，使其获得足够量的痛苦与损失的体验，以发挥刑罚的报应、威慑的功能。”①

① 刘强：《我国社区矫正试点反思》，载《法治论丛》2007年第1期。

（二）创新社区矫正的执行方法

社区矫正执行的目的是通过帮扶教育和心理疏导来降低被执行人的主观恶性，使其尽快重返社会，达到预防犯罪、维护社会秩序稳定的目的。因此，需要通过有针对性的矫正管理，不断创新执行方法来提升实际执行效果。实践中，应加强人身危险性评估和再社会化评估，并结合年龄、家庭状况、受教育程度、工作经历、犯罪原因等因素对服刑人员进行分类，并在此基础上开展有针对性的管理、教育、帮助及矫正措施。应该说，目前我国社区矫正工作已针对社区服刑人员开展审前社会调查、人身危险性评估、分类矫正、教育矫正及心理矫治等方法及措施，取得了一定的矫正效果。其中，分类矫正是社区矫正的重要方法，也是其他矫正方法（如教育矫正、心理矫治）的重要前提。针对当前我国社区人员分类的不足，应进一步完善社区服刑人员的分类分级处遇、危险性评估制度及需要评估体系建设。①

此外，应充分发挥现代科技的优势，构建网络化矫正管理模式。其一，利用现有的公安网络平台，将网络向乡镇、街道的司法所延伸，建立社区矫正资料库和网络信息终端，通过资源共享来实现异地社区矫正人员的资信查询和更新，以解决当前各地社区矫正信息不畅、人员流动后无法及时跟踪的问题。其二，应通过上述网络平台，将社区矫正的经典案例、就业培训课程等资料放置在网站上，以供社区服刑人员免费阅览、下载和学习，使他们在矫正执行期间掌握更多谋生技能，扩大就业渠道。运用高科技手段于社区矫正管理，知识含量高，矫正效果好，能够突破传统的地域、时间限制，在提高监管工作时效性的同时，还可以降低刑罚的执行成本。②

（三）推进社会资源的进一步融入

整合社会资源和力量是社区矫正的重要特征。民间组织和社会工作者参与社区矫正工作，有利于实现社区矫正的人性关怀和刑罚个别化等刑罚执行

---

① 具体而言，首先，推进社区服刑人员的分类分级处遇，更好地把握和调整社区服刑人员的矫正进度，从而使分类工作落到实处；同时对社区服刑人员作出更为科学的甄别，有效地保障矫正效果及质量。其次，健全危险性评估制度。建议从立法的完备、评估主体的专业化、评估方法的科学化、评估标准的多元化、评估程序的具体化等方面入手进行。最后，完善需要评估体系。要求结合发达国家的做法和我国现有的经验积累，尽快形成适合我国的需要评估的相关问卷及量表。同时，各地也可利用本地资源对此进行探索和尝试，创建简单易行的需要评估方法，并在实践中不断加以完善。

② 马进保、王唯：《我国社区矫正执行程序探讨》，载《江苏警官学院学报》2014年第1期。

价值，有助于减轻社区服刑人员的对立情绪，营造社会各方关心社区服刑人员的良好氛围，加速其融入社会的进程。同时，社会力量的介入也体现了司法文明的发展方向。自社区矫正试点以来，我国很多地方积极探索，在有效利用社会力量方面作用显著。以上海为例，社区矫正试点以来，上海着力探索培育民间组织，组建了民办非企业单位（非营利）性质的市新航社区服务总站，并将新航总站和社会工作者的作用定位于参与和协助本市司法行政机关做好社区服刑人员和刑释解教人员的教育转化、帮困服务、生活指导、心理咨询等辅助性和事务性工作。此外，在社区矫正执行过程中，还应主动与劳动和社会保障、医保、民政、工商、教育等有关政府职能部门沟通，发挥其在办理社区服刑人员就业、社会保障、求学、医疗、家庭特殊困难、自主创业等方面的职能优势。

当前尤其值得关注的是应进一步发挥志愿者的作用。近年来，我国社区矫正志愿者队伍在快速发展、壮大。以江苏省为例，社区矫正志愿者队伍初具规模，村、居委会干部在全省社区矫正志愿者队伍中起到了中流砥柱的作用，截至 2010 年，江苏全省共招募社区矫正志愿者 48906 人，与社区服刑人员配比已超过 1∶1。[①] 尽管如此，仍存在社区矫正志愿者参与社区矫正工作的形式相对单一、志愿者的水平及能力有待提高、志愿者流动性较强等问题。有鉴于此，改进建议如下：其一，建立相对统一的社区矫正志愿者准入制度势在必行；其二，要通过规范性文件明确社区矫正志愿者在社区矫正工作中的权责与地位；其三，建立志愿者服务记录档案，对志愿者进行考核。

综上所述，随着人类文明的进步、人道主义思想的深入人心，当今社会刑罚执行理念及政策日趋朝着轻缓化、科学化、文明化的方向发展，死刑日渐衰微、监禁刑更加关注人道科学、社区矫正日渐推广成为大势所趋。我国在刑罚执行政策方面，既要适应国际刑罚执行政策的重要趋势，也要密切结合我国当前宽严相济的基本刑事政策，并以此作为我国刑罚执行政策的重要指导。

【问题与思考】

1. 分析现代刑罚执行的基本原则。
2. 思考我国的监禁刑执行政策。
3. 思考我国的社区矫正执行政策。

---

① 李纪平：《江苏：全面深入推进社区矫正》，载《法制日报》2010 年 7 月 22 日。

第九章 犯罪社会预防政策

第一节 ‖ 犯罪社会预防政策概述

从预防犯罪的角度来说，好的社会政策有助于从根本上预防犯罪，犯罪的社会预防政策较之刑事惩罚政策更为积极主动，更符合人道精神。社会政策的预防犯罪价值日益受到重视。

一、犯罪社会预防政策的概念

犯罪的社会预防，就是通过制定和执行适当的公共政策和社会政策，发展经济，完善制度和文化，组织和管理社会，避免和解决社会问题，从而减少和克服犯罪的社会过程。①

犯罪的社会预防政策，就是指国家/执政党或社会为减少犯罪产生的原因和条件，制定的一系列防控犯罪的公共政策和社会政策。

如果说犯罪的刑事惩罚政策是指国家或执政党运用刑事惩罚手段防控犯罪的策略，那么犯罪的社会预防政策，就是指与预防犯罪有关的非刑事惩罚政策。与预防犯罪有关的非刑事惩罚政策都可以视为广义的犯罪社会预防政策。在刑罚之外寻找犯罪对策，属于社会预防的范畴。

二、犯罪社会预防政策的作用

19 世纪以后，实证研究方法被引入刑事政策领域，刑事政策的研究领域大大拓宽，扩展到整个社会政策领域。关于犯罪社会预防的作用，李斯特有

---

① 参见魏平雄、赵宝成、王顺安主编：《犯罪学教科书》，中国政法大学出版社 2008 年版，第 314 页。

一句名言："最好的社会政策是最好的刑事政策。"

犯罪的社会预防政策在犯罪预防上具有治本的作用，这是因为有针对性的犯罪社会预防政策将有助于从根本上预防犯罪。具体理由如下：

1. 犯罪不仅是一种行为，更是一种社会关系的反映

马克思曾经说过："犯罪现象也表明了个人与社会之间的冲突状况。犯罪行为是个人对社会的一种对抗形式，是个人与社会之间的关系紧张的一种表现。"① 犯罪实际上是社会关系紧张到了不可调和地步的产物。所以说，如果要从根本上预防犯罪，只有犯罪的社会预防政策才能起到治本的作用。

2. 对犯罪原因研究的拓展，更说明犯罪社会预防政策的重要

对犯罪原因的正确把握有利于有效地预防犯罪。19 世纪以后，实证学派打破了古典学派将犯罪原因单纯地放在人的自由意志之中的狭隘，提出了犯罪的多原因论。犯罪原因除个人、自然原因外，还涉及包括社会经济结构、社会政治结构、社会变迁、社会教育、工业状况、公共舆论、公共态度、公共管理、宗教、家庭、司法、警察、一般立法情况等社会原因的方方面面。这种犯罪原因观的提出，使刑事政策的制定更加关注社会，更注重犯罪的社会预防政策，更注重通过改变社会存在的弊端以减少犯罪的发生，并从根本上抑制犯罪。

第二节 ‖ 宏观的犯罪社会预防政策

犯罪的社会预防政策可以分为宏观和微观两个层次。本节从社会改革，社会政策，道德、法制和政府行政等宏观角度阐述犯罪的社会预防政策，试图"构建"一个能最大限度地抑止犯罪的宏观社会环境。

一、社会改革——犯罪社会预防的根本

社会改革，具体包括社会制度、经济、文化及其结构的建设和完善，是犯罪社会预防的根本。

（一）加强物质文明、政治文明和精神文明建设

物质文明、政治文明和精神文明构成人类社会文明的基本内容。人类在长期的发展进程中，创造了巨大的物质财富和经济财富，体现为物质文明；创造了巨大的精神财富和文化财富，体现为精神文明。人类社会在物质生产、

① 参见《马克思恩格斯全集》（第 3 卷），人民出版社 1994 年版，第 379 页。

精神生产的同时，改造自然和改造社会所获得的全部政治成果的总和，就是政治文明。政治文明反映了人类社会政治生活的进步状态，是人类社会进步在政治法律理念、政治法律制度、政治法律组织、政治法律行为上的综合体现。社会状况如何，与物质文明、政治文明和精神文明的发展水平之间存在着复杂的关系。从历史上看，社会犯罪率的降低，并非完全取决于三个文明中的某一方面的片面发展，而是取决于三个文明发展的协调程度和综合发展的水平的提高。三种文明之间是一种相互支撑、相互制约的关系。当三者协调发展时，哪怕是暂时处于较低的发展水平，社会仍会呈现相对安稳的状态。如果其中某一方面获得突进式发展而其他方面明显滞后时，哪怕是三者的平均发展水平较高，仍可能出现社会不安定因素和社会矛盾。这种现象常在物质文明获得突进发展而其他文明滞后的情况下出现。

我国当前正处于社会变革和转轨时期，三种文明协调发展的问题已经突出地摆在了我们面前。人类社会从总体上讲是经济、政治、文化形态的有机统一体，与之相一致，人类文明也是包括物质文明、政治文明、精神文明三大文明的统一整体。物质文明是社会发展的基础和前提，精神文明是社会发展的灵魂，政治文明是社会发展的保证。三大文明整体发展状况是衡量人类社会进步的基本标志，三大文明在人类社会发展中缺一不可。在社会发展中，如果说物质文明奠定了坚实的物质基础，精神文明进行着能动的思想观念导引，那么政治文明则提供着坚强的制度保障。建设中国特色社会主义，必须加强社会主义物质文明、政治文明、精神文明建设，使三大文明建设相互协调、相互促进，才能从根本上改变社会环境，抑制和减少犯罪的发生。

（二）深化管理体制改革，克服社会弊端，不断完善社会制度

社会管理体制就是国家为了维护社会秩序而用以规范和协调社会组织、社会事务和社会生活的一系列制度和机制，就目前我国的现实情况而言，诸如社团管理体制、社会保障体制、社会治安体制、社会应急体制、社会服务体制、社区管理体制和社会工作体制都可列入其范围。与社会基本政治经济制度相比，社会管理体制属于较为具体的层面。从历史上看，任何一种社会制度下都存在犯罪问题，我们要解决的是在现存的社会基本制度下通过社会管理体制改革和完善来更有效地预防犯罪。

我国在社会管理体制上，主要是一些具体领导制度、组织形式和工作方式等存在着弊病和缺陷。这严重妨碍社会生产力的发展，并成为诱发犯罪的制度性因素。只有深化管理体制改革，克服社会弊端，不断完善社会制度，才能有效地从根本上预防犯罪。

（三）正确引导社会文化变革，实现社会价值的重整和统一

作为意识形态的文化，是一定社会的政治和经济的反映，又作用于一定社会的政治和经济。随着民族的产生和发展，文化具有民族性。从文化与犯罪的角度，文化以其独特的方式影响着犯罪。因此，探讨犯罪原因，必须深究其文化之源；研究犯罪预防，必须寻求社会文化变革之路。当前，我国正经历着深刻的社会变革，无论从适应社会管理体制改革的角度，还是从预防犯罪的角度，社会文化变革势在必行。

文化对犯罪的作用，一般与文化的功能特点直接相关。文化的功能特点主要有三个：人文性、民族性和悖逆性。所谓人文性，是说文化具有人类精神文明的品格，能够传播和自我调节，并随着时代的变迁发生一定的变化，具有很强的适应性和变异性。所谓民族性，是说它具有民族传统和地域特点，这一特点就形成了不同的类型。所谓悖逆性，是说文化在发展中出现与其自身的积极性相背离的异化现象，这种现象导致了与其积极性相对抗的现象发生，成为促成犯罪发生的原因，也引起了亚文化和犯罪文化等特殊文化现象的发生。因此，建设和社会主义市场经济相适应的文化道德价值体系，既是社会主义和谐社会建设的内在要求，也是当前我国社会转型期所面临的重要任务。

二、社会政策的优化与调整——犯罪社会预防的基础

社会政策是国家或政党制定的旨在协调社会关系，避免或解决社会问题，保障经济与社会平稳、均衡发展的方针、原则和计划的总称。社会政策是社会问题的控制阀，包括经济政策、人口政策、社会保障政策、文化教育政策、民族政策等多个方面。

社会政策有着重要的预防犯罪价值，具体表现如下：

首先，就社会政策本身来说，它是一种社会关系的“调节器”，它的正确与错误将直接影响着社会秩序的稳定与否。其次，比较而言，公共社会政策的预防犯罪价值优于狭义的刑事政策即刑事惩罚政策，前者可以治本，后者则只能治标。最后，从政党和政府的治世方略角度考虑，当政党或政府有足够的能力和自信通过公共社会政策的完善来从容对付犯罪等社会问题时，总是乐于更多地启用公共社会政策，而不是过多地依赖于刑罚手段。

具体社会政策的优化与调整，主要在以下几个方面：

（一）社会保障政策

关于社会保障，有这样的定义：“社会保障是现代国家社会政策和社会立

法的重要内容，是国家和社会为补偿现代化过程中被削弱的家庭保障功能，帮助全体社会成员对付现代社会中的社会经济风险，运用社会化的保障手段，依法保障全体社会成员基本生活的经济福利制度。”①

社会保障常常被当成一张“安全网”，最底层是“社会救助”，也就是中国的“最低生活保障制度”，简称“低保”。这层安全网刚刚架在贫困线之上，目标是切实保障贫困人口最低标准的生活水平，并确保每一个社会成员在任何情况下都不至于跌落到贫困陷阱中。因此，社会救助或最低生活保障制度也常被称为“最后的安全网”。中间一层是“社会保险”，这层安全网常常被当成现代社会保障制度的“主干”。社会保险的目标是当劳动者，当然有时也包括其被赡养人，在这些人遭遇老年、疾病、失业、工伤、生育、伤残和死亡等社会经济风险时，保障其基本生活水平。最上面的一层安全网称为“社会福利”，在中国，因为通常会用“社会福利”这个词汇，为了避免与日常用语中相同词语混为一谈，我们将这一类服务称为“社会福利服务”。社会福利服务是指非营利性质的服务性保障，有时也将对社会成员普遍发放的津贴包括在内。社会福利的目标旨在提高全体社会成员的福利水平，使有需要的人得到相应的照料性或便利性的社会服务。

（二）分配政策

分配政策对社会秩序、社会心理的平衡有重要作用。分配不均、贫富分化易引起严重社会心理失衡，是违法犯罪的重要社会原因之一。目前在我国，在市场经济条件下，由于社会生活的复杂化、利益的多元化以及社会成员权利意识的普及，利益的分配也呈现出高度的复杂性，因此政府的收入分配政策也必然是高度复杂、全面的，必须包括一系列完备、严密的法律和政策，这些法律和政策应当能够覆盖、统辖整个社会的收入分配过程。

（三）就业政策

犯罪学研究证明，失业与犯罪存在着因果关系。长期失业，会使人陷入绝境，不满情绪严重，心理失衡，易产生犯罪活动。而且失业往往使失业者失去正常的社会角色，并因此带来社会问题。失业者在失业期间不能承担社会劳动者的正常角色，被抛入无业游民的行列，成为不能被社会承认的人，因而会思想迷茫、心理失衡。在不良的交往中容易偏离社会规范，走上犯罪道路。

而且，长时间的失业必然带来经济收入和经济来源的不稳定，因此在一

① 参见唐钧著：《市场经济与社会保障》，黑龙江人民出版社1995年版。

定程度上促成侵财犯罪的发生。一些学者认为，失业不仅对失业者个人产生消极影响，而且会对失业者的家庭产生影响。

从我国目前的情况看，庞大的就业人口、快速的经济转型、割裂的劳动力市场、严峻的权益保护问题等都预示着我国存在着巨大的职业社会工作需求。而从传统的角度出发，大龄下岗工人、刚毕业的大学生、农民工等都可能是就业政策关注的重点对象。因此，政府就业政策的完善，尽可能地减少失业人口数量，对预防犯罪具有重要的意义。

（四）教育政策

教育通常被认为是各国政府应尽的责任，因此，大部分学者认为，教育政策是公共政策的一个分支。①

犯罪学研究表明，受教育程度高低与犯罪有一定关系。没有进入学校的人，得不到符合道德规范的教育，容易更多地接受不良思想。相反，如果一个人所接受的教育程度比较高的话，文化知识可以在一定程度上阻止消极影响。同时，良好的教育，可以为人提供良好的工作环境和安定的生活环境，使人容易接受积极的社会规范，培养抵制犯罪的能力。因此，教育政策是预防犯罪的重要因素。

三、道德、法制与政府行政——社会控制的三种主要力量

道德、法制和政府行政是社会控制的三种主要力量。通过道德、法制和政府行政（权力）等力量的强制和制裁，实现对社会较好的组织和控制。

（一）道德

道德是社会意识形态之一，是人们共同生活及其行为的准则和规范。道德通过社会的或一定阶级的舆论对社会生活起约束作用。道德是判断一个行为正当与否的观念标准，是调节人们行为的一种社会规范。

法律具有相当强的约束力，在社会秩序的维护中表现得更为直接有力，尤其是在当今不断追求完善的法制社会，道德的作用虽然在很多时候看似不尽如人意，但它发挥的潜在作用是法律无法相比的。

道德是一套评价善恶的标准。运用道德力量预防犯罪，主要表现在两个方面：

一是加强道德建设和道德教育。道德建设是指对道德规范体系的确立，

① Guba, E. G. (1984). The effect of definition of policy on the nature and outcomes of policy analysis, Educational Leadership, 42 (2).

道德教育是指对道德规范的宣传和灌输。道德教育除了政治信念的灌输，更主要的是对基本伦理规范的传授。二是道德规范的执行，主要表现为普遍的社会监督和舆论谴责。在运用道德手段预防和控制犯罪时，必须注意道德控制作用的有限性。完好的社会调控需要道德、法制和权力三者互补，仅凭道德是无法彻底有效地维护社会秩序的。还需注意道德控制的适度性，道德控制的松弛与过度都不利于社会稳定。

（二）法制

如果说道德是一种非正式的社会控制力量，那么法制则是一种正式的社会控制力量。法制完善是社会完善的标志之一，也是实现社会整合、预防和控制犯罪的重要力量之一。完善法制应注意以下几个环节：

1. 立法环节

要尽快完善适应中国国情的社会主义法律体系。目前，我国立法工作亟待解决的问题主要包括：（1）进一步完善经济法律制度，堵塞经济生活中的法律和制度漏洞；（2）进一步完善行政法律制度，在保证政府对经济宏观调控和对社会公共事务实施有效管理的同时，对行政权力予以适当的限制和收缩，减少权力直接介入和干预经济，减少权力“寻租”的机会；（3）完善社会保障法律制度，使社会有一个最低限度的“安全阀”。

2. 执法环节

通过公平、公正执法给社会以正义，是老百姓对政法部门最根本的要求。在执法环节，首先要加强执法队伍的组织建设、业务建设和廉政建设，消除现实中存在的执法不严、执法不公、司法腐败以及地方保护、以罚抵罪、以官抵罪等现象。其次要规范执法、统一执法标准，在执法上做到法律面前人人平等。最后对于执法队伍中的少数腐败分子和害群之马，必须坚决予以清除，尤其要坚决而彻底地查处执法人员与犯罪分子相互勾结、司法人员为黑恶势力充当“保护伞”的案件的有关人员。

3. 法制宣传教育环节

法制宣传教育也是法制完善的重要环节之一。法律公布实施之后，是假设所有的有行为能力的公民知道并理解法律的。但事实上，很多公民是不了解法律的，这就需要适当的法制宣传教育。但法制宣传教育不应当是单纯地宣讲案例和普及法律知识，而应当通过法律知识和法律意识的宣传，努力使社会公众形成法律意识、守法观念和对法律的信仰。

（三）政府行政

政府行政是政府依法对具体社会公共事务实施组织和管理的过程。政府行政对于保证社会秩序的有条不紊起着重要的作用。预防犯罪同样也需要公正、公开、高效率而且可以问责的政府行政。

一般认为，行政效率是政府行政活动的产出与投入之间的比率。政府行政效率深受国家政权性质和社会管理体制的制约。但如果不考虑国家政权性质和社会管理体制，为了保证政府行政的高效率，应当特别注意以下几点：

第一，政府权力应当保持高度的权威性和必要的强度。

首先，政府权力保持高度的权威性和必要的强度，并不意味着政府越大越好、管得越多越好。建设法治政府，需要以法治权。要明确政府行使职权的适用范围，以法治化的规则和程序制约权力，使掌握行政权力的人在法律界定的范围内行事。其次，政府的权力所及应当限于经济与社会发展的宏观调控和对重大公共事务的处理上。而且，政府必须在法律赋予其的权力范围内保持权威性和必要的强度。最后，应注意的是，政府权力更需要监督，让政府权力在“阳光”下运行。

第二，加强行政立法和行政执法工作。

坚持依法行政、建设法治政府是贯彻依法治国这一方略的具体体现，使行政权力授予有制、行使有规、监督有效，带动全社会尊重法律、遵守法律、维护法律。行政立法，是指行政主体依据法定权限并且按照法定程序制定和发布行政法规和行政规章的活动。行政执法，是指行政机关执行法律规范、实施行政管理的一切公务行为。为了完善政府行政，应加强行政立法和行政执法工作，进一步建立和完善行政处罚制度，使工商、税务、物价、海关等部门认真履行法律赋予的行政执法职权，维护正常的社会秩序。

第三，加强农村乡镇、城市街道等基层政权建设，充分发挥基层政权组织在处理社会事务和开展社会工作等方面的作用。实践证明，基层政权建设搞得好的地方，民间纠纷大多能够及时得到妥善解决，社会控制较为有效，社会秩序也较为稳定。

第三节 ‖ 微观的犯罪社会预防政策

微观犯罪社会预防政策主要是以社区、群体以及公民家庭个人为单位进行预防犯罪的政策，其目的主要在于尽量减少犯罪产生的机会或条件，减少自身被害的可能性。

通过环境设计来预防犯罪，是一种具有较强应用性的犯罪预防方法，目的在于控制和消除犯罪发生的空间场和时间场。通过环境设计来预防犯罪的典型理论有情境犯罪预防。

一、情境犯罪预防

（一）情境犯罪预防的概念以及理论基础

1. 情境犯罪预防的概念

犯罪的情境预防，是指针对那些产生犯罪动机的人以及犯罪人，通过管理、设计等方式，对他们可能作案或经常作案的区域和场所，进行预防犯罪的相关设计，从而建立一种特定的预防犯罪环境，在犯罪易发区或高发区，通过减少犯罪之机会而预防犯罪。

由于犯罪是一种“犯罪机会”、“监控”、“有犯罪动机及能力的犯罪人”相互作用的产物，所以，保护好犯罪对象和目标、控制好犯罪的机会及犯罪人，就可能预防犯罪。这其中的减少犯罪机会及防卫犯罪对象和目标以预防犯罪，即被称为“情境犯罪预防”。与传统的要改变个人人格或认知的目的预防策略有所不同，情景犯罪预防的主要作用点是改变可能导致犯罪发生的“情境”。情境犯罪预防首先是由美国建筑师奥斯卡·纽曼（Oscar Newman）于20世纪70年代提出来的。纽曼通过研究提出了“防卫空间”概念，认为可以借助特殊的建筑设计减少犯罪的机会，而达到预防犯罪的效果。其后，美国犯罪学家杰弗瑞（C. Ray Jeffery）又提出可以“通过环境设计与预防犯罪”，应用并扩充了纽曼的防卫空间概念。根据杰弗瑞的观点，建筑物的安全装置、门锁、街灯及守望相助等均能有效减少犯罪。到了80年代早期，英国内政部研究与规划小组罗纳德·克拉克（Ronald Clarke）与其同事的研究将情景预防理论向概念化与理性化又推进了一步。时至今日，情境犯罪预防已经发展成为一项预防犯罪的整体策略。

2. 情境犯罪预防的理论基础

情境犯罪预防最初来源于环境预防犯罪观。建筑学家和地理学家提出了从城市建筑设计、空间分布等角度寻求影响犯罪的因素的观念，认为犯罪人根据环境机会和情境抑制因素选择犯罪的时间和地点，因此，侧重于通过环境设计和一定的监视系统来减少犯罪机会，预防犯罪发生，这种观点被称为环境犯罪学。其理论基础有：

（1）犯罪的经济分析。对犯罪的经济学研究起始于20世纪60年代末70年代初，也有学者说是形成于20世纪80年代。

所谓经济分析，主要是成本—效益分析，而经济分析正是对犯罪进行经济学研究的基本方法，成本、收益则是它的两个主要分析工具。犯罪的经济分析力图将影响犯罪选择的犯罪学成本和犯罪收益量化，用数字来测量和表示犯罪行为的可能性及其选择机制。这种研究一般认为，经济分析的方法可以适用于人类的一切行为，包括犯罪行为。理性人和功利最大化行为是对犯罪的经济学研究的两个基本假设。按照这两个假设，人是有理性的，犯罪人也是有理性的，在这一点上，犯罪人与非犯罪人不存在差异。与其他非犯罪人一样，犯罪人总是要受到来自市场因素的影响（如价格、收益等），他们总是要理性地对每一种选择的成本与收益进行权衡，并在此基础上做出自己的选择，努力使自己的犯罪收益最大化。

这方面研究的公认的奠基之作是美国经济学家贝克尔（Gay S. Becker）的《犯罪与刑罚：一种经济学的观点》一文。作者在理性人（经济人）这一基本假设之下，以经济学家的独到眼光对犯罪与刑罚问题进行了经济分析。贝克尔认为对于人类其他行为的分析工具，同样适用于犯罪行为。他的一个基本假设是：所有的人都是理性动物，都是理性的功利最大化主义者，他们基于功利最大化原则来决定对自己的时间以及其他资源的分配，决定是选择犯罪行为还是选择合法行为。决定其选择的最主要变量是收益和成本。贝克尔指出，犯罪人在犯罪时会衡量犯罪机会及预期效益，所谓犯罪的预期效益就是实施犯罪行为的预期所得大于因此而遭受的损失，因此犯罪人会选择事实能获取最大效益的行为，其预期效益公式如下：

$$EU = P(s) \times G - P(f) \times L$$

其中P（s）是指犯罪成功的可能性；G是指预期从犯罪行为中获取的利益，如金钱或财物等；P（f）指犯罪失败的可能性；L指犯罪失败后可能受到的损失，如可能遭受监禁的惩罚及赔偿被害人等。自贝克尔的文章发表后，大量的犯罪经济学研究方面的文章纷纷发表，对犯罪的经济学研究也成为犯罪学的一个新的领域。

（2）理性选择理论。理性选择理论（rational choice theory）是在20世纪80年代前发展起来的。理性选择理论是犯罪古典学派的功利主义观点“人类行为是理性行为，避苦求乐是人类的一条基本生存规律”的一种复归。而理性选择理论的发展却得益于对犯罪问题的经济分析。

①犯罪人的犯罪倾向。这是指犯罪人个人的个性、能力等心理要素。包括犯罪人的认知能力、经验水平和风险偏好等。犯罪人的认知能力是指犯罪人对于合法机会与非法机会的一种“认知”。例如，一个人对外在经济机会的“认知”会影响他对犯罪的决定：假如犯罪人认为犯罪的利益很大，合法且令人满意的赚钱机会很少，则他就可能因此作出实施犯罪行为的决定；但如果

相反，犯罪人认为犯罪的利益很小，合法且令人满意的赚钱机会很多，则他就可能因此放弃犯罪。学习和经验影响犯罪人的选择：有经验的犯罪人可能会逐渐发展出一种犯罪的风险高过于其利益的体验，或者会发现个人能力的极限，因此也知道何时可冒险，何时要小心。另外，易冲动的、没有职业的闲散人员，喜欢冒险的年轻人等选择犯罪行为的可能性相对较大。

②犯罪的机会。犯罪的机会取决于时间、空间、犯罪对象及其状况、实施犯罪行为所需之工具及技术。犯罪在时间和空间的分布上是非随机的。夜晚的某些特定时段发生的犯罪比较多，某些地点犯罪发生率也较高。这是由于犯罪人会依据自己的理性判断和选择实施犯罪行为的时间和地点，如选择不易被发觉、防卫最薄弱的时间，选择最方便观察、最易实施犯罪行为的地点，等等。季节有时也是重要的考量要素。夏季时，人们室外活动频繁，监视增加，因此，盗窃案较少。冬季时，人们室外活动少，监控减少，盗窃案反而较多。从犯罪的对象方面也可以找到理性选择的证据。很多被害人调查资料反映出，高收入的家庭容易成为财产犯罪侵害的对象，但较不易成为暴力犯罪的对象。很明显，有预谋的犯罪人并非随机选择犯罪对象。最后，也有研究发现，不需太多技术的犯罪较易发生，数量亦较多。需要某些特殊技术的犯罪不易发生，数量亦较少。

理性选择理论的重心是在犯罪的机会，以及机会在社会环境中的分布。只要有合适的情况和机会，社会上总有一些人会违法犯罪。虽然有一些不够理性或心智不正常者的犯罪似乎未考虑犯罪的危险性，但理性或情境因素可能会影响其犯罪行为：因为他们亦会认为犯罪对他们有利。

③犯罪结果的诱惑力。对大部分人而言，犯罪之所以有其诱惑力或吸引力，是因为它带来报酬、兴奋、刺激等，因此，犯罪总会吸引某些人。人们发现，这些情境上的诱惑力存在于犯罪发生之前，同时足以吸引犯罪人去犯罪。例如，有些被害人挑战加害者的权威或立场，因此受到加害者的毒打、伤害；对某些人而言，游荡和商店盗窃足以吸引他们，因为能从现场逃走是很令他们兴奋的事，也展现他们的能力；有些杀人犯罪人认为自己能够掌握他人的生死，并为此而感到满足。有时，由于感情的激动而产生的情境吸引也会促成犯罪。例如，当一个人面对贬损、攻击、傲慢或羞耻时，暴力往往是一种自然的反应。当有人在团体中被严厉谴责为“干扰他人”的人时，严厉的谴责可能会使其伤害他人以维持面子。

（3）日常活动理论。日常活动理论又称日常行为理论、惯常行为理论，于20世纪70年代末出现，其提倡者是美国学者劳伦斯·科恩（Lawrence Cohen）和麦克斯·福尔森（Marcus Felson）。该理论认为，人们日常的生活方式和行为方式对一个社会的犯罪的数量和类型有着明显的影响作用，当一个人因为某种惯常的活动遭遇一个具有犯罪动机的犯罪者，而当时的环境中又缺乏阻碍犯罪的力量时，犯罪就有可能发生。虽然在日常生活中，有些人由于其不可避免的社会角色或已确定的社会地位使其较一般人更容易遭受犯罪侵袭，但对于大多数处于特定生活方式的人来讲，可以就特定行为做出理性选择从而避免犯罪侵袭。这种理论虽然意在警示被害风险，但也企图说明在社会中具有犯罪动机的人存在的前提下，为什么犯罪在某些特殊情况下发生在特定的地方。

日常活动理论认为，当以下三个条件在特定的时空同时具备时，犯罪就有可能发生：有犯罪动机并有实施犯罪能力的犯罪人（可能出于任何原因去犯罪的任何人）、有合适的犯罪对象和目标（可能被犯罪人获取或者攻击的物体或者个人）、有效监控力量的缺乏（缺少一个能够进行干预制止或能够见证犯罪的人或设置）。这其中，犯罪人是为实现非法获益而犯罪；合适的犯罪对象和目标可以为犯罪人提供既得利益（如体积小、重量轻的财物易携带，易被偷走；靠近高速公路的银行由于有利于逃跑而易遭抢等）；所谓有效监控力量，是指能为犯罪对象和目标提供保护的人或物体，这种力量可以增加犯罪的代价，使犯罪不易发生（如成年人、狗、防盗设施等均可使窃案不易发生）。根据日常活动理论，动机、标的物和监控三者有互助作用：一个因素的出现会鼓励或干扰另一因素的作用。如果有合适的对象、目标或有效监控的缺乏，有犯罪动机的人就敢于实施犯罪行为；监控的存在会遏制有动机的犯罪人，尽管一些对象和目标有吸引力，也不会遭到侵害。而有关的研究也发现，三者的互动作用相当显著。

由于人们的日常行为中存在一定的常规和模式，故行为（包括犯罪行为）也具有一定的重复性和可预测性，而社会结构和生活方式的变化可以影响犯罪率及被害率。因此，日常活动理论主张通过改变某些特定环境或者社会环境来降低犯罪率，并注重通过指导个人的行为减少犯罪人与犯罪对象和目标相遇的可能性，从而减少犯罪。

（二）情境预防的基本方法

当代的情境犯罪预防作为一个措施体系，包括五大类具体措施和技术：①增加犯罪所需的功夫（即通过目标强化技术以实现对目标的防护，如商店橱窗使用防爆玻璃、大门上锁、使用汽车防盗锁等）；②增加犯罪的风险（即借助增加被逮捕的概率以提高犯罪的风险，如改善街灯的照明，组织守望相助巡逻队，门禁的严格管理，装设防盗铃及增加保安人员或警察的巡逻等)；③减少犯罪预期的利益（即尽量使因犯罪所得的报偿减少，如夜晚将汽车音响收置于家中以减少窃贼盗窃汽车的报酬，将财物刻画上标记使窃贼难以销赃等)；④消除犯罪的刺激因素（就是要减缓挫折与压力、避免争执、减少情绪性挑逗或同伴压力、避免犯罪模式的模仿等)；⑤消除犯罪借口（就是不使人们以不知道自己的行为是违法犯罪行为为借口，或者辩解说自己没有其他选择，如设立规范以使犯罪者感到羞耻、难过，促其遵守规范；在各种公共场所张贴警示语、激发个人守法的良心；不断提醒人们注意规则、义务以及行为的后果来实现更大程度的遵纪守法等)。在上述五大类具体措施和技术的基础上又衍生出25种犯罪预防技术（见表9-1)。①

表9-1 情境犯罪预防技术一览表

增加犯罪所需的功夫	增加犯罪的风险	减少犯罪预期的利益	消除犯罪的刺激因素	消除犯罪借口
增加犯罪难度	加强监护	隐藏目标	减少压力与挫折	确立规则
汽车方向盘锁； 防抢劫监视屏； 防撕毁包装	行李监控； 商品标签； 自动检票门	不要当街停车； 无性别显示的电话簿	高效的秩序； 礼貌的服务； 轻柔的音乐灯光	反性骚扰令； 合同及协议； 申报海关； 住宿登记
入口监控	辅助监控	消除目标	避免争端	张贴禁令
入口通话设备； 电子门禁； 停车护栏； 电子口令	防御空间设计； 路灯； 窗户； 蚕茧式的邻里守望	拆卸式车载音响； 预付费式电话卡； 女性避难所	对立球迷的隔离； 定额计程车价格； 减少拥挤	“禁止停车”； “私家住宅”
出口监控	消除匿名	财物识别	减少诱惑与蛊惑	唤醒自由
凭证退出； 电子商品标签	出租车司机ID； 呼叫者ID； 驾驶时的联系方式； 校服	财物标记； 车辆牌照与零件标记； 产品序列号； 牲畜标记	控制暴力与色情； 球赛时的行为约束； 禁止种族侮辱	路边的超速标志； 醉酒驾驶提醒

① 参见［英］麦克·马奎尔、罗德·摩根、罗伯特·赖纳等著：《牛津犯罪学指南》，刘仁文、李瑞生等译，中国人民公安大学出版社2012年版，第673-674页。

续表

增加犯罪所需的功夫	增加犯罪的风险	减少犯罪预期的利益	消除犯罪的刺激因素	消除犯罪借口
消除犯罪念头	雇员监控/物业管理	规范市场	减少同龄人的模仿	便于投诉
死胡同； 封闭街道； 隔离对立的球迷； 女性保护措施	闭路电视监控； 停车场看守； 俱乐部保安/门卫	典当行、车辆与商店的监控； 广告的分类管制； 街边小摊的执照	酒后驾驶是愚蠢的； 鼓励敢于说“不”； 将坏学生开除	严格的图书馆管理； 使小偷望而却步； 提供公共储藏柜与公共厕所
控制手段与措施	正式监控	消除违法犯罪利益	消除模仿	防止“无约束”
对刀具、枪支、喷漆的销售与提供进行限制； 装有指纹识别系统的武器	超速摄像头； 入室盗窃警报； 自动编号识别	标签印刷； 消除涂鸦； 使失窃的电话无效	快速修理、清理受损或者废弃的财物、车辆以及电视机里的芯片	设置饮酒的年龄； 酒吧与车辆发动时的酒精测试仪； 家庭对互联网的控制
来源：D. B. 考尼斯与 R. V. 克拉克：《犯罪决意生成的机会与催发》，载《犯罪预防研究》2003 年第 16 期				

二、公众参与

（一）公众参与的含义

1. 刑事社会政策中公众参与的概念

刑事社会政策中的公众参与，是指社会组织、团体及个人作为主体，参与犯罪防控政策的制定及其实践的活动和过程。控制和预防犯罪不仅是国家和社会的责任，也是社会组织、社会团体乃至公民个人的意愿和要求。社会公众不仅积极参与犯罪预防的实践，也在为犯罪预防政策的制定献计献策。因此，在控制和预防犯罪的各项工作中，发动和鼓励公众参与，使之与国家形成强大的防控犯罪合力，是当今预防犯罪的主流。

2. 公众参与与刑事政策模式的发展变化[①]

公众参与的程度，因刑事政策模式的不同而有差异。刑事政策的模式与社会对犯罪的反应理念密切相关，或者说，社会对犯罪的反应理念影响着犯罪防控的模式。学界总结出人类社会的三种犯罪反应理念，即国家本位理念、国家社会双本位理念以及社会本位理念，与之相对应的犯罪防控模式即为国家本位模式、国家社会双本位模式以及社会本位模式。

犯罪防控的国家本位模式建立在对犯罪的国家反应的基础之上，其理念是国家至上，以国家权力为核心，其目的是通过防控犯罪稳定社会秩序、维护国家利益。在此国家模式下，防控犯罪是国家的专属事务，也是国家的特权。犯罪防控的国家本位模式的特征是国家垄断犯罪的防控，即刑事法律和政策的制定以国家为主体，交由专门机构或部门实施。社会公众，包括其他社会组织、团体以及个人被排除在刑事法律和政策的制定决策过程之外，他们仅仅是刑事法律和政策的遵守者和服从者，充其量作为法律和政策执行过程的配合角色而存在。国家本位模式突出的问题主要表现，其一是颁行的刑事法律和政策可能忽略、无视甚至牺牲个人的权利和利益，而个人对此种刑事法律和政策也只能因畏惧权威而被动地同意或默认；其二是随着社会经济的发展，国家对犯罪的防控越来越难实现全方位和全覆盖。

刑事政策的国家社会双本位模式，建立在国家和社会共同防控犯罪的基础之上，其理念是国家、社会、个人权利平衡和统一，其目的是维护社会的稳定与安宁、保障公民个人权利的实现。在这种模式下，犯罪防控被看成一种社会事务，国家和社会（包括个人）都应作为主体参与其中，在制定刑事政策的过程中充分表达意愿和要求，在刑事政策落实和实施的过程中发挥各自力量和优势。相对于国家本位模式，国家社会双本位犯罪防控模式有其自身优势，即促进社会公共利益的实现、提高刑事对策的科学性、确保防控措施的落实和有效等。这是当今世界普遍采用的模式。当然，从犯罪防控模式的发展过程看，国家社会双本位犯罪防控模式有其自身的问题：如果缺乏制度性保障，公众参与可能流于形式；如果途径和范围有限，可能影响公众参与的积极性；如果资源和能力不足，可能影响参与效果，等等。

刑事政策的社会本位模式建立在对犯罪的社会反应的基础之上，其理念

---

① 刑事政策模式的相关内容参见严励：《中国刑事政策的构建理性》，中国政法大学出版社 2010 年版，第 2346-398 页；卢建平：《刑事政策学》（第二版），中国人民大学出版社 2013 年版，第 256-260 页；王明亮：《公众参与型刑事政策》，北京大学出版社 2013 年版，第 22-29 页。

是社会至上，排斥国家反应，市民社会代替国家成为犯罪防控的主体，在刑事政策的制定和实施中居主导地位，其目标是追求社会的凝聚力和团结。这种刑事政策模式存在的社会基础是国家的衰微，社会将自由和正义视为最高目标，以道德和责任维护社会运行，强调对因违法犯罪而遭到破坏的社会关系的修复而不是惩罚排斥违法犯罪人。这是刑事政策的理想模式。

（二）我国公众参与犯罪防控的政策与实践

1. 公众参与犯罪防控的刑事政策——社会治安综合治理

社会治安综合治理作为我国的一项重要的刑事政策，规定了公众参与犯罪防控的基本内容。社会治安综合治理的基本内容是：在各级党委和政府的统一领导下，组织和依靠国家政权、社会团体和广大人民群众的力量，各部门协调一致，齐抓共管，运用政治的、经济的、行政的、法律的、文化的、教育的等多种手段，整顿社会治安，打击和预防犯罪，保障社会稳定，为改革开放和社会主义现代化建设创造良好的社会环境。该政策明确了治理、防控犯罪，不只是专门部门或某个单位的工作，而是一项社会事业，关乎每一个社会成员的利益。

所以，治理和防控犯罪，要在各级党委和政府的统一领导下，组织和依靠各个部门和各人民团体，依靠全社会的力量，发动和组织亿万群众关心和参加社会治安工作，即全党动手、全民动员、齐抓共管。这其中，政府在防控犯罪的过程中发挥着主导作用，同时，也要充分动员公众积极参与，各方面力量整合在一起，实现有效的犯罪防控。

在此政策的引导下，我国开展了一系列旨在群防群治的公众参与犯罪防控实践，主要形式包括组建专职的治安联防队、成立专业的保安公司；组织由志愿者构成的社区巡逻队或铁路、工矿巡逻队；聘任流动人口协管员、治安问题信息员、矛盾纠纷调解员；动员公众参与法律援助、安置帮教和社区矫正；社会机构、团体和企业在防控犯罪中发挥各自专业、特长和优势；等等。

2. 公众参与防控犯罪的实践

社区预防，就是以社区为基点，根据犯罪行为和社会违法与不良行为的实际情况、特点和规律，通过社区组织、社区行动、社区文化，以及改变社会环境等多种途径和方式，从时间、空间和人等多维度对犯罪行为、违法行为、不良行为进行预防、制止和处理相配合的犯罪预防模式。社区预防是预防、遏制和减少犯罪的重要手段和发展方向，是一项复杂的系统工程。社区是社会的基础，是各种社会政策的出发点和归宿。社区治安问题的发生与解决主要在于社区。如果社区有了良好的治安环境，就有了良好、稳定的社会秩序。

在我国的犯罪预防实践中，社区参与预防是一个成功的做法，在社区预防中，除了传统的做法，还积极尝试新的方式：

第一，积极实行社区警务。社区警务是社会居民在警察带领、指导和支持下采取各种合法手段与方式，充分研究社区问题，开采社区资源，改造社区环境，强化自卫互助，以全面系统并长效维持社区公共安全的思想、活动和方式方法的统称。其实质就是要求警察立足于社区，积极开展各项宣传工作，动员和组织社区群众实行警民合作，不断增强社区民众参与社区各项治安管理、预防违法犯罪的意识。它的立足点在于社会是产生违法犯罪的根源，因而预防和减少违法犯罪也必须依靠社会。它的工作范围是以社区为主导，以社区为基本单位。

第二，开展安全小区、文明小区建设活动。例如，以村镇、街道、住宅等为单位，开展精神文明的“警民共建”、“军民共建”等活动，开展警民联防活动、文化体育活动等。

第三，积极在社区开展社会工作和社会服务。2003 年 7 月 10 日，最高人民法院、最高人民检察院、公安部、司法部四部门联合发布的《关于开展社区矫正试点工作的通知》，明确规定了社区矫正的适用范围是被判处管制、被宣告缓刑、被裁定假释、被暂予监外执行和被剥夺政治权利并在社会上服刑的 5 种罪犯。社区矫正的主要任务是按照有关法律法规，加强对社区服刑人员的管理和监督，确保刑罚的有效实施；通过多种形式，对社区服刑人员进行思想、法制和社会公德教育，矫正其不良心理和行为；帮助社区服刑人员解决再就业、生活等方面遇到的困难。可以说，社区矫正、开展对违法犯罪人员的社会帮教活动，特别有利于再犯预防。此外，其他社会工作，如婚姻介绍、扶困帮残、兴办各项社会福利等，也是社区预防的具体有效的做法。

第四，制定乡规民约、城市文明公约等群众自律性的行为规范。

【问题与思考】

1. 简述刑事惩罚政策与社会预防政策的联系与区别。
2. 如何理解犯罪社会预防的概念、特征和作用？
3. 试评社会控制的三种主要力量在预防犯罪中的作用。
4. 试述环境设计与防卫空间在犯罪预防中的作用。

第十章
我国“严打”与宽严相济刑事政策

第一节‖“严打”刑事政策

一、我国“严打”刑事政策的历史发展

“严打”刑事政策产生于20世纪80年代初，是党中央针对当时日益恶化的社会治安形势所采取的一种非常性应对策略。自此之后，“严打”这一刑事政策在我国整个刑事政策体系中一直占据着重要的地位，在相当长时期内指导着我国的刑事立法与刑事司法实践。

早在1980年2月时任中共中央政治局委员的彭真同志在听取广东省和广州市公检法部门的汇报时就第一次明确、系统地提出了“严打”方针。他指出：“当前，对严重危害社会治安的刑事犯罪分子的处理，是从轻还是从重，当然要从重。不信，你去问问干部和群众。对刑事犯罪分子的处理是从快还是从慢？要从快，不能慢慢腾腾。不然，就不能及时起到惩戒犯罪分子和教育群众的作用，并会引起群众的不满。当然，从重、从快，要搞准，要依法。”同年6月，时任最高人民法院院长的江华在河南省高级人民法院召开的干部大会上的讲话中指出：“去年中共中央在有关文件中提到的对几种现行犯要从重打击，要及时判处。这是中央的方针……在这个问题上，我们要立场坚定，旗帜鲜明。但是，应当明确，从重必须在刑法规定的量刑幅度之内从重处刑；及时或者从快是在刑事诉讼法规定的时限之内尽快审结案件。从重不是离开法定的量刑幅度愈重愈好，不能违反刑法。从快不是离开法定审限越快越好，不能违反刑事诉讼法。从重从快都要依法，不是依哪个人的意见，

谁要重就重，要轻就轻，要多快就多快，那是不行的。”① 1981年5月中旬，中央政法委召开了北京、天津、上海、广州、武汉五大城市治安工作座谈会，会议针对当时社会治安的严峻情况，明确提出：“对于极少数杀人犯、放火犯、抢劫犯、强奸犯、爆炸犯以及其他严重危害社会的现行犯罪分子，要继续坚决依法从重、从快惩处。”② 1981年6月14日中央21号文件批转了中央政法委《京、津、沪、穗、汉五大城市治安座谈会纪要》，“依法从重从快惩处严重危害社会治安的犯罪分子”成为当时政法工作中必须遵循的方针政策。

尽管如此，社会治安形势依然十分严峻，刑事发案数量居高不下，骇人听闻的恶性案件时有发生。针对这种情况，邓小平同志在1983年7月19日同公安部负责人的谈话中指出：“解决刑事犯罪问题，是长期的斗争，需要从各方面做工作，现在是非常状态，必须依法从重从快集中打击，严才能治住。搞得不疼不痒，不得人心。我们说加强人民民主专政，这就是人民民主专政。要讲人道主义，我们保护最大多数人的安全，这就是最大的人道主义！严厉打击刑事犯罪活动是一件大快人心的事。”③ 据此，1983年8月党中央做出了《关于严厉打击刑事犯罪活动的决定》，由此拉开了1983年第一次全国范围“严打”的序幕。同年9月，第六届全国人大常委会通过了《关于严惩严重危害社会治安的犯罪分子的决定》和《关于迅速审判严重危害社会治安的犯罪分子的程序的决定》，使“严打”政策法律化，正式成为当时开展“严打”行动的主要法律依据。

自从“严打”的方针提出后，迄今为止，我国在刑事司法领域已经开展了四次大规模的严打行动，分别是1983年第一次严打、1996年第二次严打、2001年第三次严打和2010年第四次严打。

第一次全国范围的“严打”是从1983年9月至1987年1月，历时三年。1983年8月25日，中共中央发出《关于严厉打击刑事犯罪活动的决定》。该《决定》指出：严厉打击刑事犯罪活动，是政治领域中一场严重的敌我斗争。为迅速扭转社会治安的不正常状况，中共中央决定，以三年为期，组织一次、两次、三次战役，按照依法“从重从快，一网打尽”的精神，对刑事犯罪分子予以坚决打击。《决定》还明确了此次“严打”的七类重点打击对象：一

① 转引自彭凤莲：《依法“严打”：刑事政策与刑事法律的统一》，载《安徽师范大学学报（人文社会科学版）》2002年第1期。

② 最高人民法院研究室：《人民法院参与社会治安综合治理工作实务》，人民法院出版社1993年版，第3页。

③ 《邓小平文选》（第三卷），人民出版社1993年版，第34页。

是流氓团伙分子；二是流窜作案分子；三是杀人犯、放火犯、爆炸犯、投毒犯、贩毒犯、强奸犯以及重大盗窃犯；四是贩卖妇女、儿童的人贩子，强迫、引诱、容留妇女卖淫的犯罪分子和制造、复制、贩卖内容反动、淫秽的图书、图片、录音带、录像带的犯罪分子；五是有现行破坏活动的反动会道门分子；六是劳改逃跑犯、重新犯罪的劳改释放分子和解除劳教人员以及其他通缉在案的罪犯；七是书写反革命标语、传单、匿名信的现行反革命分子，以及有现行破坏活动的林彪、“四人帮”反革命残余分子。

第二次全国范围的“严打”是从1996年4月至1997年2月。1996年年初全国刑事大要案频发，社会治安形势异常严峻。特别是1996年2月2日凌晨，全国人大常委会副委员长、民革中央主席李沛瑶在其住所被担任驻地警卫任务的武警执勤哨兵张金龙杀害，这是新中国成立以来首次发生的国家领导人遇害事件，举国震惊。与此同时，当时全国部分地区重大抢劫案件增多，接连发生犯罪分子以金融单位、运钞车为抢劫目标，持枪实施抢劫巨额财物的案件。在当年的全国“两会”期间，人大代表、政协委员对此发表了许多意见，要求大力整顿社会治安秩序。于是，从1996年4月到1997年2月，全国进行了第二次“严打”。这是继1983年第一次“严打”后，在全国范围内规模最大的一次集中打击行动，打击重点为杀人、抢劫、强奸等严重暴力犯罪、流氓犯罪、涉枪犯罪、毒品犯罪、流氓恶势力犯罪以及黑社会性质的犯罪等严重刑事犯罪。

第三次全国范围的“严打”是从2001年4月开始，为期两年。2001年3月16日，靳如超制造的石家庄特大爆炸案造成多人死伤，令人触目惊心。2001年4月召开的全国社会治安工作会议分析当前社会治安形势时认为：“现在，刑事案件总量上升，危害增大，爆炸、杀人、抢劫、绑架、投毒、拐卖妇女儿童等严重犯罪活动猖獗，特别是一些地方黑社会性质的犯罪团伙横行霸道。乡霸、市霸、路霸等一些流氓恶势力危害一方，入室盗窃、扒窃、盗窃机动车辆等多发性案件居高不下，经济领域的犯罪活动也很突出。‘黄赌毒’等丑恶现象屡禁不止，污染社会风气。各种治安灾害事故不断发生，人身伤害和财产损失严重。”面对严峻的社会治安形势和爆炸案的恶劣影响，全国社会治安工作会议提出要在全国范围内开展一场“严打”整治斗争，坚决打掉犯罪分子的嚣张气焰，尽快改变治安面貌。第三次全国性的“严打”以“打黑除恶”为龙头，分为三个阶段、三条战线。第一个阶段从2001年4月到5月；第二个阶段从2001年6月到2002年6月；第三个阶段从2002年7月至2002年年底。第一条战线，以深入开展全国性的“打黑除恶”为龙头，开展打击严重暴力犯罪和多发性侵财犯罪专项斗争；第二条战线，全国开展治爆缉枪专项行动；第三条战线，整顿和规范市场经济秩序，打击经济领域的犯罪。这次“严打”除了强调“从重从快”以外，还特别强调“稳、准、狠”以及“依法”原则。同时，强调“打防”结合，治标与治本结合。与此同时，为了严厉打击黑社会性质的组织，最高人民法院和全国人大常委会先后通过了关于“黑社会性质组织”的司法解释和立法解释。

第四次全国范围的“严打”是从2010年6月开始，为期七个月。2010年6月，公安部召开全国公安机关“2010严打整治行动”动员部署电视电话会议，公安部党委作动员部署。会议指出，为贯彻落实中央领导同志重要指示精神，针对当前复杂的社会治安形势，公安部动员部署全国公安机关集中开展为期7个月的严打整治行动，全国公安机关要始终坚持严打方针不动摇，深入开展严打整治行动，依法严厉打击各类严重暴力犯罪活动，从严加强社会面治安管控，坚决遏制各类突出犯罪，确保社会治安大局持续稳定。此次“严打”的重点对象是严重影响群众安全感的个人极端暴力犯罪、涉枪涉爆犯罪、黑恶势力犯罪，严厉打击群众反映强烈、深恶痛绝的电信诈骗犯罪、拐卖儿童妇女犯罪、“两抢一盗”犯罪和“黄赌毒”等违法犯罪。这次“严打”由公安机关主导，在规模、声势上远不如前三次严打，因而学术界对此次严打是否算作第四次“严打”存在争议。

除了上述三次典型意义上的轰轰烈烈的全国性“严打”以及有争议的第四次“严打”斗争外，实践中针对一些突出的犯罪活动，还陆续组织开展了一些专项打击和整治行动，如全国打击盗抢机动车犯罪专项斗争，全国打击盗窃、抢劫等多发性侵财犯罪专项行动，全国打击拐卖妇女儿童专项斗争，全国打击治理利用手机短信和网络诈骗犯罪专项行动等，不一而足。可见，“严打”刑事政策是我国在社会转型时期应对不断高涨的犯罪浪潮所做的必然选择。但这里值得特别注意的是，我们对“严打”刑事政策与“严打”行动的关系要保持清醒的认识：“严打”行动只是贯彻“严打”刑事政策的一种方式和手段，但绝不是“严打”刑事政策的全部内容。在新的历史时期，我们必须在法治的框架内，在基本刑事政策的指导下坚持和贯彻“严打”刑事政策。

二、“严打”刑事政策的基本内涵

“严打”是“依法从重从快严厉打击严重刑事犯罪活动”的简称，是我国在社会主义初级阶段针对特定严重刑事犯罪提出的一项重要刑事政策，也是我国社会综合治理工作中的重要环节之一。

（一）“严打”的对象是极少数严重危害社会治安的刑事犯罪分子

“严打”的对象严格限定为极少数严重危害社会治安的刑事犯罪分子，这是在“严打”刑事政策出台之日就已经确立的一项原则。“严打”并不是对任何人、任何案件都实行“严打”，不是简单地搞一刀切，而是有一定的范围限制的。而这种对象范围限定是由不同时期的“严打”政策和法律统一明确规定的。例如，在发动第一次“严打”行动之前，1982 年 10 月彭真同志在中央政法委扩大会议上指出：“不是所有的案件都要从重从快，而是对杀人、放火、强奸、抢劫、爆炸以及其他严重危害社会治安的犯罪分子，必须依法从重从快处理。”正因如此，同年 8 月中共中央发出的《关于严厉打击刑事犯罪活动的决定》中明确了此次“严打”的七类、十七种重点打击对象。如前所述，在之后历次的“严打”活动中均明确指出了重点打击的对象，着力解决对社会稳定和群众安全感造成严重影响的突出问题。

（二）“严打”的依据是法律

“严打”究竟应该以法律为准绳，还是以社会形势的需要为根据，这曾经引起过一定的争论。1980 年 8 月，时任最高人民法院院长的江华同志在北京市高院召开的刑事审判工作会议上提出：“还有一个问题叫作审判工作‘紧跟阶级斗争形势’的问题。过去，政治运动一个接一个，审判工作经常处于为运动服务的状态，‘形势需要’竟成了定罪量刑的一个主要依据，只强调紧跟形势，不强调依法办案。事实证明，运动中办的案子里冤案错案多，这个教训至今还没有引起一些同志的重视。人民法院办案的基本原则是以事实为根据，以法律为准绳。我们不能为了‘形势需要’而作出违背事实和法律的判决；更不能借口‘形势需要’而任意改变案件的性质和罪名。我们审理的每一个案件都要经得起历史的检验。”① 可见，“严打”必须始终在法治的轨道上前行，必须符合罪刑法定原则，正如邓小平同志所言，不依法的“严打”不能是“严打”，而是“乱打”、“滥打”。② 因此，一方面，在立法层面要做到有法可依，通过制定明确的法律来规范具体的“严打”行动；另一方面，在司法层面要做到执法必严，对犯罪分子确定刑事责任、适用刑罚，必须严格遵守实体法和程序法的相关规定，既不冤枉无辜，又不放纵犯罪，真正实现“严打”的初心。

（三）“严打”的实体性要求是从重

这里所强调的“从重”是在确保罪刑均衡的前提下，在刑法和有关法律

① 《江华司法文集》，人民法院出版社 1989 年版，第 149–150 页。

② 《邓小平文选》（第三卷），人民出版社 1993 年版，第 34 页。

规定的量刑幅度内，对极少数严重危害社会治安的刑事犯罪分子予以严厉制裁。要准确理解“严打”方针中的“从重”，我们可以从两个方面进行分析：一方面，“从重”含有评价的意义，它明确地指出严重危害社会治安的犯罪分子是我们打击的重点所在，旗帜鲜明地表明了我国法律与政策对这些犯罪在法律和政治上的否定评价。另一方面，它也包含有实际处罚意义上的从重处罚，即对这些犯罪分子在实际处罚时，应适用较重的刑种或较长的刑期，就高不就低。但是，因为具体的罪行有轻有重，从重的幅度也应有大小之分，故不能不分主观动机、犯罪情节、危害程度和悔罪表现等一概从重，一律顶格处罚；同时，从重不能突破法定刑的最上限，应在法定刑的幅度内适用较重的刑种或较长的刑期。若该罪对应有两个以上法定刑幅度的，应选择与具体案件情节相适应的量刑幅度，在该量刑幅度内从重，而不能不顾具体犯罪事实一概选择该罪名的最高法定刑。特别值得注意的是，在执行“严打”方针过程中，如果出现法律明确规定的从轻、减轻情节，我们必须严格遵守，绝不能因为有“从重”的要求，而对刑法明确规定的从轻、减轻的情节视而不见。如果犯罪人具备法定的必须“从轻、减轻”情节时，从轻、减轻的幅度可以比平时小一些；如果是具备法定的“可以从轻、减轻”情节时，一般不予从轻、减轻处理。正如彭真同志在强调严惩严重刑事犯罪分子时所指出的，“从重是在法律规定的量刑幅度之内的从重，不是加重；加重是在法律规定的量刑幅度之外加重判刑”。[①] 由此可见，“从重”的实体性要求，并不违反罪刑法定、罪刑均衡这些刑法的基本原则，相反，这恰恰是为了更好地实现刑法保护社会与保障人权的最终目的。

（四）“严打”的程序性要求是从快

这里所强调的“从快”，是要根据刑事诉讼法和相关法律规定的程序，在法定时间内迅速而及时地办理案件，及时侦查、及时起诉、及时审判、及时执行，尽快处理结案。正如古典学派的重要代表人物贝卡利亚所言：“犯罪之后判处刑罚越是迅速和及时，刑罚就越公正、越有益处。犯罪与刑罚之间的时间间隔得越短，在人们心中犯罪与刑罚这两个概念的联系就越强烈、越持久，因而人们就会很自然地把犯罪看作起因，把刑罚看作不可少的必然结果。”[②] 我国刑事诉讼法对诉讼活动的各个环节都明确规定了具体的办案期限，

① 中共福建省委政策研究室编：《社会治安综合治理政策法规汇编》，群众出版社1992年版，第42页。

② ［意］贝卡利亚：《论犯罪与刑罚》，黄风译，中国大百科全书出版社1993年版，第56页。

“从快”就是要在保证办案质量的前提下，在法定期限内尽快结案，这不仅有利于及时收集、固定证据，而且有利于充分发挥刑罚的一般预防与特殊预防的功能。因此，“从快”并不是无原则、无约束地从快，而是严格依照刑事诉讼法的规定行事，既要坚决杜绝超期羁押办案，又要禁止片面追求速度而忽略办案质量，更要特别注意依法保护犯罪嫌疑人和被告人的诉讼权利。

三、“严打”刑事政策的科学定位

对于“严打”刑事政策的科学定位，应当把它放置于我国整个刑事政策体系中去考量，才能得出正确的结论。按照刑事政策体系的结构，我国的刑事政策可以划分为总的刑事政策、基本刑事政策、具体刑事政策三个层次。其中，总的刑事政策是指国家和社会在一个相当长的历史时期内确定的同犯罪现象作斗争的指导全局的总原则，在我国刑事政策体系中即社会治安综合治理的刑事政策；基本刑事政策是指国家和社会制定的，在较长时期内同犯罪现象作斗争的指导方针和策略，在我国刑事政策体系中即“打防结合，预防为主”；具体刑事政策是指国家和社会针对某一阶段或某些犯罪现象制定的具体行为规范和行动准则，显然“严打”是刑事惩罚方面的具体刑事政策。①

但是，对此，理论界也有不同的声音。有学者从讨论“严打”刑事政策与惩办和宽大相结合的刑事政策之关系入手，提出在我国刑法学界一般都是在惩办与宽大相结合的框架下理解“严打”政策的，认为两者之间是基本刑事政策与具体刑事政策的关系。但是，如果不是从应然的意义上说，而是从实然的层面上分析，认为在一定程度上，“严打”刑事政策其实已经取代了惩办与宽大相结合的刑事政策。② 其中，最为明显的标志是在1997年刑法修订过程中，删除了原《刑法》第一条中关于惩办与宽大相结合的内容。

面对上述争论，我们认为，尽管从实然的角度来看，“严打”刑事政策在一定时期内似乎已经成为统揽全局、统管一切的总的指导方针，但这也恰恰说明“严打”刑事政策出现了严重的越位、恶性的膨胀，必须进行理性的反思，让其回归本真。诚然，刑事政策的制定者虽然根据对作为政策问题的犯罪现象的科学分析制定了符合犯罪客观规律的科学的、应然的刑事政策，但由于种种原因，没有得到实际贯彻执行，出现普遍的有刑事政策而不依或者

① 严励：《“严打”刑事政策的理性审读》，载《上海大学学报（社会科学版）》2004年第4期。

② 陈兴良：《刑事法治视野中的刑事政策》，载《江苏社会科学》2004年第5期。

公然违背自己所制定的刑事政策的情况。[①] 面对“实然”与“应然”之间存在的巨大反差，面对“严打”刑事政策自身所存在的局限性，我们唯有给予其正确的定位，才能有效避免“严打”刑事政策的频繁滥用、无理扩张，才能真正做到理性地善待“严打”。

因此，从刑事政策的作用与功能来看，“严打”就是我国根据某一领域或某一阶段犯罪态势的发展变化，适应抗制此种发展变化的需要而做出的一项具体的刑事政策。从我国目前的刑事政策体系来看，“严打”作为一项具体刑事政策，是在社会治安综合治理这一总方针指导下的打击惩罚犯罪的一种策略，是社会治安综合治理工作中的一个重要环节。我们必须在社会治安综合治理的整体框架之下推进“严打”刑事政策的贯彻执行，真正实现其惩治犯罪、保护社会的目的。另外，值得特别注意的是，“严打”刑事政策是我国目前坚持的宽严相济的基本刑事政策的应有之义，体现了对于严重刑事犯罪予以严惩不贷的政策精神，对此，我们将在下文中进一步阐述。

第二节 ‖ 宽严相济刑事政策

宽严相济刑事政策是党中央在构建社会主义和谐社会的大背景下提出的一项重要的刑事政策，是在惩治违法犯罪、维护社会稳定长期实践中的经验总结，对于推进我国刑事法治进步和促进社会主义和谐社会建设，具有重要而深远的意义。

一、我国宽严相济刑事政策的发展演变

（一）宽严相济刑事政策的历史渊源

在我国，宽严相济的思想可谓历史悠久、源远流长，最早可以追溯到先秦时期。《尚书·吕刑》中曾说：“上刑适轻，下服。下刑适重，上服。轻重诸罚有权，刑罚世轻世重。”[②]《周礼·秋官·大司寇》认为：“一曰刑新国用轻典，二曰刑平国用中典，三曰刑乱国用重典。”[③] 上述文字中虽然没有明确提出宽严相济的概念，但却体现了宽严相济的精神，表明古代先贤们很早就认识到了刑罚要根据社会情况的不同而有所变通，或者从轻或者从重，反映

① 杨春洗：《刑事政策论》，北京大学出版社 1994 年版，第 16 页。
② 《十三经注疏》，中华书局影印 1980 年版，第 250 页。
③ 《十三经注疏》，中华书局影印 1980 年版，第 870 页。

出因势制刑的思想。

与此同时，宽严相济的政策在我国古代就已为执政当局所采用，并为孔子所称道。《左传·昭公二十年》在记载子产论政宽猛之后，引用孔子的话说："善哉！政宽则民慢，慢则纠之以猛；猛则民残，残则施之以宽。宽以济猛，猛以济宽，政是以和。"[①] 这里所说的"政"，虽然指的是"政事"，实际上也包含刑罚的适用。所说的"猛"，即我们所说的"严"。所谓宽猛相济，与"宽严相济"内容固然有所不同，但基本精神是一致的，即严厉的措施与宽缓的措施应当根据不同情况调节适用，才可能收到良好的预期效果。

《晋书·刑法志》载尚书周顺说："窃以为刑罚轻重，随时而作。时人少罪而易威，则从轻而宽之，时人多罪而难威，则宜死刑而济之。"《明史·刑法志》在评述朱元璋的刑事政策时说："盖太祖用重典以惩一时，而酌中制以垂后世。故猛烈之治，宽仁之诏，相辅而行，未尝偏废也。"清代雍正帝曾遗诏说："然宽严之用，又必因乎其时。"[②]

纵观上述史料，我们不难发现，宽严相济的刑事政策思想在我国有着深远的历史渊源，先贤们已经认识到刑罚适用的轻重，应当根据不同社会情况加以选择。如果当时犯罪的人很少，且容易被威慑制止，即可以运用轻刑予以宽大处理；如果当时犯罪的人很多，并难以被威慑制止，就宜用死刑予以阻止。采用重典惩治犯罪乃一时权宜之计，而酌取适中的法制才是根本所在。但是，值得注意的是，我国古代类似"宽猛相济"的思想与宽严相济刑事政策还是有着本质区别的。前者是站在统治阶级的立场上主张"德主刑辅"、"德礼为政教之本、刑罚为政教之用"德化治理社会的政治主张，从根本上说，还是一种人治的思想；而后者是建立在中国马克思主义哲学基础上的刑事政策，是现代社会主义法治理念、谦抑主义刑法思想在反犯罪斗争方略中的具体表现，彰显了以人为本、保障人权的价值诉求。

（二）宽严相济刑事政策的形成过程

宽严相济刑事政策的提出并不是一蹴而就的，而是经历了"镇压与宽大相结合"、"惩办与宽大相结合"逐步发展演变而来的。宽严相济刑事政策的最终确立，是构建社会主义和谐社会的时代产物。

在抗日战争时期，1940 年 9 月 1 日中央社会部《关于锄奸政策与锄奸工

---

① 《十三经注疏》，中华书局影印 1980 年版，第 2094 页。

② 高潮、马建石：《中国历史刑法志注译》，吉林人民出版社 1994 年版，第 130、937、1011 页。

作的指示》中指出：在刑事政策上主要有“联合多数”、“打击少数”“打击主力，争取胁从”。1942年11月6日，中共中央发布了《关于宽大政策的解释》，对镇压与宽大相结合的政策作了全面系统的阐述：“镇压政策，主要的应是惩治那些首要分子，其次才是惩治那些胁从分子。同时，我们的宽大政策，主要的是施于胁从分子，其次才是施于首要分子。”“镇压与宽大是必须同时注意，不可缺一的。”① 上述解释虽然没有明确提出镇压与宽大相结合的刑事政策，但阐述了镇压与宽大相结合的指导思想，因此被认为是镇压与宽大相结合政策提法的渊源。

在解放战争时期，1948年11月人民解放军总部发布的《惩治战争罪犯命令》中明确规定：“首恶者必办，胁从者不问，立功者受奖。”1949年华北人民政府在《为通报重大案件量刑标准》文件中提出了根据行为的社会危害程度，实行区别对待的刑事政策，“犯罪之处罚，以危害社会人民之利益的严重与否，而为科刑之标准”。“坚持少杀、严禁乱杀”、“自首从宽”的刑事政策在惩治汉奸、盗匪、贪污等各项单行刑事法律中继续得以体现。这些为新中国成立后刑事政策由“镇压与宽大相结合”转变为“惩办与宽大相结合”奠定了基础。

在新中国成立之初，1950年7月发布的《政务院、最高人民法院关于镇压反革命活动的指示》规定：“必须镇压一切反革命活动”，“但同时给以生活出路，并强迫他们在劳动中改造自己，成为新人。”各级人民政府在实行镇压和处理一切反革命案件中，必须贯彻实行镇压与宽大相结合的政策，即“首恶者必办，胁从者不问，立功者受奖的政策，不可偏废”。1955年9月，时任国务院第一办公室主任兼公安部部长罗瑞卿同志在《为保卫祖国的经济建设而斗争》的报告中，重申了“镇压与宽大相结合”的政策，并明确其内涵为“坦白从宽，抗拒从严”，不断丰富了这一政策的内容。1956年9月罗瑞卿同志在党的八大一次会议上发言指出：“体现在对待反革命分子的政策上，就是惩办与宽大相结合的政策，具体内容是：首恶必办，胁从不问，立功折罪，立大功受奖。惩办与宽大，两者是密切结合不可偏废的。”至此，镇压与宽大相结合的政策过渡到了惩办与宽大相结合的政策，并适用于一切犯罪，成为我国的基本刑事政策。②

① 《中国新民主主义革命时期根据地法制文献选编》（第3卷），中国社会科学出版社1981年版，第54页。

② 马克昌：《宽严相济刑事政策的演进》，载《法学家》2008年第5期。

随着我国法制化建设的不断推进，1979年制定的《刑法》在其第一条中开宗明义，明确规定：中华人民共和国刑法依照惩办与宽大相结合的政策……制定，而且在这部法律中很多具体规定均彰显了惩办与宽大相结合的政策精神。然而，我国自20世纪80年代开展“严打”斗争以来，一度以重刑主义为中心，一味强调“从重、从快”打击严重刑事犯罪的“严打”刑事政策被奉为应对犯罪的圭臬。而“严打”刑事政策显然偏离了“惩办与宽大相结合”的基本刑事政策之精神，“惩办优先”的价值定位使得该项刑事政策未能在我国惩治犯罪的实践中得到切实有效的贯彻。

为了实现构建社会主义和谐社会的宏伟目标，立足于“严打”效果日趋缩水、犯罪率不降反升的实际，在总结“严打”政策的经验与教训的基础上，在对当前犯罪形势进行科学判断的前提下，宽严相济的刑事政策应运而生。2006年10月，中国共产党十六届六中全会通过的《中共中央关于构建社会主义和谐社会若干重大问题的决定》（以下简称《决定》）正式提出，要实施宽严相济的刑事司法政策，力图在严厉打击严重刑事犯罪、维护社会治安的前提下，积极贯彻“教育、感化、挽救”方针，尽可能化消极因素为积极因素，最大限度地减少社会对立面，促进社会和谐。至此，宽严相济刑事政策被正式写入党的纲领性文件，这是对惩办与宽大相结合的刑事政策在新形势下的继承与发展，是现代法治对构建和谐社会这一政治目标的有力回应。这一政策充分体现了以人为本、公平正义的理念，贯彻了罪刑法定、罪责刑相适应的原则精神，对于有效地打击犯罪和保障人权具有重要的意义。

二、宽严相济刑事政策的基本内涵

早在2005年12月，时任中共中央政治局常委、政法委书记罗干同志在全国政法工作会议上的讲话中就明确提出了宽严相济的刑事政策。他指出，宽严相济的刑事政策是：“指对刑事犯罪区别对待，做到既要有力打击和震慑犯罪，维护法制的严肃性，又要尽可能减少社会对抗，化消极因素为积极因素，实现法律效果和社会效果的统一。宽严相济是我们在维护社会治安的长期实践中形成的基本刑事政策。在和谐社会建设中，这一政策更具现实意义。我们要立足于当前社会治安实际，审时度势，用好这一刑事政策。贯彻宽严相济的刑事政策，一方面，必须坚持‘严打’方针不动摇，对严重刑事犯罪依法严厉打击，什么犯罪突出就重点打击什么犯罪，在稳准狠上和及时性上全面体现这一方针；另一方面，要充分重视依法从宽的一面，对轻微违法犯罪人员，对失足青少年，要继续坚持教育、感化、挽救方针，有条件的可适当多判一些缓刑，积极稳妥地推进社区矫正工作。"

在2006年3月11日第十届全国人民代表大会第四次会议上，最高人民法院和最高人民检察院在各自的工作报告中，都不约而同地强调了宽严相济的刑事政策。时任最高人民法院院长肖扬在工作报告中指出："按照罪刑法定和罪刑相适应原则，对罪行极其严重的犯罪分子，依法判处死刑。贯彻宽严相济的刑事政策，对罪当判处死刑但具有法定从轻、减轻处罚情节或者不是必须立即执行的，依法判处死缓或无期徒刑。"时任最高人民检察院检察长贾春旺在工作报告中强调指出，在检察工作中"认真贯彻宽严相济的刑事政策。坚持区别对待，对严重刑事犯罪坚持严厉打击，依法快捕快诉，做到该严则严；对主观恶性较小、犯罪情节轻微的未成年人、初犯、偶犯和过失犯，贯彻教育、感化、挽救方针，慎重逮捕和起诉，可捕可不捕的不捕，可诉可不诉的不诉，做到当宽则宽"。

由此可见，宽严相济刑事政策主要包括以下三层含义：该严则严，当宽则宽；严中有宽，宽中有严；宽严有度，宽严审势。[①] 现具体分析如下：

第一层含义，该严则严，当宽则宽。即指根据案件的具体情况，按照刑法的相关规定，要区别对待，对应当从严的，要严厉打击，对应当从宽的，要从宽处理。一方面，该严则严，即对严重犯罪，依法从严惩处，应当判处重刑的，依法判处重刑；应当判处死刑的，依法判处死刑直至判处死刑立即执行。另一方面，当宽则宽，即对罪行较轻、犯罪人主观恶性较小的，则应从宽处罚，对轻微违法犯罪人员特别是对失足青少年，根据条件可以免予处罚，也可以适当多判一些缓刑或者采取社区矫正措施。

第二层含义，严中有宽，宽中有严。即指要根据案件的具体情况，区别对待，合理区分当事人的刑事责任。一方面，严中有宽。即使行为人所犯罪行严重，但有法定或酌定从轻、减轻处罚情节的（如自首、立功），应予以从宽处罚；罪当判处死刑，如有从轻、减轻处罚情节或者不是必须立即执行的，应依法判处死刑缓期二年执行、无期徒刑或者十年以上有期徒刑。另一方面，宽中有严。虽然罪行较轻，但有法定从重处罚情节的（如累犯），仍然应依法从重处罚。

第三层含义，宽严有度，宽严审势。即指在宽严问题上要有限度，要保持刑罚适用的均衡性：宽，不能宽大无边；严，不能严厉无比。对犯罪人的处理，不论"宽"或"严"都必须"以事实为根据，以法律为准绳"，在法

---

① 马克昌：《宽严相济刑事政策刍议》，载《人民检察》2006年第10期（上）。

律范围内进行，要严格依据刑法、刑事诉讼法及相关法律规定，根据具体的案件情况来惩罚犯罪，做到宽严有度、宽严有据。与此同时，还应做到宽严审势，即宽严的比例、比重不是一成不变的，而应当根据一定的形势及时地进行调整。具体而言，宽严审势要做到以下三点：一是因时而异。中国古人就有“刑罚世轻世重”的经验之谈，刑罚之轻重取决于一个时期的治安状况与犯罪态势。刑罚该宽时一定要宽，该严时一定要严。当然，何时该宽何时该严，我们一定要作出科学判断，否则将宽严皆误。二是因地而宜。犯罪发生在一个具体的区域，其影响也往往以犯罪地为中心呈现出逐渐减少的趋势。因此，刑事政策的制定应当考虑某一特定地区的治安状况与犯罪态势，刑罚的轻重应当在一定程度上取决于一个地区的犯罪率的高低。在这种情况下，全国统一的刑事政策如何与各地的具体犯罪态势相结合，这也是宽严相济刑事政策所要考虑的因素。三是因罪而宜。对于重罪，一般而言应当从重处罚；对于轻罪，一般而言应当从轻处罚。当然，重中有轻，轻中有重，唯此才能用刑得当。此外，对于惯犯、累犯以及亡命之徒，应当重刑惩处。对于偶犯、初犯，应当从轻发落。尤其对于青少年犯罪，应当坚持“教育、感化、挽救”的方针，最大限度地予以宽缓处理。①

三、宽严相济刑事政策的科学定位

（一）宽严相济刑事政策是我国的一项基本刑事政策

如前所述，宽严相济刑事政策的确立，经历了一个认识不断深化的过程。从中共中央政治局常委、中共中央政法委员会书记罗干同志在不同场合的讲话，到最高人民法院、最高人民检察院的工作报告，直至中共中央十六届六中全会所通过的《决定》，都有过不同的表述。在2006年10月中共中央的《决定》将其表述为“宽严相济的刑事司法政策”之前，罗干书记及“两高”的工作报告均使用的是“宽严相济刑事政策”的表述。而在此之后最高人民检察院于2006年12月28日发布的《关于在检察工作中贯彻宽严相济刑事司法政策的若干意见》，承袭了“宽严相济的刑事司法政策”的表述，由此也引发了“宽严相济”到底是基本刑事政策还是刑事司法政策的争论。

关于“宽严相济刑事政策”地位问题的争鸣，主要有以下不同观点：有学者认为，理解中央的精神应当以正式文件为准，在正式的中央文件里提的

---

① 陈兴良：《解读宽严相济的刑事政策》，载《光明日报》2006年11月28日，第9版。

都是宽严相济的刑事司法政策，所以，关于宽严相济刑事政策的定位，就应当遵循中央对这一政策的定位，将宽严相济的刑事政策界定为刑事司法政策。[①] 也有学者主张，宽严相济的刑事政策应该是我国现阶段惩治与预防犯罪的基本刑事政策，该政策的基本精神应贯穿于刑事立法和刑事司法的全过程。[②] 另有学者则持折中的态度。他们认为，宽严相济在当前虽只是一项刑事司法政策，因为权威机关和文件没有明确说明是否在立法中仍然坚持和贯彻这项政策，因而尚不能说它是我国的基本刑事政策。但是，在可预期的将来，通过逐步实现刑罚结构改革，可以使宽严相济刑事政策超越司法阶段而上升为指导立法的政策，从而成为一项基本刑事政策。[③]

宽严相济刑事政策的地位界定是事关刑事政策的制定和贯彻的全局性首要问题，是准确赋予和理解宽严相济刑事政策科学内涵，确定贯彻宽严相济刑事政策基本原则的基础所在。面对理论界与实务部门对这一问题的广泛争论，我们应当首先着眼于该政策所起作用的范围进行分析。基本刑事政策是刑法的灵魂与核心，刑法是刑事政策的条文化与定型化。在犯罪控制系统中，基本刑事政策起着决定性的作用，它指导着刑事立法、刑事司法和刑事执行等刑事法治的各个环节，担负着预防犯罪和控制犯罪的总体功能。简言之，基本刑事政策就是在犯罪控制的全过程中起主导作用的政策。而宽严相济刑事政策不仅对刑事司法过程中犯罪的认定、刑罚的裁量以及诉讼程序各环节的司法活动都起着根本性的指导作用，还对犯罪圈的划定、刑罚结构及强度的确定、诉讼程序的规定等刑事立法活动和刑罚执行及犯罪防范等活动也起着根本的指导作用。其实，有关中央文件、政法机关的文件和领导人的讲话强调“要实施宽严相济的刑事司法政策”，主要是针对刑事司法而言的，重在突出和强调当前刑事司法中必须坚持贯彻宽严相济的刑事政策。但是，不能因为强调宽严相济刑事政策在刑事司法中的作用，就否定其在刑事立法、刑事执行中的指导性地位。因此，宽严相济刑事政策应当被理解和确定为我国

---

① 张智辉：《宽严相济刑事政策的司法适用》，载《国家检察官学院学报》2007年第6期。

② 胡云腾、廖万里：《宽严相济刑事政策的刑法学解读——兼论在构建和谐社会中的作用》，载《和谐社会的刑事法治（上卷：刑事政策与刑罚改革研究）》，中国人民公安大学出版社2006年版，第161-169页。

③ 储槐植、赵合理：《构建和谐社会与宽严相济刑事政策之实现》，载《法学杂志》2007年第1期。

当前的基本刑事政策。[①] 为了积极顺应构建社会主义和谐社会的现实需要，最大限度地增加和谐因素，最大限度地减少不和谐因素，我们应当不断拓展和深化宽严相济刑事政策在刑事立法、刑事司法、刑事执行各领域的贯彻实施，促进社会和谐稳定，实现法律效果与社会效果的有机统一。

（二）宽严相济刑事政策和惩办与宽大相结合刑事政策的关系

关于如何界定宽严相济刑事政策和惩办与宽大相结合刑事政策二者的关系，学界也有不同的观点。有学者认为二者是并存的，虽然有了宽严相济的刑事政策，但惩办与宽大相结合的刑事政策依然存在，而且仍然是基本刑事政策；有学者认为，宽严相济的刑事政策和惩办与宽大相结合的刑事政策之间属于一脉相承，宽严相济并非一种新的刑事政策；而另有学者则认为，两者之间形似而神不似，前者是我国刑事政策的调整与发展，是我国在新世纪、新阶段提出的一项新的刑事政策。[②]

面对上述争论，我们认为，宽严相济刑事政策是我国在新时代努力构建社会主义和谐社会的伟大征程中所提出的一项崭新的基本刑事政策。这一政策在继承和发展惩办与宽大相结合刑事政策的基础上，又主动适应社会情况的发展变化进行了全面革新。具体表现为："惩办与宽大相结合"的刑事政策，其表述是"惩办"在前，"宽大"在后，重点体现在"惩办"上，这体现了专政国家的特点及政治要求；"宽严相济"的刑事政策，表述上是"宽"在前，"严"在后，重点则体现在"宽"上，体现了法治国家的特点及政治要求。"惩办与宽大相结合"的刑事政策，侧重基点是犯罪化、重刑化和监禁化；"宽严相济"的刑事政策，侧重基点是非犯罪化、轻刑化和非监禁化。"惩办与宽大相结合"刑事政策中的"宽"也仅限于未成年人犯罪；"宽严相济"的刑事政策中的"宽"体现得更为广泛，既包括对初犯、偶犯、过失犯的从宽处理，又包括对女犯、未成年犯的特别关照。此外，为维护社会公平与稳定，应对转型期的弱势群体、群体性事件的肇事者，区别两类不同性质的矛盾灵活处理。由此可见，宽严相济的刑事政策尽管和惩办与宽大相结合的刑事政策具有一定的历史渊源，但其具有新的内涵——呼唤刑事立法、刑事司法和刑事执行的"宽和"。[③] 特别值得注意的是，宽严相济的刑事政策更

---

① 赵秉志：《宽严相济刑事政策及其贯彻的基本问题》，载《人民检察》2009年第17期。

② 刘华：《宽严相济刑事政策的科学定位与司法适用》，载《法学》2007年第2期。

③ 康均心：《和谐社会建设与宽严相济的刑事政策》，载《宽严相济刑事政策与和谐社会构建》，中国法制出版社2009年版，第37-38页。

加突出了一个“济”字，强调宽松刑事政策与严格刑事政策之间的协调运作，要做到宽严有度、宽严审势，并根据当前的犯罪形势及时地进行调整，以维护社会良好的运行秩序。

（三）宽严相济刑事政策与“严打”刑事政策的关系

如前所述，宽严相济刑事政策是党中央在构建社会主义和谐社会的进程中提出的一项基本刑事政策。如果我们从宽严相济刑事政策的视角来审视“严打”刑事政策，不难发现，“严打”刑事政策实际上是宽严相济、以严为主的重罪刑事政策的一种体现，就是要集中力量依法严厉打击严重刑事犯罪。对危害国家安全犯罪、黑社会性质组织犯罪、严重暴力犯罪以及严重影响人民群众安全感的多发性犯罪必须予以严厉打击，绝不手软。由此可见，宽严相济刑事政策不是对“严打”刑事政策的简单取代，更不是对“严打”的否定，而应当将“严打”纳入宽严相济刑事政策的框架中确立其地位。从这个意义上说，“严打”并不是与宽严相济刑事政策并列的另一个刑事政策，而是包含在宽严相济刑事政策之中的体现宽严相济的严厉性的内容。只有在这个意义上，坚持“严打”方针不动摇与宽严相济刑事政策才不矛盾。只有在宽严相济的框架中坚持“严打”方针，才能避免片面追求从严惩处，从而做到严中有宽，更好地在“严打”中体现宽严相济的刑事政策。总之，不仅对轻罪要贯彻宽严相济的刑事政策，而且对重罪也同样应当贯彻宽严相济的刑事政策。①

综上所述，宽严相济刑事政策并不是对“严打”刑事政策的简单否定，而是在继承和发展惩办与宽大相结合刑事政策的基础上，在吸收“严打”刑事政策的精髓的前提下提出的。宽严相济刑事政策必将是指导当前以及今后一个时期我国刑事立法、刑事司法和刑事执法的重要策略思想，也符合国际上“轻轻重重”两极化刑事政策的发展趋势，是构建社会主义和谐社会的必然选择。

【问题与思考】

1. 如何理解宽严相济刑事政策？

2. 解析“严打”与宽严相济刑事政策的关系。

---

① 陈兴良：《解读宽严相济的刑事政策》，载《光明日报》2006年11月28日，第9版。

第十一章 针对不同类型犯罪的刑事政策分析

第一节 ‖ 暴力恐怖主义犯罪的刑事政策分析

近年来，国际社会暴力恐怖主义犯罪愈演愈烈，国内恐怖主义组织及其成员趁机兴风作浪，组织、实施了多起具有重大影响的恐怖袭击事件，给人民群众生命财产安全造成了重大威胁与伤害。2015 年 12 月 27 日第十二届全国人民代表大会常务委员会第十八次会议通过了《中华人民共和国反恐怖主义法》（以下简称《反恐怖主义法》），并于 2016 年 1 月 1 日起正式实施，为我国的反恐斗争奠定了法律基础。

一、暴力恐怖主义犯罪的概念及特征

（一）暴力恐怖主义犯罪的概念

暴力恐怖主义犯罪，简称暴恐犯罪，是指组织、领导、参加恐怖组织，策划、实施、帮助实施恐怖主义活动，宣扬恐怖主义、极端主义，煽动恐怖主义活动等危害公共安全的行为。关于恐怖主义、恐怖活动、恐怖活动组织与人员、恐怖事件，《反恐怖主义法》第三条予以了明确的规定：

“本法所称恐怖主义，是指通过暴力、破坏、恐吓等手段，制造社会恐慌、危害公共安全、侵犯人身财产，或者胁迫国家机关、国际组织，以实现其政治、意识形态等目的的主张和行为。本法所称恐怖活动，是指恐怖主义性质的下列行为：

（一）组织、策划、准备实施、实施造成或者意图造成人员伤亡、重大财产损失、公共设施损坏、社会秩序混乱等严重社会危害的活动的；

（二）宣扬恐怖主义，煽动实施恐怖活动，或者非法持有宣扬恐怖主义的物品，强制他人在公共场所穿戴宣扬恐怖主义的服饰、标志的；

（三）组织、领导、参加恐怖活动组织的；

（四）为恐怖活动组织、恐怖活动人员、实施恐怖活动或者恐怖活动培训提供信息、资金、物资、劳务、技术、场所等支持、协助、便利的；

（五）其他恐怖活动。

本法所称恐怖活动组织，是指三人以上为实施恐怖活动而组成的犯罪组织。

本法所称恐怖活动人员，是指实施恐怖活动的人和恐怖活动组织的成员。

本法所称恐怖事件，是指正在发生或者已经发生的造成或者可能造成重大社会危害的恐怖活动。”

（二）暴力恐怖主义犯罪的特征

1. 暴力恐怖主义犯罪的目的或者动机具有政治色彩

事实表明，几乎所有暴恐犯罪普遍具有政治诉求或者政治倾向，无论这些政治色彩来自政治分歧、文化冲突还是来自民族纷争、宗教矛盾。而且他们以对抗政府为特征，往往通过持续实施暴力犯罪，来表达他们的政治利益诉求。虽然根据国际反恐公约以及各国法律规定，政治目的以及动机一般不作为恐怖活动构成要件，但是恐怖活动确实具有这一特征。如果忽略这一特征，将不能把恐怖活动与其他犯罪活动区分开。“其他有组织犯罪群体倾向于政治保守，推行那些来自于被他们所继承的社会地位的愿望，与恐怖主义群体通过暴力致力于激进的政治变迁形成了鲜明的对比。”①

2. 暴力恐怖主义犯罪侵害对象广泛而不确定

暴恐犯罪的袭击目标是特定的，但侵害对象却是不特定的。随心所欲地滥杀无辜是恐怖主义犯罪的特征。② 意大利法学家隆尔巴迪指出：“恐怖主义是不分青红皂白的行为，它并不旨在打击那些被视为敌手的人，而是谋略制造动乱和恐惧，至于受害者是谁，它漠不关心。”③ 世界范围内发生的暴恐事件都充分证明了这一点。暴恐犯罪对象不特定的这一特点，是公众对暴恐犯罪的恐惧要大于一般犯罪的重要原因之一。

---

① 刘华：《论恐怖主义犯罪的特征和要件》，载《犯罪研究》2009 年第 1 期。

② 刘华：《当代恐怖主义犯罪研究》，中国法学会刑法学研究会 2002 年西安年会提交论文。

③ 转引自刘华：《论恐怖主义犯罪的特征和要件》，载《犯罪研究》2009 年第 1 期，第 7 页。

3. 暴力恐怖主义犯罪的方式主要是暴力或以暴力相威胁①

暴恐犯罪在本质上就是一种暴力活动，其行为方式是蓄意实施暴力或者以暴力相威胁。暴恐犯罪经常使用的犯罪方法是杀人、爆炸、绑架、劫持人质、劫持航空器、武装袭击、制造骚乱、投毒、放火等，为了成功地进行暴恐犯罪，为暴恐犯罪筹集资金，暴恐犯罪者还经常进行抢劫银行及盗窃武器、证件和汽车等其他犯罪。除这些传统暴力手段外，随着时代的发展和科技的进步，恐怖组织越来越多地利用"信息高速公路"传播恐怖活动信息，在社会上制造恐怖气氛，电脑网络正成为恐怖活动的新领域。此外，生化武器由于杀伤力非常强，而技术要求又比原子武器低得多，因而美国学者 B. 捷恩津认为"不排除恐怖分子使用化学和生物武器的可能性"。

4. 暴力恐怖主义犯罪的后果具有恐慌性特征

暴恐犯罪的危害结果特征是造成一种恐怖气氛，置公众于恐慌之中。暴恐犯罪与一般暴力行为不同，恐怖分子实施暴力行为意在将其主张或者意图传达给政府、国际组织或者其他人群，所以他们不仅注重实施暴力行为，而且更为注重这种暴力事件所产生的社会影响，即造成社会恐慌。一般来说，暴恐犯罪的暴力要比一般刑事犯罪中的暴力来得凶狠残暴，甚至耸人听闻。因此，暴恐犯罪往往造成大规模的破坏和大面积的杀伤结果，而这种严重的危害结果往往使整个社会笼罩在恐怖的阴影中，给被袭国家和人民带来挥之不去的巨大精神和心理恐惧，直接引发金融动荡、社会混乱，进而对国家的政局稳定、经济发展等造成很大的负面影响，并进一步恶化地区乃至世界环境。

二、我国暴力恐怖主义犯罪的现状

（一）恐怖活动数量呈增长态势

在世界恐怖主义形势日趋严峻的情况下，我国也不能独善其身。原来被认为是西方社会独有的暴恐犯罪现象在我国也频频发生。从 1988 年到 2016 年间我国发生的恐怖主义事件共 247 起，数量呈山峰状起伏，分别在 1996 年、2001 年、2008 年、2014 年出现较大的峰值；1996 年发生的暴恐犯罪数量最多，1997 年到 2000 年间暴恐犯罪数量骤降，2001 年又出现小高峰，并

① 恐怖活动中的"暴力"手段不仅指传统的暴力方式，如砍杀、爆炸、纵火、暗杀、绑架等方式，而且还包括网络攻击、生化攻击、原子武器攻击、电磁攻击等方式。目前，传统的暴力方式仍然是多数恐怖活动所采取的方式。

且之后的峰值呈上升趋势。[①]

（二）恐怖组织日趋活跃

自20世纪90年代以来，以"东突"为代表的民族分裂势力、宗教极端势力和暴力恐怖势力为谋求新疆独立并建立统一的"东突厥斯坦国"，发动了一系列带有"圣战"色彩的暗杀、爆炸等暴力恐怖事件，给人民群众的生命和财产造成严重伤害和巨大损失。根据GTD数据库检索出的数据，在1988～2016年大概有28个省份和地区发生过暴力恐怖主义事件，几乎遍布全国。但新疆地区最为严重，约占全部暴恐犯罪总数的32.4%。[②] 据统计，在中亚和德国等西方国家活动的"疆独"组织就有50多个，在新疆境内活动的有组织、有纲领的恐怖组织也有40多个。1999年年初，本·拉登会见了"东突厥斯坦伊斯兰运动"头目艾山·买合苏木，在许诺提供资金、培训骨干的同时，要求其"一切行动与塔利班协调"。[③] 因此，可以说当前新疆的形势依然十分严峻，仍然处于暴力恐怖活动的活跃期和反分裂斗争的激烈期。

除"疆独"外，"藏独"的危害也不容小觑。"藏青会"全称"西藏青年大会"，是"藏独"激进力量中最有影响力的组织，充当了"达赖集团"暴力活动的主要"打手"，是"藏独"恐怖组织的代表。"以武装暴力实现西藏独立"是"藏青会"的基本指导思想，该组织多次在西藏和其他藏区实施暴力活动。1985年至1998年，拉萨市发生的6起爆炸案，背后都有"藏青会"的影子。2002年4月3日，该组织成员在成都市人民广场实施爆炸活动，气焰十分嚣张。2008年3月14日在西藏拉萨发生的打砸抢烧暴力事件，以及之后在英国、法国等地阻碍北京奥运火炬传递，谋求西藏"独立"，都是达赖集团蓄谋、组织的分裂活动。在这一系列罪恶活动中，"藏青会"始终扮演着流氓和打手的角色。[④]

---

① 数据来源GTD（Global Terrorism Database），GTD是最为全面的恐怖主义数据库，目前包含全球从1970年到2016年之间的暴恐活动信息。

② 叶小琴、康倩飞：《我国暴恐犯罪的特点与预防：基于GTD数据库的统计分析》，载《犯罪研究》2018年第1期。

③ 余潇枫、潘一禾、王江丽、王逸舟：《非传统安全概论》，浙江人民出版社2006年版，第118页。

④ 徐公社、翁里：《恐怖主义的危害和防控策略》，载《中国人民公安大学学报（社会科学版）》2008年第4期。

三、我国暴力恐怖主义犯罪的成因

与国际社会暴恐犯罪相比，我国暴恐犯罪的成因既有共性，又有自身的特殊性。

（一）历史根源：民族分裂主义

我国暴恐犯罪的发生不是偶然因素造成的结果，而是具有深远的历史根源。我国历来就是一个多民族的国家，中华民族是由 56 个民族组成的大家庭。但不可否认的是，这些民族在不断的融合过程中也存在矛盾与冲突，虽然国家统一、民族团结为大势所趋、人心所向，但是民族分裂主义思想和少数民族分裂势力却一直存在，在个别少数民族聚居的地方比较突出，如新疆、西藏。

我国新疆地区自古就是一个多种民族并存的地区，因而民族矛盾在历史上时常显现。近代以来的民族分裂主义源头可以追溯至 19 世纪，从俄国鞑靼知识分子中产生的泛突厥主义和从奥斯曼帝国产生的泛伊斯兰主义。最早的泛突厥主义在 1804 年由一个鞑靼神学家提出，泛突厥主义者认为由土耳其到阿尔泰山有一突厥带，生活着很多突厥人。俄国境内的鞑靼民族知识分子利用文化认同意识，激发民族主义的团聚力，通过教育和语言改革，试图将操突厥语的各民族团结成为一个统一的“突厥民族”。而泛伊斯兰主义则是 19 世纪中叶，伊斯兰世界为反对西方殖民主义的侵略，复兴伊斯兰教的一项政治主张。主要倡导者是阿富汗人哲马鲁丁·阿富汗尼。他认为伊斯兰教是精神上的同盟，为求宗教的复兴，一切穆斯林应联合起来，在一个哈里发的领导下，共同反对基督教国家的进攻。19 世纪中叶以来，逐渐形成泛伊斯兰主义运动。“双泛主义”的目标就是鼓吹新疆独立，妄图在新疆建立所谓的“东突厥斯坦共和国”。两种主义都是源自希望民族团结富强的观念，但在其产生后，经由土耳其奥斯曼帝国接受、篡改，转而成为具有强烈宗教观和民族观的思想，从而背离了原有追求民主和发展的初衷，成为被封建势力和帝国主义所利用的扩张工具。①

近现代西藏的民族分裂主义始于 19 世纪。英国殖民统治印度后，为保护英国在印度的殖民利益，同时也为了从防守较为薄弱的西部侵入中国内地，英国开始处心积虑地侵略西藏，“帮助西藏独立”。1888 年和 1904 年，英国相继发动了两次侵略西藏的战争，用大炮和诡计轰开了西藏的大门。在英国的

---

① 顾嘉蕴、王仲焱：《我国恐怖主义犯罪的成因与防治——以新疆暴力恐怖事件为例》，载《法制与社会》2015 年第 2 期（中）。

武力支持下，1913 年 2 月，十三世达赖回到拉萨，发布了名为“圣地佛谕”的公告，宣布所谓的“西藏独立”。袁世凯执政时期，迫切需要英国的承认和借款，被迫同意举行英国提出的中、英、藏“三方谈判”，即臭名昭著的“西姆拉会议”。“藏独”的种子就此埋下。[①] 1951 年西藏和平解放后，以十四世达赖为首的民族分裂分子积极策划西藏“独立”。[②] 1959 年“藏独”势力组织策划武装叛乱，失败后出逃至印度，十四世达赖公开组织“流亡政府”作为“西藏独立”的指挥部。[③]

（二）思想基础：宗教极端主义

暴力恐怖活动的根子是民族分裂主义，思想基础是宗教极端主义。宗教极端主义近年来在一些国家或地区趋于活跃，宗教极端思想渗入意识形态领域，严重地毒害民众的精神和思想。宗教极端主义的本质是歪曲教义，企图通过暴力手段推翻现有社会政治秩序，或者通过暴力来支持信仰、生活方式、法律体系的观点、立场和行为，其借用宗教只是假象，核心是制造民族分裂和暴力恐怖活动。“疆独”势力打着伊斯兰教旗号，鼓吹“神权政治论”，主张要以《古兰经》和《圣训》作为制度，作为衡量和判断一切是非的标准，排斥一切世俗观念，排斥国家现行政治制度、法律制度、经济制度及现代文明成果等；鼓吹“圣战论”，主张以“圣战”来实践“主命”，以武力推翻政府，用各种恐怖手段加害广大人民群众。“藏独”分子达赖集团将藏传佛教作为分裂祖国活动的政治工具，并制定了以寺庙为载体、以大寺庙为重点进行宗教渗透的方针，设法在国内藏区群众中不断掀起宗教狂热，并发展地下组织，以宗教形式煽动群众与政府作对，妄图“以宗教的力量实现西藏独立”。在达赖集团的煽动下，一些人身着袈裟，罔顾戒律，大肆进行打砸抢烧活动。[④] 从中不难看出，宗教极端主义具有强烈的政治性，以建立政治统治为目标，曲解、篡改宗教教义，赋予宗教经典、教义以政治含义，使宗教信仰成为政治纲领，目的是推翻国家政权。宗教极端主义破坏性很强，危害性极大。

---

① 王忍、徐卓：《“藏独”是民族之害、国家之患（一）》，载《统一论坛》2012 年第 3 期。

② 王忍、徐卓、孙显辉：《“藏独”是民族之害、国家之患（二）》，载《统一论坛》2012 年第 4 期。

③ 王忍、徐卓、孙显辉：《“藏独”是民族之害、国家之患（三）》，载《统一论坛》2012 年第 5 期。

④ 王忍、徐卓：《“藏独”是民族之害、国家之患（四）》，载《统一论坛》2012 年第 6 期。

（三）滋生土壤：经济发展不平衡

我国在区域经济发展方面不平衡，总体格局是东强西弱。西藏、新疆等少数民族地区经济社会发展与东部地区相比要落后，原因主要在于地理环境、经济自身发展规律以及地区文化事业三方面。地处西部边陲的新疆国内生产总值在全国排名比较靠后，多年来徘徊在第25名左右，三大产业结构比重比全国平均水平滞后15~20年，工业化水平比全国水平滞后20~30年。新疆农村人均收入在全国排名仅为第25名，城镇人均收入在2005年排到了全国最后一名。[①] 尤其是南疆地区，成为新疆经济发展的“洼地”。南疆自然条件较恶劣，人均耕地面积只有2.5亩，农村手工业分散，规模偏小，制约了农村经济发展，而且基础设施落后，城镇化比例低，高素质劳动力缺乏，能够吸引到的外来投资少。南疆地区恰恰也是“疆独”恐怖主义分子的主要阵地。经济洼地与犯罪高地的重叠不是一种巧合，它说明了经济不振会成为社会安全危机的导火索。[②] 在新疆偏远地区，很多少数民族生活贫困，环境闭塞，群众感觉受到不公平待遇，产生挫折感，“东突”恐怖分子正是抓住这一点大肆宣传民族仇恨，煽动民族分离。[③] 与新疆相比，西藏的国内生产总值排名更加靠后，2017年为最后一名。2017年西藏城镇居民生活水平整体上远远低于全国城镇居民平均生活水平。西藏各地区中，除了拉萨市农牧民生活相对较富裕之外，其他农牧区农牧民生活水平都较低，整体上远远低于全国农村居民生活水平。[④]

（四）外来因素：国际环境与势力

除上述内在因素外，国内暴恐犯罪还受到国际环境与势力的影响。从历史上看，新疆1933年曾出现过短命的所谓“东突厥斯坦伊斯兰共和国”，它的出现就是国外与国内分裂主义分子共同作用的结果。苏联解体后，新疆西部境外出现好几个独立国家，这些国家同我国关系很好，但其独立本身使新疆分裂主义势力受到鼓舞，特别是打着维吾尔旗号的一些人，他们不可能从苏联的土地上再划出一个“维吾尔国”来，就想在新疆分裂出一块土地过过

① 裴长洪、杨志勇：《改革开放以来新疆经济社会发展状况分析》，载《中国边疆史地研究》2009年第2期。

② 夏从亚、李娜：《“疆独”恐怖主义分子犯罪的原因探析》，载《中国石油大学学报（社会科学版）》2012年第1期。

③ 武大伟：《暴力恐怖犯罪问题解析——以新疆暴力事件为视角》，载《法制与社会》2015年第1期（下）。

④ 数据来源中国产业信息网，http：//www.chyxx.com/industry/201712/591596.html。

"独立"瘾。美国以反恐之名频繁发动战争，造成中亚社会长期动乱，激发了当地强烈的反美情绪，也刺激了宗教极端主义的滋生。①"藏独"策划的系列暴恐犯罪离不开外国反华势力的支持与帮助。铁的事实表明，达赖集团一直从反华势力那里获取活动资金和支持，其从事"西藏独立"的活动是与国际反华势力"西化"、"分化"中国的战略紧密配合的，达赖背后有着挥之不去的西方敌对势力的阴影。②

四、暴力恐怖主义犯罪的刑事政策

（一）"全民反恐"战略

"全民反恐"是我国提出的概念，指动员社会力量积极配合政府反恐工作，提高群众防范意识，构建全面反恐怖防范体系的一种重要举措。全民反恐战略实际上是沿用了我国社会治安综合治理的一些思路来开展反恐工作，堪称是"我国独创"。但是，全民反恐的理念却不是我国所独有。例如，2009年美国国土安全部推出一项"全民反恐战略"，呼吁普通美国公民要站在反恐战线的前沿阵地。2011年，英国内政部发布最新版反恐"预防战略"（Prevent），鼓励民众、社区和非政府组织积极参与反恐。2010年，澳大利亚发表了题为《让澳大利亚更安全——保护我们的社区》的反恐白皮书，全面介绍了澳大利亚的反恐政策，鼓励和号召家庭成员、亲友、社区和宗教领袖站在抵御恐怖主义的第一线。③"强化民众反恐意识，发挥民众反恐作用"已经成为世界各国防范恐怖袭击和赢得反恐怖战争胜利的基本战略。④

全民反恐的专业解释是"反恐的专群结合"，即专业的、职能部门的反恐力量和民众的反恐力量结合，共同应对恐怖主义的威胁。之所以提出这一概念，首先是因为恐怖主义主要针对的是普通民众，民众既是恐怖主义活动最大的受害者，同时也是反恐的重要基础力量和依靠力量。由于恐怖主义活动自身的一些特点规律，特别是其活动手法的隐蔽性以及发动恐怖袭击的不确

① 朱维群：《处理暴恐事件要从民族宗教问题中脱敏》，载凤凰网，http：//news. ifeng. com/exclusive/official/detail_ 2014_ 04/02/35384995_ 0. shtml。

② 王忍、徐卓：《"藏独"是民族之害、国家之患（四）》，载《统一论坛》2012年第6期。

③ 《"全民反恐"：各国力推的反恐战略》，载金羊网，http：//www. ycwb. com/ePaper/ycwb/html/2014-07/18/content_ 497191. htm？div=-1，2015年9月25日。

④ 吕正卿、许德斌：《从美国"全民反恐战略"说开去》，载《中国国防报》2009年10月12日，第3版。

定性和突发性，使得单靠专业的反恐职能部门以及反恐力量，很难全面遏制恐怖主义的发展态势，所以，民众要在反恐这个十分专业的领域发挥很重要的作用。①

民众参与反恐的途径可以分为两种：一是被动防范，主要指安全意识的增强，安全知识的普及，对恐怖主义有科学的认识；二是主动参与，即积极参与到反恐工作中，主要指协助、提供情报和预警，更为基础的是，公众可以参与到预防和消除激进主义产生和传播的工作中，这可以有效减少激进主义的滋生和蔓延。民众参与反恐工作的方式多种多样，比如参与反恐演习、参加反恐知识培训、举报可疑人员和信息、积极教育有极端倾向的人；在遇到恐怖袭击时沉着应对，服从有关部门指挥，不扩散不良信息等。②

（二）完善反恐立法

反暴恐犯罪需要完善立法。1997 年我国《刑法》颁行以来，经过三次修改以及《关于加强反恐怖工作有关问题的决定》和《反恐怖主义法》的重要补充，我国反恐刑法发生了充实内容、完善体系等重大变化，扩大了惩治范围，增强了惩处力度。但是还有很多刑法条文没有涉及的暴恐问题，应该予以重视。面对日益严峻的暴恐犯罪形势，国际社会不断制定和修改相关法律，以适应反恐怖工作需要。以色列颁布了《预防恐怖主义条例》，英国颁布了《公共紧急安全法》，美国在“9·11”事件后也通过了《反恐怖法》。此外，俄罗斯、德国等国家也都制定了反恐怖的有关法律与法令。从各国的反恐怖立法内容来看，授予警察与情报机关以相当的特权，便于对恐怖组织的侦查与渗透，便于侦查与控制恐怖分子。在许多国家，恐怖分子重则可以被判处死刑。有的国家还制定了保护目击证人与陪审员的法律制度，防止他们遭受打击报复，鼓励全社会共同努力打击恐怖犯罪。有的法律甚至包括不准恐怖分子取保候审，防止律师滥用特权蓄意拖延或中断法庭审判活动，等等。③

（三）组建反暴恐专业队伍，加强情报机制建设

反暴恐犯罪只有法律是不行的，还要有专门的反恐专业队伍来执法。专业队伍的建设是反暴恐犯罪的重要举措。世界上 70%以上的国家拥有专门的反恐部队。例如，美国的“三角洲”特种部队（又称德尔塔特种部队）与“海豹”特种部队等；俄罗斯的“阿尔法”特种部队；法国的国家宪兵干预

---

① 谢玮、张璐晶等：《公众如何反恐?》，载《中国经济周刊》2014 年第 22 期。

② 杨恕：《反恐：一场全民战争》，载《中国国防报》2010 年 6 月 29 日，第 8 版。

③ 杨晓杰：《国外大国的反恐举措及对我国的启示》，载《广州市公安管理干部学院学报》2009 年第 2 期。

队；德国的边防保卫第九大队；意大利的特别行动勤务队；日本的反恐怖特种奇袭部队，等等。[①] 我国也应建立自己的专门反恐力量，并加强反恐技术开发，研发现代化装备，以提高反恐水平，保持社会稳定。目前，我国不少省市都高度重视反恐怖专业队伍建设，着手组建反恐专业队伍。例如，广东大力加强省、市、县三级反恐专门队伍建设，依托省武警总队建设省反恐突击队，各地公安特警支队同时加挂反恐突击队牌子，增配专业处置装备，确保有一支应急力量随时担负反恐处突任务。[②] 北京市公安局投入专职力量防范暴恐犯罪，正式成立反恐总队，全体成员都经过了整体培训，拥有丰富的反恐经验。[③]

要取得反暴恐犯罪的成功，在加强专业队伍建设的同时，还需要创新情报机制建设。情报工作是反恐斗争的关键。“9·11”事件调查表明，基地组织就是利用了美国情报部门的漏洞。我国很早就建立了全国性的反恐情报机构，进行情报搜集、分析、研判，与其他国家交流等。但是实际上，我国的反恐情报机制距离反恐的客观要求还有一定差距。首先，我们要建立统一的反恐怖情报中心并完善交流网络，加强情报信息共享以及国际交流；其次，要发展并运用多种侦察、监控手段，如空中监视、传感等科技手段；再次，开拓更多情报收集渠道，使更多有效情报得到利用；最后，要改进反恐情报的整理、反恐情报的优化处理，过滤下有效情报，使其清晰、简洁、便于使用。[④]

（四）加快经济建设，妥善处理民族关系

我国新疆、西藏等少数民族地区产生的暴恐犯罪问题与当地落后的经济社会发展有很大的关系。促进新疆、西藏地区的经济社会发展，提高少数民族地区各族人民的物质文化生活水平，维持新疆、西藏地区社会秩序的稳定，从而消除“东突”、“藏独”恐怖主义产生的经济、社会根源，铲除恐怖主义

---

① 杨晓杰：《国外大国的反恐举措及对我国的启示》，载《广州市公安管理干部学院学报》2009 年第 2 期。

② 李喆、粤公宣：《广东六大举措全面提升反恐工作水平》，载《人民公安报》2014 年 6 月 12 日，第 1 版。

③ 《北京警方成立专业反恐队伍 14 个区域一分钟内处置突发》，载《京华时报》2014 年 5 月 23 日，第 6 版。

④ 宋海军：《浅析反恐机制在中国的建设》，载《法制博览》2013 年第 2 期（中）。

犯罪滋生的土壤，是预防和打击恐怖主义的整个环节中最重要的部分。[①] 如果人民群众生活水平提高、安居乐业，还有谁会放弃幸福美好的生活去参加恐怖组织？为了发展西部尤其是少数民族地区的经济，缩小东西部地区的经济发展差距，我国制定了西部大开发政策，扶植西部的经济建设。同时，我国政府在帮助西藏、新疆等少数民族地区的发展方面采取了很多措施，有力地促进了这些地方的经济社会发展和各族人民生活水平的提高。

加快经济建设的同时，也要处理好民族关系，继续坚持民族平等、民族团结和各民族共同繁荣的原则，继续坚持民族区域自治制度。多年的实践证明，民族平等、民族团结和各民族共同繁荣的原则及民族区域自治制度适合我国的国情，巩固了国家的统一和民族的团结，促进了少数民族和民族地区经济社会各项事业的发展，得到我国各民族的拥护和认同。[②] 此外，各级政府要给予少数民族更多关注，充分尊重他们的生存权利和人格尊严，实事求是地为其解决生活生产上的困难，并大力推进和完善少数民族地区最低生活保障制度。政府、基层群众自治组织要积极引导各族人民群众遵纪守法，利用法律的渠道表达诉求和不满情绪。当出现民族矛盾时，政府要认真依法处理，设法将矛盾解决在摇篮里，而不能粗暴地敷衍了事。

（五）情景犯罪预防，减少犯罪机会

情景犯罪预防是预防犯罪的重要途径之一，是指通过对引发某些特定类型犯罪的情境的分析，采取尽可能系统、长久的措施与手段，对引发这些特定类型犯罪的情境加以设计和管理，从而增加犯罪的困难和风险，减少犯罪的回报与借口，达到事前预防效果的犯罪预防方法。情景犯罪预防主要包括五个方面的措施：一是增加犯罪困难，二是提升犯罪风险，三是减少犯罪收益，四是减少犯罪刺激，五是排除犯罪借口。[③] 从情景犯罪预防的角度来看，反暴恐可以采取如下措施：第一，增加暴恐犯罪实施的困难。通过动员社会各界人士的积极参与，在可能发生暴恐犯罪的地点设立防卫点，采取严格控制爆炸物的买卖等方式，增加暴恐犯罪的成本，提高犯罪难度。第二，提升暴恐犯罪实施的风险。在易受暴恐犯罪袭击的地点设置常态的防卫点，给犯

---

① 徐公社、翁里：《恐怖主义的危害和防控策略》，载《中国人民公安大学学报（社会科学版）》2008 年第 4 期。

② 胡岩：《我们今天为什么要坚持民族区域自治制度》，载《科学社会主义》2011 年第 4 期。

③ Ronald V. Clarke，Situation Crime Prevention：Successful Case Studies，Albany，NY：Harrow and Heston，1997：2-43.

罪分子以压迫，通过安置监控设备，如现在我国公安机关的“天网”工程，来提高暴恐犯罪实施的风险。第三，减少暴恐犯罪的刺激因素。坚持民族平等政策，尽最大努力消除可能产生民族矛盾的刺激因素。

五、扩大国际合作，加强各国协调配合

随着国际恐怖活动区域的不断扩大，越来越多的国家意识到单靠本国力量难以对付日益猖獗的国际恐怖活动，必须联合其他国家的力量，才能在打击恐怖分子和恐怖组织方面有所作为。《2010 年美国反恐战略报告》指出，须通过国际反恐合作渠道，建构多边框架内的国际反恐机制，来分担国际反恐责任，共同抵御恐怖主义威胁。① 俄罗斯主张联合国发挥主导作用。不断推动独联体框架下的国际反恐合作，坚决支持上海合作组织反恐功能的不断强化。② 2003 年 11 月，德法英葡西五国的司法部部长着手制定欧盟打击恐怖主义等犯罪活动的草案，表明欧盟 15 国将建立“无国界机制”，即司法程序共同机制。欧盟还通过欧洲范围内的统一逮捕令以简化双边引渡烦琐的司法程序。③ 近年来，国内的暴恐事件呈现出境内外勾结，从边境地区向内陆城市扩展等新动向。我国政府已经意识到，仅靠一己之力很难形成反恐的天罗地网，必须依靠国际合作才能打赢这场反恐战争。大力推进国际警务合作战略，不断加强国际警务执法合作，是主动顺应时代发展要求，共同打击跨国犯罪，维护地区安全的重要举措。目前，我国已经与多个国家建立了警务合作机制，包括互换警务装备物资、建立信息情报交流机制、举行定期会晤和培训班等。目前，上海合作组织已成为区域反恐安全合作的良好平台。定期举行的上合组织联合反恐军演、上合组织地区反恐机构的运行有效遏制了中亚地区的恐怖势力，在维护地区安全方面发挥着越来越重要的作用。④

第二节‖贪贿犯罪的刑事政策分析

贪贿犯罪，是贪污贿赂犯罪的简称，指国家工作人员利用职务之便，贪

① The National Security Strategy of the United States of America, Washington: The White House, 2010. Http://www.whithouse.gov/nsc/nss/2010/.

② 马勇：《俄罗斯与美国反恐战略之比较》，载《东北亚论坛》2010 年第 5 期。

③ 高望来：《全球治理的困境与欧盟的反恐模式》，载《国际政治研究》2006 年第 2 期。

④ 《中国加强西部地区国际反恐安全合作》，载新华网，http://news.xinhuanet.com/world/2015-02/11/c_ 1114337011.htm。

污、挪用公共财物，索取、收受贿赂，不履行法定义务，侵犯职务行为的廉洁性、不可收买性的行为。贪污犯罪主要是侵犯公共财产的犯罪，贿赂犯罪则是侵害职务行为的不可收买性的犯罪。二者虽然存在一定的差异，但均侵害了国家公共管理职能和秩序，致使国家和人民财产遭受重大损失，从而应依照法律对其施以刑罚。① 改革开放以来，我国经济、社会等领域的活跃性、创造性得到了空前释放，创造了举世瞩目的发展成就。然而，随着经济与政治改革的不断深入，腐败问题却作为一种与之相伴的不正之风不断滋生蔓延，贪贿犯罪形势日益严峻复杂。为此，党和政府采取了一系列手段和措施，严厉打击和严密防控贪贿犯罪。尤其是党的十八大以来，党和政府进一步强化反腐败工作，加大惩处贪贿犯罪力度，加强反腐败体制机制创新和制度保障，取得了明显成效，形成了反腐败压倒性态势。但是，反腐败斗争的形势依然严峻复杂，反腐败的最终目标还未实现。总结我国打击和预防贪贿犯罪的经验与教训，制定科学的刑事政策，是全社会共同关注的重要课题。

一、我国贪贿犯罪现状与特点

（一）犯罪形势依然严峻

当前我国贪贿犯罪呈高发态势，形势依然严峻。改革开放初期，我国检察机关每年查办的贪污贿赂案件为 1 万件左右，1982 年 22895 件，1986 年 39659 件，1989 年查办的贪污贿赂案件已达 58926 件。之后有所回落，但 1990 年仍有 51313 件，1991 年 46219 件，1992～1997 年每年 3 万多件。1999 年查办的各类贪污贿赂案件增长到 32911 件，2001 年增长到 36447 件。2001 年后，贪污贿赂犯罪数量有所下降，2002 年立案侦查 34716 件，到 2005 年时立案侦查 28322 件，但所占职务犯罪比例仍为 80%以上。② 2010 年，全年共立案侦查各类职务犯罪案件 32909 件 44085 人，同比分别增加 1.4%和 6.1%。其中，排除“小贪微贿”，立案侦查贪污贿赂大案便有 18224 件，同比增加 0.2%，贪贿犯罪的数量可见一斑。同年，加大查办行贿犯罪力度，立案侦查行贿犯罪嫌疑人 3969 人，同比增加 24.3%。2012 年，进一步加大了惩治行贿犯罪的力度，对 19003 名行贿人依法追究刑事责任，追缴赃款赃物计 553 亿

---

① 张明楷主编：《刑法学》，法律出版社 2016 年版，第 1181 页。

② 数据参见曲延平、谢恒星：《当前贪污贿赂犯罪的特点和发展趋势》，载《中国刑事法杂志》2000 年第 1 期；何秉松主编：《职务犯罪的预防与惩治》，中国方正出版社 1999 年版，第 28 页；《中国检察年鉴》（1999～2006 年），中国检察出版社 2007 年版。

元，抓获在逃职务犯罪嫌疑人 6220 人。2013 年，我国强化了境内外追逃追赃工作，追缴赃款赃物计 101.4 亿元，抓获在逃职务犯罪嫌疑人 762 人。2014 年，我国加大惩治贿赂犯罪力度，针对一些国家工作人员利用职权索贿受贿的问题，查办受贿犯罪 14062 人，同比上升 13.2%；针对不法分子为谋取不正当利益、行贿腐蚀干部的问题，部署打击行贿犯罪专项行动，查办行贿犯罪 7827 人，同比上升 37.9%。2015 年，相关机关查办受贿犯罪 13210 人，查办行贿犯罪 8217 人。2016 年，我国严肃查办贪贿犯罪，查办受贿犯罪 10472 人、行贿犯罪 7375 人。2017 年，我党携全国之力坚持受贿行贿 起查，严肃查办国家工作人员索贿受贿犯罪 59593 人，严肃查办行贿犯罪 37277 人，较前五年分别上升 6.7%和 87%；持续开展查办和预防发生在群众身边、损害群众利益职务犯罪专项工作，在涉农资金管理、征地拆迁、社会保障、扶贫等民生领域查办“蝇贪”62715 人。① 上述统计数据，一方面说明我国近年来尤其是党的十八大以来加大了对贪贿犯罪的查处和惩罚力度；另一方面也说明当前贪贿犯罪仍然呈高发态势，形势依然严峻，反腐败斗争不容松懈。

（二）大案要案多发

90 年代以来，贪贿案件大案要案逐年增多。1993 年至 1997 年的 5 年内，贪污、贿赂万元以上大案立案数 108225 件，比前 5 年（1988 年至 1992 年）的 49122 件增加了 1.2 倍；挪用公款 5 万元以上大案立案数 27698 件，比前 5 年的 12215 件增加了近 1.3 倍。② 1999 年，贪污、贿赂 5 万元以上，挪用公款 10 万元以上大案 12969 件，比 1998 年的 9389 件增长 38.13%。③ 2001 年立案的贪污贿赂案件中，100 万元以上的特大案件有 1319 件。④ 另据统计，1992 年以来，检察机关立案侦查的贪污、贿赂、挪用公款案件中，要案比例逐年上升，分别由 1992 年的 0.62%、3.24%、0.59% 提高到 1999 年的 3.41%、11.42%、3.94%。⑤ 跨入 21 世纪元年后，贪贿犯罪大案要案数量进一步增加，涉案人员逐渐呈现高职位化趋势，涉案数额亦逐年攀升。具体而言，2001 年，查处处级以上领导干部 2670 人，比 2000 年上升 4.5%。其中，原地厅级领导

① 《最高人民检察院工作报告》（2010—2018）的数据，http：//www.spp.gov.cn/spp/gzxx/index.shtml。

② 《中国检察年鉴》(1993)，中国检察出版社 1994 年版，第 424 页。

③ 《中国检察年鉴》(1999)，中国检察出版社 2000 年版，第 424 页；《中国检察年鉴》(2000)，中国检察出版社 2001 年版，第 645 页。

④ 《2002 年最高人民检察院工作报告》。

⑤ 根据《中国检察年鉴》(1993—2000）的统计资料计算。

干部201人，比2000年上升16.9%。[①] 2009年突出查办大案要案，立案侦查贪污贿赂大案18191件。2010年，立案侦查贪污贿赂大案18224件，同比增加0.2%。2011年，查办贪污贿赂大案18464件，涉嫌犯罪的原县处级以上国家工作人员2524人（含原厅局级198人、原省部级7人）。2013年，突出查办大案要案，立案侦查贪污、贿赂、挪用公款100万元以上的案件2581件，涉嫌犯罪的原县处级以上国家工作人员2871人（含原厅局级253人、原省部级8人）。2014年，在坚决贯彻党中央反腐败决策部署下，坚持"老虎"、"苍蝇"一起打，查办贪污、贿赂、挪用公款100万元以上的案件3664件，同比上升42%。同期查办涉嫌犯罪的原县处级以上国家工作人员4040人，同比上升40.7%，其中原厅局级以上干部589人，同级官员同比上升132.81%。2015年，查办贪污贿赂、挪用公款100万元以上案件4490件，同比上升22.5%；查办涉嫌犯罪的原县处级以上干部4568人，同比上升13%，其中原厅局级以上769人，同级同比上升30.56%，虽然上升比例有所下降，但从犯案量来讲，"小蝇"滋长，"大虎"更甚，高职位官员贪贿状况依旧十分严峻。我国于2017年突出查办大案专案要案，针对系列选举贪贿采取行动，依法办理衡阳破坏选举案、南充拉票贿选案、辽宁拉票贿选案涉及的职务犯罪。[②]

（三）窝案串案呈上升趋势

贪贿犯罪由原来的"单兵作战"向"多兵种联合作战"转变，团伙作案大大增多，窝案串案不断，贪贿者"前仆后继"，来势汹汹。现在的贪贿案件不少是上下串通、左右联手、内外勾结合伙作案，并往往是贪污、受贿、挪用公款与巨额财产来源不明等犯罪并存，贪贿与走私、骗税、制假贩假等经济犯罪共生。经常是抓住一个就能挖出一窝，牵出一串。1999年厦门特大走私贿赂案中，涉案人员达500余人，其中厅局级以上干部23人，检察机关立案侦查国家工作人员受贿、滥用职权等职务犯罪嫌疑人169人。[③] 2010年，江西省人民检察院通过查处该省国土资源厅3名副厅长职务犯罪案件，挖出全省国土系统系列受贿犯罪案件12件12人，涉案总金额达2000余万元。[④]

---

① 《中国法律年鉴》（2002年），中国法律年鉴社2003年版。

② 根据《最高人民检察院工作报告》（2010—2018）的统计资料计算，http：//www.spp.gov.cn/spp/gzxx/index.shtml。

③ 谭天：《中国2000年反腐败大回眸》，载东方廉政网（http：//www.dflz.gov.cn/show.asp？id=952）；《2001年最高人民检察院工作报告》。

④ 中华人民共和国最高人民检察院网（http：//www.spp.gov.cn/spp/zdgz/201007/t20100705_28659.shtml）。

2016年，河南省商丘市梁园区检察院反贪局从一起“邀请旅游”的线索入手，运用侦查指挥一体化运行机制深挖细查，使得钱权交易、损害民生利益的疫苗行业黑幕随之暴露出来，其人数之众、金额之多，令人咋舌。此次深挖细查共立案查处疫苗采购环节贿赂犯罪22件26人，其中涉嫌受贿犯罪7件10人，涉嫌行贿犯罪15件16人，涉案金额达750余万元——疾控中心干部集体出卖审批权。①

（四）涉案领域不断扩展

20世纪80年代，贪贿犯罪原来多集中在直接与经济相关联的部门，如粮食、商业、供销、金融、物资等系统中比较严重。90年代呈现一种由经济部门向党政机关、司法机关、政执法部门蔓延的趋势，尤其是一些拥有实权的部门，如公安、工商、海关、税务等部门的贪贿犯罪现象日趋严重，“三机关一部门”（党政领导机关、司法机关、行政执法机关和经济管理部门）的贪贿犯罪最为集中。近年来，贪贿正在渗入各国政治、经济、文化生活的各个领域，日益成为社会改革的阻碍和腐蚀剂。② 过去被视为“清水衙门”的民政、文教、卫生、体育等部门很少有贪贿案件发生，但是近年来也时有案件发生。证券、期货、房地产、技术等新兴产业更是无法幸免于难。自2011年“十二五”规划以来，我国深入实施西部大开发计划，并致力于特色产业的开发，注重科技领域创新，在各领域蓬勃发展的态势之下，亦为贪贿犯罪提供了滋生与助长的温床，其涉案范围愈加广泛。以房地产泡沫的助推为伊始，建筑相关产业部门贪贿犯罪日益增长；新兴行业犯案态势紧随其后，以企业高层与政府官员勾结，形成利益关联体现象为主；并且，在创新需求的带动之下，贪贿之风甚至出现于高校、科学院等；与此同时，涉黑贪贿犯罪现象愈加凸显，在一定范围内引起了“地震”之势，公检法系统涉案人数之多难以想象。此后，自2016年进入“十三五”以来，以实现建成小康社会为起点，在全面建成小康社会要求的引领之下，在党的带领下，各级行政部门致力于民生领域的建设，这便为民生领域贪贿犯罪提供了一定的条件。随着国家对民生之事投入力度的加大，“苍蝇”、“老虎”蜂拥而至，民生领域贪贿犯罪现象日益增加。在经济建设的助力之下，“微腐败”和“蝇贪”现象凸显，尤其以基层政府官员为显著，其与黑恶势力勾结，成为黑恶势力的“保护伞”，沆瀣

① 中华人民共和国最高人民检察院网（http：//www.spp.gov.cn/spp/dfjcdt/201706/t20170606_ 192326.shtml）。

② 林喆：《权力腐败与权力制约》，法律出版社1997年版，序言。

一气，强行敛财，为基层民生建设带来了一阵污浊之气。①

（五）犯罪手段日趋狡猾

贪贿犯罪手段日趋多样化、隐蔽化。以贿赂犯罪为例，有的利用红白喜事或逢年过节之际，打着“礼尚往来”的幌子，给予或收受重金厚礼；有的假借奖金、劳务、咨询服务、介绍费等形式或名目进行贿赂；有的入“干股”，无偿获得股份、红利，或以小额投入获得不正常的高额回报；有的以收受商品房、低买高卖形式收受贿赂；有的在非法交易中，“官商勾结”，多利用亲属、同学、老乡等特定关系结成固定的利益联盟，用以行贿受贿；有的以“借”为名，掩盖贿赂事实；有的利用打牌、搓麻将等“娱乐”之机进行贿赂。还有的以色相、旅游、帮子女落实工作、办理出国留学等非物质利益进行变相贿赂，钻法律空子。诸如此类，均证明贪贿犯罪手段变化的频繁性、抗体性。贪贿犯罪的手段日趋狡猾，为我国贪贿犯罪的侦查带来了一定的难度，因而制定有效的应对手段便是当前的亟须之举。

（六）“蝇贪巨腐”危害严重

自2010年以来，贪贿犯罪逐年攀升，在“打虎”、“猎狐”工作如火如荼进行之时，小官巨贪的现象亦层出不穷，呈增长态势，其涉案金额十分惊人。典型的案件如2010年宣判的山西蒲县煤炭局原党总支书记郝鹏俊，其涉案金额高达3.05亿元；2013年，备受关注的陕西一名城乡建设局建筑业管理科科长侯福才利用职务之便，6年内索贿受贿、非法敛财达5500余万元。② 另外还有西安市一社区居委会主任于凡，利用社区拆迁改造项目为自己牟利，单笔受贿达5000万元，涉案总金额高达1.2亿元。北京市朝阳区孙河乡原党委书记纪海义受贿9000余万元，海淀区西北旺镇皇后店村会计陈万寿挪用资金1.19亿元。河北秦皇岛北戴河区供水总公司经理马超群，被调查时家中搜出1.2亿元现金、37公斤黄金，其拥有68套房产。一名副处级干部，靠着手中的供水权，竟然能贪腐金额如此巨大，一时引发公众热议。③ 北京动物园原副园长肖绍祥被控涉嫌贪污1400余万元，并有800余万元钱款无法说明具体合法来源；被称为“20亿村官”的深圳市龙岗街道南联社区村委会原主任周伟

---

① 靳高风、朱双洋、林晞楠：《中国犯罪形势分析与预测（2017—2018）》，载《中国人民公安大学学报（社会科学版）》2018年第2期。

② 中华人民共和国最高人民检察院网（http：//www. spp. gov. cn/spp/dfjcdt/201311/t20131106_ 64163. shtml）。

③ 《中纪委拍蝇惩贪：一些地方“小官巨腐问题严重”》，载中华网（https：//news. china. com/domestic/945/20161024/23804641. html）。

思，涉嫌收受5600万元的巨额贿赂；广州市国营白云农工商联合公司原总经理张新华，涉嫌贪污国有资产2.84亿元，涉嫌受贿9780万元、港币238万元……从地区来看，2012年以来，江苏省镇江市检察机关查办此类案件共60件72人，其中，2012年查办6件7人，2013年查办12件13人，2014年查办13件16人，2015年查办17件23人，2016年上半年已查办12件13人，呈逐年上升趋势；[①] 广东省检察机关自2015年以来共办理科级以下干部“小官巨贪”贪污贿赂100万元以上的案件148件201人。[②] 2014年7月，中央巡视组在首轮巡视情况反馈中指出北京、天津、海南等地存在“小官巨腐”现象。此后第二轮巡视反馈问题时，明确指出河北“‘小官巨腐’问题严重”。[③] 蝇贪成群，其害如虎。近年来，基层贪贿官员的涉案金额逐渐增大、手段日益隐蔽、利益联动群体趋于复杂、民生领域成案发的重灾区，其造成的恶劣影响与严重后果一点也不逊于“老虎大贪”。

二、贪贿犯罪的成因

改革开放后，计划经济体制向市场经济体制逐步转变，带动了中国社会一系列意义深远的变革。同时期贪贿犯罪迅猛增长绝非偶然，与之密切相关。加之近年来我国经济的高质平稳增速，以及供给侧结构性改革的制度需求，贪贿犯罪无论从形式上，还是特征上的改变如月晕知风般显现出来，而这些变化的产生，亦可以追本溯源于接二连三的社会变革和实际需要。

（一）政治经济体制不健全

由计划经济体制向市场经济体制的转换，是一个较长时期的建设与发展过程，不可能一蹴而就。在体制转换的过程中，适应市场经济发展要求的管理制度、监督机制不可能在短时期内建立和完善起来，行政行为、企业行为、市场行为不可能在短时期内达到运作成熟化的要求，每个市场主体的竞争行为不可能在短时期内得到全面有效地规范，这种体制转换的“成长期”，使得贪贿现象滋生蔓延有了一定的客观条件，也就存在着贪贿现象易发多发的可能性。

---

① 中华人民共和国最高人民检察院网（http：//www.spp.gov.cn/spp/llyj/201608/t20160807_ 161559.shtml）。

② 中华人民共和国最高人民检察院网（http：//www.spp.gov.cn/spp/dfjcdt/201606/t20160614_ 119872.shtml）。

③《“小官巨腐”样本分析：蝇贪成群 其害如虎》，载中国纪检监察杂志网站（http：//zgjjjc.ccdi.gov.cn/bqml/bqxx/201506/t20150601_ 57202.html）。

首先，我国目前正处于计划经济体制向市场经济体制过渡的转型期。完善的市场经济体制尚未最终建立，计划经济的影响还未完全消除，故存在经济体制上的双轨制，而两种体制同时作用的结果必然存在冲突和矛盾，形成的“边缘地带”或者“交叉区域”会留下一些“机会”使别有用心者有机可乘，[①] 为国家工作人员利用手中权力寻租提供了便利条件，从而滋生大量贪贿犯罪。具体而言，进口配额、生产许可证发放、土地审批、物价管制等都成为了贪贿犯罪的手段。

其次，在体制不健全的前提下，政府运用行政权力对企业、个人的经济活动进行管制和干预，此种行为妨碍了市场的资源配置和竞争，使少数人获得特权可以通过不平等竞争来获取超额收入的机会，而这种超额收入便是某些政府官员的寻租收益。在寻租行为剧增的当下，加之中国本就有“关系”、“人情”等传统思维，使得“设租”群体迅速发展壮大，二者相互作用，形成了以贪贿行为为具体表征的动态犯罪恶性循环。[②]

最后，在体制不健全的基础之上，由于市场经济具有自由竞争、等价交换的特征点，作为追求利润最大化的“理性人”，为了“最大利益”而使用公权力做交易。这种将经济利益与政治权力联系起来的方式，便催生出了权钱交易的犯罪。因此，从某种程度来讲，可以说是在不健全体制制约不足的条件下，市场经济的负面效应导致了贪贿犯罪等腐败行为的产生。[③]

（二）权力制约与监督不足

“一切有权力的人都容易滥用权力，这是万古不易的一条经验。”[④] 的确，没有约束的权力必然会导致腐败，绝对的权力导致绝对的腐败。权力过分集中，缺乏必要的制约与监督，即便我国目前设置了许多权力监督机构，但是监督体制并不顺畅，导致监督效果不够明显，有些监督机构可以说是形同虚设。与此同时，媒体与公众的舆论监督也缺乏活力，这种失去报警系统的体制下难以抑制贪贿犯罪的发生。这些缺陷使得实施犯罪的机会与得逞的概率双双增加，同时其受到法律制裁的危险还会相应减少，如此犯罪发生的可能性将进一步加大。我国目前政治改革相对缓慢，再加上公权力的行使程序、

① 于海生、徐双双：《贪贿犯罪成因研究》，载《社科纵横》2016 年第 8 期。

② 张文显：《新视野、新思维、新概念——法学理论前沿论坛》，吉林大学出版社 2001 年版，第 283 页。

③ 于海生、徐双双：《贪贿犯罪成因研究》，载《社科纵横》2016 年第 8 期。

④ ［法］孟德斯鸠：《论法的精神》（上册），张雁深译，商务印书馆 1961 年版，第 154 页。

操作过程等一定程度上缺乏透明性，而往往这种“暗箱操作”的行政行为，给贪贿犯罪的发生又提供了新的契机。因此，在这种政治体制下，权力过分集中，缺乏能够有效制约与监督权力运行机制的平台、方式与手段。这些往往导致单位一把手缺乏监督甚至失控，致使一些人权力过分集中，一手遮天，搞“一言堂”，为所欲为。因受贿罪被判刑的原山东省泰安市委书记胡建学曾说：“在中国，做官做到局一级，实际上就没有人管了。”如不能对掌权者的权力进行很好的监督，任其为所欲为，就可能使掌权者滑入犯罪的泥潭之中。

（三）法律制度不完善

完善的法制是预防和遏制贪贿犯罪的有效手段。目前，我国的法制建设还不完善。主要表现在：一是法律规范滞后，不能适应经济建设和社会发展对法制的需求。例如，在企业改制、资产重组过程中，由于缺乏规范，一些国企领导人利用改制之机变更股权、化公为私，或在资产评估中弄虚作假、损公肥私，国有资产大量流失。二是法律规范与实践脱节。有些法律规范过于笼统，缺乏可操作性；有些法律规范相互之间缺少对应与协调，尤其是有些行政法规与法律之间缺少必要的对应与协调；还有一些法律规范不足以体现犯罪行为的应受惩罚性；专门法律与立法解释的缺失，导致了司法机关之间法律适用的分歧，甚至出现同案不同判的结果。三是反贪污贿赂的法律制度不完备。我国对贪污贿赂犯罪只在刑罚的设置上体现出了严厉性，只注重事后打击，而忽视了刑罚具备事前预防的优势；只注重单一的刑罚惩治，忽视综合治理，往往执法不严与惩罚概率不高会让我国的法律规定显得有些色厉内荏；[①] 另外也忽视了通过制度建设从根本上减少贪污贿赂滋生的土壤。公正合理的公务员录用、选拔制度，任职回避、职务轮换制度，政务公开制度，财产申报制度等，或者未建立健全，或者纸上谈兵，还未得到真正的重视，还未落到实处。[②]

（四）价值观蜕变

市场机制具有殖民化特色，不断侵蚀原本属于私人领域和公共领域的非市场和非商品化的活动，使市场机制适用于一切生活领域，[③] 在社会主义市场经济体制建立和发展的过程中，市场活动中利益至上、等价交换和自由竞争

---

① 姜涛：《刑事政策视域下我国腐败犯罪立法的重构》，载《南京师大学报（社会科学版）》2012 年第 6 期。

② 顾德镛、赵丽萍：《贪污贿赂犯罪上升的原因与对策》，载《中国刑事法杂志》1997 年第 2 期。

③ 谢立中主编：《西方社会学名著提要》，江西人民出版社 1998 年版，第 570-571 页。

的经济意识，会逐渐向社会生活的各个层面和各种人群的思想中渗透。经济利益成为众多价值中最重要的价值，成为人们追求的目标。在资源稀缺的现实下，人们的物质欲望得到了充分的释放，削弱了过去意识形态对社会的控制功能，道德的抵制作用迅速退化，利己主义价值观迅速蔓延。在这种情形下，那些"不甘寂寞"的腐朽生活方式也在伺机寻找生存空间和繁衍场所，在金钱、财物和美色的巨大诱惑下，一些国家公职人员长期放松学习和思想改造，加之其自身可能具有意志不坚定、自控能力弱、乐于盲目跟从模仿、容易接受他人贪贿行为的暗示等特征，进而理想信念动摇，思想意识蜕变，世界观、人生观和价值观发生扭曲，拜金主义、享乐主义和极端个人主义不断滋长，在放弃自律和缺乏他律的环境里，堕落成贪贿分子。如云南省原省长李嘉廷在自己的悔过书中深刻反思，自己之所以受贿，就是因为放松了世界观的改造，人生观、价值观发生了扭曲。

（五）财政资金监管不到位

全面建成小康社会是我党一直以来的追求，并一直为此目标不懈奋斗。基于对"五位一体"小康社会的要求，我国对各个领域均投入了大量的财政专项资金用以进行设施优化、技术创新，多个新兴行业在政府的指导下如雨后春笋般拔地而起、势头正猛。为确保2020年所有贫困地区和贫困人口一道迈入全面小康社会，坚决打赢脱贫攻坚战，党中央对扶贫开发工作高度重视，中央财政一般性转移支付、各类涉及民生的专项转移支付，进一步向贫困地区倾斜，省级财政、对口扶贫的东部地区也相应增加扶贫资金投入。但是，由于财政专项资金监管不到位，在立项审批、招标投标、项目实施、项目验收、资金拨付等重点环节存在一定的漏洞，为某些思想堕落、利欲熏心的政府官员、高职人员提供了犯罪的机会。近年来，尤其是在事关群众切身利益的征地拆迁、社会保障、教育、医疗、扶贫等民生领域，以及关乎国本的"三农"领域，查处了为数不少的贪贿犯，涉案金额亦连年攀升。仅2014年1月至11月，全国检察机关共查办发生在"三农"、专项资金管理使用、社会保障、扶贫救灾、教育科研等领域的贪污贿赂犯罪案件17601件23443人，涉案总金额58.9亿元。其中，镇乡村干部发案较多，共查办乡镇站所和农村基层组织工作人员10593人，占45.2%。① 2016年1月至5月，全国检察机关共立案侦查扶贫开发领域职务犯罪案件658人，同比上升53.7%；立案侦查涉农领域职务犯罪案件4775人，同比上升0.3%。其中，查办涉农扶贫领域渎

① 人民网（http://politics.people.com.cn/n/2015/0204/c1001-26502591.html）。

职犯罪 975 人。在检察机关立案侦查的涉农领域职务犯罪案件中，涉及资金管理使用环节 2640 人，占该领域同期立案总人数的 55.3%。[①] 典型的案例如山东省日照市东港区南湖镇民政办公室原主任王伟、原报账员李升锋共同贪污案。王伟伙同李升锋，利用各自职务便利，采用虚报、截留及收不入账等手段，套取国家低保、五保补助及国家优扶补助资金共计 32.77 万元。此外，王伟还利用上述手段单独贪污国家补助资金及慈善资金 13.68 万元，李升锋利用上述手段单独贪污国家补助资金 1.59 万元。[②]

三、贪贿犯罪的刑事政策

党的十八大以来，习近平总书记从党和国家全局的高度，对构建不敢腐、不能腐、不想腐机制作出重大部署，提出明确要求，形成了一个动态发展的反腐败目标体系。这对于进一步加强和改进党的建设特别是全面从严治党、深入推进党风廉政建设和反腐败斗争，祛病疗伤，激浊扬清，着力净化党内政治生态，始终保持党的先进性和纯洁性，具有重大而深远的意义。[③] 为有效防治贪贿犯罪，需要围绕不敢腐、不能腐、不想腐的目标，构建贪贿犯罪的刑事政策体系。

（一）保持对贪贿犯罪的高压态势

不敢腐，在于通过严厉打击腐败行为，坚持露头就打，发现一起就查处一起，对腐败行为造成强大的震慑。自党的十八大以来，我国就加强了对贪贿犯罪的查处打击力度。以习近平同志为核心的党中央在反腐败斗争中，始终强调对腐败问题的“零容忍”，而且力度不减、决心不变、层层加压。2014 年 1 月第十八届中纪委第三次全会上提出：反腐败高压态势必须继续保持，坚持以“零容忍”态度惩治腐败。2015 年 1 月中纪委五次全会提出：查处腐败问题，必须坚持“零容忍”的态度不变、猛药去疴的决心不减、刮骨疗毒的勇气不泄、严厉惩处的尺度不松，发现一起查处一起，发现多少查处多少，把反腐利剑举起来，形成强大震慑。2016 年 1 月中纪委六次全会提出：惩治腐败这一手必须紧抓不放、利剑高悬，坚持无禁区、全覆盖、“零容忍”。

---

① 正义网（http：//www.spp.gov.cn/ztk/2016/gyssgztj_ 3129/zyxw/201606/t20160623_ 120636.shtml）。

② 正义网（http：//www.spp.gov.cn/ztk/2016/gyssgztj_ 3129/dxal/201606/t20160623_ 120643.shtml）。

③ 李雪勤：《扎实构建不敢腐不能腐不想腐的有效机制》，载中国社会科学网，http：//ex.cssn.cn/dzyx/dzyx_ llsj/201702/t20170228_ 3433995.shtml。

2017年1月中纪委第七次全会强调：要做到惩治腐败力度绝不减弱、“零容忍”态度绝不改变，坚决打赢反腐败这场正义之战。2017年10月，党的十九大报告强调：反腐败斗争形势依然严峻复杂，巩固压倒性态势、夺取压倒性胜利的决心必须坚如磐石。要坚持无禁区、全覆盖、“零容忍”，坚持重遏制、强高压、长震慑，坚持受贿行贿一起查，坚决防止党内形成利益集团。在制度尚未健全、制度尚有漏洞的情况下，要遏制现阶段腐败现象易发多发的势头，惩治绝不能放松。要坚持有腐必惩、有贪必肃，坚持“老虎”、“苍蝇”一起打。严厉惩处腐败行为尤其是贪贿犯罪，不是权宜之计，而是一个长期工程。

（二）加强国际合作

全球化的不断深入，使贪贿犯罪呈现出更为复杂化的发展趋势。伴随而来的是贪贿犯罪人员外逃和资产在国家间转移，严重影响了对贪贿犯罪的查处和打击力度。这就需要加强国际合作，国家、地区间相互配合，共同治理贪贿犯罪问题。党的十八大以来，我国主动参与反腐败国际合作，多次在国际会议上发出中国声音，推动建立国际反腐合作网络，尝试构建长效机制。《北京反腐败宣言》的顺利通过，拓宽了合作领域，为亚太地区构建严密的反腐败网络提供了新的平台。① G20峰会上《二十国集团反腐败追逃追赃高级原则》由我国主导并通过，显示出我国在全球腐败治理中积极承担大国责任，主导亚太地区的反腐败合作的方向和重点，为亚太各国开展反腐败追逃追赃提供了最优环境。② 自2014年以来，我国先后开展了“猎狐”、“天网”等专项行动，针对外逃腐败分子的“天网”已然拉开。中纪委发布了《关于敦促在逃境外经济犯罪人员投案自首的通告》并开通反腐国际追逃合作网站，国际刑事司法协助法通过立法，多管齐下，充分利用国内国际反腐机构和平台，不惜物力、财力、精力和时间，对腐败外逃人员进行围追堵截。一系列的工作和努力有效遏制了腐败人员和资金外逃的趋势。截至2018年4月底，通过“天网行动”先后从90多个国家和地区追回外逃人员4141人，其中“百名红通”人员52人，追回赃款近百亿元人民币。③ 在反腐败、治理贪贿犯罪问题

① 韩利：《论〈北京反腐败宣言〉对中国反腐败境外追赃的影响》，载《政法学刊》2016年第6期。

② 彭新林：《腐败犯罪国际追逃问题要论》，载《中共浙江省委党校学报》2017年第2期。

③ 《中央追逃办：截至今年4月“天网行动”已追回外逃人员4141人》，载中新网，http：//www. chinanews. com/gn/2018/06-06/8532054. shtml。

上，还存在更广阔的国际合作领域。随着信息化的不断发展，大数据技术应用日益广泛，新的合作方式必然会随着科技的进步而产生、优化，在未来的反腐败国际合作中我国需要更多地关注技术进步，同时借助反腐败国际会议和合作平台扩大反腐败合作的领域和影响。在反腐败国际合作的过程中，我国要善于在合作原则的基础之上探索更加适合合作双方共同利益的合作方法。只要双方目的一致，在不损害国家主权和互惠互利原则的指导下，谋求双方共赢的最大利益才是未来腐败资产分享的应有之义。①

（三）完善法律制度，严密刑事法网

要深入持久地开展反贪贿斗争，必须提供坚强有力的法制保证。大力推进廉政立法工作，有计划、有步骤地建立和完善廉政法律法规体系，以及各行业管理制度，从而把反贪贿工作纳入法制化轨道。切实加强预防贪污贿赂犯罪的立法工作，形成一套比较完整和规范的预防贪贿犯罪的法规体系，使预防贪贿犯罪真正做到有法可依。从世界各国（地区）的反腐败立法情况来看，分为两类，即集中型立法和分散型立法。前者是制定一部针对腐败问题的综合性立法，如专门的反腐败法或预防腐败法。后者是根据反腐败的形势需要，针对腐败发生的不同环节和领域而分别或相继制定一系列单行法规。我国应该采取集中立法的模式，即制定专门的《反腐败法》。根据世界各国的经验，当腐败问题比较严重的时候，集中立法是较好的选择。这既能彰显执政党的反腐决心，也能应和社会民众的反腐呼声。②

在刑事法律方面，要严密法网，扩大犯罪圈，将更多的贪贿行为犯罪化，不让一些新型的贪贿行为有漏洞可钻，如性贿赂；舒缓刑罚，破除对重刑的迷信，避免重刑的弊端，合理配置刑种和刑量，提高刑罚的有效性；加大行贿犯罪的打击力度，改变原来重打击受贿而放纵行贿的情况。2015 年《刑法修正案（九）》对贪污贿赂犯罪进行了重要的修订，此次修订对于进一步加大惩治贪污贿赂犯罪的力度，严密惩治腐败的刑事法网，完善我国反腐败刑事立法具有重要意义。强调建立严明的反腐倡廉法制网络的同时，也要严格执法。在法律制度众多的今天，贪贿不但没有得到有效遏制，反而大幅度攀升，与执法不严有重要关系。纵然法网严密，也须得到切实执行。

（四）深化体制改革，加强对权力的制约与监督

不能腐，在于从制度层面推进反腐败斗争，把权力关进制度的笼子里，

① 赵珈艺：《十八大以来我国反腐败国际合作新进展》，载《法制博览》2019 年 2 月（下）。

② 何家弘、张小敏：《反腐败立法研究》，载《中国刑事法杂志》2015 年第 6 期。

形成反腐败的制度性约束。[①] 如何把权力关进制度的笼子？党的十八届三中全会指出，“坚持用制度管权管事管人，让人民监督权力，让权力在阳光下运行，是把权力关进制度笼子的根本之策。”即要在坚持根本政治制度、基本政治制度的基础上，不断推进制度体系完善和发展，[②] 加强对权力运行制约和监督制度。

一是构建决策科学、执行坚决、监督有力的权力运行体系。一要按照结构合理、配置科学、程序严密、制约有效的原则，科学设置决策部门、执行部门和监督部门，科学划分决策权、执行权、监督权；推行地方各级政府及其工作部门权力清单制度，完善党务、政务和各领域办事公开制度，依法公开权力运行流程，确保按照法定权限和程序行使各种权力，从而形成科学有效的权力制约和协调机制。二要建立科学决策的体制机制，规范各级党委重大决策、重要干部任免、重大项目安排和大额度资金使用的相关程序，建立健全决策后评估和纠错机制，不断提高科学决策、民主决策、依法决策水平。三要坚决维护制度的严肃性和权威性，坚持制度面前人人平等、执行制度没有例外，严格用制度管人、管事、管权，进一步提高执行力，确保党的路线方针政策和各项决策部署、各项制度贯彻落实到位，绝不允许“上有政策、下有对策”，绝不允许有令不行、有禁不止。四要充分发挥党内监督优势，健全民主监督、法律监督、舆论监督机制，规范互联网监督机制；要建立部门配合协作、信息共享的联动机制，使各级纪监委、检察院、审计、人大、政协等监督权力运行的职能机构，形成一个有机统一的整体，形成制约和监督联动机制，提高对权力运行监督制约的整体效能。[③]

二是创新反腐体制机制。建立健全惩治和预防腐败体系，是党中央从全局和战略高度作出的重大决策，也是构建权力运行制约和监督体系的必然要求。为解决反腐败工作中存在的机构职能分散、责任不清、形不成合力的问题，国家开展了专项改革措施。党的十九大报告明确提出，“深化国家监察体制改革，将试点工作在全国推开”。随着国家监察体制改革试点工作在全国范

---

① 何锡辉、陈平其：《党的十八大以来反腐败斗争的成绩、经验及意义》，载《邓小平研究》2018 年第 5 期。

② 中央文献研究室：《十八大以来重要文献选编》（中），中央文献出版社 2014 年版，第 62 页。

③《中共中央关于全面深化改革若干重大问题的决定》，2013 年 11 月 15 日发布。

围内推开以及《监察法（草案）》的公布，监察体制改革被推进到更高层次。[①] 2018年3月，《中华人民共和国监察法》（以下简称《监察法》）在全国人大获得通过，这标志着我国的监察体制改革最终完成。根据权威的解读，监察体制改革实现了对“所有行使公权力的公职人员”的监督，实现了“国家监察全覆盖”，完成了国家反腐败资源的有机整合，使得行政监察（监察部门）、刑事调查（检察机关反贪污贿赂机构）以及预防腐败（预防腐败部门）等被统一整合进监察委员会之中，实现了监察委员会（国家层面）与纪委（党内层面）的一体化。与此同时，《监察法》的通过还结束了过去多年来党纪调查、政纪调查与刑事侦查分散进行的局面，赋予监察委员会通过统一的调查来确定三项违法犯罪事实的职能，实现了党纪调查、政纪调查与刑事调查的有机衔接，避免了不同调查机关对同一案件调查的重复和拖延，提高了反腐败案件调查活动的效率。[②] 此外，还需要进一步改进中央和省区市巡视制度，做到对地方、部门、企事业单位全覆盖，不断增强巡视监督的威慑力和实效性；健全网络举报和受理机制、网络信息收集和处置机制，及时揭露、发现、查处腐败案件。

三是健全改进作风常态化制度。一要健全领导干部带头改进作风、深入基层调查研究机制，完善直接联系和服务群众制度；二要健全改进文风会风制度，着力改进文风会风；三要健全严格的财务预算、核准和审计制度，着力控制“三公”经费支出和楼堂馆所建设；四要完善选人用人专项检查和责任追究制度，着力纠正跑官要官等不正之风；五要改革政绩考核机制，着力解决“形象工程”、“政绩工程”以及不作为、乱作为的问题；六要规范并严格执行领导干部工作生活保障制度，探索实行官邸制，防止利用公共权力或自身影响为个人、亲属和其他特定关系人谋取私利；七要完善并严格执行领导干部亲属经商、担任公职和社会组织职务、出国定居等相关制度规定，坚决反对特权思想和作风。[③]

（五）创设“阳光”制度

借鉴国外先进经验，立足于我国国情，创设适合我国国情的“阳光”制度，增加贪贿的成本与难度，对预防贪贿犯罪有十分重要的作用。“阳光”制

① 王迎龙：《监察委员会权力运行机制若干问题之探讨——以〈国家监察法（草案）〉为分析蓝本》，载《湖北社会科学》2017年第12期。

② 陈瑞华：《论监察委的调查权》，载《中国人民大学学报》2018年第4期。

③ 《中共中央关于全面深化改革若干重大问题的决定》，2013年11月15日发布。

度是针对具体问题而创设的制度，比较具体，也比较多样，主要包括但不限于以下几个方面：

一是公开、公平、公正的公务员选拔、任用制度。建立公开、公平、公正的选拔、任用制度，如干部竞选、任职回避、职务轮换等制度，对提高国家工作人员的整体素质、形成职业荣誉感，从而预防贪污贿赂犯罪具有极其重要的意义。2018 年我国新修订了《中华人民共和国公务员法》，对公务员的选聘、任用、管理等都作出了明确的规定，贯彻了公开、平等、竞争、择优的原则。

二是财产申报制度、存款实名制度和限制大额现金交易制度。财产申报制度要求公职人员定期向社会公布财产状况，尤其是固定资产，可以在一定程度上遏制权钱交易发生。我国于 1995 年 4 月由中共中央办公厅和国务院办公厅联合制定了《关于党政机关县（处）级以上领导干部收入申报的规定》，初步建立了干部的财产申报制度。2010 年中共中央办公厅、国务院办公厅印发的《关于领导干部报告个人有关事项的规定》对领导干部财产申报的事项、范围、期限等作出了更详细、具体的规定。2017 年，在总结党的十八大以来贯彻执行的实践经验基础上，《关于领导干部报告个人有关事项的规定》就报告主体、报告内容、抽查核实及结果处理等内容作了进一步的改进和完善。

存款实名制度，就是以真实姓名存款。2000 年国务院颁布《个人存款账户实名制规定》，开始实行存款实名制度。2008 年为进一步做好个人银行账户实名制工作，中国人民银行下发了《个人存款账户实名制的通知》。但是，在实践中，由于一些操作上的困难，存款实名制度有待进一步完善。

限制大额现金交易制度，就是规定一定金额以上的交易不能使用现金，而只能通过信用卡、支票或其他金融票据进行。这样，公职人员财产有异常变动就会被发现，断了贪贿分子的后路。关于大额现金交易制度方面我国已经有《现金管理暂行条例》《金融机构反洗钱规定》《人民币银行结算账户管理办法》及人民银行依法制定的相关管理法规，但是依然存在漏洞，需要进一步完善。①

三是建立以透明、竞争、客观为标准的公共采购制度，维持公共财政管理制度的公开、透明。

四是设立离职审计制度。当国家工作人员从某一个职位调离时，应当有

① 祝家顺、彭坚晖、徐秋生：《完善大额现金交易控制制度的几点思考》，载《金融监管》2012 年第 6 期。

一定的独立机关就其申报的财产与其实际财产进行审计，及时发现是否有贪贿发生。

五是完善社会保障制度。明确国家工作人员在离（退）休后的待遇，以解除公职人员后顾之忧，从源头上杜绝"59岁现象"。

我国已经在借鉴国外经验的基础上，创设了一批"阳光"制度，也取得了很好的效果。今后，还需根据预防贪贿犯罪的需要，探索创设更多的"阳光"制度，以及完善已有的"阳光"制度。"让阳光照亮体制"，遏制钱权交易等各种贪贿行为的发生。

（六）加强思想政治教育

不想腐，在于通过思想政治教育手段，加强党性教育，坚定理想信念，培养反腐自觉。[①] 大量的案件事实证明，世界观、人生观和价值观的扭曲错位，是一些干部腐化堕落的原因。如有些贪贿干部，开始还守规矩，但后来就逐渐放松了对自己的严格要求，忘记了一个党员干部的职责。原来看不惯的事，渐渐看惯了，原来不敢做的事，渐渐敢做了，最后由渐变发展到突变，由量变发展到质变。鉴于此，一定要从加强思想政治教育上下功夫。荀子言："不教而诛，则刑繁而邪不胜。"要把领导干部的教育，特别是中高级干部的教育作为重点，把党性、党风、党纪教育作为培训党员干部的必修课。要在各级党委的统一领导下，把纪委、组织部门、宣传部门、党校以及新闻单位、文化艺术部门的力量集中起来，形成思想教育网，造成强大的思想教育攻势。通过加强领导干部的党性修养和法律法规教育，强化宗旨意识，淡化权力观念；强化责任意识，淡化独尊观念；强化服务意识，淡化领导观念。进一步树立为民务实清廉的群众观，树立为党和人民事业努力奋斗的正确价值取向，将思想从对物质利益的追求转移到察民情、体民意、解民忧上来。[②] 我们党历来重视党员领导干部的思想政治教育，开展过一系列主题教育活动。在2017年10月18日，习近平总书记在党的十九大报告中指出，在全党开展"不忘初心、牢记使命"主题教育，用党的创新理论武装头脑，推动全党更加自觉地为实现新时代党的历史使命不懈奋斗。2019年5月13日，中共中央政治局召开会议，决定从2019年6月开始，在全党自上而下分两批开展"不忘初心、牢记使命"主题教育。"不忘初心、牢记使命"主题教育活动对于保持党

---

① 何锡辉、陈平其：《党的十八大以来反腐败斗争的成绩、经验及意义》，载《邓小平研究》2018年第5期。

② 于世军：《把权力关进制度的笼子里》，载《奋斗》2015年第10期。

员干部本色、拒腐防变必将产生极其重要的作用。

第三节 ‖ 财产犯罪的刑事政策分析

财产犯罪在我国刑事犯罪中所占比例一直居高不下，由于财产犯罪的基数庞大，其直接影响到一个地区的总体治安状况以及人民群众的安全感。而刑事政策的目的是预防犯罪，因此财产犯罪的刑事政策分析对于如何有效遏制财产犯罪高发态势，并保证针对财产犯罪的具体刑事政策的科学制定和有效实施具有现实意义。

一、财产犯罪概述

财产犯罪是指以公私财产为目标，侵犯财产所有权的犯罪。① 财产犯罪体现在刑法分则的第五章中，即侵犯财产罪具体可分为抢劫罪、抢夺罪、盗窃罪、诈骗罪、敲诈勒索罪、聚众哄抢罪、侵占罪、职务侵占罪、贪污罪、挪用资金罪、挪用公款罪、挪用特定款物罪、故意毁坏财物罪、破坏生产经营罪、拒不支付劳动报酬罪。由于刑法分则所规定的财产类犯罪中有些罪名不仅仅是侵犯财产所有权的犯罪，还包括侵犯其他法益的犯罪，如贪污罪等其他特殊罪名，故为了体现财产犯罪刑事政策分析的统一性和聚焦性，本节所具体分析的财产犯罪主要涉及“两抢一盗”、诈骗等主要侵犯财产所有权的犯罪。

近年来财产犯罪现象日益严重，可以大致总结为以下几类特征：

（一）出现了新的历史增长点

通过整理笔者得到了全国检察院 1990～2016 年侵犯财产罪“决定批准逮捕”以及“决定提起公诉”的案件数与人数的折线统计图，如图 11－1 所示。② 对历年财产犯罪的四类数据（检察院决定批准逮捕案件数、检察院决定逮捕人数、检察院决定提起公诉案件数、检察院决定提起公诉人数）分别进行回归分析③，可以得出虽然各个时间段上仍是有所波动，但从 1990 年到

---

① 高铭暄、王作富、曹子丹等：《中华法学大辞典》（刑法学卷），中国检察出版社 1996 年版，第 45 页。

② 数据来源：1992～2017：《中国法律年鉴》。

③ 这里统一使用最小二乘法分析来得到各自的线性方程。从拟合方程得到的 R^2 首先可以得出财产犯罪的决定提起公诉案件数的趋势线拟合最佳（$R^2=0.69>0.5$），其次是决定提起公诉人数（$R^2=0.33$），决定批捕逮捕案件数（$R^2=0.30$），最后是决定批准逮捕人数（R^2 值太小说明拟合效果差）。

2016 年财产犯罪总体上是呈上升的发展趋势的结论。同时，根据各个年份财产犯罪具体的案件数（或人数），可看出 1990 年以后我国财产犯罪总体上高峰期可分为三个，其一是 1996 年，检察院财产犯罪的提起公诉人数达到了 49.04 万人；其二是 2008 年，达到了 54.48 万人；其三是 2012 年，在 2008 年回落之后又达到了 50.62 万人，可以说 2012 年是近几年全国财产犯罪新的高峰期。从数据统计中也可以看出，自 2015 年后，2016 年的财产犯罪数量开始呈增加趋势，因此在新的历史时期财产犯罪的又一次增加尤其值得关注，特别是财产犯罪的基数本身庞大，上升会直接影响到我国的整体治安状况及社会稳定。

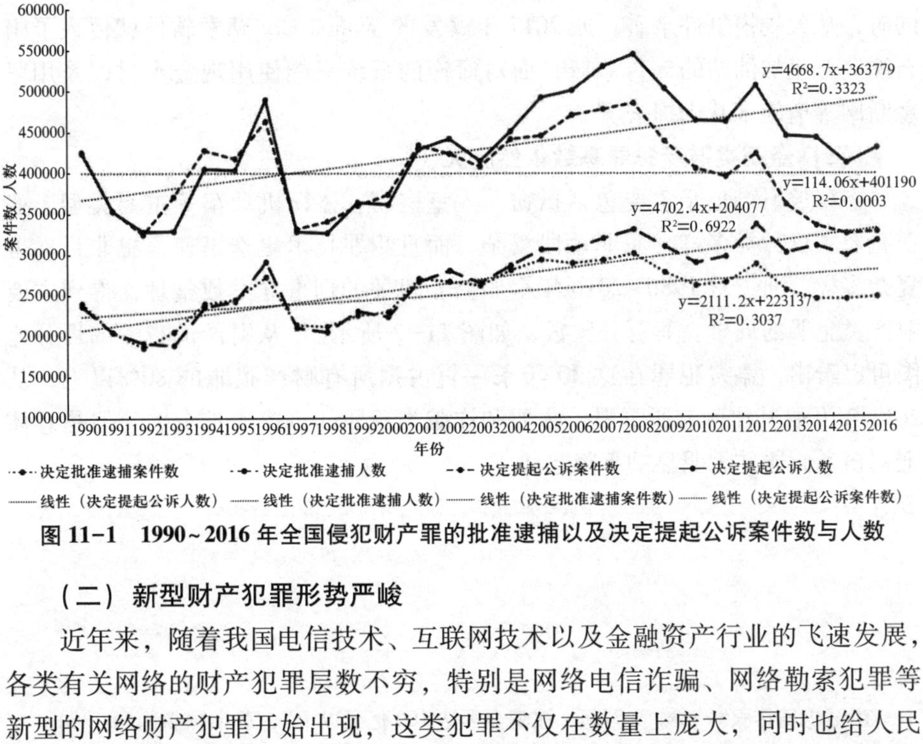

图 11-1　1990~2016 年全国侵犯财产罪的批准逮捕以及决定提起公诉案件数与人数

（二）新型财产犯罪形势严峻

近年来，随着我国电信技术、互联网技术以及金融资产行业的飞速发展，各类有关网络的财产犯罪层数不穷，特别是网络电信诈骗、网络勒索犯罪等新型的网络财产犯罪开始出现，这类犯罪不仅在数量上庞大，同时也给人民群众带来了巨大的财产损失。其中网络电信诈骗是指以非法占有为目的，利用固话、手机、网络等现代电信技术手段传递虚假信息，通过银行自助存兑功能或其他支付手段，以非接触性的方式完成非法占有他人财物目的的一种犯罪。据不完全统计，2011 年至 2014 年全国的网络电信诈骗分别发案为 10 万起、17 万起、30 万起、40 余万起，年均增长 70%，其中 2013 年、2014 年给群众造成了100亿元以上的经济损失，个案中最高的涉案金额达到千万元以上。①

而网络勒索犯罪主要是指以勒索软件的形式入侵个人或公司的计算机或其他移动终端进行破坏活动并以此为胁迫或恐吓的手段要求被害人支付赎金的犯罪行为。近年来，网络勒索犯罪不仅在全球范围内愈演愈烈，而且我国的此类新型犯罪率也居高不下，并且随着互联网的普及和移动终端的发展给勒索软件的泛滥提供了有利条件，造成了大量公私财产的损失。数据显示，截至2016年第一季度，移动平台勒索类恶意软件历史累计感染手机接近90万部。从新增感染手机数据看，2015年第三季度新增感染手机接近35万部。②同时，从大规模事件来看，如2017年爆发的Wanna Cry勒索软件就侵入了中石油2万座加油站的支付系统，面对瘫痪的系统只能使用现金支付以及用紧急断网等措施来减少损失。③

（三）盗窃类财产犯罪基数依然庞大

盗窃类财产犯罪主要包括扒窃、入室盗窃、盗窃机动车等主要类型，盗窃犯罪不仅种类多样，犯罪手段繁杂，而且犯罪技术更迭迅速，犯罪目标也复杂多样。通过对1986~2016年全国公安机关的刑事立案数整理，得到主要财产类犯罪的刑事立案百分比数，如图11-2所示。④从财产类犯罪的百分比图可以看出，盗窃犯罪在这30年来一直占据所有财产犯罪的80%以上，从2011年开始其比例有所下滑，主要和诈骗类犯罪的迅速增长有关，但是总体上盗窃类犯罪并无明显的下降趋势。⑤

---

①《电信诈骗案年发30万起　被骗金额达100亿元以上》，载中国新闻网，http://www.chinanews.com/gn/2015/07-09/7393556.shtml。

②《Android勒索软件研究报告》，载360安全技术网站，http://blogs.360.cn/360mobile/2016/04/12/analysis_of_mobile_ransomware/。

③《勒索病毒爆发波及中石油：2万座加油站曾遭断网》，载腾讯财经网，https://finance.qq.com/a/20170515/002966.htm?tu_type=18&tp=5&pacclick=%2Fhotnews%3Fch%3Dfinance。

④ 数据来源：1986~2017《中国法律年鉴》。

⑤ 由于中国法律年鉴中关于“公安机关的刑事立案数”没有“财产犯罪”的类别统计，因此本章节选择盗窃、诈骗以及抢劫作为财产犯罪的主要类别来进行统计。

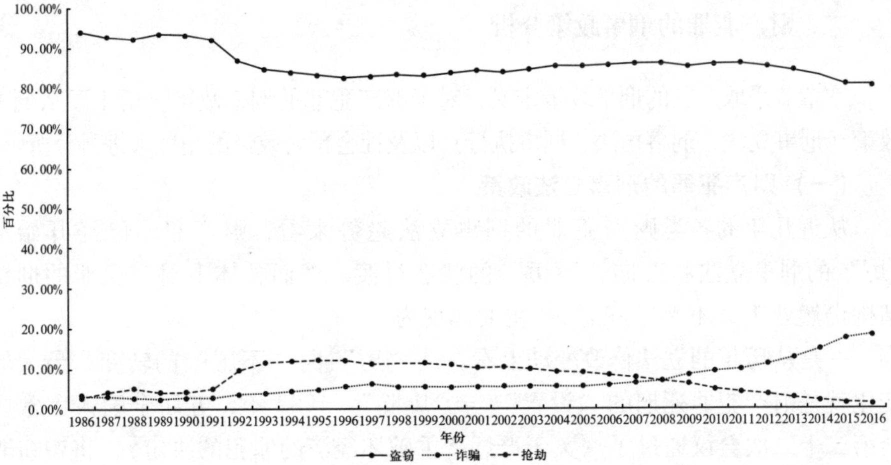

图 11-2　1986~2016 年全国公安机关主要财产类犯罪的刑事立案百分比数

同时，在我国除了刑事立案中体现了盗窃类财产犯罪的现状，还有一部分没有达到刑事立案标准的盗窃行为，则以治安案件的形式来进行处罚。① 通过历年数据整理，得到了 1990~2016 年全国公安机关盗窃犯罪刑事案件立案数和盗窃违法治安案件发现受理数的统计图，如图 11-3 所示。从数量上看，刑事案件立案数从 2004 年开始突破 300 万，从 2010 年开始突破 400 万；而治安案件的发现受理数从 2007 年开始突破 200 万。从总体趋势上看，在同时期下所有财产犯罪走势为起伏波动的背景下，两者都是呈稳定的上升趋势，因此盗窃类财产犯罪的刑事政策的科学制定和有效执行显得尤为关键。

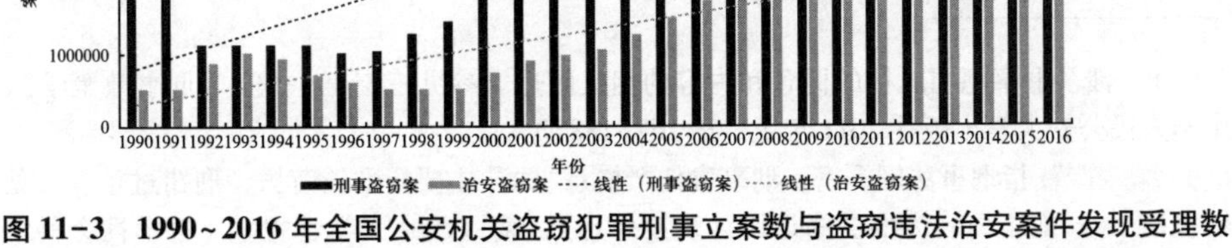

图 11-3　1990~2016 年全国公安机关盗窃犯罪刑事立案数与盗窃违法治安案件发现受理数

---

① 本章节采取的是广义的犯罪定义。参见李明琪主编：《西方犯罪学概论》，中国人民公安大学出版社 2010 年版，第 4-6 页。

二、财产犯罪的刑事政策分析

本章节采取广义的刑事政策定义，对于财产犯罪的刑事政策分析主要从刑事政策（刑事立法、刑事司法、刑事执行）以及社会预防政策的角度来进行分析。①

（一）财产犯罪的刑事立法政策

从近几年的各类财产犯罪的刑事立法趋势来看，财产犯罪已经开始从“厉”的刑事立法状态向“不厉”的状态过渡，然而整体上财产犯罪的刑罚结构仍然处于“不严”状态。② 主要体现为：

一是从历年的立法修改变动上看，从“厉”向“不厉”的转变，最大的变化就是财产犯罪死刑的“设置”与“废除”。1982 年，五届全国人大常委会第二十二次会议通过了《关于严惩严重破坏经济的罪犯的决定》，将盗窃罪最高法定刑调整到死刑，之后 1997 年刑法中又规定盗窃罪、抢夺罪、抢劫罪的几类情形可以适用重刑处理。③ 我国面对形势严峻的财产犯罪猖獗的时期其刑罚的制定是十分苛厉的，特别是财产犯罪死刑的适用体现了重刑思想。而直到 2011 年，在《刑法修正案（八）》中才将盗窃罪中的死刑废除，可以说对于盗窃罪这类没有直接侵犯到人身权利的罪名，取消死刑作为顶格刑，在现代死刑废除的背景下是具有积极意义的。

二是从近年的立法修改来看，开始向“严”的趋势发展。以盗窃罪为例，《刑法修正案（八）》不仅废除了盗窃罪的死刑，也增加了盗窃罪的几类情形，即对 1997 年刑法中盗窃罪情形增加了：入户盗窃、携带凶器盗窃以及扒窃，即这三类盗窃罪不再以“数额”和“次数”来评价犯罪是否成立。这次修改主要降低了盗窃罪的入罪门槛，严密了刑事法网，扩大了盗窃罪的“犯罪圈”。同时刑事法网还包括刑事实体法和程序法以及行政执法。④ 在劳动教养废除之前，盗窃行为主要由治安处罚法、劳动教养和刑罚来进行评价处罚。随后在 2013 年，《中共中央关于全面深化改革若干重大问题的决定》作出了废除劳动教养制度的决定。因此从治安行政处罚和刑罚之间的衔接上看，《刑

---

① 涉及刑事惩罚政策的概念和内容的相关阐述。参见王宏玉主编：《刑事政策学》，中国人民公安大学出版社 2011 年版，第 167-188 页。

② “严”指刑事法网严密，刑事责任严格；“厉”主要指刑罚苛厉，刑罚过重。参见储槐植：《严而不厉：为刑法修订设计政策思想》，载《北京大学学报》（哲学社会科学版）1989 年第 6 期。

③ 如规定了抢夺罪的转化，即携带凶器抢夺的，适用抢劫罪的处罚规定。

④ 储槐植：《再说刑事一体化》，载《法学》2004 年第 3 期。

法修正案（八）》对于新三类盗窃的设置不仅体现了前瞻性，也突出了这几类盗窃的严重性和紧迫性。此次设置也是出于对人身危险性和社会危害性的考虑，即盗窃犯罪行为人大多系累犯、惯犯，以“行为”以及原有的“次数”① 来评价是否入罪一方面体现了法网严密，另一方面防止了治安行政处罚与刑罚之间出现过多的真空地带。同理，在《刑法修正案（九）》中，也将“多次抢夺”加入抢夺罪的入罪条件之中。

三是从目前刑罚结构上看，仍处于“不严”的状态。虽然 1997 年刑法对“盗窃罪、抢夺罪和抢劫罪”增加了罚金刑，体现了刑罚的丰富性，但是监禁刑的量刑幅度仍然按照犯罪金额的幅度来衡量，这在当前对于一些新型的财产犯罪的规制仍然滞后。以网络电信诈骗为例，根据 2011 年两高《关于办理诈骗刑事案件具体应用法律问题的解释》以及最高人民法院的 2010 年《人民法院量刑指导意见》第四条给出的诈骗罪量刑幅度，可以得到诈骗罪的犯罪所得数额与量刑起点对比表，如表 11-1 所示。

表 11-1　诈骗罪的犯罪所得数额与量刑起点对比表

犯罪所得数额	适用情形	量刑起点
3000 元至 1 万元以上	数额较大	3 个月拘役至 6 个月有期徒刑
3 万元至 10 万元以上	数额巨大、其他严重情形	3 年至 4 年有期徒刑
50 万元以上	数额特别巨大、其他特别严重情形	10 年至 12 年有期徒刑

目前有些网络电信诈骗案件的犯罪金额往往达到百万元以上级别，因此将 50 万元的犯罪所得数额来作为第三档量刑起点的参考，不仅与实际状况有所偏离，更造成了刑罚结构缺乏弹性的现状，即犯罪金额在百万元以上和千万元以上的量刑起点与五十万元以上的量刑起点并无显著性差别。

（二）财产犯罪的刑事司法政策

司法实践中，对于财产犯罪的刑事政策一直遵循的是严厉打击下区别对待的原则。“严厉打击”是指对于严重的财产犯罪案件依法从重从快处理，证据采取两个基本的标准（基本事实清楚，基本证据确凿），如我国历次大型的“从重从快严厉打击严重刑事犯罪活动”；“区别对待”体现的是对于主观恶性较小，犯罪轻微的未成年人，初犯、偶犯和过失犯从宽处理。特别是一些

① 2013 年，两高《关于办理盗窃刑事案件适用法律若干问题的解释》第三条第一款对“多次盗窃”作出了新的解释，规定“二年内盗窃三次以上，应当认定为‘多次盗窃’”。

涉及未成年人的财产犯罪，具体的措施如2006年《关于审理未成年人刑事案件具体应用法律若干问题的解释》增加了“情节显著轻微危害不大”的情形，对“情节显著轻微危害不大”的标准进行了放宽。[①] 由于区别对待原则也属于未成年人的刑事政策范围，因此本章节不做探讨，这里重点对财产犯罪的严打政策进行相应评析。

不论是应对传统的财产犯罪还是新型的财产犯罪，严厉打击政策一直都是公安机关的首要打击策略，如2005年、2006年和2007年，公安部连续三年组织全国公安机关开展严厉打击“两抢一盗”犯罪的专项斗争，取得了重大战果。2005年“两抢一盗”犯罪案件下降，三类犯罪分别下降2.8%、9.5%和4.4%；2006年又有所回落，三类犯罪共立案364.6万起，同比下降1.6%；2007年，共破获“两抢一盗”犯罪案件176.4万余起，比2006年同期上升9.8%。[②] 同时，对于新型的网络电信诈骗犯罪，公安机关近年来的严厉打击也及时遏制住了犯罪势头。统计显示，2017年全国共破获网络电信诈骗案件13.1万起，查处违法犯罪人员5.3万名，同比分别上升57.8%、53.09%；共立案59.6万起，同比下降5.2%，造成经济损失131.5亿元，同比下降33.5%。[③]

财产犯罪的严打刑事政策实施，为遏制一段时期内刑事犯罪高发的局面起到了积极的作用，然而严厉打击作为一种事后惩罚性手段，在犯罪预防方面显然有其不足。“严打”所奉行的是“什么问题突出就解决什么，哪里问题严重就抓紧整治哪里”，于是一场又一场的“严打”斗争和一个又一个的“严打”攻势在全国不断掀起，这种救火队式的刑事政策既不注重“瞻前”，即对犯罪原因深入研究，也不注重“顾后”，即关注犯人的改造与回归社会，其结果只能是治标不治本，使下级公安司法机关永远处于疲于奔命的状态。[④] 所以，在单纯的“严打”刑事政策高压下的短时内社会治安会好转，不会解

---

① 2006年《关于审理未成年人刑事案件具体应用法律若干问题的解释》增加了“情节显著轻微危害不大”的情形，放宽了标准。

② 《2005年“两抢一盗”等三类案件呈现大幅下降趋势》，载公安部网站，http://www.mps.gov.cn/cenweb/portal/user/anon/page/police Cenweb_ xwfb.page。

③ 《公安机关打击治理电信诈骗成效显著》，载公安部网站，http://www.mps.gov.cn/n2255079/n5590589/n5684408/n5684420/c6192282/content.html。

④ 何秉松主编：《刑事政策学》，群众出版社2002年版，第251页。

决实质和根本问题。[①] 同时，从客观来看，几次国家层面的严打活动实施之后，短时间内刑事案件的确断崖式跌落，而犯罪数量在严打之后也随之反弹。

（三）财产犯罪的刑事执行政策

基于刑罚经济原则和行刑社会化思想，监禁刑在刑罚体系中的中心地位已经有所动摇，在应对轻罪方面，罚金刑、缓刑等非监禁刑日益成为制裁轻微犯罪的主要方式。[②] 即刑罚是一种社会资源，这是刑罚经济原则的一个基本理念，刑罚不仅是一种社会资源，而且这种社会资源是有限的，即具有稀缺性，因而应当有效使用。然而从司法实践中我国对财产犯罪的刑罚适用来看，监禁刑仍然占有较大比例。

基于对 2011 年至 2015 年北京市 11741 份盗窃罪一审判决书的统计分析，其共涉及 13040 个被告人。[③] 司法实践中盗窃罪的判处主要可以归纳为三个特点：

一是监禁刑比例高，单处其他刑罚的比例低。即五年间 13040 个被告人中判处监禁刑的比例是 97.5%，单处罚金的只占 2.5%；在监禁刑中三年以下的占 92%，三年至十年的占 4.9%，十年以上的占 0.6%。同时有判处缓刑的 1147 人，占 11.1%；非缓刑的占 11593 人，占 88.9%。可以看出盗窃罪大多数属于轻刑类案件，但是判处监禁刑的比例极高，单处罚金以及缓刑的比例极低。也有其他研究数据表明了这一现状，如上海市某区 2003～2005 年因“两抢一盗”被执行刑罚的共计 1327 人，其中被执行剥夺自由刑的 1227 人，占 92.4%，适用缓刑 79 人，单处罚金 21 人。[④]

二是实践中判处监禁刑与罚金刑的搭配畸重。通过统计得到盗窃案中被告人判处有期徒刑层次与罚金的箱型图，如图 11-4 所示。从图中可以看出，在没有监禁刑的情况下，罚金的数额几乎在 1 万元以下，大多处于 1000 元到 3000 元的范围中；在十年以上的监禁刑中，大多数的罚金额没有超过 2.5 万元。虽然从“三年以下”，“三年至十年”以及“十年以上”的三个组来看，罚金的数额的确有所增加，但是仍处于小幅度的变化，由此造成刑罚现状为

① 王宏玉、李明琪：《对“严打”与“宽严相济”刑事政策的理性思考》，载《中国人民公安大学学报》（社会科学版）2011 年第 2 期。

② 章国田、姚嘉伟：《新三类盗窃案件贯彻宽严相济刑事政策的思考》，载《中国刑事法杂志》2012 年第 7 期。

③ 数据来源：中国裁判文书网，https：//wenshu. court. gov. cn/。

④ 陈贵荣、杨正鸣：《“两抢一盗”犯罪案件刑事政策研究》，载《犯罪研究》2007 年第 5 期。

“高监禁刑+低罚金刑”。基于量刑的预防再犯的根据，即刑罚的性质与可能再实施的犯罪的性质要相适应，对于有可能实施贪利性犯罪的人，即盗窃罪主要是财产性犯罪，犯罪分子主要追求的是金钱的获得，应当多判处的是财产刑，形成“低监禁刑+高罚金刑”的良性局面。

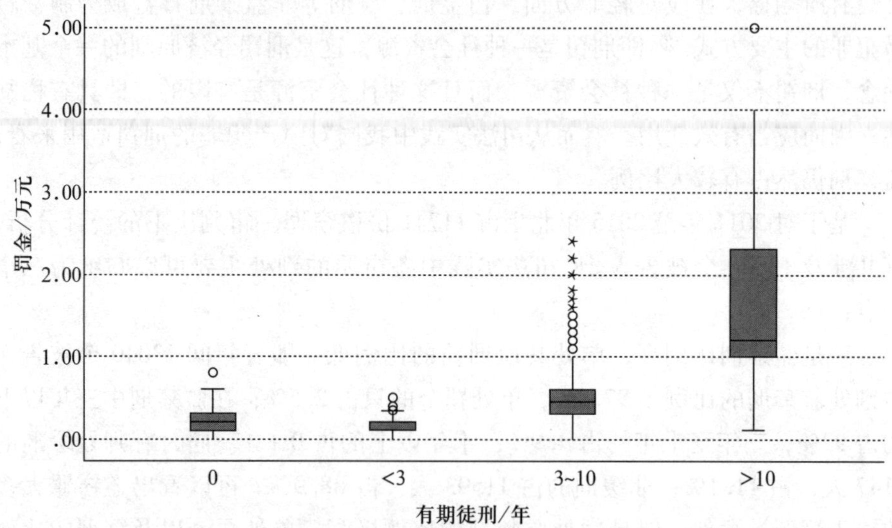

图 11-4　盗窃案中被告人判处有期徒刑层次与罚金的箱型图

三是对于具有累犯所判处的刑罚来看，并无明显差别。根据宽严相济刑事政策中“宽中有严”的原则，以及刑法中从重处罚的规定，对于累犯应当遵循从严处罚的原则。五年中判决书中被告人中共有累犯 5339 人次，占 40.9%。同时对“是否为累犯”与“监禁年限”和“罚金金额”这两个变量分别做单变量因素的方差分析，得到方差分析表，如表 11-2 所示。可以看出累犯在监禁刑的判处上是有区别对待的（$p<0.001$），在罚金刑的判处上则无区别对待（$p=0.198>0.05$）。这说明对于存在大量惯犯、累犯的盗窃犯罪，司法实践中机械执行刑罚规定，只体现了监禁刑的适用差别，没有体现罚金刑的适用差别，同时我国刑事立法中并没有类似“三振出局”[①] 的规定，因此根据法律经济原则，对于财产犯罪的处罚有必要提升罚金刑的地位。

① 属于美国联邦层级与州层级的法律，即要求州法院对于犯第三次（含以上）重罪的累犯，采用强制性量刑准则、大幅延长监禁时间，最高至无期徒刑（不得假释）。

表 11-2　监禁年限和罚金金额在"是否为累犯"组别中的方差分析表

		平方和	df	均方差	F	Sig.
监禁年限	组间	229.818	1	229.818	156.169	.000
	组内	19186.708	13038	1.472		
	总和	19416.526	13039			
罚金金额	组间	.069	1	.069	1.655	.198
	组内	543.724	13038	.042		
	总和	543.793	13039			

(四) 财产犯罪的社会预防政策

犯罪社会预防政策的制定主体具有多元化性，不仅包括国家或执政党，也包括社会。[①] 从宏观到微观，在各类财产犯罪的社会预防政策实践中主要是政府主导、社会参与的预防模式，如根据财产犯罪的犯罪人年轻化的角度出发，实践的有少年司法制度，未成年人的社会保障制度、福利保障制度等；根据保护财产犯罪的被害人角度出发，实践的有被害人救济制度等。

同时，近年来在应对新型财产犯罪时，政府和社会联动模式下的社会预防政策不仅遏制住了犯罪势头，也保护了公民的财产安全。以网络电信诈骗的社会预防政策为例，2015 年，在国务院的统筹下，23 个部门[②]联合组成了国务院打击治理网络电信新型违法犯罪工作部际联席会议，旨在统筹资源，各部门协作治理网络电信诈骗案件。2016 年 3 月，联席会议办公室出台了《防范治理电信网络新型违法犯罪工作机制》（以下简称《机制》），《机制》中明确指出了将要重点建立的防范机制，主要涉及十三个机制。[③]

到目前为止，各项机制的建立与运行在一定程度上整合了各个政府部门

① 王宏玉主编：《刑事政策学》，中国人民公安大学出版社 2011 年版，第 193 页。

② 主要有中央宣传部、中央网信办、外交部、工业和信息化部、安全部、司法部、财政部、人民银行、海关总署、工商总局、质检总局、新闻出版广电总局、国务院法制办、国台办、银监会、民航局、全国人大常委会法工委、最高人民法院、最高人民检察院和中国电信、中国联通、中国移动。

③ 主要有打击治理"伪基站"违法犯罪工作制度，打击治理"黑广播"违法犯罪工作制度，电信诈骗犯罪"灰产"及时通报、联合打击制度，电信诈骗涉案账户紧急止付制度，第三方支付账户管理制度，资金流快速查询反馈制度，信息流快速查询反馈制度，资金流过错责任追究制度，信息流过错责任追究制度，网络改号诈骗电话拦截阻断制度，诈骗电话快速通报关停制度，防范治理电信诈骗犯罪定期通报制度，防范宣传制度。

的资源以及社会的各项资源。值得关注的紧急止付与阻断、关停涉案电话的联动制度，是当前网络电信诈骗犯罪防范的工作重点，各省市建立的“反电信网络诈骗中心”在保护被害人财产和阻断涉案电话和短信方面起到了显著性作用。

根据腾讯提供的数据，从鹰眼智能反电话诈骗盒子的实践效果来看，在深圳试点期间，累计向用户发送提醒短信超过30万条，通过电话提醒1.5万余次，成功劝阻用户5000余次，协助公安机关劝阻用户2000余次，直接挽回近5亿元人民币的损失。① 又如，阿里公司开发的钱盾反诈骗系统对于支付宝这类第三方支付平台的涉案金额紧急止付有着重要意义。2016年6月，厦门市公安局与阿里巴巴以“钱盾APP”为基础，利用大数据支持，在防范预警、精准拦截、溯源打击等方面开展深度合作。据厦门市反诈中心反馈，2016年合作以来，钱盾已协助为厦门警方调查诈骗案件1556起，紧急止付212万元。②

三、财产犯罪刑事政策的完善

长期以来，我国的财产犯罪刑事政策的方向主要以打击为主，因此在许多刑事政策的制定和执行上都带着强烈的“严打”思维，这不仅不能从根本上解决财产犯罪高发的原因，造成长期社会治安形势不稳定的局面，而且此种思维下的政策造成了大量司法资源的浪费，与刑事司法的现代化潮流相悖。刑事政策学也是一门实践科学，即刑事政策的确立要建立在犯罪学实证研究的基础之上，因此刑事立法政策也必须建立在实践基础上，在社会实践基础上确立并经检验的刑事立法政策才具有合理性特质。③

近年来，犯罪学的多角度多学科的研究视角为我国刑事政策的制定提供了大量的科学依据和论证。例如，犯罪经济学视角下，有研究已证明“收入差距”与“财产犯罪率”具有强相关的关系，这为宏观上经济发展，收入分配制度的改革调整提供了依据；又如从成本效益出发对刑事政策进行评估，以达到节省司法资源的效果。犯罪社会学视角下，财产犯罪高发社区的“社

---

① 《公安部与腾讯麒麟伪基站检测系统合作的三大原因》，载科技讯网，http://www.kejixun.com/article/160810/206638.shtml。

② 《公安部联手阿里“钱盾反诈骗系统”发布》，载央广网，http://finance.cnr.cn/txcj/20161025/t20161025_523218831.shtml。

③ 王宏玉：《刑事立法政策合理化涵义浅析》，载《中国人民公安大学学报》2005年第5期。

会解体”现象开始被关注，为城市治理中以社区为单元的网格化管理模式提供依据；又如，有的研究开始关注财产犯罪的社会安全感、犯罪忧虑等议题，为评估城市的现代化指标提供依据。环境犯罪学视角下，基于“情境犯罪预防”，“通过环境设计预防犯罪”理论的实证研究已经表明，高犯罪地区的环境改造对减少财产犯罪具有显著的作用；基于地理空间的财产犯罪分析和实证研究也给现代警务策略的优化提供了科学依据。

因此，财产犯罪的刑事政策完善主要从遵循宽严相济原则的刑事惩罚措施和社会预防政策视角下的社会综合治理多元化两个方面进行论述。

（一）刑事惩罚措施上遵循“宽严相济”

作为刑事政策的“宽严相济”，“宽”是指宽大、宽缓和宽容；“严”是指严格、严厉和严肃；“济”主要是指在对各类犯罪依法处罚时，要善于综合运用严和宽两种手段，对不同的犯罪和犯罪分子区别对待，做到严中有宽、宽以济严，宽中有严、严以济宽。[①] 财产犯罪应遵循宽严相济的刑事政策，才能从传统的严打模式上纠正过来，以达到刑事政策的合理化。

一是改变轻微型财产犯罪的处理。对于轻微型财产犯罪的刑事政策，应从其“入罪”和“出罪”的角度进行考虑。即对轻微型的财产犯罪，司法实践中的司法人员在自由裁量权的范围内，依据事实以及宽严相济的原则做出判断，对于法定情节显著轻微、危害不大的，尽可能不作犯罪处理；对于情节轻微的刑事案件，可作轻刑化处理。轻微型的财产犯罪主要有两类，一类是人身危险性小的，如未成年人或老年人作案；初犯，认罪态度好的；有自首、立功、坦白情节的；被胁迫作案等。另一类是社会危害性小的，如积极退赃退赔，取得被害人谅解等。同时，对于“入户盗窃”、“扒窃”以及“携带凶器盗窃”这三种盗窃，刑法将其规定为“行为犯”，就是考虑到此三种盗窃的人身危险性和社会危害性，然而在司法实践中也应当考虑其犯罪金额来进行定罪量刑，即考虑到财产犯罪人的主要目的是获利，通过加上其犯罪所得来全面衡量有利于实现刑事政策的公正与正义。

二是调整刑罚结构。调整刑罚结构的目的是适应新形势下犯罪的变化，以严密法网，其主要是在刑事立法上对量刑的幅度加以限制，使得刑罚结构具有弹性，防止出现刑罚畸轻或者畸重。目前对于财产犯罪的量刑还是从犯罪所得数额来进行相应的幅度考虑，然而不同类型财产犯罪的犯罪数额并不

---

① 王宏玉、李明琪：《对“严打”与“宽严相济”刑事政策的理性思考》，载《中国人民公安大学学报（社会科学版）》2011年第2期。

相同，因此有必要根据实际情况调整相应的量刑幅度。对于当前新兴的网络财产犯罪，要根据实际的犯罪金额情况进行评估后对量刑幅度进行相应的调整，特别是在面对"数额特别巨大"的认定上，盗窃罪的司法解释是"30万元至50万元以上"；[①] 诈骗罪的司法解释是"50万元以上"。[②] 目前大量的网络电信诈骗、网络盗刷等网络财产犯罪的犯罪数额都在50万元以上，因此在量刑中应将"50万元"和"百万元"、"千万元"区别对待，严密法网。

三是扩大非监禁刑的适用范围。扩大非监禁刑的适用不仅顺应行刑社会化的趋势，也能够节省司法资源。一方面是管制刑、缓刑的适用。《刑法修正案（八）》增加了社区矫正和可以禁止"从事特定活动，进入特定区域、场所，接触特定人"的规定，强化了管制的严厉性。缓刑是附条件不执行刑罚的行刑制度，其适用于犯罪情节轻微并有悔改表现的犯罪人。缓刑和管制刑虽然不直接剥夺人身自由，但都可以实现特殊预防的目的，有助于犯罪人回归社会，减少监管压力。另一方面，对于财产犯罪应扩大罚金刑的适用。基于量刑的预防再犯的根据，即刑罚的性质与可能再实施的犯罪的性质要相适应。例如，对于有可能继续实施职务犯罪的人，应该判处资格刑；对于有可能实施贪利性犯罪的人，应该判处财产刑。犯罪经济学的理论认为，监禁是一种对国家而言成本高于罚金的处罚。[③] 故对于轻微财产犯罪的犯罪人，罚金刑适用率的提升不仅具有更好的刑罚预防效果，而且更有利于犯罪人回归社会。

（二）社会预防政策多元化

关于犯罪社会预防的作用，李斯特有一句名言："最好的社会政策是最好的刑事政策。"[④] 由于社会政策具有治本的作用，故自19世纪刑事政策领域引入实证研究方法之后，社会预防政策便成为犯罪预防方法中的主流。由于社会政策涉及面大，形式丰富，因而结合西方国家治理财产犯罪的成功经验和我国现阶段的实际，对财产犯罪的社会预防政策作如下简述。

一是重视社会参与的预防制度。社会参与的重要性已经在近几年打击各类新型财产犯罪的模式中体现了重要性。特别是在应对网络电信诈骗上，当前的高新企业参与下的合作模式具有较大的潜力。因此，以下三个方面是未

---

① 参见2013年《最高人民法院 最高人民检察院关于办理盗窃刑事案件适用法律若干问题的解释》。

② 参见2012年《"两高"关于办理诈骗刑事案件具体应用法律问题的解释》。

③ [美] 理查德·波斯纳：《法律的经济分析》，蒋兆康译，法律出版社2012年版，第319页。

④ 王宏玉主编：《刑事政策学》，中国人民公安大学出版社2011年版，第190页。

来打击和预防网络电信诈骗的重点工作，且必须依靠社会力量的全面参与才能达到理想效果。其一，整合数据库。当前公安机关和企业的数据库在实践中已经可以整合研判，但是银行的数据信息库一直是独立管理的，要全方位防范和打击电信诈骗，有必要将银行数据平台接入总和数据平台，从而在止付和冻结工作中提高工作效率。其二，前沿技术的开发，特别是将大数据技术应用到研判系统中。在当前大数据分析技术的发展契机下，人工智能可以在一些研判工作上辅佐公安民警进行研判，及时切断和预防网络电信诈骗给人民群众带来的财产损失。其三，打击“灰产”以及上游犯罪的技术开发。目前针对伪基站的违法犯罪治理已经初显成效，但是关于公民个人信息安全的犯罪仍然屡禁不绝，故而应当基于保护公民信息安全而开发相应系统，对整条利益链进行有效打击，从而切断电信诈骗的源头犯罪。

二是城市空间的治理制度。财产犯罪多发生于城市中，因此城市治理问题变得尤为重要。从城市治理的角度出发，首先应注重城市空间的多维防控。我国城市格局多样化，一个城市不仅包括城市核心区、附属城区、城乡接合部、城中村等多类城市区域，还包括移动的交通道路空间。故对于各类空间的防控其一要做到合理规划和管理，及时发现潜在的空间防控缺陷；其二要以网格化管理为依托，合理规划防控区域；其三要动态和静态相结合，针对各类城市空间类型做到人防、物防、技防的全方位策略。其次要注重城市空间防控的多元化。即在城市空间防控中不能出现失衡现象，从而造成热点区域的犯罪扩散到其他区域中去，故空间防控应和社会防控结合，治理犯罪现象的根源问题。最后要注重城市空间防控的质量，即在评估城市空间防控效益上避免以破案率为主要的评估指标，应加入城市居民的安全感、犯罪忧虑等评估指标。

【问题与思考】

1. 试析暴力恐怖主义犯罪的刑事政策。

2. “将权力关进制度的笼子里”对预防贪贿犯罪有什么样的作用？如何“将权力关进制度的笼子里”？

3. 试析我国现阶段对侵财犯罪的刑事政策。

第十二章 针对不同主体的刑事政策

相较于成年人犯罪，各国对未成年人犯罪的刑事政策相对轻缓；对老年人犯罪的刑事政策，各国也有所不同；累犯一般而言属于人身危险性较高的犯罪人，对累犯犯罪的刑事政策相对较为严厉。本章选取了未成年人犯罪、老年人犯罪、累犯犯罪三种不同主体的犯罪类型进行刑事政策分析，以使读者更清晰地了解我国对这些特殊主体犯罪的刑事政策。

第一节 ‖ 未成年人犯罪的刑事政策

未成年人是一个特殊的群体，其生理、心理特点决定其法律问题具有特殊性。因此，世界上许多国家都制定单独的少年法并设置独立的少年司法组织机构来处理未成年犯罪案件。通常，国际社会有"少年法"、"少年法院"之说，而在我国习惯用"未成年人"一说。

一、基本概念

（一）国际上关于少年的概念

《联合国少年司法最低限度标准规则》（即《北京规则》）第2条规定，"少年系指按照各国法律制度，对其违法行为可以不同于成年人的方式进行处理的儿童或少年人"。国际《儿童权利公约》第一部分第一条就明确规定：为本公约之目的，儿童系指18周岁以下的任何人，除非对其适用之法律规定成年年龄低于18周岁。

美国《标准少年法院法》规定：少年是指未满18周岁的人；2002年，加拿大通过的《青少年刑事司法法》取代了《青少年罪犯法》，于2003年4月1日生效，所指青少年为12周岁至18周岁的自然人；日本《少年法》规定：少年是指未满20周岁的人；英国《儿童及少年法》规定：少年是指8周岁以上17周岁以下的人；我国台湾“少年事件处理法”规定：少年是指12周岁以上未满18周岁的人。在不同国家、不同地区，因历史、文化等因素的不同，对少年的年龄界定有所不同。

（二）我国未成年人的概念

根据我国现行《刑法》和《预防未成年人犯罪法》《未成年人保护法》的规定，我国未成年人的年龄上线均为18周岁，也就是说18周岁以下的均为未成年人。当然，只有达到一定年龄的未成年人才具备刑事责任能力。①

（三）对未成年人犯罪的特殊刑事政策

在当今世界，几乎每一个国家对未成年人犯罪都采取了有别于成人犯罪的刑事政策，联合国对此也召开了一系列国际会议，并通过了《联合国保护被剥夺自由少年规则》、《联合国预防少年犯罪准则》（即《利雅得准则》）、《联合国少年司法最低限度标准规则》（即《北京规则》）以及《联合国儿童权利公约》等专门针对少年犯罪的文件。与成人犯罪相比，未成年人犯罪有着其自身的特殊性，因而相较于成年人犯罪，对未成年人犯罪的刑事政策都相对较为轻缓。

针对未成年人犯罪，本着矫治与宽容的刑罚理念，各国普遍适用“轻轻”刑事政策，导入“社区处遇”和“非刑事化处遇”，运用替代自由刑、扩大使用罚金刑，尽量避免国家的过度干预。我国对未成年人犯罪的刑事政策坚持“教育为主、惩罚为辅”的宽缓化刑事政策。

我国对未成年人犯罪的基本方针是“教育、感化、挽救”，与我国宽严相济刑事政策之“宽”的一面理念相同。但面对日益严重的未成年人犯罪问题，是应该“宽”还是“严”呢？就实证效果看，报应与矫治都未能有效遏制未成年犯罪的严重化趋势。如何完善与发展未成年人犯罪之刑事政策，需要我们进一步探究。

二、国外少年犯罪刑事政策简介

从比较的角度，当今世界各国未成年人刑事司法可分为三种模式：刑事

---

① 我国《刑法》第十七条规定：已满16周岁的人犯罪，应当负刑事责任。已满14周岁不满16周岁的人，犯故意杀人、故意伤害致人重伤或者死亡、强奸、抢劫、贩卖毒品、放火、爆炸、投放危险物质罪的，应当负刑事责任。已满14周岁不满18周岁的人犯罪，应当从轻或者减轻处罚。因不满16周岁不予刑事处罚的，责令他的家长或者监护人加以管教；在必要的时候，也可以由政府收容教养。

模式：强调未成年人的责任，注重惩罚而非保护；保护模式：认为未成年人不是自己犯罪行为的全部责任人，注重预防和教育，适用刑罚替代措施和保安处分而不是刑罚；混合模式：既承认未成年人是自己行为的责任人又不忘对其保护，因此刑罚与教育制裁并存。

各国未成年人刑事司法模式不是一成不变的，而是随着少年刑事政策理念以及犯罪形式的变化而改变。

（一）美国

1899年美国伊利诺伊州颁布了《少年法庭法》，这是世界上最早的一部有关未成年人的专门刑事法，也是最早有关未成年人犯罪刑事政策的体现。其刑事政策宗旨是：（1）对于身心正处于发育中的青少年，应该改变过去那种只着眼于使用严厉处分的办法，而采取多种多样的保护和指导措施。（2）对于不同的青少年犯罪，应该采取灵活的、适合不同情况的改造和教育计划，以便使他们走上新生的道路，并为此规定了一系列具体措施。

目前，美国50个州和哥伦比亚特区都颁布了少年法院组织法。依据该组织法共有2700个法院可以受理少年案件。美国各州审理少年案件的机构设置一般有四种：一是设立独立的少年法院；二是设立独立的家事法院；三是设立属于第一审法院的少年专门法庭（对外称少年法院，它有独立的院舍及工作人员）；四是设立专人审理少年案件。

美国刑事政策在少年司法中体现出了“矛”与“盾”的共存，“矛”体现的是严厉的刑事政策，针对未成年人罪错“零容忍”的一些制度和措施；“盾”体现的是对未成年人的保护措施。[①] 美国的“三振出局”法对少年犯罪也有影响，如果少年有三次以上犯罪记录被送至成人刑事法院审判，即使被封存的犯罪记录也包含在次数之中，一旦构成累犯，也会被重罚，这必然扩大对少年犯罪的监禁数量。美国少年司法制度在“刑事模式”与“保护模式”之间不断摇摆寻找平衡点。采取不同模式主要受以下因素影响：（1）不同理论学派的观点。（2）国家亲权理论。（3）轻轻重重刑事政策的选择。

（二）法国

法国1945年《未成年犯罪人法令》建立的是“保护模式”。“保护模式”的核心有两项内容：一是以教育优先为原则；二是强调认识未成年人犯罪的人格。但从20世纪80年代开始，青少年犯罪大幅增加导致民众不安全感增

① 苏明月、李钰莹：《美国少年司法制度的矛与盾——以未成年人死刑为视角》，载《预防青少年犯罪研究》2015年第1期。

加，促使未成年人司法模式发生重大改变：个人责任观逐渐占了上风，保护模式地位渐失，惩罚模式日渐兴起，从而使法国未成年人刑事政策呈混合模式。

法国的刑事立法体系中有独立的未成年人刑法，即1945年的《未成年犯罪人法令》，被称为未成年人犯罪的宪章，是未成年人刑事司法的基本法，集实体和程序为一体。法国也有独立的未成年人刑事司法体系，由专门的少年法庭、少年法官、少年检察官、少年监禁机构等组成。《未成年犯罪人法令》在诞生后的60多年里经过了31次修改，将各种不同刑事政策取向下出台的法律措施杂糅在一起，被一些学者斥为混乱难懂，因此，立法者委任以瓦里纳尔为主席的委员会起草一份改革《未成年犯罪人法令》的报告，俗称《瓦里纳尔报告》（提出70多项改革建议，却未被接受）。

2002~2007年间，法国陆续通过了10部针对安全的法律。在未成年人犯罪领域，严厉化倾向亦有所体现。1990年出台一项关于未成年人的新政策，建议检察官成为刑事政策的主角。1999年设立监管未成年人的强化教育中心，2002年设封闭式教育中心。此后的一系列法律强化了对未成年人的惩罚，使得对未成年人的处罚日益接近成年人。

（三）日本

日本从1923年开始陆续颁布了一系列专门的青少年法规。日本除47个都、道、府、县都制定青少年保护条例外，在全国还制定专门的《少年法》和《少年审判规则》。

现在世界上大多数国家都有了自己的青少年法规。国际上关于少年司法制度方面的法律规定有：《联合国少年司法最低限度标准准则》（也称《北京规则》）、《联合国预防少年犯罪准则》、《联合国保护被剥夺自由少年规则》、《联合国儿童权利公约》等。

虽然各国针对少年犯罪的刑事政策不完全相同，有“刑事模式”、“保护模式”等，但单纯采取“刑事模式”、“保护模式”的国家很少，一般采取混合模式，既承认未成年人是自己行为的责任人，又不忘对其保护，因此刑罚与教育制裁并存。可以说，目前西方发达国家对少年犯罪总的刑事政策价值取向是矫治，是从宽的“轻轻”政策，但不排除刑罚，教育矫正与刑罚并存。

三、我国的未成年人犯罪刑事政策

2017年是我国未成年人保护专门法规颁布三十周年。1987年6月20日，上海市人大常委会通过了我国第一部未成年人保护地方性专门法规——《上海市青少年保护条例》。1991 年，全国人大常委会通过了《未成年人保护法》，标志着我国未成年人法律保护进入了新的发展阶段，未成年人保护法律理念取得了突破性的发展。保护未成年人的核心原则——“儿童利益最大化原则”不但成为制定未成年人相关法律的立法指导原则，还开始成为在法律规定不明确情况下的司法指导原则。国家是未成年人的最终监护人的国家监护理念开始被立法和未成年人保护实践所接受。

我国未成年人犯罪的刑事政策，经历了从“严打”到“以教育矫治为核心”几个阶段。1979~1990 年，虽然后期萌生出综合治理措施，但还是以“严打”为主要特征；1990~1999 年左右，以“教育矫治为核心”的未成年人犯罪刑事政策初步形成；21 世纪后，尤其是 2006 年确立了“宽严相济”的刑事政策，开启了未成年人犯罪处遇的新阶段。我国未成年人犯罪刑事政策发生改变，非犯罪化、非刑罚化、非监禁化处遇的适用范围逐渐扩大。

（一）预防为主、区别对待

在我国刑事司法实践中，根据对未成年人犯罪的基本刑事政策，公、检、法机关各有侧重，对未成年人犯罪适用较成年人犯罪相对轻缓的刑事政策。

公安机关在办理未成年人违法犯罪案件中，坚持预防为主、区别对待原则，依法减少刑事处理。检察院、法院专门设有未成年犯罪处（科、室）、少年法庭或合议庭，依法对未成年犯罪进行非犯罪化、非刑罚化和非监禁化处理。截至 1999 年年底，我国 3000 多个检察院设有未成年犯罪检察处（科、室），各级人民法院建立了专门审理未成年犯案件的少年法庭。全国法院已有 3000 多个少年法庭或专门合议庭，有 1.5 万多名法官专门从事未成年犯罪审判工作，部分中级法院和基层法院还建立了少年刑事案件审判庭、少年案件（综合）审判庭。① 在实践中，检察院对轻微犯罪扩大适用相对不起诉、免予起诉或缓刑的比例逐步上升。目前对未成年人不起诉案件已经占检察机关受理起诉未成年人案件总数的 10%，对未成年人适用缓刑的比率也呈增大的趋势。②

（二）坚持“宽严相济”刑事政策，对未成年犯罪人进行“教育、感化、挽救”

“宽严相济的刑事政策适用于少年犯罪，主要表现为更为强调对少年犯罪

① 《教育·感化·挽救——关于未成年人犯罪及预防的思考》，载《人民日报》2000 年 9 月 22 日。

② 刘朝阳：《浅析中国未成年人犯罪刑事政策的发展脉络》，载马剑光主编：《和谐视野中的未成年人犯罪问题研究——中法检察官的努力与探索》，法律出版社 2008 年版，第 29 页。

与少年犯的依法从宽处理。2006年的全国政法工作会议特别强调：在贯彻‘宽严相济’的刑事司法政策时，‘对未成年犯罪人，可依法判处缓刑运用减刑或假释等措施，进行教育、感化、挽救’。2006年12月28日最高人民检察院颁布的《关于在检察工作中贯彻宽严相济刑事司法政策的若干意见》第11条明确要求检察机关‘对未成年人犯罪案件依法从宽处理’，办理未成年人犯罪案件，应当坚持‘教育、感化、挽救’的方针和‘教育为主、惩罚为辅的原则’。”[①] 2012年修正的《未成年人保护法》明确规定：“对违法犯罪的未成年人，实行教育、感化、挽救的方针，坚持教育为主、惩罚为辅的原则”，另外在青少年犯罪防控中，强调社会的共同参与、综合治理。[②] 该法确立了对未成年人犯罪以“教育矫治”为核心的刑事政策。

“在办理未成年人刑事案件过程中，要正确把握宽与严的关系，切实做到宽严相济。这里需要强调的是，对未成年人犯罪的量刑，无论是从宽还是从严，都是建立在未成年人犯罪特殊性基础之上的，这种特殊性体现在对未成年人犯罪量刑时重矫正与恢复、重教育与保护、重个别化与轻缓化，并应最大限度地实现公正与均衡。”[③]

四、我国未成年人犯罪刑事政策的发展与完善

目前，我国未成年人犯罪呈现下降趋势，根据我国未成年人犯罪现状以及少年刑事司法理念，对如何完善和发展我国未成年人犯罪之刑事政策，提出一些建议。

（一）创建中国少年司法制度

最高人民检察院副检察长孙谦提出：“创设中国少年司法制度，是全面推进依法治国、实现司法文明的重要内容。当前，世界发达国家都有独立的少年司法制度，少年司法的发展水平，已经成为衡量一国法治水平和司法文明发展程度的重要指标。建设少年司法制度，对涉罪未成年人及时开展有效的早期干预，切断其犯罪人格的发展进程，不但有利于未成年人健康茁壮成长，从源头上预防和减少大量犯罪，还有利于解决未成年人问题背后的深层次社

① 梁根林：《中国当代少年犯罪的刑事政策总评》，载《南京大学法律评论》2009年秋季卷。

② 我国《未成年人保护法》第五十四条，《预防未成年人犯罪法》第三条的规定。

③ 胡云腾：《宽严相济刑事政策与未成年人犯罪量刑》，载《预防青少年犯罪研究》2017年第1期。

会问题，化解社会矛盾，消除不安定因素。”①

2018年5月31日，最高人民法院联合北京市高级人民法院召开了全国法院少年法庭改革方向及路径研讨会。在会上，北京市高级人民法院原院长慕平指出：“着眼长远，推动完善少年司法制度，不仅要有特殊的实体法规定，还要有相对独立的程序法规定，推进以审判为中心的诉讼制度改革。”北京市人民检察院检察长敬大力在发言中指出：“少年司法制度是围绕未成年人这一特殊群体构建的系列配套制度，与成人司法相比，它同时强调对未成年人的特殊优先保护和促进其健康成长。对此，《未成年人保护法》第五十四条明确规定，对于违法犯罪的未成年人，实行教育、感化、挽救的方针，教育为主、惩罚为辅。除了少年刑事司法，还包括涉及未成年人权益保障的民事、行政案件，共同组成了以未成年人为中心的综合性系统工程。就少年司法的发展路径来说，可以归纳为：以未成年刑事特别处遇为中心，以未成年人权益保障为重点，推进少年司法组织的专业化专门化建设。”

2019年2月12日，最高人民检察院发布《2018—2022年检察改革工作规划》，共确定了6个方面46项改革任务，包括对未成年人检察工作勾勒出了新的蓝图。其中提出，检察机关将深化涉罪未成年人的教育、感化、挽救工作，探索建立罪错未成年人临界预防、家庭教育、分级处遇和保护处分等制度。全方位构建罪错未成年人处遇制度，对我国少年司法制度的建立至关重要。

（二）对未成年人轻微刑事案件适用刑事和解制度

恢复性司法是社会对犯罪的反应方式之一，它力求通过恢复性程序来达到被害人、犯罪人和社区复原的恢复性结果。

关于恢复性司法的定义，在国际上接受程度较广的是托尼·F. 马歇尔（Tony F. Marshall）在其《恢复性司法概要》一文中的界定：“恢复性司法是由犯罪人、被害人及他们所在的社区共同参与，并与法定的犯罪问题处理机构之间保持着一种积极关系的，一种处理犯罪相关问题的方式。”② 该定义强调的是为被害人及其家庭、社区这些与犯罪者之间有着重要关系的个体创造一个参与问题解决的空间。

---

① 孙谦：《关于建立中国少年司法制度的思考》，载《国家检察官学院学报》2017年第4期。

② 托尼·F. 马歇尔：《恢复性司法概要》，载王平主编：《恢复性司法论坛》2006年卷，群众出版社2006年版，第323页。

恢复性司法克服了福利型少年司法和报应型少年司法各自的局限性，具有独特价值。在少年司法中引入恢复性司法理念，具有重要价值。

恢复性司法理念在我国的实际运用就是刑事和解制度，我国未成年人犯罪刑事和解制度，完全可以在侦查、起诉、审判以及执行等司法过程中适用。

在侦查阶段，对于符合自诉条件的轻微刑事案件，如果双方当事人达成和解，公安机关可以不予立案或撤销案件。但在侦查过程中，也应防止和解的滥用，对于非自诉的比较严重的刑事案件，还应依法移送检察机关审查起诉。

在审查起诉阶段，检察机关对达成和解的轻微刑事案件，可以依法作出酌定不起诉的决定。对于其他比较严重的刑事案件，如果当事人达成和解，检察机关可以建议法院量刑时从轻考虑。

在审判阶段，对于达成和解的未成年犯罪案件，法院可以结合具体案情，对未成年犯罪人予以从轻、减轻、免除处罚，或依法适用缓刑。

在执行阶段，可将刑事和解作为对未成年犯罪人减刑或假释的依据之一。

在少年刑事司法中引入恢复性司法理念，适用刑事和解制度，通过加强被害人与社区的有效参与，可以为被害人与社区营造一个与犯罪人交流的空间。在交流中，被害人叙说犯罪行为对其本人与家庭造成的伤害，能使未成年犯罪人更直观、更深刻地认识到自己的犯罪行为给他人造成的伤害，承认犯罪并深刻悔悟自己的犯罪行为，更有利于教育、感化、挽救未成年犯罪人。

（三）完善未成年人犯罪社区矫正制度

对于未成年人犯罪案件逐步扩大使用非监禁化处置，已成为世界各国的普遍趋势，在我国也是一种正在日益推广的司法实践活动。完善社区矫正制度，是实现未成年人犯罪非监禁化的必然。

社区矫正是一种不使罪犯与社会隔离并利用社区资源教育改造罪犯的方法，是所有在社区环境中管理教育罪犯方式的总称。

对未成年人犯罪进行刑事司法保护是国际上的惯例。现代社会学的研究表明，许多未成年人之所以违法犯罪，很重要的原因是社会化过程的阻断或弱化造成社会适应能力的降低甚至消失，他们无法通过社会公众所认可的方式和途径维持其在社会中的正常生活。而传统的监禁矫正方式，更多地带有惩罚、威慑、与社会隔离的色彩，不利于未成年犯罪人的再社会化。当前，许多国家建立了少年刑事司法制度，加强对未成年犯罪人的保护。例如，在瑞士，作为主刑的社会服务当时限于适用于7~18周岁的青少年犯。我国近20年来对未成年人司法保护的发展，尽管取得了十分显著的成绩，但尚存在着差距。为此，我国应关注国际社会对未成年人刑事司法的发展方向，借鉴其成功经验。对于未成年人犯罪，不应过分依赖刑事手段，监禁刑是迫不得已的处理办法。因此，针对未成年犯罪人的生理、心理特点，最好对其适用社区矫正。在我国，建立少年刑事司法制度，确立适合未成年人特点的社区矫正管理模式，对未成年犯罪人直接适用社区矫正刑，尤其是对那些罪行较轻的未成年初犯、偶犯适用社区矫正，是我国少年司法发展的方向。

（四）完善未成人保护的基本制度

修改完善《未成年人保护法》和《预防未成年人犯罪法》，确立完善未成年人法律制度中一些基础性的制度，如建立儿童福利制度以及家庭监护和国家监护制度。在《未成年人保护法》中确定儿童福利的基本原则和框架，同时由国务院制定儿童福利条例，将来在条件成熟的时候，制定单行法。突出政府责任，明晰政府的职权责。

此外，还需要建立对未成年人不良行为、危害行为的分级干预信息，主要是解决未达年龄的未成年人实施危害行为的问题，同时使未成年人教育矫治体系摆脱成人司法的束缚。

在未成年人司法实践中，我国学者和司法实践工作者积极探索，在未成年人案件中引入了审前社会调查制度、合适成年人制度、社会观护制度、亲职教育制度等有利于未成年人保护的刑事政策实践，并积极拓展社会组织参与未成年人刑事司法实践，取得了显著的成果，对我国未成年人犯罪刑事政策的发展是一个推动，为我国建立少年司法奠定了理论和实践基础。

少年是国家的未来，我国非常重视未成年人犯罪问题，和谐有效的刑事政策对预防与控制未成年人犯罪意义重大。

第二节 ‖ 老年人犯罪的刑事政策

随着社会经济的发展、人民生活水平以及医疗技术水平的不断提高，人类平均寿命不断延长的趋势十分明显。根据智研咨询发布的《2017—2022 年中国人口老龄化市场研究及发展趋势研究报告》数据显示，2015 年我们国家 60 岁以上的老年人共计 2.2 亿，占总人口的 16.15%，是亚洲老年人口总量的 1/2，预计到 2025 年，我国老龄人口数量将达到 3 亿人[①]。老龄社会的形成已经不可避免。近年来，老龄人口犯罪问题日益凸显就是最为明显的例证。老

① 智研咨询集团：《2017—2022 年中国人口老龄化市场研究及发展趋势研究报告》，载 http：//www.chyxx.com/research/201702/493919.html，2018 年 2 月 5 日。

年人和未成年人同属弱势群体，但我们对于老年人犯罪现象的重视程度远远不及对未成年人犯罪的关注，致使我们对于老年人犯罪的真实情况、政策研究、法律制定都存在着不少的问题。但是，随着人口老龄化进程的不断推进，老年人犯罪的处遇将成为我们亟待解决的问题。

一、老年人犯罪概述

（一）老年人及老年人犯罪

国际老年学会就从人类生物生理机能的视角出发，将老年人定义为："处于人类老龄化过程中出现的生理、心理、环境上的变化和行动变化相互作用的复合形态过程中的人。"[①] 但是从研究定罪量刑、犯罪处遇的角度来看，我们对"老年人"这个概念有更高的客观性需求，因而采用年龄结构的评判标准来界定老年人会更为科学。从世界范围来看，欧美发达国家通常认为65岁以上的人可以视为老人，但我们亚洲国家则大多将年满60岁作为年老的标志。在我们的文化传统中，六十即为花甲之年，也宣示着人生步入暮年，这种文化观念同时也为我们的相关法规定所吸收。我国于1996年10月1日起施行的《老年人权益保护法》第二条就规定："本法所称老年人是指六十周岁以上的公民。"1982年在维也纳召开的"世界老龄问题大会"也首次将老年人的年龄正式界定为60周岁。因此，我们通常认为老年人犯罪即为60周岁以上的老年人所实施的犯罪行为的总称。

（二）老年人犯罪的现状与特点

随着老年人口比例的逐年提高，老年犯罪现象也不断增多。只有通过观察、分析老年人犯罪的基本状况，总结老年人犯罪的基本特点，才能更为理性地审视老年人犯罪刑事政策的科学性。

1. 老年人犯罪占比相对较低，但犯罪数量呈逐年上升的趋势

在我国，虽然没有公布全国性的老年犯罪统计数据，但通过多种方式推测，据估计，我国目前老年犯罪率约占犯罪总数的3%以下[②]。这个总量占比是比较低的，但从一些局部地区的犯罪统计中我们能发现老年人犯罪的数量随着老龄人口的增加而在不断增加。例如，2007年至2010年，重庆市检察机关提起公诉的60周岁以上的老年被告人数分别为276人、530人、1054人、

---

① 谢望原主编：《中国刑事政策报告：第四辑》，中国方正出版社2009年版，第381页。

② 黄晓琪：《对老年人犯罪刑罚轻刑化之思考》，载《法制与社会》2008年第4期（中），第33页。

1237人，呈逐年上升态势，增长比例分别是92.02%、98.86%和17.36%。①

2. 犯罪人的受教育程度相对较低，犯罪人口的地域分布多集中于经济欠发达的农村地区

以2005~2010年重庆地区检察院提起公诉的3714名老年犯罪人为样本进行分析发现，文化程度最高的是大学本科，有29人，仅占总数的0.78%，更多的是初中以下的低学历人员，共3557人，占总人数的95.77%，其中初中文化476人、小学文化2227人、文盲854人，分别占12.82%、59.96%、22.99%。同时从身份看，主要以老年农民、无业人员为主，分别为3073人、283人，共占总数的90.36%。② 据北京市房山区某三年数据统计看，判决的71名老年罪犯记录显示，高中、中专以上文化程度的仅有4人，占5.63%，初中文化和小学文化程度的为53人，占74.65%，文盲有14人，占19.72%③。同时，调查发现，在老年犯罪人群中，农村人口占比居高不下。以某省老年犯罪人口中农村人口的数据统计看出，在实施犯罪的老年人中，绝大多数是农民。

从图12-1中的统计数据可以清楚地看到，2004年，在300名老年犯罪人中有239名是农民，所占比例为80%；2005年，在288名老年犯罪人中有206名是农民，所占比例为72%；2006年，在212名老年犯罪人中有139名农民，所占比例为66%；2007年，在243名老年犯罪人中有167名农民，所占比例为69%；2008年，在445名老年犯罪人中有339名是农民，所占比例为76%。④

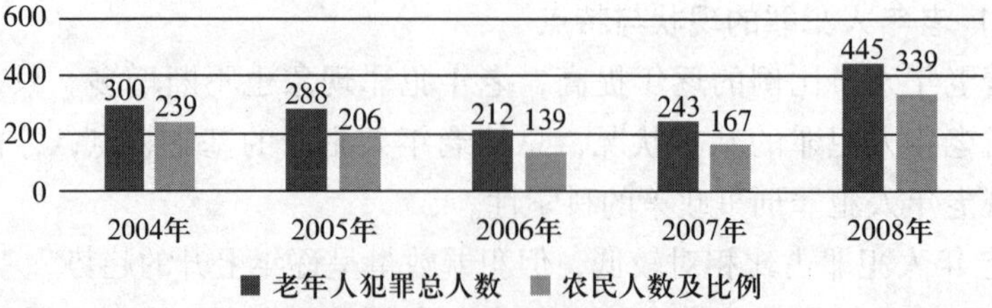

图12-1　某省老年犯罪中农民人数及比例

① 邹燕凌：《老年人犯罪的法理与实证——以刑法修正案（八）的出台为背景》，西南政法大学2011年硕士学位论文，第18页。

② 邹燕凌：《老年人犯罪的法理与实证——以刑法修正案（八）的出台为背景》，西南政法大学2011年硕士学位论文，第18页。

③ 刘玉民：《晚节不保的老年犯罪》，载《北京观察》2001年第11期，第55页。

④ 郭晓红：《试论老年犯罪的现状、特点与趋势》，载《广州市公安管理干部学院学报》2010年第4期。

3. 犯罪类型随着社会的发展变化而不断变化

过去老年人犯罪所涉罪名范围相对局限，尤以财产类犯罪和性犯罪较为突出。有学者通过统计发现，在1500余起老年犯罪案件中，实施一般性财产犯罪和经济犯罪的老年人共有330人，比例高达22%。根据北京市房山区1998~2000年三年间审结的67起老年犯罪案件来看，盗窃罪有27起之多，占比达到40.30%。[①] 除了财产类犯罪，性犯罪也比较突出。根据统计数据发现，1996年占比排名第一位的老年犯罪类型就是性犯罪，占比高达47.4%；2002年，老年性犯罪的占比依然达到25.5%，位居第二位。[②] 但近年来，随着社会生活质量的大幅提高，社会生活方式的明显改变，老年群体的整体健康状况也得到大幅度改善，其参与社会生活的方式也在不断发生变化。可以想见，各种因素的综合作用，必然会导致老年群体犯罪类型趋向多元化。例如，2003年，重庆某县老年犯罪类型为贩毒、诈骗、容留妇女卖淫、故意伤害四种类型；2004年，犯罪类型出现多样化趋势，增加了非法侵入住宅、破坏公用电信设施、窝藏、聚众扰乱社会秩序、破坏选举、奸淫幼女、盗窃七种；2005年增加了拐卖妇女、收赃、强奸、投放危险物质四类；2006年又增加了非法持有枪支犯罪。[③] 同时，由于医疗和社会保障水平的大幅提升，老年人的健康状况与体质状况也有了比较明显的改善，过去，老年人多以智力、经验为优势来实施犯罪，总体来说直接通过暴力方式来实施犯罪的情况相对较少，但研究发现，老年人犯罪暴力化倾向的发展趋势逐渐凸显出来。近年来，媒体报道的一些典型的杀人案件中，老年人使用较为严重的暴力的情况并不少见，甚至出现了使用武器来弥补体力不足问题的倾向。在几个典型的案例中，有一些共同的特点，犯罪人多数属于80岁以上的高龄犯罪人，都使用了"武器"（包括手杖、尖刀、扳手、斧子等），犯罪的手段普遍比较残忍。在北京市房山区法院2002年和2003年的统计中，老年人故意伤害罪的涉案人数占犯罪总数的25%。湖南省2002年至2006年60岁以上老年人犯故意伤害罪人数为176人，犯故意杀人罪人数为83人。我国G省B市P区2003~2007年五个年度中，老年人犯罪共涉及14种刑法罪名，涉嫌伤害的7人，占

---

① 郭晓红：《试论老年犯罪的现状、特点与趋势》，载《广州市公安管理干部学院学报》2010年第4期。

② 周路主编：《当代实证犯罪学新编——犯罪规律研究》，人民法院出版社2004年版，第119页。

③ 张欢：《预防老年犯罪促进和谐社会构建》，载《四川警官高等专科学校学报》2007年第4期，第67页。

20.58%。从这些统计数据中我们也可以看到老年人暴力犯罪呈现出一种逐渐增长的态势。①

二、我国老年人犯罪的刑事政策

刑事政策是刑事立法与刑事司法的灵魂，是一定社会对犯罪反应的集中体现。老龄化社会结构的形成，老年群体犯罪问题的凸显，就要求国家从刑事政策的高度对刑事立法、刑事司法活动进行指导，从而为决策层面减少、预防、控制老年犯罪提供强有力的理论支撑。宽严相济的刑事政策是我国的基本刑事政策。2010 年 2 月 5 日，最高人民法院发布《关于贯彻宽严相济刑事政策的若干意见》，其中第二十一条明确规定："对于老年人犯罪，要充分考虑其犯罪的动机、目的、情节、后果以及悔罪表现等，并结合其人身危险性和再犯可能性，酌情予以从宽处罚。"② 这一规定明晰了我国刑事立法与刑事司法对老年人犯罪处遇遵从"宽严相济，宽和为主"的基本精神。

（一）刑事立法层面

我国现行刑事法律中体现老年人犯罪宽宥刑事政策精神的立法规定主要包括：

1. 明确老年人犯罪刑事责任年龄，规定对老年人犯罪从轻或减轻处罚

人的刑事责任能力不仅会随着年龄增长逐渐形成和发展，而且随着成年人进入老年阶段，其刑事责任能力还有一个逐渐减弱直至衰竭的过程③。刑事责任的承担，要求行为人具备承担责任的能力。当行为人进入老年阶段以后，其生理、心理以及行为力支配度上都会出现不同程度的衰退，这种认知力与控制力的下降，不可否认会减弱老年人承担刑事责任的能力。基于此，2011 年 2 月 25 日第十一届全国人民代表大会常务委员会第十九次会议通过了《刑法修正案（八）》，补充完善了《刑法》第十七条的规定："已满七十五周岁的人故意犯罪的，可以从轻或者减轻处罚；过失犯罪的，应当从轻或者减轻处罚。"

2. 对老年人犯罪附条件禁用死刑

联合国在 1989 年通过的《保护死刑犯权利的保障措施执行情况》中，倡

---

① 王震：《老年人犯罪类型分布特点分析》，载《河北公安警察职业学院学报》2012 年第 2 期。

② 《最高人民法院关于贯彻宽严相济刑事政策的若干意见》，载 http:///www.court.cov.cn/qwfb/sfwj/yj/201002/t20100222-1513.htm。

③ 转引自权小虎：《论和谐社会视域下社区矫正的价值实现》，载《新西部》（下旬理论版）2011 年第 11 期。

导成员国在刑法中规定死刑适用的年龄上限。从世界刑罚制度的发展历程来看，趋于轻缓化、文明化也是一种不可阻挡的潮流。当今世界，废除死刑适用的国家数量也远远多于坚持适用死刑的国家数量。我国近年来也通过刑法修订，在逐步减少死刑的司法适用，针对老年人犯罪附条件地弃用死刑就是其中的具体举措。通过《刑法修正案（八）》，我国《刑法》第四十九条第二款明确规定："审判的时候已满七十五周岁的人，不适用死刑，但以特别残忍手段致人死亡的除外。"毋庸置疑，老年人的刑事责任能力受其自身健康状况的制约。大多数75周岁以上的老年人，其体力、精力乃至认知能力和精神状况均呈现出明显的衰退趋势。据国家统计局数据显示，2018年，我国全国平均寿命已经达到74.83岁，将老年人免除死刑适用的年龄认定为75周岁，是在一般情况下我国老年人生理、心理以及病理基础上结合我国司法现状等综合因素做出的，具有一定的合理性。

3. 对老年人犯罪从宽适用缓刑

所谓缓刑，是指附条件不执行原判刑罚的制度。符合缓刑适用条件的犯罪行为人，一般来说具备罪行较轻、人身危险性较小、再犯可能性较小的基本特点。老年犯罪人随着年龄增长，身体机能衰退，其再犯罪的可能性就更加的小，因而总的来说，对老年犯罪人适用长时间剥夺自由的监禁刑意义不大，对他们适用缓刑不仅是对宽严相济刑事政策精神的一种贯彻体现，同时也符合刑法的谦抑精神以及经济性原则。《刑法修正案（八）》的通过，为老年人犯罪从宽处理提供了明确的法律规定。现行《刑法》第七十二条经过修正后规定：对于被判处拘役、三年以下有期徒刑的犯罪分子，同时符合犯罪情节较轻、有悔罪表现、没有再犯罪的危险、宣告缓刑对所居住社区没有重大不良影响的，可以宣告缓刑，对其中不满十八周岁的人、怀孕的妇女和已满七十五周岁的人，应当宣告缓刑。

（二）刑事司法层面

刑事政策不仅体现在刑事立法条文之中，更需要在司法实践中得到具体贯彻执行。从司法实践的操作技术上来讲，无论是国家的刑事政策理念，还是明确的刑事立法规定，只有在具体的司法事件中得到贯彻落实，才能体现出其应有的时代价值。

1. 对老年人犯罪的量刑分析

通过前述分析，我们已经很清楚，老年犯罪人作为一个特殊犯罪群体，他们的行为表达存在着很多的特殊性：一方面，其认知能力随着年龄的增大而逐渐下降；另一方面，其行为能力也随着时间的推移呈直线下降的发展趋势。更重要的是，从人身危险性角度来看，老年人毕竟年事渐高，其再犯的可能性极低，人身危险性会明显小于普通成年人。因此，对老年犯罪人处以过于严厉的刑罚，既无法起到阻止再犯的作用，对威慑其他潜在犯罪分子的作用也不明显，反而可能引起社会的不解与不满。因此，以《刑法修正案（八）》之明确规定：老年人“故意犯罪的，可以从轻或者减轻处罚；过失犯罪的，应当从轻或者减轻处罚”为基本原则，在司法实践中，除对主观恶性较大的故意犯罪采用酌定从宽的较严原则外，应该对老年犯罪人过失犯罪更加宽宥、灵活地适用法定从宽从轻原则进行量刑。司法实践中的一些判例也在创造性地展现这一从宽精神，值得推崇。例如，一个73岁的老人，到山上放羊，看到山上杂草丛生，认为这样妨碍了他放羊，于是便一把火点了山草，哪想到火顺风势烧了附近的两座山，后被森林公安机关抓获问起为什么放火，回答仅仅是因为不好放羊，令人唏嘘。在实践中，该类案件并不鲜见，大多是因为犯罪老年人文化程度低、法律意识差。他们绝大多数是文盲或仅有小学文化，由于文化有限，道德缺失、行为失范，法制观念淡薄，犯了法还不知道。针对此案，法官责令犯罪人通过栽种一定数量的树木，以此来代替自由刑的处罚。这种非刑罚处罚手段的效果远远高于对其判处自由刑的刑罚效果。[①] 这类尝试为我们理解老年人犯罪从宽量刑提供了实践的依据。

2. 对老年犯罪人不适用死刑的分析

刑法条文对老年犯罪人适用死刑的规定是明确的，“审判的时候已满七十五周岁的人，不适用死刑”。但法律条文背后的刑事政策基本精神，以及刑事政策所反映出来的刑法价值观却是需要在动态的司法活动中去逐步体现出来的。通过对具有代表性案例的司法解析，我们可以更清晰地看到老年人犯罪的死刑适用问题上，刑事政策基本精神的具体导向。

2015年，一桩贩毒案引发社会关注。被告人王某业，男，1940年出生在越南，后定居于中国广西。2012年，72岁的王某业购进四公斤海洛因准备出售给广东毒贩陈某庆，警方在他们约定的交易地点将两人一举抓获，并当场收缴全部毒品。2013年5月28日，广西壮族自治区防城港市中级人民法院对这起案件做出一审判决，王某业作为该案的主犯被依法判处死刑。判决后，王某业提出上诉。2014年6月，二审广西壮族自治区高级人民法院认为案件事实清楚、证据确实充分，被告人王某业没有从宽处罚情节，故维持一审法

① 普翠玲：《老年人犯罪从宽性研究》，华东政法大学2011年法律硕士学位论文，第13页。

院的死刑判决，并将此案依法上报最高人民法院核准死刑。原本看似已经尘埃落定的案件却在死刑复核阶段出现转折。被告人王某业的辩护律师指出，王某业的身份证和户口本均显示他的出生日期为1940年3月3日，一审和二审判决时王某业分别为73周岁和74周岁，而在死刑复核阶段，王某业已年满75周岁。根据《刑法》第四十九条第二款的规定，因为王某业已满75周岁，且其贩毒手段不属于以特别残忍手段致人死亡，故对其不应该判处死刑。该案是《刑法修正案（八）》颁布以来遇到的75周岁死刑复核第一案。[①]

从刑法学角度来分析，该案的争议焦点在于，死刑复核程序是否属于审判程序？如果死刑复核程序属于审判程序，被告人王某业就符合“审判时已满七十五周岁”的条件，对其就不能核准死刑；如果死刑复核程序不属于审判程序，被告人王某业就将被核准执行死刑。然而，从老年犯罪人适用死刑的刑事政策学角度解析，我们认为，从最高人民法院在判决书中的认定：“被告人王某业在走私共同犯罪中系罪责最为严重的主犯，应依法惩处，但鉴于王某业审判时已年满七十五周岁，依法对其不适用死刑[②]”的结论来看，这一司法判例反映了在老年犯罪人适用死刑的问题上，仍然坚持采用宽宥处理的司法精神。

宽严相济的刑事政策是我国在构建社会主义法治理念的背景下提出的，它是社会主义法治理念在刑事立法、司法工作中的具体化，它要求我们在刑事立法活动和刑事司法活动过程中都要体现出“以人为本”。坚持“以人为本”，不仅要保护好每个公民的合法权益，而且要向社会上的弱势群体倾斜。和谐社会不仅要确立一种以人为本的道德基础，尊重人性；还要诉诸以人为本的理性法律，通过对人权的全面确认和有效保护来实现尊重和捍卫人性尊严的目标[③]。随着我国老龄人口的不断增长，老年人作为一类极具特殊性的犯罪群体，其不断增长的犯罪率以及不断变化的犯罪类型，对刑事立法、司法的反应提出了新的要求。在我国“宽严相济”刑事政策的精神指导下，对老年人犯罪宽宥处理已经成为刑事立法、司法活动的必然趋势，《刑法修正案（八）》的出台更让这种从宽政策落到实处。虽然目前对老年人犯罪从宽处理的立法规定还需要进一步的规范化与细致化，在司法活动中也还需要不断地通过实践来修正。但是，随着社会的发展，对老年人犯罪从宽处理必将越来

① 石玲：《论老年人犯罪及其刑事政策》，载《犯罪研究》2018年第2期，第54页。

② 孙莹：《老毒贩死刑复核时满75岁被最高法改判无期》，载大江网，http：//news. jxnews. com. cn/system/2015/08/27/014204211. shtml，2018年10月6日。

③ 参见罗豪才、宋功德：《和谐社会的公法建构》，载《中国法学》2004年第6期。

越体系化、制度化，法律的规定也将越来越完善。

第三节 ‖ 累犯犯罪的刑事政策

“19 世纪后半叶以来，累犯问题是犯罪学或刑事政策中最重要的课题。”① 累犯具有的主观恶性深、犯罪经验丰富、反打击能力强等特性，使得该类犯罪人的危害性远远大于普通犯罪人。由此，累犯犯罪的刑事政策也成为世界各国在反犯罪斗争中需要特别加以研究和思考的课题。

一、现有的针对累犯的具体刑事政策

（一）累犯刑事政策指导原则

由于累犯所具有的较强人身危险性和主观可非难性，我国一直对其采取从严惩处的指导原则。《刑法》第六十五条明确规定，对于累犯“应当从重处罚”。从这一意义上讲，也体现了宽严相济的刑事政策。

（二）现行累犯具体刑事政策的内容

当前，我国针对累犯的刑事政策主要体现在刑事立法上。具体而言，主要有以下几个方面：

1. 确定了一般累犯制度

根据《刑法》第六十五条的相关规定，被判处有期徒刑以上刑罚的犯罪分子，刑罚执行完毕或者赦免以后，在 5 年以内再犯应当判处有期徒刑以上刑罚之罪的，是累犯，即一般累犯。但是过失犯罪和不满 18 周岁的人犯罪的除外。由此可知，一般累犯需满足以下条件：

（1）时间条件。后罪发生的时间，必须在前罪所判处的刑罚执行完毕或者赦免以后的 5 年之内。对于被假释的犯罪人，应从假释期满之日起计算。由于累犯的成立以前罪“刑罚执行完毕或者赦免以后”5 年内再犯为条件，故被假释的犯罪人在假释考验期内再犯新罪的，被判处缓刑的犯罪人在缓刑考验期内再犯新罪的，以及被判处缓刑的犯罪人在缓刑考验期满后再犯新罪的，都不成立累犯。此外，刑罚执行完毕是指主刑执行完毕，附加刑是否执行完毕不影响累犯的成立。

（2）主观条件。累犯的主观须是出于故意，前罪或后罪中有一个犯罪是由过失酿成，都不成立累犯。这样规定是因为，过失犯罪的有责性，轻于故

① ［日］藤木哲也：《刑事政策讲义》，青林书院 1987 年版，第 388 页。

意犯罪的有责性，过失犯罪人的再犯罪可能性也比较小，过失犯罪事实上也比故意犯罪少得多。而累犯制度的设立以遏制犯罪人再次犯罪为目的，故没有必要对过失犯罪设立累犯制度。

（3）主体条件。行为主体实施前罪与后罪时，都必须已满18周岁。犯后罪时不满18周岁的不得认定为累犯；同样，犯前罪时不满18周岁但犯后罪时已满18周岁的，也不构成累犯。[①] 一方面，未成年人容易接受教育改造，不以累犯从重处罚，也足以预防其再次犯罪；另一方面，对未成年人犯罪不以累犯论处，符合我国注重对未成年犯罪人进行保护性教育的刑事政策。

同时，因根据我国《刑法》规定，构成一般累犯的主体必须前后罪均被判处有期徒刑，从而间接排除了单位成为一般累犯主体的可能性。因为在我国《刑法》中，单位只能承担罚金刑。但是有个例外，即《刑法》第三百五十六条明确规定："因走私、贩卖、运输、制造、非法持有毒品罪被判过刑，又犯本节规定之罪的，从重处罚。"这一关于毒品累犯的规定之中，由于前后罪均可以由单位构成，并且法条并未对前罪和后罪的刑罚有所限制，因此单位犯罪的刑罚虽然为单一罚金，但当单位因走私、贩卖、运输、制造、非法持有毒品罪被判过刑，又犯《刑法》第六章第七节中设置单位犯罪的各种毒品犯罪时，符合毒品累犯构成，也成立毒品累犯，应当从重处罚。

（4）刑种条件。前罪被判处有期徒刑以上刑罚，后罪应当判处有期徒刑以上刑罚。其中，前罪被判处有期徒刑以上刑罚，是指法院最后确定的宣告刑为有期徒刑以上刑罚；后罪应当判处有期徒刑以上刑罚，不是指法定刑为有期徒刑以上刑罚，而是指根据后罪的事实以及刑法规定，应当判处有期徒刑以上刑罚。这一条件表明，只有当前罪与后罪都是比较严重的犯罪时，才成立累犯，这便将从重处罚的累犯限定在严重犯的范围内。

需要研究的是，被国外法院判处并执行有期徒刑以上刑罚后再犯罪的，能否认定为累犯？如果对国外的刑事判决采取积极承认的做法，则无疑应宣告为累犯。我国采取的是消极承认，尽管如此，仍然应认定为累犯。因为消极承认的前提是考虑到行为人在外国受到刑罚处罚的事实，而免除或者减轻处罚；同样，在行为人于我国犯新罪时，我国法院也应该考虑行为人在外国

① 在《刑法修正案（八）》中仅是规定了未成年人除外条款，没有明确规定，是犯前罪未满18周岁，还是犯前、后两罪时均未满18周岁。最高人民法院出台的《关于〈中华人民共和国刑法修正案（八）〉时间问题的解释》中也仅规定了，前罪实施时不满18周岁的，适用修正后《刑法》第六十五条的规定。法律和司法解释规定的不尽完善，就导致在具体司法实践中产生了适用分歧。本教材采用了张明楷的观点。

受到刑罚处罚的事实，如果符合我国刑法规定的累犯条件，就应以累犯论处。这与消极承认并不矛盾。[①]

2. 确定了特殊累犯制度

根据《刑法》第六十六条的有关规定，危害国家安全犯罪、恐怖活动犯罪、黑社会性质的组织犯罪的犯罪分子，在刑罚执行完毕或者赦免以后，在任何时候再犯上述任一类罪的，是特殊累犯。[②]

（1）实质条件。前罪和后罪都必须是危害国家安全犯罪、恐怖活动犯罪、黑社会性质的组织罪犯罪。只要前罪与后罪是这三类罪之一，均成立特殊累犯。如果前后两罪中有一罪是其他普通刑事犯罪，就不构成特殊累犯，符合条件的成立一般累犯。

（2）时间条件。必须是在刑罚执行完毕或者赦免以后再犯罪。因此，如果前罪是免予刑罚处罚而不属于被赦免的，就不成立特殊累犯。至于前罪所判处的刑罚种类，后罪应当处何种刑罚，以及前罪与后罪的相隔时间，都不影响特殊累犯的成立。

3. 累犯的法律后果

累犯的法律后果，是指构成累犯之行为人在法律上的特殊处遇。与初犯相比，累犯因无视前刑的体验而具有更大的再犯罪可能性，故许多国家的刑法采取有效措施对累犯进行严厉制裁。其中，有的国家刑法采取加重处罚主义（如意大利、日本），即高于法定刑判处刑罚；有的国家刑法采取刑罚与保安处分并科主义（如德国），即在判处刑罚的同时，科以一定的保安处分；有的国家刑法采取不定期刑主义，即对累犯宣告不定期刑待其得到改善后才予释放（如日本1974年《刑法修正草案》第59条规定，对于常习累犯，得宣告不定期刑）；有的国家刑法采取从重处罚主义。

我国刑法对累犯采取了从重处罚主义。

（1）刑法总则明确了对累犯从重处罚的基本原则。首先，对累犯必须从重处罚，即不管是一般累犯还是特殊累犯，都必须从重处罚。其次，只能在责任刑之下从重处罚。最后，在决定从重的幅度时，除考虑后罪的事实、性质、情节和对社会的危害程度外，还要考虑后罪与刑罚执行完毕或赦免时间

---

① 张明楷：《刑法学》，法律出版社2011年版，第515页。

② 与许多刑法教材所持观点不同的是，2007年赵秉志主编的《刑法总论》，认为《刑法》分则第三百五十六条的毒品累犯是特殊累犯。

的间隔、后罪与前罪的关系、犯后罪的原因等。①

（2）从重处罚同时作用于刑罚的执行。为了体现对累犯从严惩处的刑事政策指导原则，除了在量刑环节对累犯予以从重处罚之外，在行刑环节也对累犯规定了严格的条件。根据《刑法》第五十条的规定，对被判处死刑缓期执行的累犯，人民法院根据犯罪情节等情况可以同时决定对其限制减刑。根据《刑法》第七十四条的有关规定，对于累犯不适用缓刑。根据《刑法》第八十一条的规定，对于累犯不得假释。

（三）现行累犯刑事政策的缺陷

应该说，现行的针对累犯的刑事政策在很大程度上体现并实现了对累犯从严惩处的指导原则，但同时也应看到，现有的针对累犯的制度也存在着一些缺陷。

1. 一般累犯的主体条件存在缺陷

我国《刑法》尚未对单位犯罪规定累犯，但从理论和实践考虑，确有作出规定的必要。首先，我国《刑法》对单位犯罪的明确承认和规定，为增设单位累犯提供了法律依据和前提条件。因为既然单位可以成为犯罪主体，那么它在实施第一次犯罪后，完全有再次犯罪的可能。犯罪的单位在经过刑罚惩罚后，仍可能出现不知悔改的情况，也可能在人格因素上具有相当大的人身危险性。即便是犯过罪的单位负责人和直接责任人员已经发生变化，但只要新的单位负责人或者其他人员为单位利益并以单位名义实施了犯罪行为，仍然可构成累犯。因为他们都为同一单位谋取利益，以同一单位的名义在职务范围内实施犯罪，他们行为的后果应由同一单位承担。所以，单位可以成为累犯的主体。② 其次，单位再次犯罪的大量事实，为刑法增设单位累犯提供了现实基础。特别是在走私、毒品，生产、销售伪劣产品，偷税、骗取国家出口退税、合同诈骗、金融诈骗、洗钱等犯罪领域，单位再犯的气焰十分嚣张。而从我国刑法条文设计来看，一方面，该法仅对单位犯罪处以罚金刑，并未设置停业整顿、限制业务活动范围、剥夺法人资格等资格刑，给单位再犯提供了便利条件；另一方面，单位即使构成累犯也不能从重处罚，这就违

① 《最高人民法院关于常见犯罪的量刑指导意见》第 11 条规定："对于累犯，应当综合考虑前后罪的性质、刑罚执行完毕或赦免以后至再犯罪时间的长短以及前后罪罪行轻重等情况，增加基准刑的 10%~40%，一般不少于 3 个月。"进一步明确了法官在量刑阶段适用累犯情节时累犯前后罪性质、轻重以及累犯前罪刑罚执行完毕或赦免与后罪时间间隔这些因素应该显著影响累犯从严的幅度。

② 沙君俊、刘孟琪：《论法人累犯》，载《人民检察》1997 年第 4 期。

背了刑法面前人人平等原则。故创制单位累犯制度更为司法实践所必需。最后，增设单位累犯是打击和预防单位再次犯罪、保障和促进市场经济发展的需要。随着市场经济的进一步发展，法人和非法人组织的犯罪活动会继续增多，单位累犯现象也会不断出现。单位作为社会组织，拥有雄厚的政治、经济资源，可以利用掌握的大量人力、物力、财力乃至特权，实施一些自然人难以完成的犯罪，而且单位经过程序化和整体化之后的犯罪意志较自然人更加顽固。因此，如果对符合条件的单位再犯只按初犯一样处理，势必不能更好地打击和预防单位犯罪。

2. 特殊累犯的构成种类将裂变式增加

《刑法修正案（八）》对特殊累犯制度的修改，使得可以成为特殊累犯的犯罪种类由原来的 1 种增加为 3 种，但由于立法上不要求前罪与后罪性质统一，使得前罪与后罪可以是这三类罪的互相交叉对位，这样的交叉对位可以使前罪与后罪出现 9 种情况。加之这三大类犯罪之下还有诸多罪名，如有学者统计的危害国家安全犯罪这一类罪之下有背叛国家罪、分裂国家罪等 12 个罪名，恐怖活动犯罪这一类罪之下有组织、领导、参加恐怖活动罪和资助恐怖活动罪等 7 个罪名，黑社会性质的组织犯罪这一类犯罪之下有组织、领导、参加黑社会性质组织罪和入境发展黑社会组织罪以及包庇、纵容黑社会性质的组织犯罪 3 个罪名，造成实践中前罪与后罪可能配对的组合有 484 种情况。加之恐怖活动犯罪和黑社会性质组织犯罪的涉案人员众多，我们对待这两种犯罪的态度历来是“打早打小、露头就打、除恶务尽”，从而可能造成特殊累犯的人数大幅度增加。“基数增加” +“累犯从重处罚”将使刑法向重刑化方向发展。严厉的刑罚固然可以在短期内扼制犯罪，但随着刑罚的实施，刑罚的效果将出现负效应，其一般预防与特殊预防的效果将会难以实现。

3. 累犯处罚方式单一

我国刑法对一般累犯规定为有期徒刑以上的故意犯罪，特殊累犯将前后罪限定在特定范围内。且我国刑法中的累犯制度只规定了两次犯罪的情形，对于第三次犯罪按照现行规定在处罚上并没有任何区分。故我国的从重处罚原则适用于所有累犯类型和犯罪情况，立法上难以体现刑罚的层次性和区别对待。而国外常对不同类型的累犯采取不同的刑罚方式，如美国“三振出局”法案规定罪犯触犯的是重罪中的严重或暴力犯罪，并区分了两次和三次有严重或暴力犯罪的不同处罚规则，对累犯处罚原则的规定更细化具体。

4. 累犯处遇存在缺陷

（1）规定累犯不得假释，有失科学、合理。累犯不得假释，是 1997 年刑法增设的累犯新处遇，但这一规定有失科学、合理。第一，累犯不得假释，违背了刑罚执行中的假释制度的创制和发展。判断是否假释的关键是要看其实质条件，即假释后是否不致再危害社会。我国1997年《刑法》仅仅因为构成累犯时的主观恶性和人身危险性比较大，就否定了所有累犯不得假释，是与刑罚执行中的假释制度相悖的。第二，累犯不得假释，不利于累犯的教育改造和重新回归社会。累犯制度设计的目的并非仅为了给予累犯较重的处罚，更重要的是促进累犯的教育改造和矫正、向善。而我国刑法却规定累犯不得假释，完全剥夺了累犯通过积极改造，争取提前出狱的希望，这必然损伤其改造的积极性，其后果自然也违背了假释制度促进改造的目的。第三，累犯不得假释，影响监管改造的质量。规定累犯不得假释，监狱内的犯人数量就会增加，必然会浪费大量的人力、物力和财力，在客观上增加国家监狱机关的负担，影响监管改造的质量。第四，累犯不得假释，不利于我国法律与国际接轨。假释制度以其鼓励受刑人自新、弥补长期徒刑不足和作为犯罪人回归社会的桥梁的诸多功效，在罪犯改造中具有不可替代的积极意义。世界许多国家的刑法规定了累犯可以假释，而我国刑法却规定累犯不得假释，这背离了世界刑事立法的潮流，不利于我国法律与国际接轨。①

（2）对累犯未规定专门的行刑处遇。行刑个别化，已经成为现代各国的行刑理念之一。行刑个别化，要求对犯罪人做到分类关押、因人施教。累犯是人身危险性较大的犯人，具有比初犯更为顽固的犯罪心理，因而在累犯的教育改造中，应注意累犯类型的特点。例如，日本法律规定，对累犯专门关押在B级设施，B级设施的戒备程度和纪律要求都比其他设施严格，有利于累犯积极地进行职业教育、生活指导和治疗式处遇。我国刑法没有对累犯的行刑处遇专门规定，监狱法虽然笼统规定了分类关押制度，但一般也只是针对未成年犯、女犯、犯罪类型等而言，对累犯并未规定专门的行刑处遇制度，实践中对此也未重视。②

（3）累犯出狱后的处遇缺少立法保障。我国虽然相继出台了一些法律法规，保护出狱人的合法权益。例如，《监狱法》第三十八条规定："刑满释放人员依法享有与其他公民平等的权利。"1994年中央综治委、公安部、司法部等六部委联合下发了《关于进一步加强对刑满释放、解除劳教人员安置帮教工作的意见》，2004年7月中央综治委、司法部等八部委（局）又出台了

① 赵秉志主编：《累犯专题整理》，中国人民公安大学出版社2010年版，第43-44页。

② 苏彩霞：《累犯法律后果比较研究》，载《法学评论》2003年第3期，第40页。

《关于进一步做好刑满释放、解除劳教人员促进就业和社会保障工作的意见》，各省市也都在探索、制定政策，积极地保障刑满人员的权利。但是我国没有一部专门的统一安置帮教法规或出狱人保护法，无法为保障出狱人的合法权益提供最有力的法律依据。

而且我国缺少前科消灭制度。① 尽管在理论上和法律明文规定上，我国的出狱人应当作为一名正常的公民与其他人一样平等地享有权利与机会。然而实际上，由于我国政审制度的存在，《刑法》第一百条关于前科报告制度的存在，而前科在我国又没有相应可以或可能归于消灭的规定，因而任何人只要犯过罪，他的犯罪记录就将如影随形地伴其一生。再加上对罪犯“贴标签”式的影响，即使出狱后，刑释人员个人非常的努力与优秀，仍然在求职、升学、提职称资格等诸多方面受到不平等的对待，这不利于稳定和巩固包括累犯在内的出狱人的改造成果。

二、对累犯刑事政策的完善

对累犯刑事政策的完善，可以考虑从刑事立法政策、行刑政策以及相关社会政策等方面共同进行。

（一）刑事立法政策方面

在刑事立法政策方面，应针对现行累犯刑事法律制度设计的不足予以完善，具体可以体现在以下几个方面：

1. 调整特殊累犯的相关规定

（1）适度限定特殊累犯的成立范围。为了避免《刑法修正案（八）》对特殊累犯修正所可能导致的特殊累犯数量的大量增加，并进而导致刑法的重刑化，一方面应限定特殊累犯前罪、后罪在罪质上的一致性。尽管《刑法修正案（八）》对构成特殊累犯的犯罪性质做出了调整，并且强调“在任何时候再犯任一犯罪”均构成特殊累犯。但如果严格按照《刑法修正案（八）》的规定认定特殊累犯，不但会突破特殊累犯的内涵，而且还会造成构成特殊累犯人数的增多，并进而导致刑法重刑化。基于此，有学者主张应当严格按照特殊累犯的本质来认定特殊累犯，强调特殊累犯前罪和后罪在犯罪性质上

① 所谓前科消灭，是指当曾受过有罪宣告或者被判处刑罚的人具备法定条件时，注销其有罪宣告或罪及刑记录的制度。前科消灭制度是当今各国普遍实行的一种刑事法律制度。这涉及对出狱人的无歧视对待的问题。新《刑事诉讼法》第二百七十五条规定的未成年人轻罪犯罪记录封存，并不是前科消灭。

的一致性，以实现限定特殊累犯数量的目的。国外也有将特殊累犯的前罪与后罪限定在性质相同的犯罪上的规定。① 因为从特殊累犯的本质而言，是为了处罚实施前一行为的行为人，在前一刑罚执行完毕之后，仍不思悔改，再次实施同一性质的犯罪的行为。此外，应限定构成特殊累犯的主体为有组织犯罪中的主犯。这是宽严相济刑事政策的必然要求。《最高人民法院关于贯彻宽严相济刑事政策的若干意见》第 30 条明确规定，对于恐怖组织犯罪、黑社会性质组织犯罪，在处理时要分别情况，区别对待：对犯罪组织或集团中的为首组织、指挥、策划者和骨干分子，要依法从严惩处，该判处重刑或死刑的要坚决判处重刑或死刑；对受欺骗、胁迫参加犯罪组织、犯罪集团或只是一般参加者，在犯罪中起次要、辅助作用的从犯，依法应当从轻或减轻处罚，符合缓刑条件的可适用缓刑。②

（2）将毒品犯罪纳入特别累犯的范围。面对严重的毒品犯罪现状，我们有必要将《刑法》第三百五十六条规定的毒品再犯纳入《刑法》第六十六条所规定的特别累犯制度中。因为一方面，毒品犯罪是一种高发性犯罪，具有严重的社会危害性，在利益的诱惑下，具有很大的再犯可能性，理应加以严厉打击；另一方面，将毒品再犯纳入特别累犯的范围，可以有效避免因为将毒品再犯规定在《刑法》分则中而导致的立法分散，有效解决条文之间的矛盾和冲突，解决毒品再犯与一般累犯在适用缓刑、假释上存在的严重失衡，实现刑罚的统一和协调。③

2. 增设单位累犯的规定

如前所述，设立单位累犯制度，既有现实的需要，又有法律基础。单位再次犯罪的大量事实，为刑法增设单位累犯提供了现实基础；1997 年《刑法》对单位犯罪的明确承认和规定，为增设单位累犯提供了法律依据和前提条件。且单位可以成为累犯的主体，已经有立法例存在。例如，1977 年生效的《南斯拉夫社会主义联邦共和国经济违法法》对法人累犯有所规定。《法国刑法典》用四个条文设置了全面的法人累犯制度：法人可以构成重罪、轻罪和第五级违警罪，并且其拥有独立的、专门为数额制罚金刑所设立的从重处

---

① 要求前后罪为同一或同类犯罪的国家，有巴西、西班牙、意大利、奥地利和波兰等国。如《巴西刑法典》规定，前后犯同一性质的犯罪，即为特殊累犯。

② 王强军：《特殊累犯裂变式增加的思考》，载《中国刑事法杂志》2011 年第 9 期，第 15-16 页。

③ 王鹏祥：《论〈刑法修正案（八）〉对累犯制度的修改》，载《河南司法警官职业学院学报》2012 年第 2 期，第 61 页。

罚规则，而且，对于法人犯重罪这一较为严重的法人累犯，不仅可以处以相对更重的罚金数额，而且可以施以解散、禁止营业、关闭分支机构、实施司法监督、禁止参与公共工程、禁止公开募集资金、禁止使用银行信用、没收犯罪工具与犯罪所得、公告其犯罪行为等刑事制裁措施。①

国外立法所提供的立法设置思路是，法人的累犯制度应当独立于自然人累犯；其前罪的刑度条件应当是基于某一数额以上的罚金，其后罪的刑度标准也是如此；而两罪之间的时间距离，则可以等同于自然人；至于法人累犯的“从重处罚”标准，则可以是罚金数额上的倍数或者比例增加。对于累犯的法人，还可以附加刑事解散等制裁措施。这为我们将单位纳入累犯范畴提供了很好的借鉴。具体如何确定单位累犯的成立条件和处罚原则，由于篇幅有限，并且国内很多学者也有较多论述，本书就不详细展开了，但强调应对单位累犯增设吊销企业执照、实行行业禁止等资格刑，以彻底剥夺单位的犯罪能力。

3. 增加“加重处罚”这一刑罚方式

对不同类型的累犯采取不同的刑罚方式，是区别对待原则的体现。例如，几乎各国刑法均设立累犯加重处罚的规定，主要基于刑事特别预防政策的考量。因此，在继续保留我国刑法对累犯从重处罚规定的同时，增加加重处罚的规定，以对司法实践中出现的不思悔改，出狱后即实施报复犯罪、屡犯相同或相似之罪的“三进宫、四进宫”等体现更深主观恶性、更大人身危险性的累犯，可适用加重处罚，以实现刑罚个别化和特殊预防的目的。

4. 对累犯不得假释的规定重新界定

假释以激励罪犯改造为出发点，以具有悔改表现和人身危险性消失为标准。故罪犯应否假释，其根据只能是执行一定期间刑罚后的悔改表现和人身危险性状况，而不能是其犯罪时的身份和犯罪性质及罪行的严重程度。假释禁止性规定实际上是对罪犯权利的一种剥夺。随着行刑社会化的发展，假释在西方许多国家的适用范围和适用比例都呈稳步扩大的趋势下，我国《刑法》中对假释进行禁止性规定是不合适的。将来在对《刑法》进行修订时应对假释的禁止性规定重新界定，即对于累犯仍可以适用假释，只是适应假释的条件应当比初犯严格。累犯如需假释，可以考虑在时间条件上必须实际服刑达2/3或3/4以上；在实质条件上需要进行较细密的个别化考察（包括思想动

① 于志刚：《论累犯制度的立法完善》，载《中国刑法学精粹》（2004年卷），高等教育出版社2004年版，第460页。

态、犯罪经历、再社会化条件等)。

(二)行刑政策方面

针对累犯的行刑政策的完善，需要在以下几个方面跟进：

1. 制定出狱人保护工作方面的法律

许多国家在出狱人保护方面已经形成了较为完备的立法和健全的组织体系，如德国的《重返社会法》、日本的《犯罪者预防更生法》、美国的《在监人重返社会法》，都对出狱人保护作了专门规范。目前我国除《监狱法》等法律规定了涉及刑释人员的个别原则性条款外，至今还没有一部专门、系统规范刑释人员保护的法律，主要依靠国务院、综治委及其协调下发的政策性文件来指导这方面工作，安置帮教工作的开展缺乏制度性保障，有关的一些保护、援助措施难以落实。因此，迫切需要制定专门的出狱人保护法，明确规定刑释人员的权利、义务和社会各有关部门的职权与职责，使安置帮教工作全面纳入法制轨道，以立法形式推进安置帮教工作机制的完善。

此外，为促进刑满释放人员的改过自新，维护他们的人格尊严，还应当建立前科消灭制度。即通过设置一定标准，将符合条件的刑满释放人员在人事档案及其他社会资料中的犯罪记录注销，使曾经犯罪的人有机会完全摆脱其过去行为的不良影响，以平等的身份去参与社会竞争，实现自我价值。

2. 改进监狱的教育手段和内容，使犯罪人能获得适应社会需求的职业技能和知识

累犯率居高不下并逐年增长的一个重要原因在于，为数众多的刑满释放人员在瞬息万变的社会中，很难具备适应社会岗位要求的职业技能和知识。2011 年司法部明确要求有条件的省区市都要成立出监监狱，如上海市为此专门探索建设功能型出监监狱，通过集中性、专业性和类社会化的出监教育，帮助服刑人员顺利回归融入社会，远离重新犯罪。据统计，5 年来，共有 2812 名服刑人员通过专门的出监教育顺利回归社会，就业率高达 86.2%。“千人大调查”数据显示，重新犯罪率仅为 2.15%。[①]

3. 对累犯实行分别关押机制，减少累犯对普通罪犯的“传染”

由于累犯具有对刑罚较强的耐受性，能够适应监管场所的生活，有的很快就与周围犯人建立“感情”联系，甚至成为犯人的“地下领袖”；累犯与初犯在一起改造还有可能将初犯带成犯罪的“多面手”。因此，从行刑个别化

① 余东明：《上海五年深耕功能型出监监狱“试验田”》，载法制日报——法制网，2016-http：//www.chinapeace.gov.cn/2016-12/09/content_ 11385333.htm。

角度而言，将累犯与初犯、过失犯在改造时分设监狱，给予不同的监管是有相当必要的。但是在我国的立法中对这一点并未作出明确的规定，1994 年施行的《监狱法》第三十九条规定："监狱对成年男犯、女犯和未成年犯实行分开关押和管理……监狱根据罪犯的犯罪类型、刑罚种类、刑期、改造表现等情况，对罪犯实行分别关押，采取不同方式管理。"这一规定虽然在监管制度上有所细化和发展，但是并没有对累犯的监管作专门规定。加上劳改部门改造条件有限，致使累犯与初犯分开监管几乎不可能。在现实情况中，初犯经常受到累犯的"传染"。因此，监狱法在修订时应及时规定累犯与初犯、过失犯分开监管的制度。①

4. 对累犯限制减刑

目前，我国限制减刑的规定只适用于被判处死刑缓期执行的累犯以及因特定严重暴力犯罪被判处死刑缓期执行的犯罪分子，但对一般累犯和特殊累犯没有禁止或限制减刑的有关规定。本书认为，这样规定易造成累犯实际所服刑期和普通罪犯没有区别，无法体现对累犯的从严处罚，可以借鉴美国关于累犯限制减刑的规定。②

（三）社会政策方面

针对治理累犯的社会政策，需要在以下几个方面跟进：

1. 加强流动人口管理，预防再次犯罪

一是要统一思想、认清形势，把流动人口管理纳入各级党委政府和各有关职能部门的职责范围。要将流动人口管理经费统一纳入各级财政预算，并切实加强协管员队伍建设的规范化和制度化。二是要加快组建市级实有人口信息化管理平台。要以公安机关人口管理信息为基数，整合全社会各部门与人口相关信息，实现各市与人口相关信息的大集中，形成专门机构权威分析和研判、公共信息全社会共享的格局。三是要全面推广和完善居住证管理制度，并加大居住证使用力度，使政府各部门、各单位在行使管理职能的同时，验证和使用居住证，形成流动人口在各市就业、生活无居住证寸步难行的局面。四是要建立房屋出租管理系统和试行出租房屋编码卡备案管理制度，全面推行以房管人措施。逐步形成和建立出租房屋的"准入"和"重罚"制度。五是要按照"谁用工谁管理、谁主管谁负责"的原则，全面落实流动人口属地化管理。同时，要加大处罚力度，保证管理责任的落实到位。

---

① 卢建平：《刑事政策学》，中国人民公安大学出版社 2007 年版，第 307 页。

② 黎敏：《比较研究法之累犯制度探析》，载《法制博览》2016 年第 2 期，第 236 页。

2. 进一步落实安置帮教工作

（1）建立信息网络，减少漏管失控。当今社会正处于信息高速发展的时代，要利用现代科技手段，建立刑满释放人员帮教安置管理数据库，并组建网络以便查询。要使刑满释放人员出监所前，住地安置帮教组织机构全面掌握情况；在其出监所时，及时衔接，做到重点帮教对象必接必送，有针对性落实帮教措施，及时掌握刑满释放人员的现状，行动去向，减少漏管失控。并每年对刑满释放人员开展一次全面调查摸底，将情况输入信息系统。

（2）确定帮教等级，实施动态管理。对刑满释放人员采取多种形式实行分层次管理，着力解决重点帮教对象①管控、外出务工跟踪管理以及流出地与接纳地双列管等问题，才能进一步巩固刑罚对犯罪人的教育改造效果，预防其再犯。具体可采用“一看、二防、三访、四帮”形式，即一是归正人员回籍后，立即上门联系，做到每月走访，随时掌握思想动态，发现问题及时采取措施。二是定人结对帮教，边帮教边监督，起到管控作用。三是定期家访，了解其生活、生产、家庭状况，加强动态管理。四是帮困安心，对家庭困难的“三无”人员落实低保政策。

（3）落实扶持政策，帮助融入社会。一是认真落实刑满释放人员最低生活保障、特困人员供养、医疗救助、教育救助、住房救助、临时救助等政策，帮助刑满释放人员解决实际困难。二是积极协助有关部门落实贷款贴息、社会保险补贴、岗位补贴等措施，给予符合条件的刑满释放人员就业援助。三是鼓励支持刑满释放人员自主创业、自谋职业，积极协调有关部门给予政策扶持。四是积极会同民政等部门做好就业服务工作，制定对刑满释放人员的具体帮扶措施，包括组织集中教育、个别谈话教育、心理辅导、落实低保、落实承包田、技能培训、就业就学指导等。

3. 进一步加强社会扶持

加强社会扶持强调的是通过各种社会因素的积极介入，为出狱人员创造合理的社会发展空间。

（1）加强社会舆论引导。出狱人保护需要一个良好的舆论和社会环境，只有在一个宽容、善良、理性的社会环境中，出狱人保护才可能发展得很好。日本的保护观察所有一项重要职责，就是“为预防犯罪，指导启发一般舆论，改善社会环境，协助以防止犯罪为目的的民间活动”。因此，应在社会生活中

① 重点对象指无固定住所、无固定工作、无亲属可投靠的，“累犯”、“惯犯”刑满释放后仍恶习难改的，要因人制宜落实帮教措施。

充分发挥社会各界的力量，健全出狱人保护网络。工会、共青团、妇联和关心下一代工作委员会等社会团体应积极组织开展志愿者活动，并将出狱人保护工作与青少年保护、创建文明家庭等工作有机结合起来。通过制作宣传栏、发放宣传单、发送宣传短信等方式开展形式多样的宣传活动，及时宣传刑释人员安置帮教工作典型案例，营造刑满释放人员回归社会的良好氛围。

(2) 发挥家庭在罪犯回归社会中的作用。家庭是罪犯改造的“动力源”和“稳定器”，同时也是罪犯将来回归社会的落脚点，亲情的帮助对罪犯重新社会化的作用最有力、最直接。而家庭关系不正常对刑满释放人员具有很大影响。因此，加强刑满释放人员家庭对上述人员的重新接纳和关心帮助，做好对服刑在戒人员子女的帮扶工作，也是防止累犯产生的一个不可或缺的环节。

(3) 加强安置基地建设，拓宽刑释人员就业渠道。一是积极引导有条件的市（州）、县（市、区）通过政府投入、社会支持等形式，依托社会企业或经济实体，建立刑满释放人员过渡性安置帮教基地。二是指导安置帮教基地制订帮教工作方案并督促抓好落实，对帮教服务质量和社会效果好的安置帮教基地给予重点扶持。三是加强免费职业技能培训和就业指导。部分市（州）、县（市、区）选择条件相对较好的培训机构，作为“刑释人员职业技能培训基地”挂牌运行，使刑释人员培训工作制度化、常规化。

(4) 引导和支持社会组织参与帮教刑满释放人员工作。一是倡导志愿者和社会热心人士，特别是具有法学、心理学、教育学、社会学、社会工作等专业知识的人士参与帮教活动，壮大社会帮教力量。二是各级司法行政机关积极与当地的义工组织对接，利用义工组织的社会帮扶项目，对符合帮扶条件的刑满释放人员优先予以帮扶救济。同时，组织刑满释放人员参加义工组织的公益活动，使其在参加社会公益活动的过程中重塑自身的人生观、价值观。三是通过政府购买服务等多种方式让社会力量承担一定的刑满释放人员帮教服务。

【问题与思考】

1. 对未成年人犯罪刑事政策进行比较分析。
2. 简述累犯从严处罚的理论依据。
3. 简述我国累犯犯罪的具体刑事政策及完善。

第十三章
当代西方国家的刑事政策

众所周知，“刑事政策”一词肇始于西方国家。历经近两个世纪的发展，当代西方国家的刑事政策已经今非昔比，因为其赖以存在的社会环境和制度背景已然发生巨大变化。

时至今日，伴随着信息革命的高歌猛进，人类社会现代化脚步更加稳健，但是西方国家固有的资本主义社会弊端，以及经济社会发展的失衡进一步拉大了人们之间的贫富差距，各类社会问题与矛盾叠加，并集中爆发，进而导致传统的“街头犯罪”，[①] 如侵财犯罪、暴力犯罪持续高位运行，恶性暴力恐怖袭击犯罪不断涌现，借助于人工智能和互联网萌生的新型犯罪也开始“崭露头角”。这些因素共同作用，进而促使西方各国刑事政策发生了巨大而深刻的变化，这些变化既有共性的，也有差异性的，甚至相互对立。

为了更加清晰地认识当代西方国家刑事政策最新发展状况，本章我们选取了德国、法国、美国和日本四个具有代表性的西方国家分别加以阐述。尽管我们所探讨的主题在“当代”，但是有必要知道各个国家刑事政策的历史演进脉络，因为“法律不是理性的结果，而是经由持续的民族精神力量所产生的”[②]。所以在研究方法上，我们将顺循各国刑事政策历史发展脉络，窥见当代刑事政策之踪影，继而逐渐深入，从宏观到微观，条分缕析，揭示其在不同类型犯罪治理中的表现。

---

① 街头犯罪，即“Street Crime”，相对于“白领犯罪（white collar crime）”而言，一般指发生在大城市中心的住宅区和商业区的暴力犯罪和侵犯财产犯罪，是美国犯罪学概念。街头犯罪具体包括夜间入室行窃，盗窃，纵火，杀人，非预谋杀人，抢劫，盗窃汽车，入店行窃，强奸，破坏文化、艺术的行动以及吸毒等。参见康树华、王岱、冯树梁主编：《犯罪学大辞书》，甘肃人民出版社 1995 年版，第 460 页。

② 此为历史法学派代表人物萨维尼经典论述，转引自［德］考夫曼著：《法律哲学》，刘幸义等译，法律出版社 2004 年版，第 35 页。

第一节 ‖ 当代德国刑事政策

一般认为，“刑事政策”一词由德国刑法学者费尔巴哈首创，随后由德国刑法学者亨克（Henke）及李斯特（Franz v. Liszt，1851～1919）等学者加以推广，逐渐由其他欧陆法系国家所陆续使用而成为一门学问。[①] 自此，德国在西方国家率先拉开了刑事政策演进的序幕，并深刻影响着欧美等国乃至后来的日本等国。

一、德国刑事政策之历史嬗变

纵览德国法制史，从君主立宪到魏玛共和，再到纳粹独裁，再到民主重建，不难发现，德国刑法正是在这样的历史背景下曲折发展，顺应历史脉络的。德国刑法大体上历经了 1532 年的《卡洛林娜法典》、巴伐利亚地区《1751 年刑法典》[②]、费尔巴哈为巴伐利亚王国制定的《1813 年刑法典》、德国统一后制定的 1851 年的《普鲁士刑法典》，以及《1871 年刑法典》即迄今仍在使用的刑法典，而后为了适应社会发展需求历经频繁修改，其内容已经发生巨大的变化。

具体而言，主要变现为：在 19 世纪和 20 世纪交汇之际的德国魏玛共和国时期，德国进行了刑法改革运动（1919～1933），诞生了罚金刑法、少年刑法、惯犯法等，使得罚金刑得以大量适用、教育刑思想得以确立、刑罚以外的保安及矫正处分植入刑法。[③] 在纳粹党执政时期，为推行极权统治，刑法典被按照种族主义、恐怖统治的需要而修改，甚至连罪刑法定都被废止，导致任意出入罪的特别法层出不穷。“二战”后，为清除刑法中纳粹统治制度的残余，德国于 1953 年 8 月 25 日在 1949 年《基本法》废除死刑和重新确认罪刑法定基本原则的基础上，颁布了新版本的刑法，并使用“刑法典”的称谓，同时引进了缓刑和假释。之后，随着社会的发展，尤其是针对一些新型犯罪，先后于 1969 年 9 月 1 日、1975 年 1 月 2 日、1987 年 3 月 10 日、1998 年 11 月

---

① 张甘妹著：《刑事政策》，台湾三民书局 1998 年版，第 1-2 页。

② 有学者专门对此进行了研究，认为该刑法典在德国刑法史上具有重要意义。参见陈惠馨：《1751 年德国〈巴伐利亚刑法典〉——德国当代刑法的起源》，载《比较法研究》2012 年第 1 期。

③ ［德］汉斯·海因里希·耶赛克：《为德意志联邦共和国刑法典序》，载《德国刑法典》，徐久生、庄敬华译，中国方正出版社 2004 年版，第 1 页。

13日、2002年8月22日分别颁布了“新刑法典”，当然其间各年度也进行了较为频繁的修正。近年来，德国刑法修正更是频繁，按照法条修正的生效时间进行统计：2007年有8次修正，涉及30多个条文；2008年有5次修正，涉及10多个条文；2009年有6次修正，涉及10个条文；2010年有1次修正，涉及1个条文；2011年有7次修正，涉及30多个条文；2012年有3次修正，涉及3个条文；2013年有9次修正，涉及17个条文；2014年有2次修正，涉及4个条文；2015年有9次修正，涉及50多个条文。① 而2016年生效的修正共有7次。② 也有学者对2002年到2017年5月之间，德国刑法的一些重要修正进行了较为系统的梳理，主要包括恐怖主义犯罪、有组织犯罪、洗钱犯罪、针对儿童的性犯罪、性刑法等方面的内容。③

刑法和刑事政策存在着与生俱来的紧密关系，我们可以从德国刑法的上述变化，窥探德国刑事政策的历史演进过程。费尔巴哈虽然首创刑事政策，但他将刑事政策的作用范围限定在刑事立法领域，基本上就是“刑法的立法政策”，属于“最狭义的刑事政策”，即仅限于在刑法规范体系内研究任何发挥刑法防制犯罪的功能。④ 同时，在实体内容上，基于“在法的领域，人只能作为自然的存在者加以考察，作为自然的存在者加以考察时，人都是受自然的因果律的支配。在道德领域中，人是作为理性的存在者来考察……”⑤ 的哲学基础，并由此提出了“心理强制说”这一著名的刑法理论，构筑了刑法的最高原则：“国家的每一部法律中的刑罚都是一个为维护外在权利而构成的，对违法给予感官上（内心）的恶的法律后果。从最高原则的定义中可以得出无法无刑、无法无罪和有罪必罚三个从属原则”，⑥ 也即罪刑法定原则。根据心理强制说和罪刑法定原则，费尔巴哈大力主张一般预防论，即刑法的目的在于威慑那些可能实施犯罪的人不要去实施犯罪，否则会受到刑罚惩治。

与费尔巴哈将刑事政策限定在刑事立法并必须服从于罪刑法定原则相比，

---

① Denny：《〈德国刑法典〉2015年修正内容概览》，载德国刑法小站，https：//mp. weixin. qq. com/s/6mwF0EEbGzhyKlqp75ufbg。

② Denny：《〈德国刑法典〉2016年修正内容概览》，载德国刑法小站，https：//mp. weixin. qq. com/s/qPmJe-hzKyLPYjG4HlyTXQ。

③ 徐久生：《德国刑法典的重大变化及其解读》，载《刑事法评论》2017年第1期。

④ 许福生著：《犯罪与刑事政策学》，台湾元照出版有限公司2012年版，第10页。

⑤ 马克昌主编：《近代西方刑法学说史》，中国人民公安大学出版社2008年版，第97页。

⑥ ［德］安塞尔姆·里特尔·冯·费尔巴哈著：《德国刑法教科书》，徐久生译，中国方正出版社2010年版，第31页。

作为刑事社会学派创始人的李斯特则将刑事政策涵射范围进行了巨大拓展，基于对以往刑法过于注重对抽象概念的思辨的反思，更加重视刑法的实际效果。他认为，刑事政策是以科学方法，研究犯罪原因以及刑罚成效，且以此为基础，而获得各种原理原则，国家并依此原理原则，以刑罚及其相类似制度为手段，以抗制犯罪。[①] 随着人们对犯罪原因的深化研究，尤其是关于犯罪人和犯罪现象进行的实证研究，人们对犯罪现象的认识极大丰富。在李斯特看来，“犯罪系环绕犯人的社会关系及犯人固有性格所必然成立者。”[②] 由此可见，李斯特主张的刑事政策已经拓展到刑法立法之外。基于防卫社会的出发点，除了相对不确定刑、缓刑、假释、罚金等刑罚之外，国家用于预防和防治犯罪的一切手段和方法诸如强制工作、累进处遇、保安处分等非刑罚手段似乎也顺理成章纳入他的刑事政策体系，而且他所倡导的刑事政策还将担负刑事立法科学化的任务。诚如他在其名著《德国刑法教科书》中所言：“一般来说，刑事政策要求，社会防卫，尤其是作为目的刑的刑罚在刑种上均适合犯罪人的特点，这样才能防止其将来继续实施犯罪行为。从这个要求中我们一方面可以找到对现行法律进行批判性评价的可靠标准，另一方面我们也可以找到未来立法规划发展的出发点。”[③] 可见，基于对犯罪原因的深刻认识和对犯罪治理撤销的孜孜追求，李斯特的刑事政策不仅是批判现行刑法的依据，也是刑事立法的出发点。

“二战”期间，早在德国魏玛时期就已经深入人心的教育刑刑事政策在纳粹党的极权统治下变味走形，演绎成披着“法制”外衣实则推行以镇压、压制为主的刑事政策，给人类带来无与伦比的灾难。基于对纳粹时期刑事政策的反思和全面审视，恢复民主与法制成为刑事法治的首要任务，德国刑事政策进入人道主义阶段，尤其是20世纪70年代德国对刑法典作了百年以来最大的修改。以汉斯·海因里希·耶赛克教授（Hans-Heinrich Jescheck，1915~2009）、克劳斯·罗克辛教授（Claus Roxin，1931~）等为代表的德国刑法学者进一步发展了德国刑事政策，他们的一些刑事政策方面的思想在刑法变革中也得以体现。正如耶赛克教授所言，当前在刑事政策方面，如同启蒙运动

① 转引自许福生著：《犯罪与刑事政策学》，台湾元照出版有限公司2012年版，第8页。

② 转引自马克昌主编：《近代西方刑法学说史》，中国人民公安大学出版社2008年版，第228页。

③ ［德］李斯特著：《德国刑法教科书》（修订译本），徐久生译，法律出版社2006年版，第15页。

时期刑罚从身体刑和生命刑向自由刑过渡一样，德国刑法正处在从自由刑向适用最多的罚金刑过渡的重要转折期，但是罚金刑主要还是停留在对轻微犯罪和较重犯罪的处罚上。引进作为替代刑之一的公益劳动，也是向正确方向迈进的重要一步。[①] 在刑事政策与刑法的关系方面，罗克辛教授突破德国学界以往将二者分而立之的局面，主张实现刑事政策与刑法的体系性统一，将刑事政策引入刑法教义学体系，对刑法的解释和适用起到指导作用。但是，刑事政策只能在出罪的方向上成为刑法教义，而不是相反。[②] 而耶赛克教授认为，刑事政策并非仅限于改善刑罚制度，而应该着眼于整个社会对犯罪问题进行"综合治理"，即将旧刑法中的逾越犯从犯罪中剥离出来"非犯罪化"，在必要的限度内，刑罚越少越好，在可能的范围内，社会帮助越多越好，自由刑只有作为最后理性时才能使用，刑罚必须从人道的、温和的，尽可能有利于罪犯再社会化的角度考虑问题，故建设治疗机构是有必要的，但必须是非强制性的。[③] 很显然，将刑事政策与社会变迁联系在一起已经势在必行，并得到越来越多人的认可与支持。

总体而言，德国作为刑事政策的发源地，从费氏创立并发展至今，其间德国刑法虽然历经纳粹德国的统治与世界大战的摧残，但是其深入人心的民主法治理念和深厚的人文主义情怀，以及一批一批集大成的刑法学家将德国刑事政策和思想成功地融入世界刑法法律科学的洪流之中，日趋成熟，引领时代潮流，在国际社会始终处于刑事法治思想的输出国位置。

二、当代德国刑事政策的基本内容

"二战"以后，德国刑法修改频繁，尽管不同时期的具体刑事政策有所差异，但是人道、法治、公正三大刑事政策基本原则始终贯穿其中，指导刑事立法和刑事司法实践。因为耶赛克教授在介绍德国刑事政策基本原则时，明确指出其具体包括：通过罪责相适应的刑罚实现一般预防和特殊预防的有机统一，刑罚处罚的所有先决条件以及刑种和刑度都必须由法律明确规定，刑罚从广义上所产生的所有人际关系，均必须建立在彼此约束、共同对犯罪人

---

① ［德］汉斯·海因里希·耶赛克：《为德意志联邦共和国刑法典序》，载《德国刑法典》，徐久生、庄敬华译，中国方正出版社2004年版，第31页。

② 苏永生：《德国刑事政策与刑法关系借鉴》，载《检察日报》2018年8月9日，第3版。

③ 马克昌主编：《近代西方刑法学说史》，中国人民公安大学出版社2008年版，第536-543页。

负责、为社会帮助之热情和挽救犯罪人的意愿之上。① 通过前述梳理以及结合德国刑法典的修改，可以发现当前德国的刑事政策呈现出“对特殊犯罪偏重、刑罚总量减轻”的“轻轻重重，以轻为主”的基本态势。

（一）德国刑事政策在“轻轻”方面的主要表现

对轻微犯罪进行非犯罪化和非刑罚处罚化，以及刑罚的轻缓化。例如，将通奸、同性恋、卖淫、吸毒、堕胎等行为非犯罪化；将旧刑法典中的“违法行为”专章废除掉，转移到“违反秩序法”中，实现非犯罪化；将与被害人和解作为减轻或者免除刑事处罚的依据；在《刑事诉讼法》中为轻微犯罪非罪化提供了合理处理途径；对少年轻微违法行为和越轨行为不科处刑罚；刑罚上，废除死刑，自由刑、财产刑并重，监禁刑呈弱化趋势。正如德国著名刑法学者耶赛克与魏根特所言：“从《刑法典》的体系上看，自由刑处于制裁目录的顶端。但在法的实现中，仅从统计上看，它倒是成为一种例外：在1991年只有大约5%的被判刑的成年人被实际执行自由刑。剥夺自由仅作为‘最后的手段’，也就是说，除了科处自由刑外不再有其他的选择，这种思想在德国早已成为现实。自由刑占所有刑法制裁的比例，即使作欧洲间的比较，德国也是相对低的。”② 同时，将原有的刑事制裁体制由刑罚单轨制改革为刑罚和保安处分双轨制，倡导行刑社会化，限制自由刑尤其是短期自由刑的适用。1976年3月1日公布的《自由刑和剥夺自由的矫正及保安处分法》开宗明义地规定：自由刑执行的目的，在于使犯人重返社会后不再实施犯罪行为，自由刑的执行亦起一般预防的作用。这意味着刑罚执行将优先考虑行为人的再社会化目的，其次才是保护公众免受进一步犯罪侵害。根据这一原则，实践中对于初犯、过失犯等，不轻易适用监禁刑，同时逐渐扩大适用缓刑考验、假释、罚金刑、资格刑等自由刑替代措施。

（二）德国刑事政策在“重重”方面的主要表现

一方面，对于一些严重危害国家、公共利益的犯罪，刑法强化打击立场，如对严重的暴力犯罪、组织犯罪、恐怖主义性质犯罪、跨国边境犯罪、洗钱犯罪等设置更严厉的刑罚；增设严重危及国家的暴力犯罪的预备犯；对结伙盗窃、结伙窝赃、职业性结伙窝赃，不仅增设财产刑作为新刑种，而且扩展

---

① ［德］汉斯·海因里希·耶赛克：《为德意志联邦共和国刑法典序》，载《德国刑法典》，徐久生、庄敬华译，中国方正出版社2004年版，第5-10页。

② ［德］汉斯·海因里希·耶赛克、托马斯·魏根特著：《德国刑法教科书》，冯军译，中国法制出版社2000年版，第906页。

追缴的适用范围，最高得以被告人的全部财产作价判罚；同时还赋予司法人员采用特殊执行手段的权力，如在涉及有组织犯罪时，允许采用拍照、录像、窃听等各种秘密侦查手段。如《德国刑法典》第73条d段规定，不仅可以追缴有充分证据证明是通过违法行为获得的财产，而且只要有情况可以合理推定是通过违法行为取得的或者是用于违法行为的物品，法院就可追缴。另一方面，表现对特殊法益的重点保护，如针对儿童实施的性犯罪及截留、侵占劳动报酬等犯罪，刑法的罪刑设置更为严苛。例如，2015年颁布的第49部《刑法改革法》，将针对儿童的性犯罪的追诉时效届满期限延长至被害人年满30周岁，之前是被害人年满18周岁就不再追诉，也规定拍摄不满18周岁之人的裸体照，均应当受刑罚。还提高了对有从属关系之人性滥用的法定刑。[①]

当然，德国刑事政策在“重重”方面，还体现在对一些新型犯罪的规制上，以突出刑法对相关特殊法益的重点保护，进而适应社会发展。近年来，德国刑法基于这种政策导向，对网络犯罪、以拍照方式侵害私人生活领域的犯罪等进行了强化规制。如围绕侵犯计算机数据和信息系统安全的犯罪，修改了《德国刑法典》第十五章“侵害人身和隐私的犯罪”中的第202a条，在第202条后增加了第202b条和第202c条，并对涉及这3条的第205条（告诉）做了相应修改；修改了第二十七章“损坏财物的犯罪”中的第303a条和第303b条，并对涉及这2条的第303c条（告诉）进行了修改。具体而言，第一，原《德国刑法》第202a条规定：“非法为自己或他人窥探不属于自己的、经特别保护的资料的，处3年以下自由刑或罚金。第1款所述的数据，仅限于以电磁或者其他不能直接感知的方法存储或者传送的数据。”第202a条原第1款修改为：“任何人未经授权访问或者通过其他不是为其设置的被采取安全控制措施以阻挡未经允许访问的数据的入口，获取了访问入口的控制，处以3年以下自由刑，可并处罚金。”很显然，罚金刑成为必要之刑而非选择之刑。第二，第202b条为新增的法条，该条规定：“任何人未经授权或者使其他人，通过使用技术设备，从非公开的数据传输或者信息处理系统的电磁辐射中获取（202a第2款规定）不是给其的数据，处3年以下自由刑，可并处罚金。如果其他法条规定了更重的处罚，从其规定。”很显然，从重处罚成为这一类行为的处罚常态。第三，第202c条也为新增的法条，该条规定：“任何人预备进行202a或者202b规定的行为，只要其通过：（1）制作可以进

① 具体内容参见徐久生：《德国刑法典的重大变化及其解读》，载《刑事法评论》2017年第1期。

入第 202a 条第 2 款规定的数据的密码或者其他安全代码，或者（2）编写计算机程序，实施该行为的目的是生产、为自己或者他人制作、出售、转让给他人、传播或者用其他方式使他人可以获得，将处以 1 年以下自由刑或者并处罚金。对本罪行为，相应适用 149 条第 2 和 3 款的规定。”由此可见，实际上增加了对预备行为的规制。第四，原《德国刑法》第 303a 条规定：“非法去除、掩盖、使其不能使用或变更第 202a 条第 2 款规定的数据的，处 2 年以下自由刑或罚金。犯本罪未遂的，亦应处罚。”在此基础上，后增加规定了第 303a 条第 3 款：“对于准备实施第一款犯罪行为的，适用第 202c 条的相应规定。”很显然，对于犯罪未遂、犯罪预备行为都予以了规制，突出了刑法介入此类犯罪的提前。第五，原《德国刑法》第 303b 条（破坏计算机）规定：“为下列行为之一，非法干扰对他人公司、企业或当局具有重要意义的数据处理程序的，处 5 年以下自由刑或罚金：（1）实施第 303a 条第 1 款规定的犯罪的，或（2）对数据处理设施或计算机加以毁损、损坏、使其不能使用、去除或变更的。犯本罪未遂的，亦应处罚。”修改为：“任何人对他人具有重要意义的数据处理进行明显的干扰，有下列行为：（1）实施了第 303a 条第 1 款规定的行为的；（2）对第 202a 条第 2 款中的数据进行了其他有害的增加、输入或者传输，或者（3）对信息处理系统或者信息载体进行损坏、损伤、使其不能使用、移除或者改变，处 3 年以下自由刑或者罚金。对他人公司、企业或者政府机构的有重要意义的信息处理实施以上行为的，自由刑最高为 5 年或者处罚金。”增加规定：“有第 2 款规定的特别严重情节的，处 7 个月至 10 年自由刑。特别严重情节规定为，当行为人（1）导致大规模的财产损失，（2）以之为业或者作为团伙成员有组织地、持续进行破坏计算机，（3）以上行为损害了居民生活必需品或者服务供给或者联邦德国的安全。预备实施第 1 款规定的犯罪行为的，适用第 202c 条的相应规定。”由此可见，一方面一改过去一刀切的刑罚设置，根据危害结果大小设置刑罚梯次；另一方面，也将预备行为纳入其中加以规制，突出了刑法的强力介入。

（三）德国刑事政策在“以轻为主”方面的主要表现

在刑法立法和司法实践中，刑法始终恪守保障法的属性，以及刑法谦抑性，同时处处体现刑罚人道化、轻缓化。如尽管诸如洗钱罪是刑法重点规制的犯罪类型，但是在立法上还是为其设定了减免刑罚的途径。立法规定，洗钱嫌疑人可以自首（第 261 条第 9 款），自首的后果是免除处罚（刑罚阻却事由），只要是嫌疑人自愿在主管机关自首，或者自愿促成自首。但前提是犯罪行为此时尚未被发现，且行为人知道这一点。在第 261 条第 1 款或第 2 款第 1

项所述情况下，行为人还必须协助保全与犯罪有关之物品。在监狱法中，立足促进犯罪人再社会化，确立了犯人返家探视、短时离监和外出工作制度。返家探视是指犯人可以定期回家；短时离监是指犯人每天可以有若干小时暂时离开监狱，特别是用于外出找工作、找住处以及探访近亲属；工作外出是指犯人可以每天到监狱外在无监管状态下工作，挣取正常的报酬。对犯罪人的处罚，不再是冷冰冰权利剥夺，而是充满人性化的关怀与矫正。

值得注意的是，民粹主义在一定程度上也影响着刑事政策的制定与推行，进而影响刑事立法和司法。如 2016 年 11 月 10 日生效的《第 50 次刑法修正法——改善对性自主权的保护》（BGBl. IS. 2460）。一方面，这次修正吸收了英美国家的相关经验与理论，对德国性强制罪（强奸罪）的犯罪构成进行了颠覆性的改造，与之前政府草案所确立的模式南辕北辙。另一方面，由于“跨年夜科隆性侵案”引发了民愤，立法机关又新增了兜底性质的罪名，比如，极为轻微的性骚扰都可能受到两年以下的自由刑或罚金刑处罚。[①] 与此同时，基于为了防止国家滥用权力侵害基本人权的刑事政策，将国际刑法或者欧盟法相关内容引入德国刑法也越来越多见。如在国际刑事法院法创设了 ICC 规约在德国生效的前提条件后，德国于 2000 年 12 月 11 日批准了规约。对《德国宪法》第 16 条进行了修改以保证德国可以将其本国人交于国际刑事法院。与国际刑事法院合作法已于 2002 年 7 月 1 日起生效，能使其与国际刑事法院展开充分的合作。[②] 在反腐败犯罪方面，1998 年德国通过制定特别刑法《欧盟反腐败法案》将欧盟委员会分别于 1996 年、1997 年通过的《欧共体金融利益保障公约》《遏制贿赂欧共体官员与欧盟成员国官员公约》纳入了国内刑法体系。

第二节 ‖ 当代法国刑事政策

尽管法国作为德国的近邻，但是在刑事政策方面却较德国迟缓，一般认为马亚尔（Maillard）于 1889 年在巴黎出版的博士学位论文《刑事政策》（La politique criminelle），是法国本土第一本专门探讨刑事政策的著作。其后，历

---

① 周子实：《强奸罪入罪模式的比较研究——以德国〈刑法典〉第 177 条最新修正为视角》，载《比较法研究》2018 年第 1 期。

② ［德］格哈德·韦勒、弗洛里安·耶斯贝格尔：《国际刑事司法正在回归：德国新国际刑法典》，赵秉志、范红旗译，载《刑法论丛》2009 年第 3 卷。

经一个多世纪的发展，[①] 直到20世纪，刑事政策学在法国才逐渐成为一门独立的学科，其代表人物就是法国著名刑法学家多纳蒂厄·德·瓦布尔（Donnedieu de Vabres），他于1937年、1938年先后出版了《刑事法和比较刑法基本论》和《专制国家的刑事政策》两本著作，将刑事政策视为一门艺术，相当于一门科学。随着国际刑法学界尤其是欧洲大陆学者对刑事政策研究的不断升温，法国刑法学界也由最初的排斥到慢慢接受这一概念。然而学界对于刑事政策涵射的范围有多种观点，但是最受人们普遍关注与支持的还是“最广义说”，即刑事政策是国家与社会对广义的犯罪采取的一切反应。[②] 同样的，法国的刑事政策没有固定的、独立于法律或者规范的表现形式，多是体现在刑法典、刑事诉讼法、监狱法、少年法，以及其他涉及刑事处罚的法律规范中。因此，也必须通过对相关法律规范的解读来探寻法国刑事政策的来龙去脉。

一、法国刑事政策之历史嬗变

回顾自法国启蒙运动至今刑事政策的发展历程，不难发现法国刑事政策在启蒙运动时期，主要体现在孟德斯鸠、卢梭、伏尔泰、迪罗德等启蒙思想家、哲学家的刑法思想之中。这一时期，启蒙思想家对于人民主权、社会契约、分权制衡的经典论述为法国大革命奠定了深厚的思想基础。基于这种思想基础，在刑事法治上，猛烈批判封建刑罚的擅断与专制、残暴，倡导理性主义、自由主义，刑法人道化，于是关于国家与公民在法律上的地位的讨论成为启蒙思想家讨论的重点，罪刑法定和无罪推定原则成为启蒙思想家在“刑事法官根本没有解释刑事法律的权利，因为他们不是立法者”以及“在法官判决之前，一个人是不能被称为罪犯的”认识下用以刺向专制统治和重构政治秩序的最有力武器。

大革命胜利之后，具有划时代意义的1789年《人权宣言》得以确立。1791年法国第一部刑法典颁布，充分吸收《人权宣言》确立的罪刑法定主

① 因为在法国，19世纪关于刑事政策的研究是在监狱学的范畴下进行的，而且多数法国学者认为刑事政策这一用语和法语的精神不符，一直没有采纳，在法国著作中也一直很罕见。参见［法］雅克·博里康、朱琳编著：《法国当代刑事政策研究及借鉴》，中国人民公安大学出版社2011年版，第24页。

② ［法］雅克·博里康、朱琳编著：《法国当代刑事政策研究及借鉴》，中国人民公安大学出版社2011年版，第4-10页。

义、罪刑等价主义和刑罚人道化改革等重大刑法原则。1808年法国刑事诉讼法也得以建立，在无罪推定、辩护权保障、审判公开、职能分开相互制约、心证证明等基本原则的基础上，大量吸收英国法上对抗制的内容，包括陪审团制度、口头主义、对席审判的控辩审模式等，一改专制制度下的诉讼程序模式。顺应时代发展，1810年法国在拿破仑的主持下编撰了第二部刑法典。由于革命时期社会形势的急剧变化致使犯罪形势急剧恶化，刑法典对犯罪的制裁力度明显加强，如这部刑法典对重罪适用实体刑和名誉刑制度，死刑还被经常适用，其他刑罚如强迫劳动、徒刑等也表现出非常严厉的特点，有时还伴有酷刑或耻辱刑，如铁烙印、铁项圈等。在刑罚设置上，完全体现边沁的功利主义刑法观，即对犯罪的刑罚制裁的严厉程度应该与犯罪造成的社会危害之间保持相应的比例。尽管同资产阶级在刑法革命中确立的自由、平等和人权的法律原则相比，1810年法国刑法似乎在走“回头路”，但是其仍尊重古典主义宣言的罪刑法定主义原则，在立法形式上，法律不溯及既往、罪分三等、罪刑等价主义和刑罚公正平等的原则仍得到保留。它放弃了确定刑制度，而代之以法定刑的最高和最低限度。所以这部法律基本上贯彻落实了资本主义上升时期所确立的刑法原则，是一部法定主义的，平等主义的，以犯罪人的道德责任为根据的刑法典。①

19世纪初，法国也受到实证犯罪学的影响，并于1826年开始推行犯罪统计。而1826~1913年间，法国的犯罪全面大幅度的增长以及性质的重大转变，使得古典刑事学派的理论难以应对这种状况，转而取道实证学派，但是收效甚微。主要是因为：一方面，法国的学说既想保留古典学派的自由意志原则和道义责任；另一方面，也希望通过承认刑罚个别化的必要性和在惩罚措施之外创立预防措施来吸纳实证学派的相关结论。具体而言，以1875年法国从帝制进入共和制为分界点，在1875年之前，自由主义思想兴盛，刑罚处罚一般较轻，政治犯的死刑得以废除，建立政治刑罚与普通刑罚的二元刑罚体系，刑罚轻罪化是主要特点。而从1875年到1913年，面对日益严峻的犯罪态势，重刑意识得以苏醒，受实证主义的启发重新回归现实主义，试图按照不同类型的犯罪人的危险状态来对犯罪人进行个性化的刑事处罚。

由于刑事政策是以犯罪状况为先导的，通过犯罪状况的变化可以发现刑事政策的变化。抛开两次世界大战期间，1919年至1955年，法国犯罪结构并没有发生太大变化，侵财犯罪约占犯罪总数的65%，侵犯人身的犯罪占犯罪

① 邵景华：《法国1810年刑法典的产生及其主要特点》，载《法学家》1987年第1期。

总数的30%左右，危害国家、政府的犯罪占犯罪总数的5%~6%。同时，由于汽车广泛运用于社会生活中，汽车造成过失杀人和伤害的数量剧增。1956年至2003年，犯罪总量中增长最快的是盗窃、窝藏以及其他侵财犯罪，同时暴力行为大增，从家庭暴力到恐怖主义，性犯罪也有所增长。1955~2005年之间，未成年人犯罪数量不断增长。其中，1955年仅有13755人，1975年达到58625人，2005年达到82556人，是1955年的6倍之多。①

正是基于这样的犯罪状况，法国刑事政策在初期（1919~1945年）主要是为迎合稳定政权统治要求，倡导新社会防卫理论“防卫犯罪、防卫重罪”的刑事政策原则，提出创造一种双轨的惩罚制度刑罚和保安处分措施，同时采取一种预防式刑事政策，以针对导致某些犯罪的社会因素，如嗜酒、陋室、家族的道德败坏……充分体现了力图使社会脱离犯罪危险的新防卫主义目的。

第二次世界大战结束后一段时间内（1945~1994年），基于历史的沉痛教训，在欧洲各国纷纷开展刑法改革运动的大背景下，法国在1945年成立了刑法改革委员会，刑事立法领域内出现了第二次重大的“刑罚宽缓化”倾向和“非罪化”、“刑罚待遇化”等重大变化。但是在1976年至1977年后右派执政期间，由于犯罪率不断攀升，刑事政策开始转向，即加强惩罚力度，增设新的罪种，适当扩大死刑的适用范围，这种重罚主义的势头一直延续到80年代，并在1981年2月2日通过了《安全与自由法》，旨在保护个人自由，这个年代提倡“对轻微犯罪人设立一些新的刑罚方式从而避免监禁，而对重大犯罪人进行严厉惩罚”的刑事政策。在1981年至1995年，即密特朗执政时期，刑事政策主要是为了避免监禁人口的再度膨胀，确保遵守司法准则以及更有效地打击经济和金融犯罪。在90年代，刑事政策从人道主义进入实用主义，即倾向于直接研究犯罪现象，而不是那些遥远的犯罪成因，并倡导以实用主义为基础的政策。20世纪末，法国的刑事政策思想与北美的以新教原教旨主义为核心的“新犯罪学”② 所主张的个人责任思想达成某种一致，共同点在于反省以往复归政策所主张的社会教育方法，向安全政策转向，即严厉

---

① ［法］雅克·博里康、朱琳编著：《法国当代刑事政策研究及借鉴》，中国人民公安大学出版社2011年版，第170页。

② “新犯罪学”是相对传统犯罪学而言的，传统犯罪学理论认为犯罪是由于外部环境或者是行为人的过去而导致的，而新犯罪学理论认为行为人实施犯罪是在一种有利于犯罪实施的犯罪前环境下，借助这种环境提供的机会，有充分理由的一种选择，即行为人滥用了行为自由，因此不能将犯罪责任一味归咎于社会体制。新犯罪学理论的代表性观点有破窗理论、情景预防理论等。

化的转向，在报应、个别威慑和遏制的目标下强化了对重大犯罪人的惩罚和监督，这种监督甚至一直持续到犯罪人出狱后。与此同时，预防犯罪政策仍在继续，从以往单一的社会预防政策向与情境预防相结合的方向转变。在行动方式上，也从国家主导变为国家与社会联合行动，并且鼓励公民参与犯罪治理。如 2004 年，法国通过司法改革议案，扩大了刑事和解程序的适用，借鉴美国辩诉交易制度设立有罪答辩制度，在部分犯罪中，在被告人认罪的前提下，不经过法院的一般审判程序，法官对检察官提出的、被告人同意的刑罚建议进行批准。

总之，纵观法国刑事政策的发展历程，可以看到无论是“二战”后以强调犯罪预防和犯罪人的社会化为主的人道主义刑事政策，还是如今以惩罚犯罪和保护社会安全至上的刑事政策，实际上有两个因素贯穿了刑事政策演变的过程：一是国家在治理犯罪问题上的权力分配（集权还是放权），二是重罚主义与刑罚宽缓化两种倾向或公开或暗中对立冲突，交替主宰着法国的刑事立法和司法。

二、当代法国刑事政策的基本内容

纵览法国刑事政策演进历程，真正具有法国本土意义的刑事政策还是以安塞尔提出新社会防卫理论为标志。1954 年其出版了专著《新社会防卫论——一场人道主义的刑事政策运动》（1966 年、1981 年先后再版），1986 年出版《社会防卫思想》。之所以安塞尔提出的社会防卫理论谓之“新”，是相对于实证学派片面强调防卫社会而扩大国家刑罚权和以格拉玛蒂卡为代表的激进派主张维护犯罪人的人权而全然否定刑罚的功能性这样两种社会防卫思想而提出的第三种理论——根据健全的刑事政策修改刑法，使社会防卫运动统一到刑法之中，用以保障复归社会者的自由和权利，同时主张改革现有刑罚制度，把刑罚和保安处分合并为刑事制裁的统一体系，根据具体情况选择适用刑罚或者保安处分，并且特别强调犯罪人具有回归社会的权利，国家具有使犯罪人回归社会的义务。[①] 实际上，安塞尔提出的新社会防卫理论是实证学派社会防卫理论与激进学派社会防卫理论二者的折中，并且在安塞尔的新社会防卫理论体系中，保障人权重于国家或社会。因为他认为，“从重打击”、“加重刑罚”并不是处置严重暴力犯罪的好办法，事实上，这些严重暴力犯罪增加的原因主要是个人尤其是青年人得不到任何真正对话的机会，得不到他人

① 马克昌主编：《近代西方刑法学说史》，中国人民公安大学出版社 2008 年版，第 468 页。

的谅解或者理解，因而失望之至所致。因此，除了极少数特殊犯罪，应该避免千篇一律地适用监禁刑，而应该重在预防措施上。[①] 正是基于这样的刑事政策导向，突出“轻缓”特色的非刑事化思想得以在法国刑事立法与司法实践中有所体现，具体而言，包括：（1）非犯罪化，即将某些过时的罪名予以废除，如法国将同一家庭成员间的盗窃、通奸、亵渎圣物、堕胎等行为无罪化；（2）非刑罚化，即对触犯该罪名的行为人，适用一些刑罚替代措施或者更加轻缓的刑罚，如扩大缓刑的种类和法官的适用权限，增加缓刑的适用率，改革罚金刑制度（罚金的数额根据犯罪的客观情况以及被告人的收入来源和经济负担来确定）等；（3）受害人化，即在一些刑事案件中，责令加害人对受害人进行一定的赔偿并取得被害人的谅解，进而不起诉或者免除刑罚处罚；（4）社会化，即将预防犯罪问题不局限于刑事法学，而是统一于社会体系之中，鼓励公民、专家和社会参与其中，如为鼓励罪犯重归社会，规定了日间假释（半自由刑）、监外执行、电子监控狱外执行（电子手铐）等制度。毋庸置疑，安塞尔的新社会防卫理论在学术界与法律实务界都取得了巨大的成就，引领法国刑事政策理论与实践长达40年，诚如克里斯蒂娜·拉塞杰教授所言：“新社会防卫思想在新刑法典（1994年法国颁布了第三部新刑法典）中丝毫没有触动：法官的作用仍然很大（即使从形式上来说，减轻刑罚情节已经从法律规定中取消）……新刑法典规定了许多监禁刑的替代刑，刑罚的主要功能之一是使犯罪人回归社会……第一卷第三编的规定（刑罚个人化原则）更是忠实反映了社会防卫学派的理论。”[②]

然而自20世纪80年代起，尤其是1990年安塞尔教授去世以后，新社会防卫理论日渐式微，因为该理论并没有成功解决随着社会发展而出现的一些新犯罪、新问题，如整个社会经济发展速度放慢，民众安全感普遍不高，监狱人口爆满意味着刑罚替代措施探索的流产以及社会对监禁刑的依赖。与安塞尔密切关注对犯罪人的责任教育（即在罪犯服刑期间培养其对同类的责任感并矫正其行为）渐行渐远的是官方基于维护社会稳定出发越发关注行为人的危险性以及对危险的强有力的控制。于是刑事政策开始朝保障安全需求倾斜，即表现为带有惩罚性的刑事政策开始抬头，在表现形式上就是严厉的刑事政策。

① 马克昌主编：《近代西方刑法学说史》，中国人民公安大学出版社2008年版，第490页。

② 《法国新刑法典》，罗结珍译，中国法制出版社2003年版，第258页。

当然，严厉刑事政策的抬头只是相对而言，不是纯粹的惩罚，更不意味着对轻缓刑事政策的抛弃，而是顺应民主的要求，容许和鼓励非刑事的多元化纠纷解决机制。可以看出法国的刑事政策一直表现为在两极之间徘徊：一方面是用一些规模有限的社会方法来防止已经被各种统计证明的客观存在的严重的不安全现象，另一方面则是使用一些新古典主义主张的严厉手段来平复民众的不安全感。在二者之间折中似乎一直是法国学者的偏好，只是在细微处又稍微有所差异。因此，目前法国刑事政策实际上是兼具预防与惩罚，但是侧重于为保障安全的惩处，于是呈现出来的就是“轻轻重重，以重为主”的基本样态。

（一）法国刑事政策在“轻轻”方面的主要表现

在执行刑罚时落实人道主义原则，① 对于轻罪和违警罪更多地规定了非刑事化的处理途径，此外，更多体现在预防犯罪方面。当前，85%的法国人都生活在城市或者城市周围地带，城市面积占了法国国土面积的17%。1988年10月28日，“部际城市和城市社会发展代表团”（DIV）、“国家城市和城市社会发展委员会”（简称为国家城市委员会，CNV）和“部际城市和城市社会发展委员会”（简称为部际城市委员会，CIV）的出现，于是随着城市政策的兴起，预防犯罪政策自此成为城市政策的重要内容之一，而城市政策成为普遍预防政策的同义语。为预防犯罪，城市政策的内容包括改善城市的环境和生活条件，如住房条件的改善等；通过经济手段振兴城市，如就业措施改进等；社会平等政策的推行，如社会安置、反歧视等方面。很显然，这些措施手段体现的是一种柔性改进而非强力打击或是惩处，着眼于瓦解犯罪生成的原因或者条件，提供的实际上是一种综合治理的方案。

（二）法国刑事政策在“重重”方面的主要表现

回应民众对安全的渴求，以及将安全作为公民一项基本权利的确认，通过实施严厉的刑事政策来表明官方推行安全政策的决心。早在1995年1月21日法国通过的《安全指导和规划法》，就开宗明义：“安全是一项基本权利，

① 落实人道主义原则，主要体现为：（1）对犯罪人施加刑罚时，必须考虑有利于行为人再社会化问题，根据《法国刑事诉讼法》第707条规定，在执行过程，基于这一目的，可以对刑罚进行调整；（2）受害人保护方面的强化，如2000年6月15日第2000-516号《加强无罪推定和受害人权利法》中有29个条文涉及受害人，2004年3月9日第2004-204号《与犯罪变化相应的司法调整法》对《法国刑事诉讼法》第40-2条进行了修改，规定检察院需要对受害人说明不予立案的理由。设立“犯罪受害人赔偿委员会”（Commission d' Indemnisation des Victimes d' Infractions，CIVI）等方面。

也是个人和集体行使自由的条件之一。国家有确保安全的义务，并在共和国全部领土范围内确保捍卫国家机关和利益、尊重法律、维护和平和维持公共秩序、保护个人和财产。”这是法国首次将安全作为法定的基本权利，以法定形式认可基于保障安全权的惩罚政策，并通过一系列的法律来强化这种严厉化政策倾向。集中体现在：对累犯设置最低刑防止其再犯，对他人安全存在危险的犯罪人设置可将其永久居留的“安全留置”，扩大警察权限，将一些不法行为犯罪化或者刑事化，对未成年犯罪人刑罚严厉化等方面。

具体而言，从近年来法国关于安全的密集型立法，[①]可以管窥蠡测。如2002年8月29日通过的《国内安全调整和规划法》，被媒体及一些学者认为，这部法律认可了“零容忍”政策，是法国有史以来头一部借鉴了英美警察法和实践的法律。2002年9月9日通过的《司法调整和规划法》（又称 Perben I 法律），被当时的司法部长多米尼克·佩尔班（Dominique Perben）誉为“打击危害安全现象的顶梁柱”，该法大大扩宽了立即出庭程序的适用范围，扩大适用至所有可处6个月到10年监禁刑的轻罪。创设了“拘押紧急审理制度”，确保检察官可以反对释放先行拘押犯。对未成年犯罪的法令进行了重大修改，增加了包括延长拘留时长等惩罚力度。2003年3月18日通过的《国内安全法》，则在相当程度上受到北美国家破窗理论和零容忍政策的影响，新增了如在楼房厅堂不当集会、消极卖淫、在禁止区域安营住宿、鼓励乞讨、非法占据场所等罪名，警察可以据此（即对某人“有正当怀疑理由”时）对行为人适用刑事法。2003年6月12日通过的《反道路交通暴力法》，加重了对过失驾车致人死亡罪的惩罚，最高刑由原先的5年升至7年；加重了对屡次违法的司机的处罚；创立了一种通过雷达实现的自动惩罚制；并将分数扣完后重获驾照前的必要等待时间由6个月升至1年；规定新司机使用见习驾照等。2003年11月27日通过的《移民管理法》，将行政拘留的最长期限从12天提高至32天，同时增加市长对居留证的管理权限。2004年3月9日通过的《与犯罪变化相应的司法调整法》（又名 Perben II 法），对最严重的犯罪行为规定了一套新的惩处办法，并大大加强了警察和检察官的权力：将拘留时间延长至96小时，包括对16岁至18岁的未成年人的拘留；将对现行犯罪的侦查时间从8天增至15天，增加了夜间搜查和在私人住所安装窃听器的可能。此外，还新设立了八个专门针对重大犯罪的区际法院。刑法典不仅增加了新的

① 此部分参照了［法］雅克·博里康、朱琳编著：《法国当代刑事政策研究及借鉴》，中国人民公安大学出版社2011年版，第205-207页。

罪名（如泄露侦查信息罪等），还加重了对一些犯罪行为的刑罚：如造成海洋污染、森林火灾的行为，伪造，种族主义，反同性恋，淫媒牟利，为非法居留的外国人提供帮助，绑架和非法拘禁等。此外，快速审判程序也获得了发展，特别是建立了法式“认罪辩护”程序（类似于美国的辩诉交易程序）。另外，针对性犯罪人还建立了一种自动化的国家犯罪记录登记簿（FIJAIS）。DNA 指纹档案的范围也扩大了，可以在未征得当事人同意的情况下就建立 DNA 指纹档案。2005 年 12 月 12 日通过的《刑事犯罪累犯处置法》，扩大了累犯的法律定义：故意侵害人身的暴力行为今后都将被视为具有暴力加重情节的犯罪，这样一来法定累犯的数量就大为增加。对累犯实行监禁更为便捷，今后轻罪法庭在没有特别说明的情况下不能释放累犯。对累犯适用附考验的缓刑的条件更为苛刻。获得假释的累犯的考验期延长了，累犯可以享有的减刑额度却降低了。此外，对累犯还增加适用移动电子监视。2006 年 1 月 24 日通过的《反恐怖主义法》，加重了对预备实行恐怖活动的人的刑罚，对这些人的拘留时间从 4 天增至 6 天。航空公司必须将各种事项通知给乘客。因特网接入系统由网吧保管。在私人住宅附近安装摄像监视设备也得到了更多的许可，但是这项措施大大超出了反恐的范围。2006 年 7 月 25 日通过的《移民和安置法》，进一步增大了以家庭团聚为由来法的难度（居留期限、安置标准等），以及移民法国的难度，如将提出家庭团聚申请所要求的时间由原先的 12 个月变为 18 个月。同时还废除了居住满十年即获得所有居民权利的法律规定。2007 年 5 月 3 日通过的《预防犯罪法》，将市长定为预防犯罪工作的核心，规定司法主体可以和社会主体共享职业秘密。该法强化了对未成年犯和累犯的惩罚，创设了未成年人“立即出庭”的程序，加重了对 10 岁以上的未成年人的惩罚，并扩大了对 13 岁以上未成年人的先行拘押。该法律还设立了“埋伏和伏击警察罪”的新罪名。2010 年 1 月 16 日通过的《完善国内安全的指导和规划法》（即洛普斯法 II），不仅明确了 2009~2013 年间国内安全政策的战略重点（包括政府加强各种打击犯罪的法律手段、物质手段、财政手段、技术手段等方面），还增加了对有关犯罪（如入室盗窃和道路交通安全犯罪）的处罚，针对大规模游行集会安装摄像头监控等。

（三）法国刑事政策在“以重为主”方面的主要表现

“以重为主”并不限于单纯地强调惩罚，而是包容了自由倾向。尤其是在社会预防政策和刑事惩罚政策的交替实验后，法国人最终认识到这两种政策的互补性，二者不可偏废，只是有所侧重而已。具体而言，主要体现为：

（1）刑事化大举回归，新增罪名，大有新罪名增势远高于旧罪名消失的势头。一方面，早在1985年法国司法部就曾经任命一个统计委员会（NATINF）对罪名的性质进行统计，希望将一些轻微性质的罪名除罪化，以减少新刑法典的罪名，但是这次统计表明性质轻微可以被除罪的罪名非常少。这表明，基于新社会防卫思想，非犯罪化一直是法国刑法的孜孜追求。但是，另一方面，处于回应安全需求，新增一系列的罪名，如在建筑的公共场所妨碍通行（《建筑和居住法典》L126-3条），非法占据场所（《刑法典》322-4-1条），骚扰式乞讨（《刑法典》312-12-1条）。2001年5月15日第2001-420号法律创立了一个被法国人称为“障碍罪”的“参加坏人结社罪”（《刑法典》450-1条）：以一项或多项实际行动准备实行一项或多项重罪或者当处或至少当处5年监禁刑之轻罪，由此组成的任何小团体或达成的任何默契，都构成坏人结社罪。这一罪名独立于团伙实行的具体的犯罪，目的在于防止坏人结伙从事更危险的犯罪行为。鉴于团伙犯罪的侦破困难，立法上规定这一犯罪可以在一定程度上弥补侦破率低的不足。此外，对于与某些犯罪人经常往来但又不能证明自己收入来源的人采取举证责任倒置的方式设立了一些罪名：如与毒品走私或者使用毒品的人有经常的关系，但不能证明与其生活状况相符合的收入来源者最高处5年监禁并最高处75000欧元罚金（刑法典222-39-1条）；与参加坏人结社的人保持经常的关系，不能证明与其生活水准相适应的收入来源的，最高处5年监禁并最高处75000欧元罚金。《国内安全法》又将这种形式的罪名扩大适用至与贩卖人口的人（《刑法典》225-48条）、恐怖主义分子（421-2-3条）、经营乞讨的人（225-12-5条）有经常的关系但又不能证明与其生活水准相适应的收入来源的人。2001年《道路交通法典》新增在服药或毒品的状态下驾驶的罪名（L225-16-1条）。刑法典2002年新增精神骚扰罪（222-33-2条）。特别是2003年《国内安全法》新增数个与卖淫有关的犯罪（225-10-1条和225-12-1条）、经营乞讨、集体骚扰式的乞讨、带不足六岁儿童乞讨（225-12-5条、225-15-5条及其后，312-12-1条、227-15条，而1994年新刑法典已将乞讨除罪化）、占用住宅（313-6-1条）和场所（322-4-1条）、在公共活动中侮辱国旗、国歌（433-5-1条）等罪名。由此可见，为了平息民众对因治安问题而滋长的安全恐惧，立法者将形形色色的不法行为予以刑事化，严密刑事法网，可以让民众在一定程度上获得心理上的安定感。因为“社会大部分人对于刑事体制的运行往往抱有一种不太现实的信心”①。

① Mireille Delmas-Marty, Le flou du droit, PUF, 2004, p. 67.

（2）加大刑罚处罚力度。刑罚宽缓化是相对的，而刑罚严厉化则是绝对的。主要表现为对监禁刑的倚重。新刑法典对危害国家利益、侵犯个人利益或者财产利益的犯罪都规定了期限更长的监禁刑。具体而言，立法者往往通过增设一些加重情节来为刑罚升格做好铺垫。据不完全统计，在一些轻罪中，如果将几个加重情节相加就能对行为人处以7~10年的监禁刑。加重对累犯的惩处，扩大累犯的范围，强化对累犯的审前羁押，这些具体规定在2005年的《刑事犯罪累犯处置法》（Loi relative au traitement de la récidive des infractions pénales）和2007年的《打击累犯法》（Loi de lutte contre la récidive）中都进行了明确化。对未成年人犯罪也做了一些加重处罚的规定，如对于涉及暴力伤害犯罪、性犯罪、带有暴力加重情节犯罪的，排除适用未成年人减轻刑罚处罚的规定。

（3）强制适用带有自由剥夺性质的刑罚替代措施。如2008年的《危险犯罪人法》对于经过评估危险系数较高的重罪犯罪人在其刑满释放后，设置“安全留置”措施，即将监禁刑执行完毕的被判刑人留置在一个特定中心，通过医学治疗来消除其危险性。

（4）警察权力的扩张与对袭警行为的严惩，法官自由裁量权的增强等，也从侧面折射出刑事政策的严厉化倾向。

总之，当代法国刑事政策一方面深受安塞尔等人的新社会防卫思想的影响，另一方面面临跨国犯罪、恐怖主义犯罪、有组织犯罪等严峻的犯罪态势，基于回应保障民众的安全权，以及其他国家在治理犯罪方面的成功经验，法国刑事政策在保有理性平和的基础上，进一步发展了人道主义刑罚，但与此同时更倾向于采用严厉的惩罚政策来平衡遭犯罪破坏的秩序与安全权的保障。

第三节 ‖ 当代美国刑事政策

早期，在美国，并无“刑事政策”这一专业术语，但关于刑事政策内容的研究则一直在进行，只是这种研究一般是置于犯罪学（criminology）之中进行的，并且在刑罚学（penology）、监狱改革（prison reform）或刑罚改革（penal reform）等学科内容下也有所体现。直到第二次世界大战以后，才逐渐有德文 kriminalpolitik 之英译 criminal policy 一词被使用。联合国于1952年开始发行国际刑事政策评论（International Review of Criminal Policy），对于世界性的刑事政策活动起着相当重要的作用。

尽管“刑事政策”这一概念直到“二战”以后才出现在美国，但是并不代表其对刑事政策的研究从“二战”后才开始。例如，早在“二战”前美国学者就分别对少年犯罪、职业犯罪、累犯的刑罚处罚、监狱相关政策改革等方面作了研究。由于美国从一开始就有将刑事政策置于犯罪学之下进行研究的传统，同时，随着世界犯罪学研究中心转移至美国，[①] 所以时至今日，“刑事政策”一词在美国的使用还是不太普遍，一般仍多将刑事政策的研究包括在犯罪学的范围之内，并以公共政策的形式予以呈现。美国犯罪学的研究核心在于以科学的方法研究犯罪和社会失序现象，并解释犯罪和社会失序的原因，以此为基础提出预防及控制犯罪和社会失序的对策。只是其预防及控制犯罪和社会失序对策牵涉的范围很广，包括直接以强制力预防犯罪和间接的与预防犯罪有关的各种社会政策在内。这些研究内容类似于德国的广义刑事政策。[②] 由此可见，美国刑事政策实际上是指有关犯罪治理的一切手段，包括探求犯罪的原因，以及预防和惩罚犯罪的对策、措施。探求犯罪的原因是研究打击和预防犯罪的重要前提，对犯罪现象和犯罪原因的科学、正确认识，是制定科学的刑事政策的前提，而科学的刑事政策则指导打击和预防犯罪。正是在这样的循环交替中，美国刑事政策不断发展、成熟。

一、美国刑事政策之历史嬗变

在美国，犯罪一直是一个突出的问题，而刑事政策又是作为犯罪学研究的一个重要组成部分。20 世纪初期，美国工业革命完成，工业化、城市化初步实现，美国社会发生了翻天覆地的变化。[③] 各种社会问题集中爆发，日益突出的犯罪问题不仅困扰官方，也让学界困惑不已，正是在这样的时代背景下，犯罪学在美国兴起，美国成为引领世界犯罪学研究的中坚力量。由此可见，在 20 世纪前，美国的刑事政策在一定程度上处于继受欧洲有关国家关于犯罪治理经验的状况。并且 20 世纪初期，在都市化和工业化的浪潮中，刑事政策一直被认为是属于州和地方政府的管辖范围，联邦政府仅限于规范州际之间商务和铁路事务、邮件保护、抵制造假以及色情、彩票等一些涉及道德纯洁的活动，因此在联邦政府层面还没有出现统一的刑事政策。直到 20 世纪 30

① 一般认为，西方犯罪学于 18 世纪晚期起源和发展于欧洲大陆，自始欧洲大陆学者一直在犯罪学上享有话语权，这一格局一直持续到 20 世纪，但是自 1909 年美国芝加哥“美国刑法和犯罪学研究所”成立开始，世界犯罪学研究中心就转移到了美国。

② 许福生著：《犯罪与刑事政策学》，台湾元照出版有限公司 2010 年版，第 11-13 页。

③ 余之森主编：《美国通史》（第四卷），人民出版社 2002 年版，第 171 页。

年代，联邦政府展开了集中打击绑架和银行抢劫犯罪的激烈斗争，自此拉开了将打击犯罪的政策上升为国家政治问题的序幕。

整个20世纪上半叶，美国犯罪学接受了以犯罪人为中心的实证研究，重点探索多元化的犯罪原因，发展了犯罪社会学，正是因为其强调对犯罪人的研究，认为可以像医治病人一样来矫正犯罪人，于是20世纪五六十年代，美国提出了以“医疗模式”来矫正犯罪人。然而，这种强调监禁方式的“医疗模式”，过分宽容，效果也不太理想。进入20世纪70年代中期，高犯罪率日益成为不可忽视的社会现实，整个社会对犯罪现象变得缺乏耐心。据统计，美国在1970年每10万人中约有180名受刑人，到1985年上升至将近320名，即在15年内增加了大约106%。这个数字包括美国联邦、州和地方监狱的受刑人数。若单独计算州立监狱，增加率就更为显著，即156%。[①] 然而，根据联合国刑事司法中心的统计，自20世纪80年代末以来近20年时间内，美国是全球范围内少数犯罪总量持续下降的国家。[②] 这一前一后的鲜明对比，无不让人深思，究其原因就在于20世纪70年代以后，基于对安全、风险控制的强调以及对权力制约和权利保障的放松，加上出于有效防止犯罪的“功利主义”思考，美国调整了其刑事政策，即两极化模式取代矫治模式和公正模式成为美国控制犯罪的刑事政策，[③] 也即“轻轻重重”的两极化刑事政策。从概念上理解，“轻轻”就是针对危害性比较小的轻微犯罪采取比过去更加轻微的处理，如将微罪犯罪人送返回社区，以减轻司法机关的压力和监狱人满为患的负担。“重重”则意味着对危险性较大的犯罪将给予更为严厉的制裁，如对重罪犯、重复犯、惯犯、累犯等适用长期监禁，对有组织犯罪、恐怖犯罪和毒品犯罪等对社会秩序危害极大的犯罪从严惩治。这就是所谓的“轻者更轻、重者更重”的两极化刑事政策理念。新千年以后，随着犯罪浪潮汹涌高涨，尤其是“9·11”恐怖袭击之后，民众对犯罪恐惧感加深，社会安全感和幸福感下降，“爱国者法案”迅速就位，“自由给安全让路”的口号一呼百应，如是“轻轻重重”刑事政策的趋向也为之一变，倾向了保守派的主张——“尽可能地把多数犯罪人监禁起来”，以追求立竿见影的犯罪控制效

---

① ［挪威］托马斯·马蒂森：《受审判的监狱》，胡菀如译，北京大学出版社2014年版，第1页。

② Mark Shaw, Jan van Dijk, Wolfgang Rhomberg, Determing Trend in Global Crime and Justice: An Overview of Crime Trends and Operations of Criminal Justice Syslems, Forum on Crime and Society, United Nations Publication, Number 1 and 2, December, 2003, P. 41.

③ 李波：《当代美国刑事政策发展新趋势及其启示》，载《法商研究》2016年第6期。

果。由此可见，自20世纪70年代以来，“轻轻重重”的两极化刑事政策，随着美国社会的变化，轻重各有偏重。诚如有学者所言：“到目前为止，打击刑事犯罪还没有什么灵丹妙药，只有‘宽’和‘严’两手，关键在于如何根据所处的历史时代特征，在了解犯罪现实和掌握刑事政策方法和规律的基础上，灵活运用‘宽’、‘严’两手，制定合理的反犯罪战略。”① 可见“轻”、“重”并举是常态，只是在特定背景下二者相对有所侧重。

二、当代美国刑事政策的基本情况

从上述梳理可以发现，美国建国历史较短，背负的传统重负较少，实用主义至上的功利性追求，往往能促使其针对现实问题迅速做出调整和应对。自20世纪70年代，美国社会发生深刻变迁。后现代性社会的来临，引发全球性风险，美国社会整体上弥漫着一种怀疑和焦虑的心态，人们不再相信罪犯是可以矫治的，也不再相信国家是无所不能的。② 因此，当代美国刑事政策转变为两极化刑事政策。2001年“9·11”事件对美国人民造成的心理阴影，使得美国刑事政策具体表现为“轻轻重重，以重为主”顺理成章。当然，对于美国刑事政策的“轻轻”与“重重”两者之间的关系，有学者指出，“轻轻”是为了更好地实现“重重”，使司法机关腾出力量来对付重罪。③

（一）美国刑事政策“轻轻”方面的表现

主要体现为非刑事化处遇，即非犯罪化、非刑罚化、非监禁化、轻型化。非犯罪化，即将那些情节较为轻微，且行为性质随着实践发展已经没有社会危害的行为，从刑法中排除，不再作为犯罪处理。在美国造成很大影响的当属1962年《美国模范刑法典》，虽然这个法典本身并不是具有约束力的法律，但是其学术价值和示范意义极高。其示范意义变现为：“在它公布之后的20年内，就有半数州以它为蓝本对本州刑法进行了重大修订或者重新制定，使其成为现代刑法典。”④ 该法典主张违背道德的行为不应当列入犯罪的行列，将同性恋、卖淫及通奸罪等非犯罪化。1967年美国总统执法与司法委员会在

① ［法］雅克·博里康、朱琳编著：《法国当代刑事政策研究及借鉴》，中国人民公安大学出版社2011年版，“前言”第2页。

② 关于美国刑事政策转型的原因，李波博士进行了系统梳理，参见李波：《当代美国刑事政策发展新趋势及其启示》，载《法商研究》2016年第6期。

③ 李希慧等：《“轻轻重重”应成为一项长期的刑事政策》，载《检察日报》2005年5月26日，第3版。

④ 何勤华、夏菲主编：《西方刑法史》，北京大学出版社2006年版，第465页。

《自由社会犯罪之挑战》（The Challenge of Crime in a Free Society）的报告和1970年制定的《联邦综合性药物滥用防止及管制法》都逐渐将无被害人犯罪非犯罪化，陆陆续续有些州将卖淫、药品滥用、堕胎、公然酗酒等无受害人和道德侵犯等罪行非犯罪化。

除了这种通过立法将原来被法律规定为犯罪的行为予以非犯罪化之外，也有运用司法裁量权对具体的危害行为通过司法程序予以非犯罪化。具体表现为：一是辩诉交易制度。所谓辩诉交易，是指为了换取被告作出有罪的答辩，检察官提供比原先指控的罪名更加轻微或者更少的罪名进行指控，或者允诺向法官提出有利于被告的量刑建议等条件，与被告在法庭外讨价还价后达成一致协议并交由法官判决的制度。1970年，美国联邦最高法院在Brady V. U. S.［Brady v. United States，379，U. S. 742，752-53（1970）］一案的判决中正式确立了辩诉交易制度，并在1971年对Santobell v. New York案的判决中再一次强调了它的合法性，指出辩诉交易是美国刑事司法制度的基本组成部分，如果运用得当就应当受到鼓励。[①] 1974年，美国《联邦刑事诉讼规则》正式对辩诉交易的原则和程序进行了规定，从而在法律中明确了辩诉交易作为一项司法制度的地位。这一制度的确立无疑极大地提高了诉讼效率，减少案件积压数量并节约了诉讼成本，在美国受到了广泛的支持。通过辩诉交易解决的刑事案件，芝加哥市占85%，克里夫兰市占86%，圣保罗市占95%，洛杉矶市占81%。[②] 二是转向处分（diversion）。这是1967年美国总统执法与司法委员会在《自由社会犯罪之挑战》报告中，针对少年犯罪非罪化提出的一项措施。之后在西方发达国家被广泛推广，针对危害不大的轻罪案件和主观恶性不深的初犯、偶犯、未成年犯，借助非官方机构和团体的介入，进行教育性扶助。三是修复性司法（restorative justice）实践。1978年，美国借鉴加拿大在恢复性司法实践中的成功经验，在印第安纳州进行了第一个被害与加害和解计划（Victim-Offender Reconciliation Program），成为美国恢复性司法迈出的第一步。1980年，美国国会通过了《纠纷解决法》，鼓励该领域进行更加深入的探索。

非刑罚化，即对行为人实施刑法替代措施。在美国，非刑罚化主要体现在扩大非监禁刑的适用上。具体表现为：一是保安处分。虽然在美国《模范

---

① 刘根菊：《确立中国式辩诉交易程序之研讨》，载《政法论坛》（中国政法大学学报）2000年第4期。

② 竹怀军、利子平：《我国刑事政策的抉择及其合理性论证》，载《法学评论》2006年第4期。

刑法典》中没有“保安处分”的直接性规定，但是，一般认为第6.13条规定的“代替追诉和判决的民事拘禁制度”，是与保安处分相类似的制度。对于那些被追诉轻罪或者微罪的被告人，如果出现慢性酒精中毒、吸毒成瘾或者精神异常的情况，法院可以依法将其民事拘禁于医院或负责治疗以及其他矫正待遇的机关，法院可命令该拘禁并且驳回起诉。在认定有罪后拘禁令被作出的情况下，法庭可以选择撤销入罪的裁判或者判决并驳回起诉。二是社区服务（community service），即判令犯罪人在社区实施一定时间的公益活动，如打扫卫生、照顾福利院老人等。当然，针对的对象主要是某些轻罪或者违警罪的行为人。

非监禁化，顾名思义，即非通过监狱强制性剥夺犯罪人的人身自由来执行刑罚，而是在监狱外通过系列措施矫正犯罪人。在美国，开展良好的当属社区矫正（community correction），即以社会为基础的对各类刑事罪犯在非监禁状态下进行治疗、监管、处置等行刑和矫正的活动，适用于缓刑犯、假释犯、被判社区服务以及其他适用监禁刑替代措施的犯人。[①] 美国在20世纪70年代末便开始对改善主义的“医疗模式”予以检讨，修正了一味宽松的刑事政策与行刑政策，并由此生发了强调报应与惩罚的“正义模式”，但又结合了预防与矫正的理念，创立了“重重轻轻”的两极化刑事政策。在此背景下，社区矫正政策不但没有废除，反而作为两极化刑事政策的一极，经过修改与完善，尤其是增加了社区矫正的报应、惩罚与严格监管的内容，以新的形式又蓬勃发展起来。

从20世纪60年代后期开始，美国开始建设“社区参与型”的矫正设施，对监狱制度进行改革。这种类型的监所以两种形式运行：“监放中心”（work release center，study release center）和“中途监所”（hales-way house）。在前一类监所中，犯人可以外出工作或学习，结束之后再回监所服刑。后一种旨在帮助犯人逐步适应社会生活的方式，因此被誉为监狱与社会之间的“中途岛”。在中途监所，犯人能够与社会时常接触，得到社区的直接帮助。这种安排可以帮助犯人逐渐适应和监狱生活完全不同的社会生活，从而解决出狱之后的社会适应性问题。在此期间，除了来自社区的帮助，中途监所的管理人员也会帮助犯人寻找职业，以保证犯人在出狱后具有独立自主的谋生手段。与此类似的，还有周末监狱、夜间监狱、业余监狱等。

自1973年明尼苏达州通过了《社区矫正法》至今，多数州已有了包含社

① 储槐植、江溯著：《美国刑法》（第4版），北京大学出版社2012年版，第287页。

区矫正内容的法律。目前社区矫正的形式已经扩展到缓刑监督、假释监督、社区服务、家庭软禁、电子监控、定期报告等类型。尽管目前美国尚没有一个完全统一的社区矫正模式方式，但是社区矫正的发展正伴随着社区发展而逐步成熟。比起专门进行隔离的监禁刑来说，对罪行不严重的罪犯适用非监禁刑无疑有利于罪犯回归社会，并且这一方式也能够得到普通民众的接受。

轻刑化，即刑罚在轻重程度上的降低，通过消减死刑、扩大资格刑、罚金刑等方式对犯罪适用尽量轻缓的刑罚。可以从美国死刑变化情况来看这一问题，即立法上的废除和司法上的否定性适用。20 世纪 60 年代，美国迎来废除死刑的第二次高潮，如 1964 年俄勒冈州废除死刑，1965 年纽约州、西弗吉尼亚州、佛蒙特州废除死刑，1969 年新墨西哥州也废除了死刑。尽管在近 20 年中美国许多州还是大量增加了死刑的适用，但从 1976 年起，美国最高法院开始逐渐缩小死刑的适用范围。1977 年，在“科克尔诉佐治亚州”（Coker v. Georgia）案①中，最高法院裁决因强奸罪而判处死刑为宪法第 8 条修正案所禁止的不相称惩罚，并且暗示只有谋杀才能被判处死刑。1986 年，在“福特诉温赖特”（Ford v. Wainwright）案②中，最高法院裁决对精神病犯人执行死刑为违宪。1988 年，联邦最高法院在汤普森（Thompson v. Oklahoma）案③中推翻了对其的死刑原判，认为判处未满 16 周岁的未成年人死刑应受到禁止。2002 年，美国最高法院在“埃特肯思诉弗吉尼亚州”（Atkins v. Virginia）案④中禁止对智障者实行死刑。2005 年，最高法院在“卢普诉西蒙斯”（Roper v. Simmons）案⑤中以 5 票赞成 4 票反对的微弱多数通过决议，宣布对 18 周岁以下的未成年人执行死刑过于残忍，违反宪法，予以废止。由此可见，死刑适用范围一再缩减。

（二）美国刑事政策“重重”方面的表现

20 世纪 70 年代到 90 年代，美国犯罪形势恶化，为了应对犯罪率的上升和公众对犯罪的恐惧感加深，尼克松政府推行了“强硬政策（Get tough）”，整个美国社会掀起了“强硬打击犯罪”运动（“Tough on Crime” movement），即一系列的打击犯罪的活动。它强调刑罚是主要的并且常常是唯一的应对犯罪的措施，通常这些措施主张较长的、较严厉的刑罚而不主张教育和改造罪

① Coker v. Georgia 433 US 584（1977）.

② Ford v. Wainwright 477 US 399（1986）.

③ Thompson v. Oklahoma 487 U. S. 815（1988）.

④ Atkins v. Virginia 536 U. S. 304（2002）.

⑤ Roper v. Simmons. 543 US 551（2005）.

犯使其回归社会。联邦和各州设定了诸多的严厉打击犯罪政策，主要有强制量刑（Mandatory sentencing）、三振出局（Three strikes）、量刑的真实性确定性原则（truth-in-sentencing），提高生活质量的治安政策（quality of life policing）和零忍耐政策（zero tolerance）等，迎合了公众严厉打击犯罪的情感。该时期的指导思想转向打击累犯和威慑潜在的犯罪者。严厉打击的政策包括死刑的恢复、对缓刑和假释使用的限制等，具体包括：

（1）针对严重暴力犯罪和有组织犯罪，美国增加罪名和设置重刑。1970年，美国制定了《反犯罪组织侵蚀合法组织法》（The Racketeer Influenced and Corrupt Organization Act），对于犯罪“行为模式”允许有条件的从重溯及，打破了美国宪法一贯所主张的禁止溯及既往原则。同时，该法对犯罪人适用财产刑，使该犯罪成为适用没收财产刑的少数罪名之一，这与美国强调保护个人财产形成了鲜明的对比。同时，要求共犯对实行犯在实施共同犯罪计划过程中所发生的一切当然的可能后果承担刑事责任，实际上扩大了对刑事责任的追责范围。再如1985年到1993年间，针对毒品犯罪蔓延，美国制定了一系列严厉打击毒品犯罪的法律，1986年和1988年《反毒品滥用法》规定，持有5克“快克”的犯罪人将面临最低刑期为五年的刑罚。

（2）创设“三振出局”制度，加重对累犯的处罚。在美国，对累犯的判刑实行加重制，即均根据犯重罪的次数按一定的比例累加量刑，只是各州之间具体的累加比例有所不同，著名的“三振出局”制度应运而生。“三振出局”又称“三次打击法”（three strikes law），来源于棒球术语，是指对于三次以上犯轻微罪的罪犯，如果已经被定罪处罚两次，在第三次犯罪时就将适用更加严厉的处罚。当时，人们发现，大部分犯罪都是由有前科者所为，因此，惩治惯犯、职业犯罪成了“严打”政策的首要目标。受犯罪率上升的影响，1993年华盛顿州率先通过了“三振出局”法律。1994年12月，加利福尼亚州的惯犯Richard Allen Davis在宣誓永不再犯后获得假释。然而假释期间，他很快便绑架强奸并杀害了12岁的女孩Polly Klass。这一案件在加州引起了极大的反响，民众对此类累犯的容忍度受到极大的挑战。在席卷全州的呼声中，州议会以最快的速度通过了将“三振出局法案”提交全民公决的决议并获得高票通过。自此，政治家们都一窝蜂地转向“三振出局”。受害者家属为阻止悲剧不再发生不懈的努力，以及公众对犯罪猖獗的愤怒，使“三振出局”“犹如一辆装满货物的火车呼啸着冲下山坡”。[①]

（3）限制假释、减刑。假释曾一度在美国广泛适用，为了纠正滥用假释这个弊病，以及出于假释的效果反思，1975 年美国缅因州通过法案取消了假释制度。1984 年年底，美国通过了《综合控制犯罪法令》，规定经过为期 5 年的过渡阶段以后，将逐步缩小假释制度的适用范围，并在未来逐步废除该制度。在“三振出局”制度出台以后，对因重罪而第三次面临监禁刑的犯罪人判处无期徒刑，并排除了假释的适用。美国新泽西州规定，对于无期徒刑执行未满 25 年的犯罪人，不得适用假释。同样的，美国对减刑的条件也进行了限制，要求犯罪人必须至少执行了宣告刑的 85%后才有资格申请减刑。以法定形式严格限制减刑、假释的适用，从侧面反映了人们对利用监狱控制犯罪的模式还是信赖的。

（4）恢复死刑。1976 年，在“格雷格诉佐治亚州”（Gregg v. Georgia）[②] 等案件中，最高法院以绝对多数裁决死刑作为对一级谋杀罪的惩罚“未必是残酷和逾常的”，以此又恢复了死刑。随着美国严重暴力犯罪案件的增多，公众表现出对犯罪形势恶化的愤怒。在民意的影响下，美国立法机关增加了适用死刑的罪种。在过去 20 年，美国已将死刑扩展到 60 多项罪行，并以限制已决犯上的权利来加速执行死刑，其重刑主义倾向可见一斑。[③] 从 20 世纪 80 年代开始，联邦刑法中的死刑范围开始扩大，如 1988 年修订的《反毒品滥用法》（Anti-DrugAbuse Act），1994 年《暴力犯罪控制》（Violent Crime Control Act）和 1996 年的《反恐怖主义和有效死刑法案》（Anti-Terrorism and Effective Death Penalty Act）均有所体现。显然，人们对于利用死刑来控制犯罪的热情在“以暴制暴”的思想观念下死灰复燃。

（5）基于“破窗理论”和“零容忍理论”，对轻微犯罪甚至一些越轨行为也开展严厉打击。“破窗理论”是 1982 年美国政治学家威尔逊和犯罪学家凯琳首创，认为邻里和街头的不文明现象是导致犯罪特别是街头常见的侵害犯罪的一个重要因素。各种不文明现象破坏了所在街区的人们的日常生活，造成集体生活的无序和质量下降。这不仅大大增强了人们的不安全感，而且使潜在犯罪人认为社会控制缺失、犯罪不会被警察逮住，从而大胆实施犯罪。

---

① Gest, Ted. “Three Strikes: Baseball to Crime”, in Crime and Politics: Big Government Erratic Campaign for Law and Order, Oxford University Press, 2001, p. 195.

② Gregg v. Georgia 428 US 153 (1976).

③ 国务院新闻办公室：《2001 年美国人权记录》，载《中华人民共和国政府白皮书》2002 年 3 月 11 日。

“破窗理论”认为微小的原因可以引起严重的后果：无序可以同时引起不安全感和犯罪的增加。“零容忍”政策的核心是严厉打击各种犯罪和一些反社会的行为，即使是轻微的违法犯罪，也坚决打击。美国校园枪击案的不断发生，使学校诚惶诚恐，不仅大学校园，中、小学甚至幼儿园都对刀、枪包括玩具刀、枪等适用“零容忍”政策，违者将被停课一段时间或被开除学籍。此外，学校对持有和吸食毒品也实行“零容忍”政策。

（6）对有组织犯罪、恐怖主义犯罪重拳出击。20世纪80年代以后，美国黑社会进行毒品、色情、赌博、买卖人口器官的交易网络遍布国内外，其活动内容包括了谋杀、洗钱、淫媒、毒品范围、军火走私、车辆盗窃等方面，并与恐怖势力相勾结破坏治安环境，最终使政府意识到了打击黑社会的紧迫性，开始制定严厉而又完善的相关法律制度。1986年，美国对黑社会组织进行了“世纪大审判”，严厉惩罚了一批黑社会分子。1998年，美国国会通过了《洗钱及金融犯罪对策法案》（Money Laundering and Financial Crimes Strategy Act），力图切断有组织犯罪集团的资金链，同时结合1956年出台的《麻醉品控制法案》（The NarcoticControl Act of 1956），追踪并控制犯罪资金的走向。此外，美国还将资金投入有组织犯罪信息控制系统电脑升级上，注重协调政府部门和加强司法后续措施，从根源上打击有组织犯罪。2001年，受到“9·11”事件的影响，美国国会通过了《消除国际洗钱与打击恐怖主义融资法案》（IMLA-FATA）。作为《爱国者法案》的一部分，该法案旨在推动反洗钱的国际合作与行业协作，利用反洗钱制度来遏制和消除有组织犯罪、恐怖主义犯罪。

由此可见，当代美国刑事政策与欧洲大陆国家的刑事政策虽然存在“形”上的差异，但是实质内容上却存在高度一直性，并基于实用主义出发，借助于发达的犯罪学理论，在“轻”、“重”中不断调整，并影响其他国家。

第四节 ‖ 当代日本刑事政策

在日本，一般认为，“刑事政策”一词由大场茂马在他的著作《最近的刑事政策的根本问题》（1909年3月出版）一书中最早使用。之后，山冈万之助于1914年出版了《刑事政策学》一书。1925年到1935年左右为止“构筑了日本刑事政策学的黄金时代”，有关刑事政策学的名著纷纷问世，[①] 在学术

① ［日］大谷实著：《刑事政策学》，黎宏译，法律出版社2000年版，第13页。

界形成了多种有关刑事政策的定义。如日本学者木村龟二教授将刑事政策定义为，“广义之刑事政策乃在探求犯罪原因而确立其对策，狭义之刑事政策在探求犯罪原因，研究犯罪对策，而批判现行刑罚制度之价值，且以确立改革刑罚制度之诸原则，并补充现行刑罚制度的犯罪对策之各种原则”。正本亮教授认为：“刑事政策者，在究明犯罪之原因，以防制未来之犯罪，并防止再犯为目的也。”藤木英雄教授认为：“刑事政策系以犯罪之压制、防止为目的之公私组织活动。”田中正义教授认为：“刑事政策系国家、自治团体亦民间团体，借刑罚或类似刑罚之方式或制度，以达直接防止犯罪与矫正犯罪为目的，更且为排除因犯罪所生之社会的恶害，考究其手段与方式，以对犯罪实施斗争之谓。”藤本哲也教授认为：“刑事政策分为事实上的刑事政策和学问上的刑事政策，前者指探究犯罪原因，并基于此而为国家、团体、个人防止犯罪的活动，后者指依某种理念批判事实上的刑事政策，并检讨更合理、更有效体系的学问。”森下忠教授认为：“刑事政策乃国家及地方自治团体所为犯罪之防止、犯罪者之处遇及被害者之保护救济等目的之一切措施。”大谷实教授认为：“刑事政策乃国家机关所为犯罪防止，以谋求维持社会秩序之一切措施。”加藤久雄教授认为：“刑事政策乃国家及自治团体，所为犯罪之压制预防、为犯罪者复归之处遇及为被害者之救济等活动。”① 安平政吉教授认为，“刑事政策是以犯罪的镇压、预防及对犯人的处置为主要内容的刑罚手段或类似手段以及与其他有密切关系的诸问题的总和”②。小川太郎教授则认为，“刑事政策是国家或自治体根据刑罚或其他方法及制度防止犯罪、矫正犯罪人，以去除不利影响而进行的活动”③。由此可见，日本学者关于刑事政策的认识虽不尽相同，但是绝大多数都认为刑事政策的目的是防止犯罪，而至于其手段主要有刑罚或其他类似手段，与德法关于刑事政策的认识趋同，一脉相承。当然在对象范围、主体范畴等方面存在不同观点。

一、日本刑事政策之历史嬗变

研究日本的刑事政策，不妨先看看日本刑法的发展历程，这样有助于我们获得一些感性的认识。1868 年日本开始明治维新，日本社会处于新旧交替、内忧外患的局面，一方面渴求建立类似于先进国家的社会制度，另一方面资

① 许福生著：《犯罪与刑事政策学》，台湾元照出版有限公司 2012 年版，第 13-15 页。
② ［日］安平政吉著：《刑事政策概论》，日本弘文堂 1956 年版，第 7 页。
③ ［日］小川太郎著：《刑事政策论讲义》，日本法政大学出版局 1975 年版，第 8 页。

本主义尚不发达，封建意识、生活习惯等根深蒂固。在这样的背景下，日本于1880年7月17日制定了刑法，并于1882年1月1日起开始实施，这部法律一般被称为“旧刑法”，这是日本历史上第一部资产阶级刑法，这部刑法典是以1804年《法国刑法典》为范本制定的。因此，具有浓厚的法兰西色彩。随着1881年日本重臣伊藤博文赴欧考察宪政，日本政府决定模仿德意志帝国宪法制定日本宪法后，德国法的影响逐渐超过法国法。自1889年明治宪法的颁布开始直到第二次世界大战结束，在日本国内出现了言必称德国法的风气。于是，第一部刑法典由于模仿法国法与当时在日本盛行的“德国风”格格不入，在这种氛围中，德国式新刑法的制定势在必行。在这样背景下，1907年刑法应运而生，1908年10月1日开始实施，人们一般称之为“新刑法”。1907年刑法典是日本仿效德国制定的法典之一，该法典共2编264条。第1编总则，是关于刑法的适用范围、刑罚种类、缓刑、假释、未遂罪、并和罪、累犯、共犯等方面的一般规定；第2编则规定了各种犯罪和应受的处罚。[①] 日本现行刑法典，即1907年刑法，在将近一个世纪的时间里，共修改了19次。“二战”前修改了2次（1921年、1941年）；“二战”后修改了17次（1947年、1953年、1954年、1958年、1960年、1964年、1968年、1980年、1987年、1991年、1995年、2001年、2003年、2004年），其中，2001年修改了3次，2003年修改了2次。[②] 近年来，修改持续进行，2005年修改了2次，2006年修改了1次，2007年修改了1次，2010年修改了1次，2011年修改了1次，2013年修改了1次，[③] 2017年修改了2次，即性犯罪大幅度修改和增设“共谋罪”。[④]

除刑法典外，日本立法机关近年来还制定了许多单行刑法，如《关于防止暴力团员的不当行为的法律》（1991年）、《关于防止沙林等造成人身伤害的法律》（1995年）、《关于器官移植的法律》（1997年）、《处罚有关儿童卖

---

① 张继良、赵立新：《20世纪日本刑法的三次变革及其启示》，载《外国法制史研究》2005年第00期。

② 关于修改的具体内容参见张明楷：《日本刑法的发展及其启示》，载《当代法学》2006年第1期。

③ 关于修改的具体内容参见付立庆：《日本近现代刑法的制定、修改及其评价》，载《南京大学法律评论》2016年第2期。

④ 姚培培：《2017年日本刑法立法动向：性犯罪大幅度修改、“共谋罪”7月11日起实施》，载法学在线网，article. chinalawinfo. com/Space/SpaceIndex. aspx? AuthorId = 154753。

淫、儿童色情等行为及保护儿童的法律》（1999 年）、《关于规制实施无差别大量杀人行为的团体的法律》（1999 年）、《关于有组织犯罪的处罚及犯罪收益规制等的法律》（1999 年）、《关于防止儿童虐待等法律》（2000 年）、《关于规制基因克隆技术的法律》（2000 年）、《关于禁止不正当存取信息行为的法律》（2000 年）、《关于规制纠缠行为等的法律》（2000 年）、《关于防止配偶的暴力及保护被害人的法律》（2001 年）、《关于处罚为了对公众等胁迫目的的犯罪行为提供资金等的法律》（2002 年）、《关于对心神丧失等状态下实施他害行为的人进行医疗及观察等的法律》（2003 年）。与此同时，立法机关对原来制定甚至新制定的单行刑法也进行了必要修改。例如，1991 年制定的《关于防止暴力团员的不当行为的法律》，截至 2004 年共修改了 17 次，其中，1993 年、1997 年、1998 年各修改了 2 次，1999 年修改了 3 次，2000 年与 2001 年各修改了 1 次，2002 年、2003 年、2004 年各修改了 2 次。此外，日本近几年来新制定的行政刑法（附属刑法）也增设了大量行政犯罪，同时也修改了原有的行政刑法。例如，2004 年重新制定的《不动产登记法》就规定了泄露秘密罪、提供虚伪的登记名义人确定情报罪、不正当取得登记识别情报罪、妨害检查罪等罪名与法定刑。再如，2004 年修改了《商品交易所法》中有关行政刑法的规定。可以肯定，日本立法机关还将频繁修改刑法典、单行刑法与行政刑法。近期可能就高科技犯罪、侵犯人身自由的犯罪等修改刑法典。①

由此可见，从 1907 年至 1946 年的近 40 年间，日本刑法典只修改了两次，即 1921 年法律第 77 号，变更了业务上横领罪的法定刑，将《刑法》第 253 条关于业务侵占罪的法定刑由“一年以上十年以下惩役”改为“十年以下惩役”。1941 年法律第 61 号基于时代状况考量，修改了关于没收、公正证书原本不实记载罪、受贿罪、受托受贿罪、事前受贿罪、行贿罪的规定，增加了关于追征、妨害强制执行罪，妨害拍卖、投标罪，使请托人向第三者提供贿赂罪，加重受贿罪与事后受贿罪的规定。而“二战”后，以美国为主的“盟军”占领日本，一直到 1952 年占领结束前，盟军总司令部成为日本的最高决策机构，为了防止日本军国主义死灰复燃，盟军总司令部主导日本制定了新宪法即 1946 年宪法，新宪法规定了“民主主义”和“和平主义”，并且从第 31 条到第 40 条的广泛范围内规定了刑事领域的人权保障。由于赋予新宪法以平等主义、尊重人权主义为基础，同时因为在战前最严重的人权侵害与刑事

① 张明楷：《日本刑法的发展及其启示》，载《当代法学》2006 年第 1 期。

法相关，日本对刑法典进行了整体修改。加之社会生活节奏加快，新型犯罪不断出现，为适应社会发展，刑法修改频繁。

上述日本刑法的历史沿革，无不反映出日本刑事政策的历史变迁。按照时间先后顺序，大谷实教授将日本刑事政策划分为“到江户时代为止”、“迄止旧刑法的时期”和“迄止现代”三个阶段，并指出在第一个时期，日本的刑事政策主要是针对如何克服残暴刑而展开，同欧洲的刑事政策并无二致。江户幕府成立之前，武家刑法处支配地位，以拷问和残酷刑为主体的威吓式刑事政策，极尽残忍之能事的死刑和非人道的身体刑占据了刑罚的中心地位。江户幕府成立之后，虽然推行了武断的刑事政策，但由于是长时间的和平状态，社会秩序安定，刑罚渐趋宽缓，废除了多数残暴刑，对死刑的适用也作了限制，为无家可归者和有不良行为的人设立专门的收容所。在第二个时期，即从明治维新到1897年为止的时期，是人道主义、合理主义的刑事政策的展开时期。实施了多项宽缓刑罚的改革，体现为死刑适用的限制，废除了身体刑和流放刑，以及监狱立法和改革。第三个时期，即1907年新刑法典实施至今，为适应社会发展，刑法将自由刑限定于徒刑、监禁及拘役，设立缓刑，缩短假释期限（有期徒刑的假释期限为其刑期的三分之一，无期刑的假释期限为10年），加宽法定刑的幅度，扩大法官的自由裁量权等，大量吸取了近代学派的主张。同时，还吸收欧美的监狱改良运动的成果，制定了《监狱法》和《监狱法实施规则》（1908年），体现出对受刑人的人权保障。① 显然，大谷实教授对于日本刑事政策第三个时期的划分有些过于笼统。因为从1907年全面照搬德国刑法创立新刑法，到“二战”期间服务于日本军国主义，再到盟军占领期间（1945~1952年）变动修改，日本刑法实际上处于非独立状态。直到1952年美国占领结束，日本的法制建设逐渐走向自主和独立，此时日本社会也进入高度的经济增长时期，进而带来了大规模的经济、社会的变动。为了适应复杂的高度工业化社会，国家开始了对国民经济和社会生活的全面介入，全面修改刑法典也顺势而为。

因此，从1870年日本维新政府开始模仿法国法编纂西方式法典，到转向模仿德国法、中经法西斯化时期对法律的破坏，再到战后在“盟军”压力下的民主化改革，最后走向法制的自立这一百多年的法制现代化历程中，透过当代日本刑法较为频繁的“立、改、废”，以及其与德国刑法、美国犯罪控制的密切关系，在国际化潮流下，日本刑事政策的积极展开，既有蕴含了顺应

① ［日］大谷实著：《刑事政策学》，黎宏译，法律出版社2000年版，第11-13页。

国际社会发展刑罚轻缓化的一面，也体现了为确保国民生活安全而带有强力制裁的治安特征，与“轻轻重重”如出一辙。同时积极增设一系列新罪，刑法介入提前、刑罚配置加重等无不体现。在社会问题的应对上，日本刑事政策具有“重罚化、严罚化”的倾向。

二、当代日本刑事政策的主要内容

“二战”后初期，日本作为战败国，经济近于崩溃，社会价值观混乱，失业人数剧增，社会控制能力弱化，犯罪率上升；从1950年到1955年中，国家逐渐恢复建设，经济和治安秩序好转，犯罪现象有所缓解。但从1955年后，开始出现了犯罪暴增，一直到1965年维持高犯罪率，青少年犯罪、工业化背景下的黑帮犯罪、暴力犯罪、性犯罪以及交通事故犯罪尤为突出，这一时期被称为“粗暴犯猖獗的时代”。① 为了应对青少年犯罪泛滥的局面，日本于1948年7月15日颁布了《少年法》。到20世纪70年代以后，日本犯罪率稳定在一个平衡状态。1975年有所上涨，到1985年涨幅停止。20世纪80年代称为日本历史治安形势最好的时期。而进入20世纪90年代，日本经济出现减退，发生了经济泡沫的大破灭，使得日本经济受到重创，进而导致持续的高失业率和高自杀率。在此背景下，抢劫、盗窃、诈骗、暴力伤害等各类犯罪频频出现，犯罪主体呈现扩大趋势，未成年人、失业者、家庭主妇、警察、老年人等开始成为特定类型犯罪的主体，社会两极分化加剧，阶层间的仇恨加剧，犯罪形势进一步恶化。2000年以后，日本针对出现的新情况，在保障个人人权和防卫社会二者之间寻找平衡点。顺应保障人权的国际刑事立法的潮流，在“轻轻重重”刑事政策的指引下，当代日本刑法修正十分活跃，犯罪化和非罪化齐头并进，并相对体现出照顾民众对犯罪所持淳朴复仇观念而表现出“重”的倾向。

（一）日本刑事政策“轻轻”方面的表现

1. 非犯罪化

即将刑法中某些罪名（一般是随着人们认识观念的现代化或者社会发展需要，危害性极其轻微的犯罪或者已经不具有危害性的）予以废除，或者不对其适用刑罚。一方面，日本刑法对无被害人犯罪，如赌博、吸毒、安乐死、卖淫、堕胎、同性恋、乱伦、通奸等一些在“旧刑法”中被认定为是犯罪的，予以废除。1947年，日本刑法典删除了有关对皇室的犯罪、通敌犯罪以及通

① ［日］大谷实著：《刑事政策学》，黎宏译，法律出版社2000年版，第35页。

奸罪。此外，对于一些情节轻微且危害较小的犯罪予以非罪化，如1968年日本颁布了《交通法则通告制度》，对轻微违反《道路交通法》的行为由警察或者交通巡视员依据交通法规定开处违规金，如按规定期限缴纳违规金，则不再对其提起公诉或移交家庭法院，用行政处罚“违规金”代替刑事处罚“罚金”，以行政手段将“道交违法”的轻微犯罪行为“非犯罪化”处理。在2003年修法时，将仲裁人从受贿罪的主体中删除。

2. 刑罚轻缓化

一方面，在立法上直接对有关罪名的刑罚进行降低。如在2004年修法时，降低了强盗致伤罪的法定刑，从而使之可能通过酌定减轻处罚而判处缓刑。20世纪90年代，废除了有关对尊亲属犯罪加重处罚的规定。另一方面，在刑罚适用上轻缓化。自由刑的执行即行刑也得到了进一步的改善，采用了自下级向上一级晋级时，其待遇也相应宽缓的递进处遇制度（1933年的《行刑累进处遇法》），并加强了对刑满释放者的保护（1939年的《司法保护事业法》）等。战后，随着《犯罪人预防改造法》（1994年）、《保护司法》（1995年）、《缓期执行者保护观察法》（1954年）等法律的制定，在强调犯罪人改过自新、重返社会的同时，作为对不良少年的对策，还制定了《少年法》（1948年），实施以保护为中心的政策。

3. 非监禁化或者行刑社会化

基于有助于犯罪人回归社会，在日本，主要有假释放、更生紧急保护、保护观察等措施。假释放是附条件的释放，这里的“附条件”，是指假释放期间若违反一定的条件（法定条件及遵守事项等）时立即取消释放再予收容。更生紧急保护是指受刑者根据刑事程序解除身体拘束后如果没有亲属的帮助或公共福利机构的医疗或没有谋生手段时，由政府为其提供居住、生活物品等救急的保护或收容于一定的设施进行必要的教养、训练、医疗等，以促进本人遵纪守法、实现良好复归的制度。更生紧急保护的对象是惩役、禁锢或拘留刑执行终了期满释放者，惩役、禁锢或拘留刑执行免除者，惩役或禁锢刑的执行犹豫者，惩役或禁锢刑的未附保护观察者，劳役场出场或假出场者，少年院退院或假退院者（保护观察者除外），等等。保护观察是对犯罪者和非行少年进行教育、指导、援助，使其顺利改善更生复归社会的制度。

4. 刑事和解

日本于2000年11月实施的《犯罪被害人保护法》，提出了“刑事和解”制度，这是一种刑事被告人和被害人达成合意，将和解内容记录下来，最终具有和判决上的和解有相同效力的制度。

5. 刑事诉讼犹豫制度

旨在充分给予违法犯罪者改善自新的机会，以回避或是减轻“罪犯”之烙印，利于对象者的社会复归。根据日本《犯罪搜查规范》第198条至第200条规定，检察官根据犯罪搜查规范，对犯罪事实极其轻微没必要办理送交手续时可不送交，但警察应将事件的具体年月日、被害者的姓名、犯罪事实等制定微罪处分报告书每月一次向检察官报送，违法者接受警察的训诫、说服教育，监督者递交保证书后事件即为终结。在审查起诉阶段，根据日本现行《刑事诉讼法》第248条规定：“根据犯人的性质、年龄及境况，犯罪轻重及情节，犯罪后的表现等没必要追诉时不予提起公诉。”在刑罚执行上，1947年刑法修正，规定3年以下的惩役、禁锢、5000日元以下的罚金可适用执行犹豫。1954年的修正案追加了对执行犹豫者附保护观察，此规定一直到现在。

6. 刑罚人道化进一步细化

法治现代化的重要标志之一就是刑罚的人道化。1909年3月28日，日本制定了矫正阶段的基本法——《监狱法》，围绕国际社会刑罚轻缓化潮流，不断修改完善，2005年，作为《有关刑事设施以及受刑者的处遇等的法律》成立。2006年，包括上述部分在内，该法进行了全面修改，最终作为《有关刑事收容设施以及被收容者等处遇的法律》成立，于2007年6月开始实施。这部法律的出台，使得社会可以对监狱的刑罚执行过程进行监督，使受刑人人权得到保障。日本在预防和打击犯罪方面，对《犯罪人预防更生法》和《缓期执行者的保护观察法》进行统一合并，以《更生保护法》的面目出现。该法根据受刑人在缓刑期间的表现，征询被害人的意见，来实现对受刑人下一步的刑罚执行，或者是不执行原判的刑罚。

（二）日本刑事政策“重重”方面的表现

1. 犯罪化

即将一些行为纳入刑法范畴加以规制。如2001年刑法改正，鉴于恶性的交通事故事案屡屡发生，以东京一名古屋高速道路的事故案为契机，新增了危险驾驶致死伤罪（第208条之2）。同时为了应对伪造支付用磁卡案件的发生，新增了有关支付用磁卡电磁记录的犯罪（第18章之2）；在2003年刑法改正时，从保护本国国民的见地出发，新增了国民以外的人的国外犯规定（第3条之2）；在2005年刑法改正时，增设了人身买卖罪（第226条之2），从而充实了略取和诱拐罪的规定。在2007年刑法改正时，将汽车所引起的交通事故案件从业务上过失致死伤罪中剥离出来，新增了较之前罪法定刑上限更高的驾驶汽车过失致死伤罪；同时，将摩托车也涵盖进危险驾驶致死伤罪的规定对象之中，从而扩张了其范围。在2011年刑法改正时，扩大了妨害强制执行罪的处罚范围，新增了有关不正指令电磁记录的犯罪（第168条之2、第168条之3）。

2. 刑法介入提前化

近年来，随着犯罪的高科技化，日本刑事立法增加了大量的未遂犯、危险犯、预备罪的处罚规定，打破了刑法原本以造成法益侵害的侵害犯、结果犯为基础，未遂犯、危险犯、预备犯只是修正的、例外的犯罪形态，使例外成为常态。例如，2001年增设的分则第18章之2，将为了供相关犯罪行为使用，而获取、提供电磁信息记录行为、保管不正当获取的电磁记录信息的行为、准备器械或者原料的行为规定为犯罪。再如，《关于禁止不正当存取信息行为的法律》《关于规制纠缠行为等的法律》等，都使例外犯罪形态不再成为例外。

3. 重罚化、严罚化倾向

在日本，重罚化主要表现为提高了有期徒刑的最高期限，加重了性犯罪、杀人罪、伤害罪及各种交通犯罪的法定刑，对新增设的危险驾驶致死伤等罪也规定了较重的法定刑。2000年改正后的《少年法》对少年犯的处罚比以往严厉。如在2004年修法时，为了应对凶恶、重大的犯罪，提高了有期惩役和监禁的上限、有期刑加重的上限（第12~14条），加重了强制猥亵罪、强奸罪、强奸致死伤罪的法定刑，新增了集团强奸罪（第178条之2）。另外，也加重了杀人罪、伤害罪、伤害致死罪的法定刑。如在2005年，对逮捕、监禁罪以及未成年略取、诱拐罪的法定刑上限也进行了提高。在2006年，对妨碍执行公务罪以及盗窃罪等都新增了罚金刑；业务上过失致死伤罪、重过失致死伤罪的罚金数额也提高了。在2011年刑法改正时，针对出于贩卖目的而持有、保管猥亵的电磁记录，追加处罚（第175条）；等等。要是考虑到特别法的话，法定刑提升的数量就更多了。

4. 重犯监禁化、刑罚严厉化

对于严重暴力犯罪等，往往其刑罚本身就十分严重，在此基础上对于其“减缓释”往往也限定得更为严苛。如目前在日本，被判处无期徒刑的罪犯几乎没有获得假释的机会，被判处终身监禁确实意味着“直至死亡”。尽管1962年至2004年间，日本的谋杀率没有大的变化，民粹主义却使无期徒刑和死刑的囚犯不断增加。2004年至2007年，法院判处69例死刑，与过去4年

（2000年至2003年）相比，多了44例。① 如在2010年刑法改正时，延长了惩役或拘禁的时效（第32条）。

总之，基于在防卫社会安全和保障个人人权两者中寻找一种平衡，当代日本“轻轻重重”刑事政策，“轻”、“重”齐头并进，犯罪化和非罪化同步进行，兼顾民众淳朴的复仇观念与维护刑事法律制度的权威，一直努力地实行刑事政策的平衡。

【问题与思考】

1. 试析德国刑事政策走向及对我国的启示。
2. 试析法国体现安全倾向的刑事政策。
3. 试析美国体现“重重”方面的刑事政策。
4. 试析日本非犯罪化刑事政策。

① 转引自林燕：《日、韩、德三国的刑事政策走向》，载《检察日报》2008年12月11日，第3版。

参考文献

一、著作类

1. 《中国检察年鉴》（1999~2006 年），中国检察出版社。

2. 蔡枢衡主编：《中国刑法史》，中国法制出版社 1982 年版。

3. 陈光中、［德］汉斯-约格 阿尔布莱希特主编：《中德不起诉制度比较研究》，中国检察出版社 2002 年版。

4. 陈敏著：《减刑制度比较研究》，中国方正出版社 2001 年版。

5. 陈兴良著：《刑法的人性基础》，中国方正出版社 1999 年版。

6. 陈兴良主编：《宽严相济刑事政策研究》，中国人民大学出版社 2007 年版。

7. 陈兴良著：《本体刑法论》，商务印书馆 2001 年版。

8. 储槐植、江溯著：《美国刑法》（第 4 版），北京大学出版社 2012 年版。

9. 高铭暄主编：《刑法专论》（上编），高等教育出版社 2002 年版。

10. 何秉松主编：《刑法教科书》，中国法制出版社 1997 年版。

11. 何秉松主编：《刑事政策学》，群众出版社 2002 年版。

12. 何秉松主编：《职务犯罪的预防与惩治》，中国方正出版社 1999 年版。

13. 何怀宏著：《伦理学是什么》，北京大学出版社 2002 年版。

14. 侯宏林：《刑事政策的价值分析》，中国政法大学出版社 2004 年版。

15. 黄风著：《贝卡利亚及其刑法思想》，中国政法大学出版社 1987 年版。

16. 江礼华、杨诚主编：《外国刑事诉讼制度探微》，法律出版社 2000

年版。

17. 焦俊峰:《刑事政策运行的社会基础》,中山大学出版社 2017 年版。

18. 李海东主编:《日本刑事法学者》(上),中国法律出版社、日本成文堂 1995 年版。

19. 李明琪主编:《西方犯罪学概论》,中国人民公安大学出版社 2010 年版。

20. 梁根林著:《刑事政策:立场与范畴》,法律出版社 2005 年版。

21. 梁根林著:《刑罚结构论》,北京大学出版社 1998 年版。

22. 林喆、马长生、蔡雪冰主编:《腐败犯罪学研究》,北京大学出版社 2002 年版。

23. 林喆著:《权力腐败与权力制约》,法律出版社 1997 年版。

24. 刘伯龙、竺乾威主编:《当代公共政策》,复旦大学出版社 2000 年版。

25. 刘仁文著:《刑事政策初步》,中国人民公安大学出版社 2004 年版。

26. 刘旭东著:《累犯制度研究》,中国政法大学出版社 2012 年版。

27. 卢建平著:《社会防卫思想》,载高铭暄等主编:《刑法论丛》(第一卷),法律出版社 1998 年版。

28. 卢建平著:《刑事政策学》(第二版),中国人民大学出版社 2013 年版。

29. 卢建平主编:《中国刑事政策研究综述》,中国检察出版社 2009 年版。

30. 马克昌主编:《近代西方刑法学说史》,中国人民公安大学出版社 2008 年版。

31. 马克昌主编:《近代西方刑法学说史略》,中国检察出版社 1996 年版。

32. 马克昌主编:《中国刑事政策学》,武汉大学出版社 1992 年版。

33. 莫晓宇著:《刑事政策体系中的民间社会》,四川大学出版社 2010 年版。

34. 邱兴隆著:《关于惩罚的哲学——刑罚根据论》,法律出版社 2000 年版。

35. 曲新久著:《刑事政策的权利分析》,中国政法大学出版社 2002 年版。

36. 舒洪水等著:《累犯制度适用》,中国人民公安大学出版社 2012

年版。

37. 苏彩霞：《累犯制度比较研究》，中国人民公安大学出版社 2002 年版。

38. 汪明亮：《“严打”的理性评价》，北京大学出版社 2004 年版。

39. 汪明亮：《公众参与型刑事政策》，北京大学出版社 2013 年版。

40. 王传宏、李燕凌：《公共政策行为》，中国国际广播出版社 2002 年版。

41. 王宏玉主编：《刑事政策学》，中国人民公安大学出版社 2011 年版。

42. 王牧著：《犯罪学》，吉林大学出版社 1992 年版。

43. 王牧主编：《新犯罪学》，高等教育出版社 2005 年版。

44. 王平主编：《恢复性司法论坛》2006 年卷，群众出版社 2006 年版。

45. 魏东：《刑事政策原理》，中国社会科学出版社 2015 年版。

46. 吴宗宪著：《西方犯罪学》，法律出版社 1999 年版。

47. 肖剑鸣、皮艺军著：《犯罪学引论》，警官教育出版社 1992 年版。

48. 肖扬主编：《中国刑事政策和策略问题》，法律出版社 1996 年版。

49. 谢望原、卢建平主编：《中国刑事政策研究》，中国人民大学出版社 2006 年版。

50. 严励等著：《中国刑事政策原理》，法律出版社 2011 年版。

51. 严励主编：《刑事政策学前沿与热点问题研究》，中国法制出版社 2017 年版。

52. 严励著：《中国刑事政策的建构理性》，中国政法大学出版社 2010 年版。

53. 杨春洗、高铭暄等主编：《刑事法学大辞书》，南京大学出版社 1990 年版。

54. 杨春洗主编：《刑事政策论》，北京大学出版社 1994 年版。

55. 杨宇冠、杨春晓：《联合国刑事司法准则》，中国人民公安大学出版社 2003 年版。

56. 姚建龙著：《超越刑事司法——美国少年司法史纲》，法律出版社 2009 年版。

57. 于爱荣等著：《矫正技术原论》，法律出版社 2007 年版。

58. 翟中东著：《刑罚个别化研究》，中国人民公安大学出版社 2001 年版。

59. 张峰、连春亮著：《行刑与罪犯矫治社会化研究》，群众出版社 2007 年版。

60. 张明楷著：《外国刑罚纲要》，清华大学出版社 1999 年版。

61. 张明楷主编：《刑法学》，法律出版社 2016 年版。

62. 张远煌著：《现代犯罪学的基本问题》，中国检察出版社 1998 年版。

63. 赵秉志著：《刑法改革探索》，法律出版社 2006 年版。

64. 赵运锋主编：《刑事政策学》，中国法制出版社 2014 年版。

65. 郑成良著：《法律之内的正义》，法律出版社 2002 年版。

66. 郑杭生著：《中国社会转型与社区制度创新》，北京师范大学出版社 2008 年版。

67. 中国政法大学刑事法律研究中心、英国大使馆文化教育处主编：《中英量刑问题比较研究》，中国政法大学出版社 2001 年版。

68. 林山田、林东茂、林灿璋著：《犯罪学》，台湾三民书局 1984 年版。

69. 林山田著：《刑罚学》，台北商务印书馆股份有限公司 1983 年版。

70. 林山田著：《刑法通论》（上），台湾元照出版有限公司 1987 年版。

71. 沈银河著：《中德少年刑法比较研究》，台湾五南图书出版公司 1988 年版。

72. 许春金著：《犯罪学》，台湾“中央警察大学”出版社 2007 年版。

73. 许福生著：《犯罪与刑事政策学》，台湾元照出版有限公司 2012 年版。

74. 许福生著：《刑事政策学》，中国民主法制出版社 2006 年版。

75. 张甘妹著：《刑事政策》，台湾三民书局 1979 年版。

76. 张平吾主编：《警察百科全书——犯罪学与刑事政策》第十二篇（许福生执笔），台湾正中书局 2000 年版。

77. ［古希腊］亚里士多德著：《政治学》，吴寿彭译，商务印书馆 1994 年版。

78. ［日］川出敏欲、金光旭著：《刑事政策》，钱叶六等译，中国政法大学出版社 2016 年版。

79. ［日］大谷实著：《刑事政策学》，黎宏译，法律出版社 2000 年版。

80. ［日］福田平等著：《日本刑法总论讲义》，李乔译，辽宁人民出版社 1986 年版。

81. ［日］木村龟二主编：《刑法学词典》，顾肖荣等译，上海翻译出版公司 1991 年版。

82. ［日］森本益之、濑川晃等著：《刑事政策学》，戴波等译，中国人民公安大学出版社 2004 年版。

83. [日] 森下忠著:《犯罪者处遇》, 白绿铉等译, 中国纺织出版社 1994 年版。

84. [日] 森下忠著:《刑事政策的论点》, 日本成文堂 1994 年版。

85. [日] 森下忠著:《刑事政策各论》(改订版), 日本成文堂 1994 年版。

86. [日] 小川太郎著:《刑事政策论讲义》, 日本法政大学出版局 1975 年版。

87. [法] E. 迪尔凯姆著:《社会学方法的准则》, 狄玉明译, 商务印书馆 2002 年版。

88. [法] 卡斯东·斯特法尼等著:《法国刑法总论精义》, 罗结珍译, 中国政法大学出版社 1998 年版。

89. [法] 克里斯蒂娜·拉塞杰著:《刑事政策学》(法文版), 法国大学出版社 1987 年版。

90. [法] 卢梭著:《社会契约论》, 何兆武译, 商务印书馆 1962 年版。

91. [法] 马克·安塞尔著:《新刑法理论》, 卢建平译, 香港天地图书有限公司 1989 年版。

92. [法] 孟德斯鸠著:《论法的精神》(上册), 商务印书馆 1961 年版。

93. [法] 米海依尔·戴尔马斯·马蒂著:《刑事政策的主要体系》, 卢建平译, 法律出版社 2000 年版。

94. [法] 雅克·博里康、朱琳编著:《法国当代刑事政策研究与借鉴》, 中国人民公安大学出版社 2011 年版。

95. [德] 埃里克·希尔根多夫著:《德国刑法学——从传统到现代》, 江溯、黄笑岩等译, 北京大学出版社 2015 年版。

96. [德] 冯·李斯特著:《论犯罪、刑罚与刑事政策》, 徐久生译, 北京大学出版社 2016 年版。

97. [德] 弗兰茨·冯·李斯特著:《德国刑法教科书》, 埃贝哈德·施密特修订, 徐久生译, 法律出版社 2000 年版。

98. [德] 汉斯·海因里希·耶塞克:《为德意志联邦共和国刑法典序》, 载《德国刑法典》, 徐久生、庄敬华译, 中国方正出版社 2004 年版。

99. [德] 汉斯·海因里希·耶赛克、托马斯·魏根特著:《德国刑法教科书》, 徐久生译, 中国法制出版社 2001 年版。

100. [德] 黑格尔著:《法哲学原理》, 商务印书馆 1996 年版。

101. [德] 康德著:《法的形而上学原理》, 商务印书馆 1997 年版。

102. ［德］李斯特著：《德国刑法教科书》（修订译本），徐久生译，法律出版社2006年版。

103. ［美］E. 博登海默著：《法理学、法律哲学与法律方法》，邓正来译，中国政法大学出版社1999年版。

104. ［美］布兰登·C. 韦尔什、［英］戴维·P. 法林顿编：《牛津犯罪预防指南》，秦英等译，中国人民公安大学出版社2015年版。

105. ［美］汉密尔顿、杰伊、麦迪逊著：《联邦党人文集》，程逢如、在汉、舒逊译，商务印书馆1995年版。

106. ［美］约翰·罗尔斯著：《正义论》，何怀宏等译，中国社会科学出版社1988年版。

107. ［意］贝卡利亚著：《论犯罪与刑罚》，黄风译，中国大百科全书出版社1993年版。

108. ［意］恩里科·菲利著：《犯罪社会学》，郭建安译，中国人民公安大学出版社1990年版。

109. ［意］恩里科·菲利著：《实证派犯罪学》，郭建安译，中国政法大学出版社1987年版。

110. ［意］龙勃罗梭著：《犯罪人论》，黄风译，中国法制出版社2000年版。

111. ［英］霍布斯著：《利维坦》，商务印书馆1985年版。

112. ［英］吉米·边沁著：《立法理论——刑法典原理》，孙力等译，中国人民公安大学出版社1993年版。

113. ［英］洛克著：《政府论》（下篇），瞿菊农、叶启芳译，商务印书馆1997年版。

114. ［英］麦克·马奎尔、罗德·摩根、罗伯特·赖纳等著：《牛津犯罪学指南》，刘仁文、李瑞生等译，中国人民公安大学出版社2012年版。

115. Joan McCord，Cathy Spatz Widom and Nancy A. Crowdll，eds. Juvenile Crime Justice，National Academy Press，2001.

116. Ronald V. Clarke，Situation Crime Prevention：Successful Case Studies，Albany，NY：Harrow and Heston，1997：2-43.

二、论文类

1. 陈国权、周鲁耀：《制约与监督：两种不同的权力逻辑》，载《浙江大学学报（人文社会科学版）》2013年第6期。

2. 陈晓明：《量刑指南的模式比较及总体评价》，载《法治研究》2017年第2期。

3. 陈兴良：《解读宽严相济的刑事政策》，载《光明日报》2006年11月28日，第9版。

4. 陈兴良：《宽严相济刑事政策研究》，载《法学杂志》2006年第1期。

5. 陈兴良：《刑法教义学与刑事政策的关系：从李斯特鸿沟到罗克辛贯通中国语境下的展开》，载《中外法学》2013年第5期。

6. 陈兴良：《刑事法治视野中的刑事政策》，载《江苏社会科学》2004年第5期。

7. 陈屹立：《收入差距、经济增长与中国的财产犯罪——1978—2005年的实证研究》，载《法制与社会发展》2007年第5期。

8. 储槐植、赵合理：《构建和谐社会与宽严相济刑事政策之实现》，载《法学杂志》2007年第1期。

9. 储槐植：《刑事政策：犯罪学的重点研究对象和司法实践的基本指导思想》，载《福建公安高等专科学校学报：社会公共安全研究》1999年第5期。

10. 储槐植：《刑事政策的概念、结构和功能》，载《法学研究》1993年第3期。

11. 储槐植：《严而不厉：为刑法修订设计政策思想》，载《北京大学学报（哲学社会科学版）》1989年第6期。

12. 甘雨沛：《我国刑法学科科学体系中的刑事政策学》（上），载《社会科学战线》1987年第1期。

13. 高望来：《全球治理的困境与欧盟的反恐模式》，载《国际政治研究》2006年第2期。

14. 顾嘉蕴、王仲焱：《我国恐怖主义犯罪的成因与防治——以新疆暴力恐怖事件为例》，载《法制与社会》2015年第2期（中）。

15. 何秉松、王桂萍：《刑事政策学体系探索》，载《中国刑事法杂志》2001年第5期。

16. 何秉松：《我国犯罪趋势、原因与刑事政策》，载《政法论坛》1989年第6期。

17. 侯宏林：《刑事政策的价值分析》，中国政法大学2004年博士学位论文。

18. 胡岩：《我们今天为什么要坚持民族区域自治制度》，载《科学社会主义》2011 年第 4 期。

19. 胡云腾、廖万里：《宽严相济刑事政策的刑法学解读——兼论在构建和谐社会中的作用》，载《和谐社会的刑事法治（上卷：刑事政策与刑罚改革研究）》，中国人民公安大学出版社 2006 年版，第 161-169 页。

20. 胡云腾：《宽严相济刑事政策与未成年人犯罪量刑》，载《预防青少年犯罪研究》2017 年第 1 期。

21. 黄京平、王烁：《刑法立法政策评估指标体系解析》，载《法学杂志》2013 年第 6 期。

22. 贾学胜、孙春雨：《司法上的非犯罪化的基本问题》，载《法学杂志》2013 年第 11 期。

23. 姜涛：《立法事实论：为刑事立法科学化探索未来》，载《法制与社会发展》2018 年第 1 期。

24. 姜瀛：《刑事政策评估的科学化及其进路展开》，载《天津法学》2016 年第 1 期。

25. 梁根林：《中国当代少年犯罪的刑事政策总评》，载《南京大学法律评论》2009 年秋季卷。

26. 刘华：《宽严相济刑事政策的科学定位与司法适用》，载《法学》2007 年第 2 期。

27. 刘华：《论恐怖主义犯罪的特征和条件》，载《犯罪研究》2009 年第 1 期。

28. 刘仁文：《论刑事政策的评估》，载《政法论坛》2002 年第 4 期。

29. 卢建平、刘春花：《我国刑事政策的演进及其立法影响》，载《人民检察》2011 年第 9 期。

30. 卢建平、刘春花：《刑事政策与刑法的二重协奏——1949 年以来中国刑事政策的演进与刑法的变迁》，载《河北法学》2011 年第 4 期。

31. 卢建平：《论法治国家与刑事法治》，载《法学》1998 年第 9 期。

32. 鲁梦迪：《刑事政策对民意的必要考量与批判采纳》，载《山西省政法管理干部学院学报》2019 年第 1 期。

33. 吕正卿、许德斌：《从美国“全民反恐战略”说开去》，载《中国国防报》2009 年 10 月 12 日，第 3 版。

34. 马克昌：《宽严相济刑事政策刍议》，载《人民检察》2006 年第 10 期（上）。

35. 马勇：《俄罗斯与美国反恐战略之比较》，载《东北亚论坛》2010 年第5期。

36. 裴长洪、杨志勇：《改革开放以来新疆经济社会发展状况分析》，载《中国边疆史地研究》2009年第2期。

37. 曲延平、谢恒星：《当前贪污贿赂犯罪的特点和发展趋势》，载《中国刑事法杂志》2000年第1期。

38. 荣晓红：《论犯罪的情境化特征及情境犯罪刑事政策》，载《北京警察学院学报》2017年第4期。

39. 宋海军：《浅析反恐机制在中国的建设》，载《法制博览》2013年第2期（中）。

40. 苏永生：《德国刑事政策与刑法关系借鉴》，载《检察日报》2018年8月9日，第3版。

41. 孙谦：《关于建立中国少年司法制度的思考》，载《国家检察官学院学报》2017年7月第4期。

42. 孙万怀：《刑事立法过度回应刑事政策的主旨检讨》，载《青海社会科学》2013年第2期。

43. 唐皇凤：《常态社会与运动式治理——中国社会治安治理中的"严打"政策研究》，载《开放时代》2007年第3期。

44. 王宏玉、李明琪：《对"严打"与"宽严相济"刑事政策的理性思考》，载《中国人民公安大学学报（社会科学版）》2011年第2期。

45. 王牧、赵宝成：《"刑事政策"应当是什么——刑事政策概念解析》，载《中国刑事法杂志》2006年第2期。

46. 王忍、徐卓：《"藏独"是民族之害、国家之患（一）》，载《统一论坛》2012年第3期至第6期。

47. 魏东：《和谐社会的刑事法治理性探讨》，载《现代法学》2007年第1期。

48. 魏东：《刑事立法政策论纲》，载《山东警察学院学报》2013年第2期。

49. 魏克家：《论刑事政策的几个问题》，载《政法论坛》1994年第2期。

50. 吴宗宪：《论刑事政策评估的方法》，载《福建公安高等专科学校学报——社会公共安全研究》2002年第3期。

51. 武大伟：《暴力恐怖犯罪问题解析——以新疆暴力事件为视角》，载《法制与社会》2015年第1期（下）。

52. 夏从亚、李娜：《"疆独"恐怖主义分子犯罪的原因探析》，载《中国石油大学学报》2012 年第 1 期。

53. 谢玮、张璐晶等：《公众如何反恐》，载《中国经济周刊》2014 年第 22 期。

54. 徐公社、翁里：《恐怖主义的危害和防控策略》，载《中国人民公安大学学报（社会科学版）》2008 年第 4 期。

55. 徐宗胜：《量刑情节并存时的适用根据与方法——兼评〈量刑指导意见（2017）〉中的同向相加、逆向相减方法》，载《时代法学》2018 年第 5 期。

56. 严励：《“严打”刑事政策的理性审读》，载《上海大学学报（社会科学版）》2004 年第 4 期。

57. 严励：《广义刑事政策视角下的刑事政策横向结构分析》，载《北方法学》2011 年第 3 期。

58. 杨春洗、余诤：《论刑事政策视野中的“严打”》，载《人民检察》2001 年第 12 期。

59. 杨晓杰：《国外大国的反恐举措及对我国的启示》，载《广州市公安管理干部学院学报》2009 年第 2 期。

60. 叶小琴、康倩飞：《我国暴恐犯罪的特点与预防：基于 GTD 数据库的统计分析》，载《犯罪研究》2018 年第 1 期。

61. 张明楷：《日本刑法的发展及其启示》，载《当代法学》2006 年第 1 期。

62. 张明楷：《司法上的犯罪化与非犯罪化》，载《法学家》2008 年第 4 期。

63. 张智辉：《宽严相济刑事政策的司法适用》，载《国家检察官学院学报》2007 年第 6 期。

64. 章国田、姚嘉伟：《新三类盗窃案件贯彻宽严相济刑事政策的思考》，载《中国刑事法杂志》2012 年第 7 期。

65. 赵秉志：《宽严相济刑事政策及其贯彻的基本问题》，载《人民检察》2009 年第 17 期。

66. 钟云华：《论刑事政策的基本原则》，载《四川警官高等专科学校学报》2006 年第 4 期。

67. ［法］安塞尔著：《从社会防卫的角度看西方国家刑事政策的新发展》，王立宪译，载《中外法学》1989 年第 2 期。

68. ［德］汉斯·海因里希·耶赛克：《世界性刑法改革运动概要》，载

《法学译丛》1988 年第 3 期。

69.［德］格哈德·韦勒、弗洛里安·那斯贝格尔：《国际刑事司法正在回归：德国新国际刑法典》，赵秉志、范红旗译，载《刑法论丛》2009 年第 3 卷。

70. Howard N. Snyder, Juvenile Arrests 2003, OJJDP Juvenile Justice Bulletin, August 2005.

71. Mark W. Owens: Lesislative Note: California' Three Strikes Law: Desperate Times Require Desperate Measures-But Will It Work? Pacific Law Journal Spring, 1995.